中世武士選書 42

武田信虎

覆される「悪逆無道」説

平山優 著

戎光祥出版

はしがき

戦国大名武田（たけだ）氏は、初代信虎（のぶとら）が甲斐統一を成し遂げ、二代信玄（しんげん）が信濃・西上野・駿河・飛騨・東遠江・奥三河・東美濃にまたがる領国を形成し、三代勝頼（かつより）が最大の版図を誇るに至り、戦国社会に多大な影響を与えたことで知られる。そうしたこともあって、とりわけ武田信玄については、戦前から重厚な研究の蓄積がある。また、武田勝頼についても、近年、多くの研究成果が現れ、事績の再検討が盛んだ。ところが、戦国期武田三代の初代信虎については、今日に至るも、ほとんど研究が進んでおらず、彼の生涯と事績については、廣瀬廣一『武田信玄伝』収録の「父信虎伝」（一九四四年）、磯貝正義『定本武田信玄』（一九七七年）、柴辻俊六編『武田信虎のすべて』（二〇〇七年）が、今も最高水準の研究なのである。

ではなぜ、信虎研究が低調なのかといえば、やはり、武田信虎は「悪逆無道（あくぎゃくむどう）」で、領民を苦しめたばかりか、諫める家臣を成敗したり、追放するなど、直情径行（ちょくじょうけいこう）で統治者としての器量に乏しく、それゆえ、息子信玄に追放された人物というイメージと評価が関係しているのだろう。

しかし、武田信虎のいったいどこが「悪逆無道」であったのか、と問われれば、その実態はまったく不明というしかない。当時の史料をいくら検索しても、その根拠となるような実態が一向に見えてこないのだ。信虎悪行説の源流をたどっていくと、やはり『甲陽軍鑑（こうようぐんかん）』などの軍記物（ぐんきもの）に行き当たる。

では、『軍鑑』の記述がどこまで正しいのかといえば、それは誠に心許ないのである。

本書は、武田信虎の生きた時代と、彼の活動と政策を丹念に追及し、信虎が武田氏の当主としてどのような成果を積み上げ、残していったのかを探究することを課題とする。信虎が武田氏当主として活動した三十四年間は、休むことなく合戦に明け暮れた日々であった。その間、税制の整備、甲府（こうふ）の開府など、内政において、信玄・勝頼に受け継がれる成果を残している。また、信虎期の戦争は、信玄・勝頼期のそれとはいささか様相を異にする。それは、室町幕府体制や、享徳の乱以後、複雑化する関東情勢との関係抜きには語ることができない。とりわけ、鎌倉府体制の崩壊にともなう、古河（こが）公方（ぼう）と堀越（ほりごえ）公方の分立は、信虎の生涯に大きな影を落としている。

このような視点から信虎期を再検討した本格的な研究は、いまだに存在していない。本書は、近年、研究が進展し、新たな事実が次々に明らかとなった、関東と東海の室町後期から戦国初期の様相に学びつつ、信虎が家督相続と同時に直面していた幾多の苦難が、いかにして形成されていたのかを押さえ、それを彼がどのようにして克服していったかを跡づけたいと思う。

また、信虎期の甲斐の経済状況などを把握することも、重要な課題である。それを追跡することで、いったい何が見えてくるのか。そして、そこから何が読み解けるのか。本書は、政治史や軍事行動の過程だけではなく、こうした部分にも目配りをしていきたいと思う。武田信虎という人物が、なぜ「悪逆無道」と呼ばれたのか、という問いに、本書がどれほど回答しえているかは心許ないが、今現在、残されている史料をもとに、追跡していきたい。

【凡例】

・本文中の史料出典略記号は、以下の通りとする。

『塩山向岳禅庵小年代記』↓『小年代記』／『小田原市史』史料編中世2小田原北条↓小田原＋文書番号／『甲斐国志』↓『国志』／『甲斐国社記・寺記』↓『寺記』／『甲陽軍鑑』↓『軍鑑』／『静岡県史』資料編↓静＋巻数＋史料番号／『静岡県史料』↓静史＋輯数＋頁数／『信濃史料』↓信＋巻数＋頁数／『上越市史』別編1上杉氏文書集一↓上越＋文書番号／『新訂徳川家康文書の研究』第一輯↓家康＋頁数／『新編信濃史料叢書』↓新信叢＋巻数＋頁数／『戦国遺文今川氏編』↓戦今＋文書番号／『戦国遺文後北条氏編』↓戦北＋文書番号／『戦国遺文佐々木六角氏編』↓戦角＋文書番号／『戦国遺文武田氏編』↓戦武＋文書番号／『増訂織田信長文書の研究』↓信長＋文書番号／『武田氏家臣団人名辞典』↓『辞典』／『山梨県史』資料編4中世1県内文書↓山④＋史料番号／『山梨県史』資料編6上県内記録↓山⑥上＋文書番号／『山梨県史』資料編6下県外記録↓山⑥下＋文書番号

目次

第Ⅲ部　新機軸を打ち出した外交と内政

第Ⅳ部　信虎追放とその後の人生

第Ⅰ部　戦国争乱の幕開けと信虎

絹本著色武田信虎像　山梨県甲府市・大泉寺蔵　画像提供：甲府市教育委員会

第一章　信虎の家族たち

一、父母と兄弟・姉妹

内戦を克服した父・武田信縄

武田信虎は、甲斐守護武田信縄(のぶつな)の長男として誕生した。父信縄は、武田刑部大輔信昌(のぶまさ)の嫡男であるが、生年は明らかでない。信縄の生母は穴山信介(あなやまのぶすけ)の息女（穴山信懸(のぶとお)の妹）。仮名(けみょう)は五郎で、当時の歴代武田氏当主のものと同じであり、惣領(そうりょう)として遇されていたことがわかる。明応元年（一四九二）六月、信縄は父信昌・弟油川信恵(あぶらかわのぶよし)と対立し、国を二分する内戦に突入した。『勝山記(かつやまき)』に「甲州乱国ニ成リ始テ候也」と記録される事態の発端である。こうして、甲斐は戦国争乱に突入した。この争乱は、父信昌が弟油川信恵を愛し、甲斐守護職と惣領を相続させようとしたことに信縄が反発したクーデターであったといわれている。そして、関東管領上杉(かんとうかんれいうえすぎ)氏の分裂、古河公方と堀越公方の対立、さらに堀越公方府の内紛と室町幕府との決裂など、さまざまな要因を巻き込み、事態を複雑化させてしまう（詳細は第Ⅰ部第二章参照）。

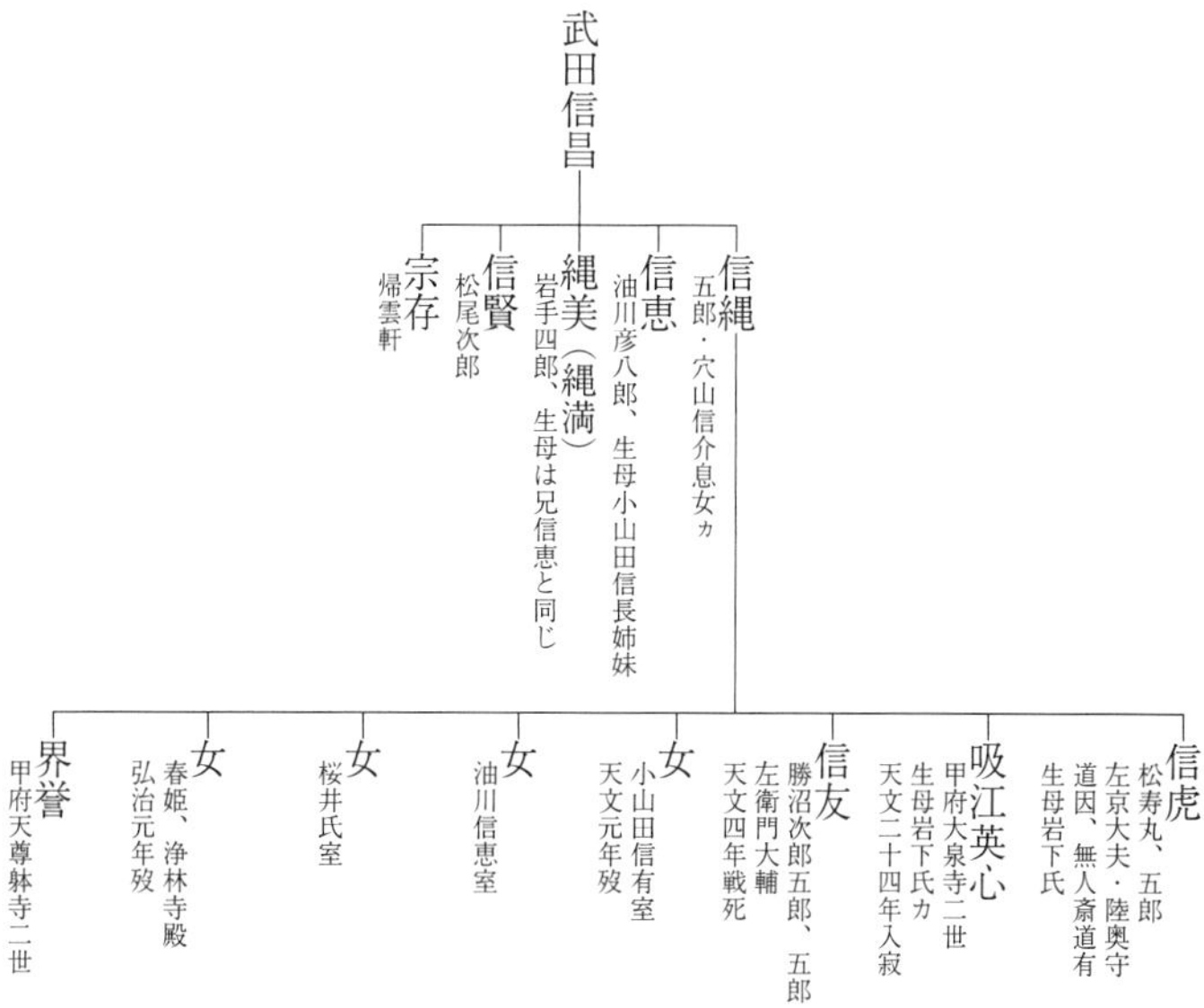

系図１　武田信昌・信縄関係系図

この内戦は、明応七年の大地震を契機に、災害を天罰と恐れた信昌・信恵方と信縄方が和睦することで、いったんは終結した。信虎は、この争乱の最中に誕生している。信縄は、父信昌を落合（山梨市）に隠居させ、甲斐守護職と惣領職の地位を掌握したものの、領国統治のためにはなおも信昌の意向に配慮せねばならぬ、困難な政権運営を強いられた。

永正期になると、信縄は病気がちだったらしく、伊勢神宮や富士浅間神社に病気平癒を祈願している。その間、父信昌が永正二年（一五〇五）九月十六日、五十九歳で死去した。これにより、信縄は甲斐守護として、遠慮なく実権を振るえる状況になったのだが、彼自身も病からの再起は叶わず、永正四年（一五〇七）二月十四日に死去した。享年は不明ながら、三十歳代後半から四十歳代前半と推定されている。『高野山武田家過去帳』には、次のように記録されている（山⑥下二三八号）。

甲州武田五郎、従四位下左京兼陸奥守
長興院殿孚山邦公　神儀　信綱（縄）公
永正四年丁卯二月十四日御他界

この記述によると、武田信縄は従四位下の官位、左京大夫の官途、陸奥守の受領を受けていたとされるが、確実な史料などでは確認できない。これらは、息子信虎と同じであり、あるいは信虎と混同されたものか。

なお、信縄の子女は、少なくとも四男・四女がいた可能性がある（詳細は後述）。

生母・岩下氏（桂岩妙昌大姉）

信虎の生母については、戦前まで父信縄の正室・崇昌院殿とされた時期があった。まず、『国志』人物部第三には「（信縄）夫人ノ法諱、崇昌院殿華岳妙英大姉即チ信虎ノ母也　中山村ノ廣厳院ニ蔵ム弘治二年晴信ノ印書ニ崇昌院殿ノ院号ヲ改メ為廣厳院殿、准開基タルベキ趣ナリ、鎮目村保雲寺ニテハ崇聖院トシ勝沼宿泉勝院ニテハ崇正ニ作ル」とあり、彼女こそが信虎の生母だと明記している。また、高野山十輪院の『武田家過去帳』にも次のようにある（山⑥下二三九号）。

甲州武田信虎御母様御菩提也
華岳妙栄大姉大禅定尼
天文十四乙巳年七月廿三日、同六月十九日逝去

これらの記録から、信虎の生母は『国志』以来崇昌院殿といわれてきたのである。崇昌院殿について、廣瀬廣一氏は栗原氏の息女だったのではないかと推定した（廣瀬廣一・一九四四年）。廣瀬氏はその理由について、根拠を明らかにしていない。いっぽうで、信虎追放後は、崇昌院殿が勝沼氏によって保護されていたと推測している。これは、彼女の菩提寺の一つが勝沼の泉勝院（甲州市）だったことからの推定であろう。泉勝院は勝沼氏の菩提寺であり、『国志』は勝沼信友（信虎の弟）とともに崇昌院殿が祀られているのは、彼女が信友の生母であったからだろうとしている（『国志』人物部第四）。

ところが、戦前、廣瀬廣一氏は、武田信昌の菩提寺永昌院（山梨市）所蔵の『菊隠録』の記録から、信虎の生母は別人であると指摘した（廣瀬・一九四四年）。『菊隠録』とは、永昌院の二世菊隠瑞潭（文安四年〈一四四七〉～大永四年〈一五二四〉）が記録した法語集である。この中に、「清庵貞公禅定門」と「桂岩妙昌大姉」の香語が収められている（山⑥上一〇号）。また、前者の付箋に「山梨郡岩下村岩下越前守、武田信虎母堂桂岩兄也」、後者の付箋には「武田信虎公母堂、岩下氏」と記されている。そして、桂岩妙昌大姉の香語には「維時永正戊寅歳小春十有七日、伏値先妣桂岩妙昌大姉一十三回忌之辰」とあり、永正十五年（一五一八）十月十七日に彼女の十三回忌法要が営まれていた。つまり、武田信虎の生母・

信虎誕生屋敷　山梨県笛吹市

桂岩妙昌大姉は、永正三年十月十七日に死去したことが判明する。彼女の死は、夫信縄が死去する前年のことであった。当時、信虎は九歳もしくは十三歳の少年であった。

実は近世には、信虎は父信縄の居館川田館、もしくは正徳寺館ではなく、岩下氏の屋敷跡（笛吹市春日居町下岩下）で誕生したとの伝承があり、その場所は「信虎誕生屋敷」と呼ばれていた。これは、『国志』古跡部第一にも「誕生屋敷下岩下村」として立項されている。それには「里人武田信虎ノ誕生セシ処ト云伝フ、中畠二段八畝九歩、貞享元子年検地ノ時、租税ヲ命ゼラル」とあり、規模はさほど大きなものではなく、土豪クラスの屋敷跡と思われる。現在も、信虎誕生屋敷跡が伝えられており、この敷地内から、大正年間に三枚の大判型の甲州金が出土している。

信虎誕生屋敷跡は、平成二十年（二〇〇八）八月一日から同年十月十七日まで、笛吹市教育委員会による発掘調査が行われた（山梨県峡東地域振興局農務部・笛吹市教育委員会・二〇一一年）。その結果、武田信縄・信虎時代に相当する十五～十六世紀のかわらけ・擂鉢・内耳・陶磁器（青磁・白磁）などの出土物と、地割溝によって区画されていた痕跡、そしてその内側に掘立柱建物跡二軒、同じ建物跡の一部と思しき柱穴列二件、井戸跡などが発掘された。このことから、信縄・信虎の時代に岩下氏がこの場所に屋敷を構えていたとの伝承は事実であろうと考えられている。

ところで、信虎の生母が岩下氏であったにもかかわらず、なぜ崇昌院殿が信虎の母と記録されているのだろうか。注意したいのは、高野山の記録には「甲州武田信虎御母様」とあるが、生母とは書かれていないことである。つまり、側室岩下氏出生の信虎を、父信縄と正室崇昌院殿は崇昌院殿の養子とし、実母扱いすることにしたのではなかろうか。当時は、生母でなくとも正室を母と呼ぶ慣わしであった可能性が指摘されており（丸島和洋・二〇一五年）、信虎と崇昌院殿の関係もそう捉えて間違いなかろう。

信虎はいつ生まれたか

信虎は、これまで明応三年（一四九四）正月六日生まれとされてきた。その根拠は、『軍鑑』巻十九などである。天正二年（一五七四）、信虎は信濃国伊那郡高遠（長野県伊那市）にて、孫の勝頼と対面したとされるのだが、このとき「信虎公八十一歳」と明記している。実は、『軍鑑』には信虎の年齢を明記したところが散見され、巻一「信虎公をついしゆつの事」には、天文七年（天文十年の誤記）の信虎駿河追放時の年齢を「信虎公四十五歳にて御牢人也」としている。ほかにも、大永元年（一五二一）に駿河今川氏の重臣福島氏と飯田河原で戦ったときには、「（信玄の）御父信虎公二十八歳」と記されている（巻九）。これらを逆算していくと、すべて明応三年となり、『軍鑑』では一貫していることがわかる。

　ところが、秋山敬氏はこの定説に疑問を投げかけ、信虎の生年は明応七年ではないかと指摘した（秋山敬・二〇〇六年）。その根拠となったのが、以下の史料である。

【史料一―1】『高白斎記』明応七年条

　正月六日信虎公誕生、同六月十一日大地震

【史料一―2】武田信虎誕生疏（『国志』人物部第三、「武田左京大夫信虎」に引用）

鮎沢村ノ古長禅寺所蔵天文八年正月六日信虎誕生日祈祷ノ疏ニ曰ク、今月初六日伏シテ値大旦那源朝臣信虎誕生之辰、謹集合山ノ清衆、就于大仏宝殿云々トアリ、正月六日ノ誕生ナリ

【史料一―3】『大井俣神社本紀』（『山梨市史』文化財・社寺編三二六頁）

○天文八亥歳、武田信虎公四十二有厄攘之祈誓而、当社鳥居并ニ石平橋新造立、代参武田信濃守
　源朝臣晴信公、甘利備前守供奉ス

『高白斎記』で明応七年条に特記しているのが、信虎の誕生と明応大地震である。この二つは、とりわけ印象深かったからであろうか。次の「武田信虎誕生疏」は、かつて古長禅寺に所蔵されていたというが、残念ながら現存しない（古長禅寺は、大正十三年〈一九二四〉の大火で寺宝のほとんどを失っている）。それによると、古長禅寺で多数の僧侶を集め、天文八年正月六日に祈祷を実施したのだと

いう。問題は、なぜ天文八年の誕生日にそのような行事を、臨済宗の古長禅寺に行わせたのかである。

　このことについて、『大井俣神社本紀』は興味深い記述をしている。というのも、天文八年は信虎にとって四十二歳の厄年に相当し、そのために彼は武田氏の氏神・窪八幡神社に鳥居と石平橋を寄進したというのだ。天文八年の誕生日に、信虎がわざわざ祈祷を依頼したとするならば、その理由は厄年だったからというのが、最もわかりやすい。

窪八幡神社　山梨県山梨市　画像提供：日原太郎氏

　たしかに、秋山氏の指摘する明応七年誕生説は、天文八年に実施されたさまざまな行事と史料との整合性からみて、蓋然性が高いと考えられる。そのため本書では、信虎は明応七年正月六日生まれとする。

　そうすると、通説と新説による信虎の年齢と事績の相違は、以下のように整理できるだろう。

【通説の場合】明応三年（一四九四）正月六日誕生
明応三年出生（一歳）→永正四年（父の死・家督相続、十四歳）→永正十四年（大井夫人との結婚、二十四歳）→永正十六年（甲府建設、二十六歳）→大永元年（信玄誕生、二十八歳）→天文元年（甲斐統一、三十九歳）→同十年（駿河追放、四十八歳）→天正元年（甲賀潜入、

八十歳）→天正二年（死去、享年八十一）
【新説の場合】明応七年（一四九八）正月六日誕生
明応七年出生（一歳）→永正四年（父の死・家督相続、十歳）→永正十四年（大井夫人と結婚、二十歳）→永正十六年（甲府建設、二十二歳）→大永元年（信玄誕生、二十四歳）→天文元年（甲斐統一、三十五歳）→同十年（駿河追放、四十四歳）→天正元年（甲賀潜入、七十六歳）→天正二年（死去、享年七十七）

なお、信虎の幼名は確実な史料がなく、判然としない。ただ唯一、彼の幼名を記録している史料として『系図纂要』があり、そこには「松寿丸」と記されている。この幼名が正しいかどうかは、今後の史料の発見に委ねたい。

八人いた兄弟・姉妹

信虎の兄弟・姉妹について、『武田源氏一統系図』（山⑥下七一二）、『武田源氏一流系図』（同七三〇）によると、男子は、信縄の長男信虎、次男（三男とも）吸江英心（甲府大泉寺二世、弘治元年〈一五五五〉正月五日歿）、三男（次男とも）信友（勝沼五郎・左衛門大輔）、姉妹は、信縄の長女・小山田越中守信有室（天文元年〈一五三二〉歿）、次女油川信恵室、三女桜井氏室（桜井安芸守母）が記録されている。このほかに、系図に登場しない男子が一人、女子が一人いる。以下、紹介しておこう。

〔吸江英心（生年未詳～天文二十四年〈一五五五〉正月五日）〕

信縄の次男と伝わる。生母は岩下氏か。曹洞宗雲岫派の僧侶となり、甲斐国慈照寺の真翁宗見の弟子となる（『辞典』）。その後、信虎が甲府を建設し、大永年間に万年山大泉寺を建立すると、開山に天桂禅長を据えた。天桂が、大永四年（一五二四）九月二十九日に六十三歳で入寂すると、信虎は大泉寺二世に弟吸江英心を迎え、ここを自らの菩提寺に定めたという（『国志』仏寺部第二）。天文二十四年（弘治元年）正月五日に入寂（黒田基樹・二〇〇七年）。彼が出家したのは、生母が側室の岩下氏だったからであろう。信虎に次いで男子が生まれたため、正室崇昌院殿をはばかり出家させたのではあるまいか。なお、近年、長谷川幸一氏によって、吸江英心の事績や、信虎との関係が再検討されているが、新たな事実は確定されていない（長谷川・二〇一七年、二〇一八年）。

〔武田（勝沼）信友（生年未詳～天文四年〈一五三五〉八月二十二日）〕

信縄の子。次男とも三男ともいわれるが不詳。本書では、三男と推定しておく。生母は信縄の正室崇昌院殿といわれる（廣瀬・一九四四年）。仮名は次郎五郎、五郎。官途は左衛門大輔。信友は勝沼に居館を構え、「勝沼殿」と呼ばれるとともに、都留郡の小山田氏などを監視、指揮下に置いた。実際に永正十七年（一五二〇）、都留郡岩殿山円通寺七社権現修造の棟札に、小山田信有をはじめとする小山田衆とともに名を連ねており、その関係性の深さをうかがわせる（戦武四八号）。また、信友は天文四年の山中合戦で北条氏綱と戦い戦死するのだが、その際も、小山田信有らとともに戦っている。このことから、都留郡の武士を統括する役割を信虎より委ねられていたのであろう。法名不山道存庵主。

- 竹松　大永三年十一月一日歿、享年七　尊体寺（伝承）
- 女（今川義元妻）　生母大井夫人　天文十九年六月二日歿、享年三十二
- 女（穴山信友妻）　生母内藤氏　永禄九年四月二十五日歿
- 晴信（信玄）　生母大井夫人　元亀四年四月十二日歿、享年五十三
- 犬千代（戌千代）　享禄二年二月十九日歿、享年七
- 信繁　生母大井夫人　永禄四年九月十日戦死、享年三十七
- 禰々（諏方頼重妻）　生母工藤氏　天文十三年正月十九日歿、享年十六
- 女（浦野氏妻）　生母工藤氏
- 信廉（逍遙軒信綱）　生母大井夫人　天正十年三月七日歿、享年五十一
- 亀（大井信為妻）　武田晴信養女　生母楠甫氏　天文二十一年五月二十六日歿、享年十九

ところで、信友の跡は息子の勝沼相模守信元（のぶもと）が継いだとされてきたが、それは誤りであることが明らかとなった。信友の戦死後、勝沼を継いだのは府中今井（ふちゅういまい）相模守信甫（のぶすけ）である（秋山敬・二〇〇九年）。勝沼今井信甫の息子勝沼今井安芸守信良（のぶよし）は、永禄三年（一五六〇）に長尾景虎（ながおかげとら）に内通した嫌疑で成敗され、勝沼氏は滅亡している。

なお、秋山敬氏は、勝沼武田信友は信縄の息子、つまり信虎の弟ではないとの説を発表している（秋山・二〇一〇年②、二〇一一年）。秋山氏は、武田信縄が明応十年（一五〇一）二月二十七日に栗原信遠（のぶとお）を殺害し、彼が保持していた騎馬衆二〇〇騎を栗原式部大輔が継承していることを重視した。そして、この栗原式部大輔を信縄の子で、信虎の庶兄と推定したのである。つまり、栗原式部大輔は武田氏から栗原氏に入り婿した人物であり、その妻女は栗原氏の女性で、永昌院の菊隠瑞潭から「天徳（てんとく）」の号を与えられた「信玄之伯母」に相当する人

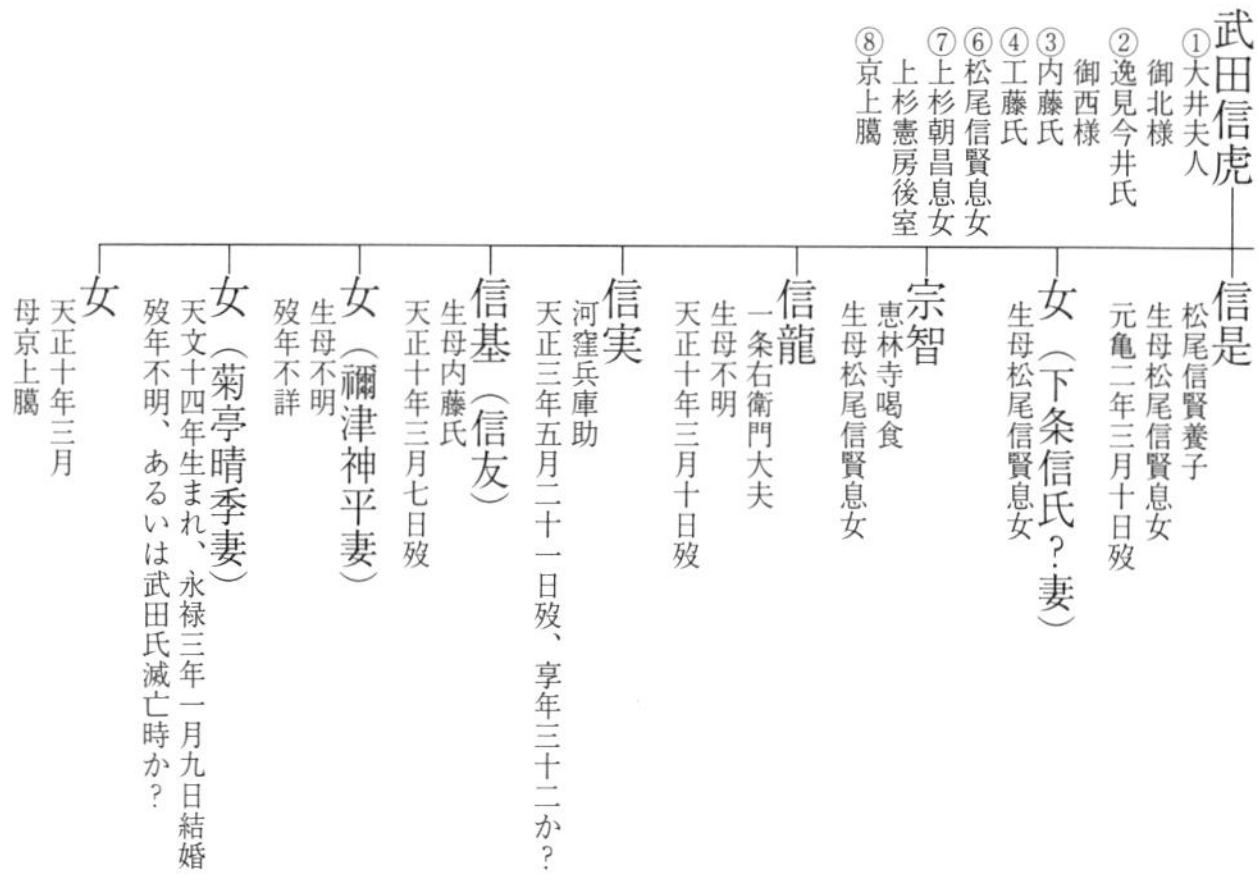

系図２　武田信虎関係系図

物であるという。その間に誕生した人物が、勝沼武田左衛門大輔信友ではないかと推定した。さすれば、信友は信虎の弟ではなく、甥ということになるわけだ。

しかしながら、秋山氏の議論は推定の上に推定を重ねるもので、裏づけとなる根拠が弱い。本書では、勝沼信友には信虎の甥という異説もあることだけを紹介するに留め、通説どおり信虎の弟と考えておく。

〔小山田信有室（生年未詳～天文元年〈一五三二〉）〕

『武田源氏一流系図』によると、信縄息女・信虎妹は「小山田左兵衛尉光俊妻、出羽守信茂母也」とあり、『武田源氏一統系図』には「小山田出羽守妻女」とある。このことについて、丸島和洋氏は、小山田越中守信有の正室の誤記であると考証した（丸島和洋・二〇一三年）。信有との間に子女があったかどうかは明らかでない。天文元年に死去した（『勝山記』）。

〔油川信恵室（生没年未詳）〕

油川信恵は父信縄の弟で、信虎の叔父にあたる。『武田源氏一流系図』には葛山播磨守信貞の生母とある。油川信恵は信虎に滅ぼされたが、その子や一族のなかで信虎方に付いた者がいたらしく、油川氏はその後も存続し、武田信玄の側室を出している。なお、葛山播磨守は実在の人物で、今川氏に仕えている。

〔桜井氏室（生没年未詳）〕

桜井氏は、一説に桜井河内守信定が信虎の弟といわれるが（『国志』士庶部第二）、史実かどうかは確認できない。桜井信定に嫁いだのが信虎の妹とみられ、桜井安芸守信忠を生んだと推定される。信忠は享禄二年（一五二九）生まれなので、蓋然性は高い。なお、『軍鑑』が桜井信忠を小身ながら武田氏に近い親類とするのは、このような血縁を想定しているからであろう。

〔春姫（生年未詳～弘治元年〈一五五五〉四月一日）〕

『国志』や『寺記』などによると、文亀二年（一五〇二）に竹岩山浄林寺（常林寺、北杜市）を中興開基した人物は、武田信縄の息女であるという。彼女は、法名浄林寺殿花慶光春名とされる人物で、『国志』は武田晴信の妹としている。だが、文亀二年に浄林寺を中興開基したとすれば、明らかな誤記といえる。いっぽう、『寺記』には「武田信縄侯之御娘春姫」とあることから、信縄の息女というのが時期的にみて正しいであろう（『寺記』第三巻二二六頁）。同書によると、春姫こと浄林寺殿花慶光春名は、弘治元年四月一日に死去したという。

〔界誉（天尊躰寺二世）（生没年未詳）〕

『国志』仏寺部第一の「功徳山尊躰寺」に、同寺二世の界誉は「信虎ノ弟」と記録されている。これは他の史料では裏づけが取れないため、事実とは断言できないが、甲府の要所に広大な寺地を拝領した天尊躰寺の住職ならば、その可能性は否定できないように思われる。記して後考をまちたい。

二、信虎の息子・息女・養女

諸系図にみえる子女たちと異同

信虎の子女については、諸系図によって出生順に異同があり、なかなか確定することが難しい。とりわけ、武田上野介信友（信基）が何男なのかを判断することは困難である。現在、史料に登場するのは、九男・九女である。以下、紹介していこう。

〔武田竹松（永正十三年〈一五一六〉～大永三年〈一五二三〉十一月一日）〕

『国志』人物部第四に「原証院殿天誉尊躰智光大童子　府中尊躰寺ニ牌子ヲ建ツ、信虎ノ男、名ハ竹松、大永三年霜月朔日七歳ニシテ夭スト云フ」とあり、同書仏寺部第一の大宮山誓願寺、功徳山尊躰寺の項にも、同様の記述がある。また、『寺記』にも詳細に記録されている（『寺記』第二巻）。それらをまとめてみると、信虎の長男竹松は大永三年十一月一日に七歳で夭折した。逆算すると、永正十三年生まれということになる。信虎は、誓願寺開山弁誉霊印に供養を行わせた。その後、弁誉が享禄年間に誓願寺を弟子浄誉に譲り隠居すると、信虎は天文元年、甲府に竹松を開基、弁誉を開山として天尊躰寺を建立したという。寺号は、竹松の戒名によるものである。

ところで、竹松の存在は、『国志』『寺記』以外に、確実な記録によって裏づけることができない。まず、生年が永正十三年であることから、生母が正室大井夫人ではないことは明確なので、側室が生んだのであろう。しかしながら、武田氏は夭折した子女を高野山で供養している場合が多いにもかかわらず、庶出とはいえ、信虎の長男とされる竹松の供養が一切なされていないのは不審である。なお、上野晴朗氏は、竹松と享禄二年（一五二九）に夭折した戌千代が同一人物であり、混同された可能性を指摘している（上野晴朗・一九七二年）。記して後考をまちたいと思う。

〔武田晴信（大永元年〈一五二一〉十一月三日〜元亀四年〈一五七三〉四月十二日）〕

信虎の嫡男。大永元年十一月三日出生。生母は正室大井夫人である。幼名は勝千代と推定され、仮名は太郎、元服して晴信、出家して徳栄軒信玄と称した。

〔武田戌千代（犬千代）（大永三年〈一五二三〉〜享禄二年〈一五二九〉二月十九日）〕

享禄二年二月十九日、七歳で夭折した。逆算すると、大永三年生まれということになる。このことから、晴信と信繁の間に誕生した男子ということになり、竹松の存在を認定すれば、戌千代は三男ということになる。生母は正室大井夫人か。信虎は、享禄二年三月二十四日に家臣跡部宮内丞を高野山成慶院に派遣し、供養を依頼している（『武田御日坏帳』『武田御位牌帳』『十輪院武田家過去帳』、いずれも山⑥下所収）。なお、『一蓮寺過去帳』にも厳阿弥陀仏として記載されているが、命日が二月二十日とあり、高野山の記録と一日ずれている。戌千代については、既述のように武田竹松と同一人物との説もある。

〔武田信繁（大永五年〈一五二五〉～永禄四年〈一五六一〉九月十日）〕

永禄四年九月十日、第四次川中島合戦で戦死した。享年三十七。逆算すると、大永五年生まれになり、武田戌千代の弟ということになる。生母は正室大井夫人。幼名不明。仮名は次郎。官途は左馬助（唐名典厩）。

〔武田信廉（天文元年〈一五三二〉～天正十年〈一五八二〉三月七日）〕

天正十年三月七日、武田氏滅亡直前に織田氏によって甲府で処刑された。享年五十一。逆算すると、天文元年生まれとなる。通説では、生母は正室大井夫人であるが、側室の出生ではないかという異説もある（黒田基樹・二〇〇七年①）。黒田氏はその根拠を明らかにしていないが、生母大井夫人は、信廉出産時の年齢が三十六歳と、当時としてはかなりの高齢であることを想定しているのであろう。ただ、このことについて、当否を判断する史料に恵まれていない。信廉自身は大井夫人を母堂として敬愛し、その遺像を描いている。本書では通説通り、生母を大井夫人としておく。幼名不明。仮名は孫六。官途は刑部少輔。出家して逍遙軒信綱と称した。

〔武田信友（信基）（生年未詳〜天正十年〈一五八二〉三月七日）〕

生母は内藤氏。側室内藤氏が生んだ子女は、信友のほかに穴山信友室南松院殿、浦野氏室がいるとされる。仮名は六郎。官途は左京亮。受領は上野介。諱は諸系図に「信基」とあるが、『甲乱記』には「信友」とある。同書は、軍記物としては成立が武田氏滅亡直後と早く、記述には信頼性が高いものが多いため、諱は信友であった可能性が高い。なお、『武田源氏一流系図』は、「左衛門信基　六郎、上野介」と「上野介信友」を別人として記載しているが、誤記であろう。系図によっては、信基を早世した人物としている場合もあり、彼については混乱が著しい。

『軍鑑』によると、天文八年に信虎が追放された駿河で出生したとあるが、当時、信虎はまだ駿河にはいないので、明らかな誤記である。諸系図では、信繁と信廉の間に位置づけられている。そのため、生年を享禄年間（一五二八〜三二）と推定する説もある（黒田基樹・二〇〇七年①）。

ただ、信虎の駿河追放後、信友が彼の手元で養育され、信虎の後継者（駿河武田氏の当主）と位置づけられていたことは間違いない。だとすれば、信友よりも幼少であった信廉以下の男子をなぜ連れて行かなかったかが説明できない。やはり、信友は信虎が駿河追放後にもうけた男子と考えるのが妥当ではないだろうか。そのように考えれば、信友は信虎の息子のなかでは末子と位置づけるべきであろう。

仮に天文十一年生まれとすれば、永禄十一年の武田信玄の駿河侵攻と武田氏への従属時には二十七歳となり、息子信堯（天文二十三年生まれ、永禄十一年当時十五歳）をもうけていたとしても不自然ではない（信堯の出生当時、信友は十三歳。当時としてはほかに事例もあり違和感はない）。

信友は、今川氏の一門瀬名氏貞の娘を娶ったと推定され、息子信堯の正室は御宿友綱の妹であった。また、信友の息女は今川家臣三浦右馬助員久の妻となっている（黒田・二〇〇七年①）。さらにもう一人の息女は、三条内府の孫中将（三条公兄の孫公仲か）の妻となっている（『軍鑑』末書上、『大聖寺甲斐源氏系図』）。これらの人脈は、すべて駿河今川氏の縁者であるから、信友が駿河における信虎の後継者として処遇され、重用されていたことを示すものであろう。しかも、武田氏への従属後も一貫して駿河にあり、駿河・遠江方面で活動している。

天正十年二月、信友・信堯父子は駿府を守っていたが、徳川家康の侵攻の前に逃亡し、信友は三月に甲府で織田信忠により処刑された。信堯は、妻の姉妹（小山田信茂室）の縁で小山田信茂を頼ったが、彼とともに三月二十四日、甲府善光寺で処刑されている（平山・二〇一七年）。

〔松尾信是（生年未詳～元亀二年〈一五七一〉三月十日）〕

生母は松尾氏で、武田信縄の弟松尾信賢の息女。松尾信賢は、信縄の弟のなかで唯一、信虎に味方し、その後も信虎方として活動していたらしい。側室松尾氏は、信虎にとって従姉妹にあたる。信是の生年は明らかでないが、天文十九年から活動が確認できるので、信廉のやや下とみるべきか。仮名は源十郎。官途は民部少輔。祖父松尾信賢の名跡を継ぎ、松尾信是と称したが、元亀二年に死去。武田信玄は、弟松尾信是の後継者に弟河窪信実の息子新十郎信俊を指名し、信是の息女と結婚させている。松尾信俊は、信是息女と信虎の側室松尾氏（「松尾老母」）の保護を信玄から指示されている。

〔宗智（生没年未詳）〕

『大聖寺甲斐源氏系図』『武田源氏一流系図』などにみえる男子で、恵林寺（甲州市）の喝食になったものの、早世したという。生母は松尾氏。

〔武田（河窪）信実（生年未詳～天正三年〈一五七五〉五月二十一日）〕

河窪（川窪、甲府市）を本領としたことから、河窪兵庫助と呼ばれたという。生母は不明。元亀二年から活動が確認され、兄松尾信是の死後、松尾郷（甲州市塩山小屋敷）を引き継ぎ、信是後室と信是の老母（「松尾老母」）の保護を武田信玄から指示された。信実の息子松尾信俊が永禄七年生まれなので、信実は天文元年から九年までの間に生まれたとみられる。ただ、信実の息子信俊が、武田氏滅亡まで仮名新十郎を称しており、いっぽう、信虎末男とされる一条信龍の息子信就は、上野介の官途を称していることから、黒田基樹氏が推定するように、信実のほうが弟で、信龍はその上の男子とするのが妥当であろう（黒田・二〇〇七年①）。天正三年の長篠合戦で戦死した。

〔一条信龍（生年未詳～天正十年〈一五八二〉三月十日）〕

一条氏の名跡を継ぎ、右衛門大夫の官途を称した。元亀二年より活動が所見される。これは、信玄の他の異母弟松尾信是、武田信実とほぼ同時期であり、世代が同じであることをうかがわせる。天文元年から同十年の間に出生したのであろう。天正八年には、息子上野介信就が単独で活動していることから、この頃に隠居したと推定されている。前記のように、信龍は信虎の末男と諸系図に記されているが、息子信就が上野介の受領を称し、家督を継承しているのに対し、信実の息子信俊は新十郎の仮名のままなので、信龍が年長の兄で、信実が弟とみるべきであろう。

以上のことから、武田信虎の息子は、竹松を実在の人物と仮定した場合、長男竹松、次男晴信、三男戌千代、四男信繁、五男信是、六男宗智、七男信龍、八男信実（以上が甲斐在国時代出生）、九男信友（駿河追放後出生）と推定できるだろう。

九人いた信虎の息女

諸系図などを検討すると、信虎には九人の息女がいたと推定される。それは、今川義元（よしもと）室、穴山信友室、諏方（すわ）頼重（よりしげ）室、浦野氏室、大井信為（のぶため）室、下条氏室、禰津（ねつ）氏室、菊亭晴季（きくていはるすえ）室、末女の九人である。

以下、簡単に紹介しておこう。

〔今川義元室（定恵院殿（じょうけいいんでん））（永正十六年〈一五一九〉～天文十九年〈一五五〇〉六月二日）〕

生母は大井夫人。天文六年、今川義元の正室として嫁ぐ。義元との間には、嫡男氏真（うじざね）（天文七年生まれ）、息女隆福院殿（りゅうふくいん）（天文十九年閏五月二十六日歿）、嶺松院殿（れいしょういん）（武田義信（よしのぶ）室）がいる。天文十九年歿。享年三十二。法名定恵院殿南室妙康大禅定尼。

〔**穴山信友室**（**南松院殿**）（**生年未詳～永禄九年**〈**一五六六**〉**四月二十五日**）〕

生母は内藤氏。武田御一門衆穴山信友に嫁いだ。その時期については、天文元年頃、天文九年頃など諸説ある。天文十年に嫡男勝千代（後の信君（のぶただ）、梅雪斎不白（ばいせつさいふはく））を生んでいるので、それ以前であることは間違いない。法名南松院殿葵庵理誠禅定尼。

〔**禰々**（ねね）（**享禄元年**〈**一五二八**〉**～天文十二年**〈**一五四三**〉**正月十九日**）〕

生母は不明。天文九年十一月、諏方頼重の正室として嫁いだ。天文十一年四月四日、虎王丸を生むが、六月に夫頼重が滅亡すると、息子とともに甲府に引き取られた。まもなく十六歳で逝去。法名玉芳妙貴大禅定尼。

〔**浦野氏室**（**生年未詳～永禄十一年**〈**一五六八**〉**三月十七日？**）〕

生母は工藤（くどう）氏。信濃国小県郡（ちいさがたぐん）の国衆浦野氏に嫁いだ。夫については、浦野源之丞友久（ともひさ）（永禄十一年六月八日歿）、浦野源太郎信政（のぶまさ）（生没年未詳）、海野左衛門尉幸次（ゆきつぐ）（生没年未詳）のいずれかと推定される。時期的にみて、浦野源一郎は彼女の息子であろう（『辞典』）。永禄十一年三月十七日に死去したと推定される。法名蘭庭妙芳禅定尼。

〔**亀**（**天文三年**〈**一五三四**〉**～同二十一年**〈**一五五二**〉**五月二十六日**）〕

生母は楠甫（くすほ）氏。時期は定かでないが、兄晴信の外戚にあたる大井武田氏の惣領大井次郎信為に嫁ぐ。

だが、夫信為は天文十九年七月に二十歳で急逝している。信為との間の子女はなかったらしい。亀姫自身も同二十一年に逝去した。享年十九。法名光岩宗玉大禅定尼。

〔下条氏室（生没年未詳）〕

生母は松尾氏。諸系図に「下条母」「下条某妻」とあり、『武田源氏一流系図』には「下条伊豆守信氏妻、兵庫助信昌母也、松尾一腹」と明記される。つまり、信濃国伊那郡吉岡城主下条伊豆守信氏（のぶうじ）に嫁ぎ、嫡男兵庫助信正（のぶまさ）（信昌）を生んだことになる。ところが、『下条記』など下条氏の記録には、武田氏の女性を娶ったことはまったくみられず、信氏の正室と信正の生母は糟屋（かすや）氏だったと記されている。このことから、下条氏とは信濃国伊那郡の下条氏ではなく、甲斐源氏の一族下条（げじょう）氏（『軍鑑』には「牙城」と記される）ではないかと推定されるが、詳細は不明。

〔禰津氏室（生没年未詳）〕

諸系図に、禰津神平の妻になったとある。禰津氏は信濃国小県郡の国衆で、滋野（しげの）一族の名門。神平とは、禰津氏の惣領が名乗る仮名なので、彼女が嫁いだのは、世代と時期的にみて、禰津宮内大輔政（まさ）直（なお）（後に松鷂軒常安（しょうようけんじょうあん））であろう。生没年、生母などは一切不明。禰津月直の生母と推定されている（『辞典』）。

〔菊亭晴季室（天文十四年〈一五四五〉～没年未詳）〕

生母不詳。信虎の駿河追放後に生まれた女子。永禄三年（一五六〇）正月九日、権大納言菊亭晴季に嫁いだ。二人の息女をもうけたとされるが（『武田源氏一統系図』『武田源氏一流系図』等）、詳細は不明。

〔**京上臈のむすめ**（生年未詳〜天正十年〈一五八二〉三月）〕

生母不詳。信虎の京都滞在中に上臈との間にもうけた息女。おそらく天正二年、武田信虎の信濃入国の際に伴っていたと推定され、彼女が父に最後までついてきたとみられる。信虎の死後は、武田勝頼に庇護されていたらしい。天正十年三月三日、新府城（韮崎市）に火を放ち、勝頼が都留郡を目指して行動を開始した際に、ともに城を脱出した人々のなかに勝頼夫人（北条夫人）、勝頼の外祖母御大方様、信玄末子の息女とともに「信虎京上臈のむすめ」が記録されている（『信長公記』）。その後、勝頼とともに滅亡した人物の中に、彼女の存在をうかがわせるものはない。おそらく、途中で勝頼一行から落伍し、その後落命したのであろう。「甲賀山中文書」の中に、元亀二年十一月、甲賀の土豪美濃部茂俊より買得した土地をめぐって、彼と徳政落居契状を取り交わした「信虎様御息女おふく女様」が記録されている（『水口町志』下巻二四四号）。これが武田信虎息女を指すとすれば、おふくはこの京上臈の生んだ息女の可能性が高い。

信虎の妻女たち

諸記録や諸系図を検討してみると、武田信虎には正室大井夫人のほかに、数人の側室がいたと推定される。側室として、御西様（逸見今井氏）、上杉憲房後室、内藤氏、工藤氏、楠甫氏、松尾氏、京上臈がいた。このうち、確実な記録で確認できるのは、正室大井夫人、御西様、上杉憲房後室の三人だけで、ほかに京上臈が『信長公記』に記録される。その他は、系図類などに記述されるにすぎず、裏づけがとれない。

ただ、側室をみてみると、武田氏を支えた譜代重臣内藤・工藤氏や、父祖以来の譜代楠甫氏、武田一門では松尾氏から迎えており、甲斐統一をめぐる抗争のさなかという情勢下を反映し、周囲の信頼できる臣下から迎えていることは注目してよい。しかも、武田一族で有力国衆の栗原・穴山・油川・岩手（いわで）氏や小山田氏からは側室を迎えた痕跡が認められず、彼らとの激しい対立の様相が側室の出身分布からもうかがい知ることができるだろう。彼の側室の出身に変化がみられるのは、駿河追放後のことである。少なくとも、菊亭晴季室の生母は駿河今川氏の家中の出身とみられる。また、上洛後は京の上臈を妻女に迎え、一女をもうけている。

本項では、史料が比較的残されている正室大井夫人、御西様、上杉憲房後室の三人を紹介することにしよう。

〔正室大井夫人〕（瑞雲院殿（ずいうんいんでん））（明応六年〈一四九七〉十一月十七日～天文二十一年〈一五五二〉五月七日）

信虎の正室。武田大井信達（のぶさと）の息女。永正十四年（一五一七）、大井信達・信業（のぶなり）父子が信虎に降伏した際に嫁いだと推定されている。著名なわりには、事績に乏しい。天文十年に夫信虎が追放された後も駿河には同行せず、甲府に留まった。躑躅ケ崎館の北に居住したことから、「御北様」と呼ばれて

絹本着色武田信虎夫人像　武田信廉筆　山梨県甲府市・長禅寺蔵　画像提供：甲府市教育委員会

大井夫人の墓　山梨県南アルプス市・古長禅寺

いる。躑躅ケ崎館跡に御隠居曲輪が伝承されており、ここが大井夫人の隠棲地であったといわれる。天文二十一年五月七日歿。享年五十五。法名は瑞雲院殿心月珠泉大姉。天文二十四年の三回忌から、長禅寺殿となった。墓所は、古長禅寺（南アルプス市鮎沢）と長禅寺（甲府市）にある。また、武田逍遙軒信綱（信廉）が一周忌に描いた遺像が、長禅寺に残る。

〔御西様（生年未詳～天正三年正月九日）**〕**

信虎の側室として、最も史料に恵まれているのは、「御西様」と呼ばれた女性かもしれない（以下は、秋山敬・二〇〇三年①による）。彼女の史料上の初見は、『一蓮寺過去帳』である。その大永六年（一五二六）

の年紀を持つ記録の中に、「春英理芳禅尼大師　逆予御西」とある。「逆予」は逆修（ぎゃくしゅう）供養のことである。この人物が誰であるかは、『菊隠録』が明らかにしてくれる（山⑥上一〇号）。それによると、大永二年四月、春英理芳（しゅんえいりほう）は永昌院菊隠瑞潭から受戒している。その際に、菊隠は彼女について「清和苗裔今井流英、国主之愛君、千人之英、万人之傑、冠天下乎、女流中之丈夫也」と記している。このことから、御西とは今井氏の出身の女性で、武田信虎に愛された女性であり、その才色兼備を讃えられていたことがわかる。また、『高野山成慶院武田家過去帳』には、次のようにある（山⑥下二三八号）。

月牌太虚道徹禅定門　神儀　甲州府中逸見殿御西之上様御参詣之砌建立
天文廿二年癸丑五月廿六日
月牌聖山理繁禅定尼　霊位　甲州府中逸見殿御西之上様御参詣之砌建立
天文廿二年癸丑五月廿六日

これによると、信虎の側室御西（「御西之上様」）は「逸見殿」と呼ばれており、天文二十二年に高野山に参詣し、「太虚道徹禅定門」「聖山理繁禅定尼」の供養を依頼している。このとき、彼女が供養を依頼した人物については、それぞれ法名しか伝わっていないが、廣瀬廣一氏が指摘するように、逸見今井氏の人物で、彼女の両親であろう（廣瀬・一九四四年）。御西は、両親の菩提供養のために塔婆を建立すべく、わざわざ高野山に赴いたのであろう。

御西を追ってみると、彼女が記録に登場するのは、すべて逆修供養ばかりなのである。まず、大永

御西画像　西昌院旧蔵（原本は戦災で焼失した）『図説 武田信玄公』より転載

三年十月二十七日に三十三回忌供養（『菊隠録』）、『菊潭集』には時期は不明ながら、百ケ日、一周忌、三回忌、七回忌、十三回忌、三十三回忌の供養を永昌院菊隠瑞潭に依頼して執り行っている。この供養には、御西の弟今井杢之助（法名清仲道安禅男）も加わっている。このほかにも、『一蓮寺過去帳』の天文十年十月二十六日に「御西局妙一房逆修」と記録されている。

つまり、御西様は大永三年前後と天文十年に逆修供養を実施している。このうち、天文十年は信虎追放直後に相当し、彼女は駿河へは行かず、甲斐に残留している。秋山敬氏は、大永二年が信虎のもとに嫁いでさほど時間が経過していない時期であること、そして天文十年が夫追放の年であること、などから、彼女自身が信虎の側室になったことを決して喜ばしいこととは捉えておらず、実家逸見今井氏の降伏と所領没収などによる事実上の没落などもあり、自らの不遇を憂い、災厄除去と安寧を求めて実施したものと推測している（秋山・二〇〇二年①）。

これらの記録から、逸見今井氏の息女御西様は、大永二年以前に信虎の側室になったのであろう。彼女ほどの家格であれば、信虎正室がふさわしいが、すでに大井信達息女の大井夫人が正室になっていたために、側室に甘んじたということなのであろう。となると、大井夫人の輿入れが永正十四年と推定されているので、彼女はその後に輿入れしてきたことになる。大井信達降伏後、今井氏が息女を信虎に娶せるとすれば、永正十七年の今井信元らの甲府退去と叛乱、そして彼らの降伏が契機とみるのが自然であろう。つまり、御西様は永正十七年の今井信元降伏後、信虎の側室になったと考えられる。とするならば、御西様は、今井信元の息女であった可能性が高い。柴辻俊六氏は、今井左近大夫信仲（のぶなか）の息女としているが（『辞典』）、信仲は天正期に活動している人物なので世代があわない。また、天正三年十一月、勝頼は、嫡男信勝（のぶかつ）・上伊那郡司今井信仲らとともに、諏方神社の再建修復を実行しているが（戦武二五五二号）、その棟札に「御祖母」と記される人物を、柴辻氏は同年正月に逝去したばかりの御西様に比定している（『辞典』）。だが、この「御祖母」は、勝頼の外祖母御大方様（諏方頼重未亡人）のことであろう。

　御西様は、天正三年正月九日に死去したといわれる。これは、菩提寺と定められた甲府六角堂西昌院（ろっかくどうさいしょういん）（甲府市）の位牌による（『国志』仏寺部第一、人物部第四）。西昌院は、武田勝頼が建立したといわれ、天正三年正月二十三日に、勝頼は「御西御菩提」のため、甲府の西昌院を牌所と定め、若神子（わかみこ）において三十俵の寺領を寄進している（戦武二四四三号）。西昌院は臨済宗円光院（えんこういん）末で、山号は金光山、旧横田町（現在の甲府市武田三丁目）に所在していた（現在は廃寺だが、寺跡に六角堂が残る）。そのため、西昌院の史料は現在、円光院が保存している。御西様の法名は、西昌院殿春蘤理芳大姉であるという。享年は明らかでないが、七十歳台ではなかろうか。当時としては長寿である。
　なお、御西様と信虎との間に子女がいたかどうかはまったく明らかにならない。だが、生母が確定できない武田戊千代、武田信廉、禰々、禰津氏室などが、彼女の子女の候補として想定できるだろう。記して後考をまちたいと思う。また、御西様の呼称は、躑躅ケ崎館の西側に居住していたことに由来するといわれている。ちなみに、正室大井夫人は御北様である。

〔上杉憲房後室〕（生没年未詳）

　上杉憲房は、関東管領山内（やまのうち）上杉氏の当主であったが、大永五年（一五二五）三月二十五日に五十九歳で死去した。その後室が、扇谷（おうぎがやつ）上杉朝興（ともおき）の周旋により、享禄三年（一五三〇）に信虎の側室となった（『勝山記』）。だが、これに反発した今井信元・栗原信重（のぶしげ）・飯富（おぶ）虎昌（とらまさ）らが甲府を退去し、信濃諏方郡の諏方頼満（よりみつ）の支援を受けて信虎に反抗した。信虎は、二年かけてこの叛乱を鎮圧し、天文元年に甲斐統一を果たしている。憲房後室は、信虎の側室になったことまでは記録されているが、その後どうなったのかはまったくわかっていない。

第二章　信虎誕生前夜

一、関東の争乱と武田氏

甲斐守護武田氏の凋落

まず初めに、武田信虎が登場する前段階の甲斐国と武田氏の状況を概観しておく。なぜなら、信虎が家督相続直後から背負うこととなった幾多の問題は、室町中期以降の武田氏の歴史と密接不可分の関係にあるからである（以下の記述は、特に断らない限り、渡邊世祐・一九二六年、磯貝正義・一九七四年、秋山敬・二〇〇三年①、平山・二〇一一年①による）。

甲斐守護武田氏は、室町中期以降脆弱となり、やがて国を維持できなくなって、甲斐から退去する苦難を経験している。その契機は、応永二十三年（一四一六）十月に勃発した上杉禅秀（ぜんしゅう）の乱である。これは、関東公方足利持氏（もちうじ）と前関東管領犬懸（いぬかけ）上杉氏憲（うじのり）（禅秀）の対立が激しくなり、ついに禅秀が叛乱を起こしたものであった。この叛乱は、関東の守護・国人衆を多数巻き込む、大規模な争乱に発展したが、持氏は室町幕府将軍足利義持（よしもち）の支援を得て、翌年正月、禅秀方の鎮圧に成功した。

このとき、甲斐守護の地位にあったのは、武田安芸守信満であった。信満は、息女を禅秀に嫁がせており、夫婦の間には憲方ら三人の男子があった。このように、信満は禅秀の舅であったため、禅秀方に荷担したが、禅秀方が壊滅すると、信満も持氏方の征討を受け、応永二十四年二月六日、甲斐国山梨郡の木賊山（天目山棲雲寺〈栖雲寺〉の地。甲州市）で自刃した。討伐を怖れた信満の子信重・信長や、信満の弟穴山満春らは甲斐を逃れて上方へ逃亡した。この結果、甲斐国は守護不在という事態に陥った。

足利持氏は自身の支持する甲斐国人・逸見有直を甲斐守護職に据えようとするが、室町幕府はこれを警戒して許さず、武田氏を支持し続けた。

守護として復帰した信重

その後、将軍足利義持は高野山に隠棲していた穴山満春を還俗させ、武田陸奥守信元と名乗らせて甲斐守護に任じ、信濃守護小笠原政康に支援を命じた。政康はこれに応えて、信濃国佐久郡の国人跡部氏を信元に附属させ、甲斐帰国を実現させている（小笠原政康の生母は、武田信春の息女）。これが、跡部氏の甲斐国移住の契機である（跡部氏は一族を挙げて移住したらしく、その後佐久郡では活動した形跡がない）。

しかし、武田信元は内乱を終熄させることが果たせぬまま早世してしまい、甲斐は再び守護不在となってしまう。信元は、自分の後継者として武田信長を指名しようとしたが、禅秀の乱に荷担した経緯があるため、幕府の支持を得られず、やむなく信長の子伊豆千代丸を養子にすることを決め、これは幕府の了解を得た。だが、信元が早世したため、伊豆千代丸は甲斐をまとめることができなかった。そこで、実父信長が甲斐に潜入して伊豆千代丸を支え、反逸見方の国人を糾合してこれと戦い、成果を収めるが、足利持氏に攻められ、甲斐を維持できなくなり降伏し、鎌倉に移住して持氏に出仕した。

武田信長が鎌倉に去り、逸見氏の勢力も減退した間隙を衝き、台頭したのが跡部氏である。跡部氏は、武田伊豆千代丸を圧倒していたらしく、武田方は苦境に立たされた。これを知った武田信長は、鎌倉を脱出して甲斐に潜入し、息子伊豆千代丸を支援して跡部方と戦ったが敗れ去り、父子ともに上方へ逃げ帰ったという。

永享十年（一四三八）、将軍足利義教は足利持氏と対立し、ついにこれを討つことを決断した。幕府の軍勢が続々と関東を目指して出陣していき、こうして始まったのが永享の乱である。

このとき、幕府は懸案だった武田氏の甲斐復帰を実現させた。幕府軍とともに武田信重が甲斐守護として帰国を果たしたのである。だが、信重もまた内乱を終熄させることができぬまま、明徳二年（一四五〇）十一月、穴山氏に攻められて戦死したと伝わる。

その子信守も、みるべき事蹟もないまま早世したという。その後、甲斐守護を継承したのは、武田信昌であった。彼こそ、信虎の祖父である。信昌は父信守の早世後、家督を相続したが、まだ幼少であり、実権は家宰の跡部駿河守明海・上野介景家父子に握られていたという。やがて成長した信昌は、長禄元年（一四五七）より跡部氏との戦いを開始し、ついに寛正六年（一四六五）七月、跡部景家を滅亡させ、名実ともに武田氏のもとへ実権を取り戻し、甲斐統一を達成したのである。

堀越公方府の成立と足利茶々丸の叛乱

文安四年（一四四七）、永享の乱で敗死した足利持氏の後継者として、彼の子成氏が関東公方就任を室町幕府から認められた。ところが、成氏は享徳三年（一四五四）、関東管領上杉憲忠と対立し、彼を鎌倉で謀殺してしまう。こうして関東は、関東公方成氏派と室町幕府・上杉氏派とに分裂し、三十年に及ぶ享徳の乱へと突入した。

その後、成氏は康正元年（一四五五）に鎌倉から下総国古河（茨城県古河市）に移り、成氏派の常陸国佐竹氏、下総結城氏などと連携して、幕府・上杉方と対抗した（古河公方の成立）。

これに対し、将軍足利義政は、成氏に代わる新たな「関東主君」（関東公方）として、実弟足利政知を東国に派遣した。しかし、政知は成氏方の根強い抵抗に遭い、鎌倉に入れず、伊豆国韮山（静岡県伊豆の国市）に居館を構え、情勢をうかがうこととなる（堀越公方の成立）。こうした情勢下で、甲斐守護武田信昌は室町幕府―堀越公方府の側につき、足利成氏方の甲斐逸見氏や信濃国佐久郡の岩村田大井氏などと戦っている。

享徳の乱は、文明十年（一四七八）に足利成氏と山内・扇谷両上杉氏が和睦し、さらに同十四年、成氏と将軍義政が和睦したことで終結した（都鄙合体）。これにより、堀越公方足利政知は、「関東主君」から伊豆を分国とする存在に転落してしまう。

いっぽう、関東では文明十八年七月、扇谷上杉定正が家宰・太田道灌を暗殺したことを契機に、扇谷上杉氏と山内上杉氏とが対立するようになり、長享元年（一四八七）、合戦に発展した（長享の乱）。長享の乱により、駿河では扇谷上杉氏と堀越公方足利政知の支援で今川氏の家督を継承していた今川範満が、今川氏親・伊勢宗瑞によって滅ぼされ、今川氏親が当主となった（黒田基樹・二〇一九年①）。

また、足利政知は長享三年に将軍足利義尚が早世すると、「都鄙合体」を覆すべく、息子清晃を上洛させ、細川政元と謀り、将軍に据えようと画策したが果たせなかった（以下の記述は、家永遵嗣・二〇〇〇年、二〇一三年による）。新将軍には、義尚の母日野富子らの合意を得た足利義材（義視の子、義尚の従兄弟）が就任した。それでも、政知は野望を捨てず、清晃の同母弟潤童子を堀越公方の跡継ぎに据え、長男茶々丸を廃嫡とし準備に余念がなかった。政知は、京都の室町幕府将軍と堀越公方をともに円満院（武者小路氏）を生母とする兄弟で占め、彼らの協同で「都鄙合体」を破棄させることで、古河公方成氏の征討を再開させようと考えていた。政知は成氏を滅ぼし、「関東主君」（関東公方）に就任する希望を捨ててはいなかったのである。

長享三年、京都で将軍義材の父義視が死去したため、細川政元は清晃を擁立すべく再び動きだした。

ところが、その最中の延徳三年（一四九一）四月、堀越公方足利政知が死去してしまったのである（享年五十七）。

そして、政知の死からまもなくの七月、足利茶々丸はクーデターを起こし、継母円満院と異母弟潤童子を殺害して、堀越公方府の実権を掌握した。さらに、山内上杉顕定と結び、扇谷上杉氏および、駿河国御厨地方に勢力を伸ばしていた相模小田原の大森氏（扇谷上杉方）と対抗した。この堀越公方府の政変が、甲斐武田氏の動向に大きな影響を与えたのである。

信昌・信縄父子の対立――甲州乱国の背景

延徳四年（明応元、一四九二）六月十一日、甲斐守護で惣領の武田信縄（信虎の父）は、父信昌に対しクーデターを起こしたとされ、彼を落合に隠退させた。だが、信昌はこれに実力で対抗する構えを見せ、父信昌に信縄の弟油川彦八郎信恵が味方して、武田氏は分裂した。双方に甲斐の武士が荷担し、甲斐国は内戦へと突入していった。『勝山記』が「甲州乱国ニ成リ始テ候也」と記した、戦国争乱が始まったのである。

この信昌・信恵と信縄の分裂・対立は、父信昌が信恵を愛し、彼に家督を譲り渡そうとしたことから、それに反発した信縄が起こしたクーデターであったとされるが（奥野高廣・一九六五年）、近年、家永遵嗣氏は、それだけが原因ではないと指摘する（家永遵嗣・二〇一三年）。家永氏は、武田氏の内訌が、足利茶々丸のクーデターからちょうど一年後に始まっていること、さらに、内戦開始直後の九月九日、今川氏親が甲斐侵攻を開始している（『勝山記』『小年代記』）ことなどから、氏親が信昌・信恵・穴山信懸支援のために動いたことを重視する。それだけではない。信濃の諏方頼満も、甲斐に家臣矢ヶ崎（やがさき）氏らを派遣している（『一蓮寺過去帳』）。頼満もまた、信昌方に与して出兵したといわれる。

つまり、信昌・信縄父子の対立は、堀越公方府への対応をめぐる、両者の対立が発端ではなかったかというのである。信昌・信縄父子は、足利政知の関東下向以来、一貫して政知支持（幕府方支持）であった。ところが、足利茶々丸の義母・異母弟殺害により、堀越公方府は室町幕府と対立する事態が不可避となったわけだ。信昌は、反茶々丸の態度を鮮明にし、信縄は引き続き堀越公方府を支えること、すなわち茶々丸方になることを選択したのではないか。この意見の分裂が、父子・兄弟の分裂に至り、信昌は家督を信縄から信恵にすげ替える強行策に出たため、信縄は決起したのであろう。武田氏の内訌は、かくて「兄弟相論」という形を取ることとなった。

この内訌に、茶々丸支援を鮮明にした関東管領山内上杉顕定が信縄方に、反茶々丸の今川氏親・伊勢宗瑞、諏方頼満が信昌・信恵方にそれぞれ荷担し、後者が甲斐に侵攻して争乱が本格化したと推定される。

二、分裂する東国と武田氏

明応の政変の余波

武田氏の内訌が始まった翌明応二年（一四九三）、細川政元が京都でクーデターを起こし、将軍義材を追放、清晃（のちの義澄）を十一代将軍に擁立した（明応の政変）。かくて、将軍足利義澄・細川政元政権が誕生した。いっぽう、追放された義材は北陸に亡命し、再起を図る。

これ以後、義材（以後、義稙で統一）—義維（養子、堺公方）—義栄（十四代将軍）と義澄—義晴（十二代将軍）—義輝（十三代将軍）—義昭（十五代将軍）の二系統が、将軍の座をめぐり、各地の大名・国人らを巻き込み、激しく対立する時代が続く。

将軍義澄・細川政元政権と密接な関係にあったのが、今川氏親・伊勢宗瑞である。宗瑞は明応二年、室町幕府の支持を得て伊豆に侵攻を開始し、堀越公方足利茶々丸と対決した。茶々丸は、味方となった伊豆の国人らとともに抵抗を続けたが、明応四年二月頃、山内上杉氏の勢力圏であった伊豆七島のいずれかに退去した。

同じ頃、甲斐では武田信昌・信恵と信縄の抗争が続いていたが、明応四年には、信縄がどうやら都留郡の小山田氏らを従属させるか、少なくとも味方につけることに成功したらしい。なぜならば、明応五年、足利茶々丸は山内上杉氏の領国武蔵に入り、さらに甲斐に移動し、都留郡吉田（富士吉田市）の正覚庵（上吉田、臨済宗月江寺末、現在は廃寺）に身を寄せ、駿河国御厨地方への攻勢を始めているからである。もし、小山田氏らが信昌・信恵方（幕府方、反茶々丸方）であれば、茶々丸が身を寄せ、再起を図ることなどできないからである。

実は明応四年八月、伊勢宗瑞が初めて甲斐侵攻を行っている。宗瑞は、籠坂峠（山梨県山中湖村・静岡県小山町）に布陣しただけで都留郡に攻め込んでおらず、やがて和睦して撤退している（『勝山記』）。この不可思議な軍事行動の理由について、家永遵嗣氏は、小山田氏らが信縄方に転じないよう牽制したと推定している（家永・二〇一三年）。また、駿河御厨地方を支配下に入れていた相模小田原の大森氏も、武田信縄と連携していたことも明らかになっている。

このような事情もあって、武田氏の内訌は甲斐一国の問題にとどまらず、周辺諸勢力の介入を招くことになったといえる。

信濃諏方氏の動向

甲斐の隣国、信濃国諏方郡の諏方氏も、同じ頃、内訌の只中にあった。発端は、諏方大社大祝諏方氏が分裂を引き起こしたことにあった（以下は『諏訪市史』上巻、渡邊世祐・一九五四年による）。諏方氏は、大祝職をつとめた後に惣領に就任して、諏方氏当主となるのが通例であったが、応永八年

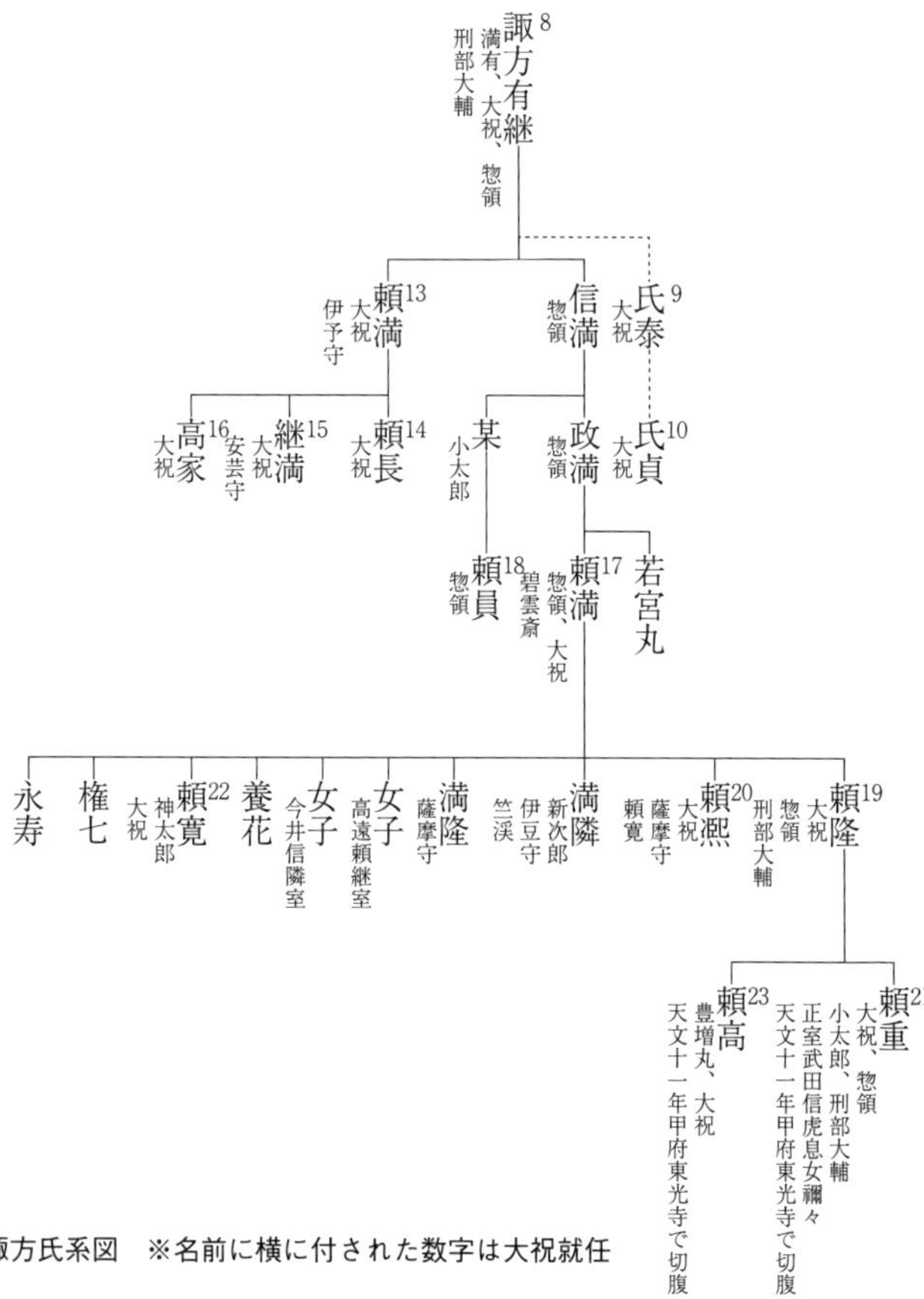

系図３　諏方氏系図　※名前に横に付された数字は大祝就任順を示す

（一四〇一）以降、大祝職を歴任する大祝家と、惣領を嗣ぐ惣領家に分裂、並立する状況にあった。

やがて、大祝諏方継満がこの二つを独占したいとの野心を持ち、文明十五年（一四八三）に惣領諏方政満らを諏方大社上社神殿に饗応すると誘い、謀殺するという事件を引き起こした。これに怒った惣領方と上社社家衆により、継満らは追放された。以後、継満らは伊那に逃れ、伊那郡鈴岡（すずおか）城主鈴岡小笠原政秀（まさひで）らの支援を受け、諏方帰還のために動くのである。これに対し、惣領家を相続した諏方頼満を信濃守護府中小笠原長朝（ながとも）が支援した。

その後、大祝・惣領を統一した諏方頼満は、諏方大社下社大祝金刺（かなさし）（諏方）昌春（まさはる）と断続的に抗争を繰り返した。こうした情勢下で、諏方頼満は細川政元政権と結びついており、後の明応の政変で将軍足利義澄・細川政元政権が誕生すると、その支援を受けるようになった。また、諏方氏が以前より甲斐守護武田信昌と密接な関係にあったという経緯から、頼満は明応元年に始まった武田氏の内訌（甲

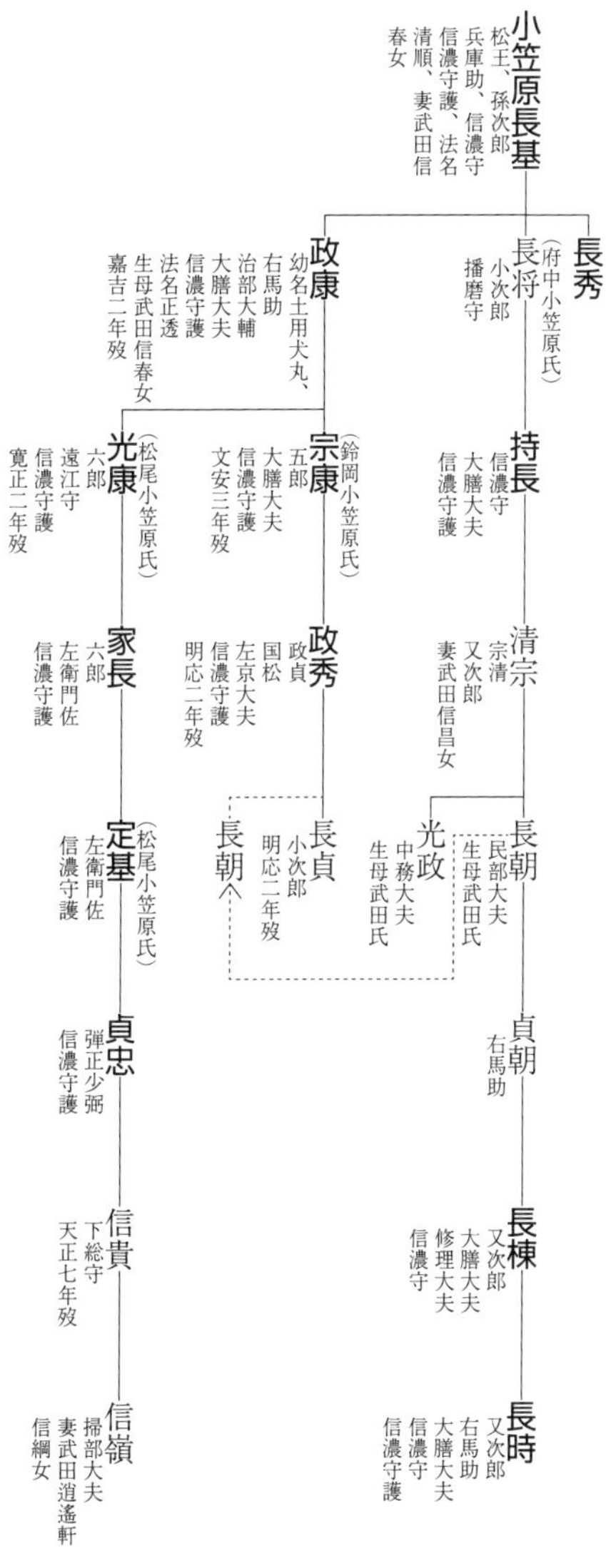

系図４　小笠原氏系図　※ゴシックは信濃守護を示す

州乱国）において、信昌・信恵方（将軍義澄・細川政元政権方、反足利茶々丸）として参戦したわけである。

信濃小笠原氏の動向

いっぽう、信濃守護小笠原氏は武田氏とは密接な関係にあった。『笠系大成（りゅうけいたいせい）』によると、小笠原政康の生母は武田信春の息女であるという。こうした関係もあって、応永期以来、小笠原氏は室町幕府の指示もあり、甲斐守護武田氏の支援を行っていた（以下は、『下伊那史』第六巻、花岡康隆編・二〇一六年による）。

しかしその後、小笠原氏では康正二年（一四五六）以降、府中小笠原氏・鈴岡小笠原氏（伊那郡鈴岡城主）・松尾小笠原氏（伊那郡松尾城主）の三家が分立し、信濃守護職と惣領をめぐって、府中と鈴岡・松尾とが対立する事態が進行する。ところが文明十一年（一四七九）、それまで緊密であった鈴岡小笠原政秀と、松尾小笠原家長（いえなが）・定基（さだもと）父子が対立した。この抗争は、政秀が家長らを屈服させることで一時終息し、政秀は府中小笠原長朝攻略に動く。このとき、府中小笠原氏を諏方大社下社金刺諏方氏が、鈴岡小笠原氏を諏方大社上社大祝諏方氏が支援している。諏方郡の対立が、小笠原氏の対立と結びついたのであった。

その後、大祝諏方継満と惣領諏方政満の対立では、前記のように、大祝継満方に鈴岡小笠原氏、惣領政満方に府中小笠原氏が後援する構図ができあがった。ところが明応二年（一四九三）、鈴岡小笠原政秀を松尾小笠原定基が謀殺し、伊那の小笠原氏が松尾によって統一される事件が起こる。この事態に、伊那郡の下条氏らが府中小笠原長朝を引き入れて、松尾小笠原定基を追放した。定基は甲斐武田氏のもとへ逃れ、まもなく再起して松尾城を奪回したとされる。このとき、武田氏は内訌の只中にあったわけだが、定基が信昌、信縄のどちらを頼ったかは定かでない。だが、松尾小笠原氏が武田氏と連携していたことは興味深い。

明応の政変後、将軍足利義澄・細川政元政権が成立すると、やがてその斡旋で府中・松尾の和睦が成立した。

足利茶々丸の死と信昌・信縄父子の和睦

明応七年（一四九八）八月、明応の大地震が東国を襲った。東海・中部・関東地方は被害が凄まじく、これを天罰と恐れおののいた武田信昌・信縄らは和睦した。この直後の八月、足利茶々丸は伊勢宗瑞に捕縛され、殺害された。茶々丸は、武田信縄方に庇護されていたと推定されることから、これは信昌・信恵と信縄が和睦を結んだ際、その条件として茶々丸の庇護を信縄が解除し、身柄を伊勢宗瑞に引き渡したのではないかと推定されている（黒田基樹・二〇〇七年②）。この結果、東国動乱の要因が取り除かれ、東国は室町幕府による再編がなされることとなる。

まず、将軍足利義澄・細川政元政権は、古河公方足利政氏（まさうじ）、関東管領山内上杉顕定、越後守護上杉房能と相次いで和睦した。実は、京都から脱出した前将軍足利義稙が、明応二年から同七年まで越中国放生津（富山県射水市）に逃れ、北陸の諸大名を糾合しようとしていたのである（山田康弘・二〇一六年）。一時は越後上杉氏・能登畠山氏・加賀富樫氏・越前朝倉氏らが呼応する動きを見せたという。だが、義稙の勢力は次第に尻すぼみとなり、京都帰還をめぐり、義稙方では内紛も発生していた。義稙は、足利茶々丸が横死した直後の明応七年九月、越中から越前国一乗谷（福井市）に入り、朝倉貞景を頼ったが、京都帰還を実現できなかった。

将軍義澄・細川政元政権は、義稙の動きを封じるべく、北陸の越後守護上杉氏と和睦した。それは同時に、関東管領山内上杉顕定との関係改善の意味あいもあったわけだ。

足利義稙政権の成立と武田・今川・伊勢氏

明応七年（一四九八）、父信昌・弟信恵と和睦した武田信縄は、将軍義澄・細川政元政権を奉じる立場となった。その後、文亀元年（一五〇一）に大きな転機が訪れる。

今川氏親・伊勢宗瑞の侵攻を受け、遠江国を削り取られていた守護斯波義寛は将軍義澄・細川政元政権に接近し、その支持をとりつけることに成功した。それは、義澄の側室が斯波義寛の息女だったからといわれる。

文亀元年、室町幕府の支持を得た斯波義寛は、遠江反攻のために信濃の府中小笠原貞朝・松尾小笠原定基の支援獲得に成功し、さらに山内上杉顕定との連携をも果たした。斯波氏が武田信縄と直接連絡を取っていたかははっきりしないが、信縄は山内上杉顕定と同盟関係にあったので、武田氏は事実上、斯波方を支援する格好となった。かくて、今川・伊勢包囲網が形成されることになった（大石泰史・二〇一八年、黒田基樹・二〇一九年①）。

危機感を覚えた伊勢宗瑞は、文亀元年に諏方頼満に書状を送り、武田信縄と戦うべく提携を果たしている（戦北八号）。いっぽう、信縄は当時、諏方頼満と対立していた府中小笠原長朝と結んでいたらしい（長朝の生母〈小笠原清宗（きよむね）の妻〉は、武田信昌の息女であった〈『笠系大成』〉）。

以上の経緯から、義澄・細川政元政権と今川氏親・伊勢宗瑞との関係は破綻し、彼らは足利義稙方に接近するようになる。こうして、遠江の争乱は、今川氏親・伊勢宗瑞と、斯波義寛と幕府より支援を命じられた府中小笠原長朝、松尾小笠原定基らとの間で展開されることとなる。

その後、永正二年（一五〇五）に山内上杉顕定と扇谷上杉朝良（ともよし）が和睦し、さらに顕定と伊勢宗瑞の和睦も成立した。そして、永正四年に京都では内紛から細川政元が暗殺され、翌五年に将軍義澄が追い落とされ、足利義稙政権が成立する。これにいち早く結びついたのが、今川氏親であった。氏親は、前将軍義澄からは許されなかった遠江守護職を義稙から与えられたのである。かくして、今川・伊勢氏は、将軍足利義稙方として活動することとなる。この前後に、武田氏では武田信縄が病没し、信虎が家督を継いだ（永正四年）。そして、このとき信虎は、父信縄が前将軍義澄を奉じたまま死去したこともあり、今川・伊勢氏らが相次いで義稙方に転じているなか、ほぼ孤立していたわけである。

若き信虎は、室町幕府の将軍をめぐる抗争、古河公方と堀越公方をめぐる抗争、そして、周辺大名の家督や勢力をめぐる抗争とが複雑に絡み合う情勢下で、家督を継ぐ宿命を背負わされたのであった。祖父信昌・父信縄が残したものは、今川・伊勢・諏方氏らとの敵対関係という苛酷な情勢であり、信虎は家督相続直後から、茨の道を歩むこととなる。

第Ⅱ部　甲斐統一戦と信虎

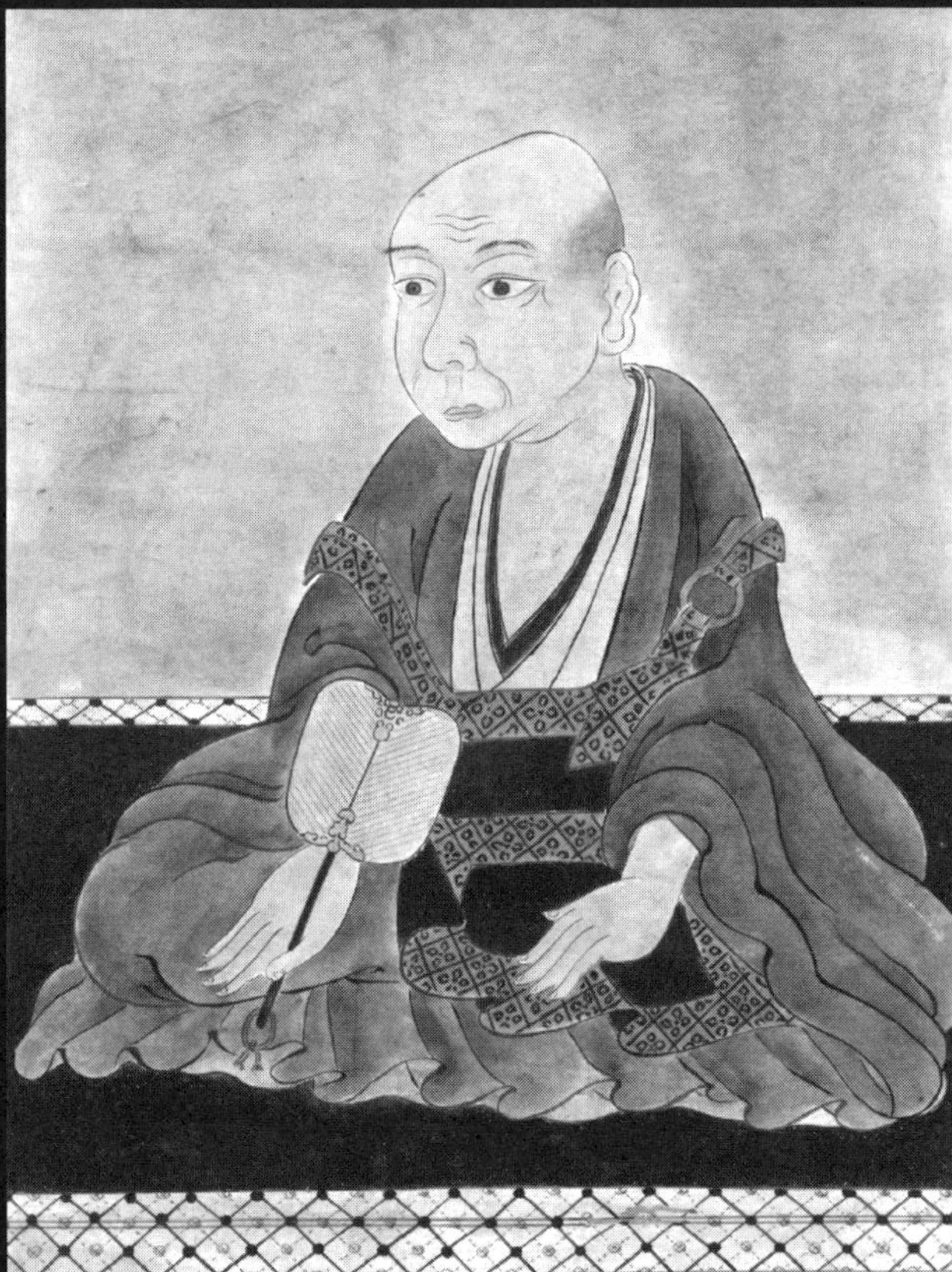

武田信虎画像　東京大学史料編纂所蔵模写（原本は高野山持明院蔵）

第一章　甲斐統一を目指す

一、戦国甲斐の勢力図

甲斐の有力国人層

武田信虎が甲斐統一の過程で干戈（かんか）を交えた有力国人層は、そのほとんどが甲斐源氏の流れを汲む同族である。ところで、国人とは室町期の武士層のうち、①室町幕府―守護体制下において、守護を通じて賦課される守護役（「公事（くじ）」「公方公事」「一国平均之儀」）＝軍役・寺社造営役などを負担し、②幕府・守護の「国」や「郡」支配に関与し、その安定に寄与することが期待されている国の侍身分である、③それゆえに守護役を負担する守護被官・武家領主・寺社本所一円領の「荘官（しょうかん）」「代官」「沙汰人（さたにん）」なども「国人」と認定されていた、と定義されている（平山・二〇一八年）。

特に、こうした「国人」は、その実力ゆえに幕府・守護の「国」「郡」支配に関与し、その安定に寄与することが期待されていた有力武家であるとの指摘に鑑みて、本書では、甲斐の城持ちで大身の武家に限定して国人と呼称することとしたい。そうした視点から、当時の甲斐国をみてみると、国人に相当するのは、今井（逸見）氏・栗原氏・油川氏・穴山氏・小山田氏・岩手氏・大井氏などであり、彼らは室町後期から戦国初期の甲斐政治史に重要な影響を与え続けた有力武家であった。

室町後期から戦国初期にかけて、守護武田氏は内紛で分裂し、これに国人や土豪らが参画して戦国争乱が勃発した。その過程で、国人らは領域支配を強め、一円領たる「領」の形成を進め始めていた。信昌・信縄・信虎期は、国人から国衆に脱皮するまさにその過渡期にあたり、それは同時に、守護武田氏との抗争の過程で徐々に実現に向かっていた。ここではまず、甲斐国人層の出自と戦国初期までの動向を紹介していきたい。

今井（逸見）氏

逸見今井氏は、甲斐守護武田信満（?～応永二十四年〈一四一七〉）の子信景を始祖とする国人である（【逸見今井系図】参照）。信景の孫信慶の代になって、逸見氏をも称するようになる。逸見氏とは、甲斐源氏の祖武田義清の子清光が逸見荘（北杜市一帯）に進出し、逸見冠者を称したことに始まる。

清光の子に逸見光長と武田信義がいたが、二人は偶然にも大治三年（一一二八）八月十五日の同日に誕生したとされ、光長が巳時（午前十時頃）、信義は正午であったという（『尊卑分脈』『武田系図〈続群書類従本〉』）。この記録については、後世の作為を想定するなど諸説あるが、今のところ光長が正嫡であったのだが、武田氏の勢力が逸見氏を凌ぐようになったことから、主家と肩を並べるにふさわし

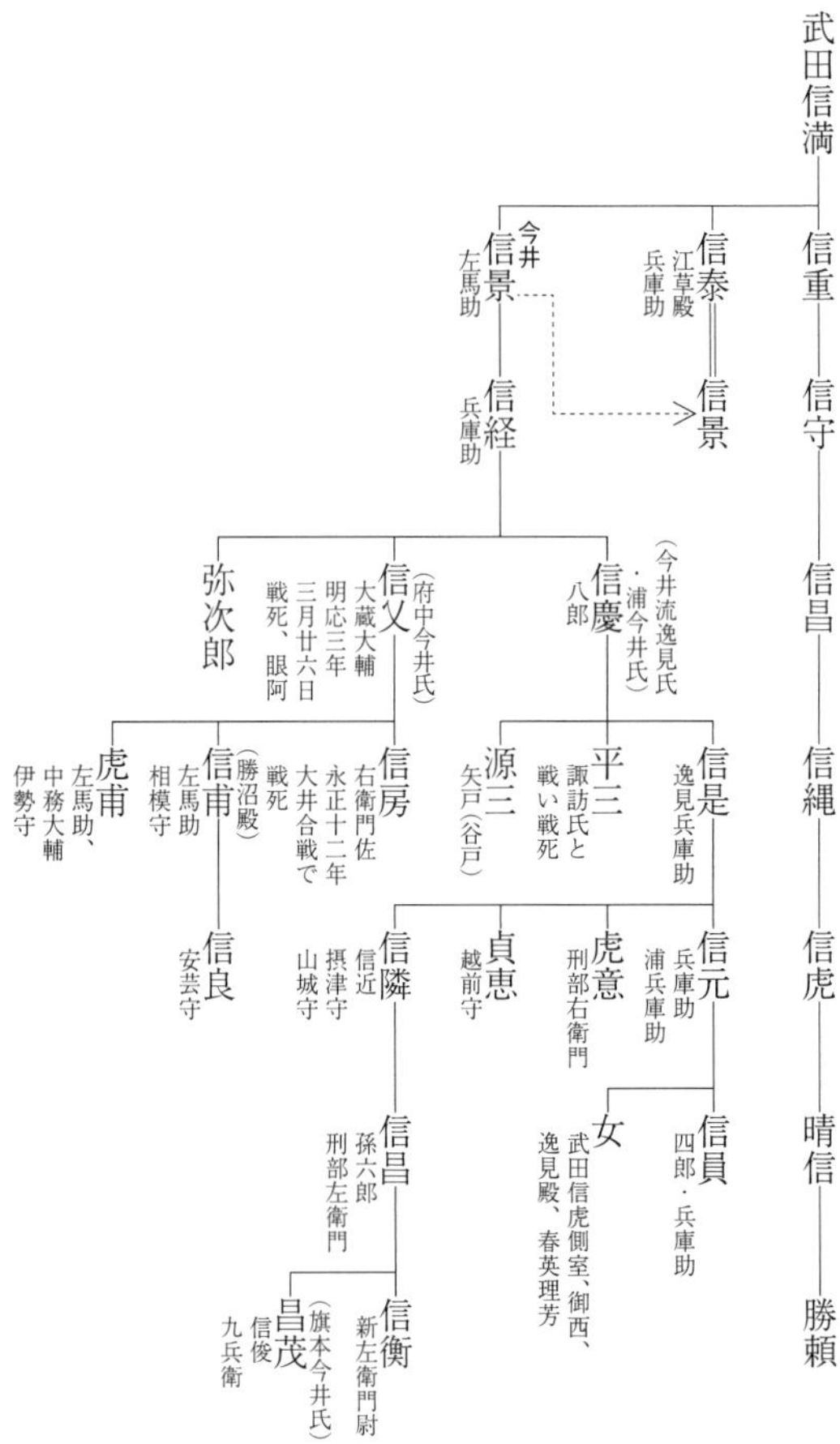

系図５　逸見今井氏系図

い家系の改竄を武田氏が行ったのではないかという説が有力である（廣瀬廣一・一九四四年）。信義の子有義（ありよし）が、武田を名乗りながらも一時逸見を称していたのも、逸見光長系との関係を考慮して、武田氏が宗家の立場にあることを鮮明にしたためなのかもしれない。

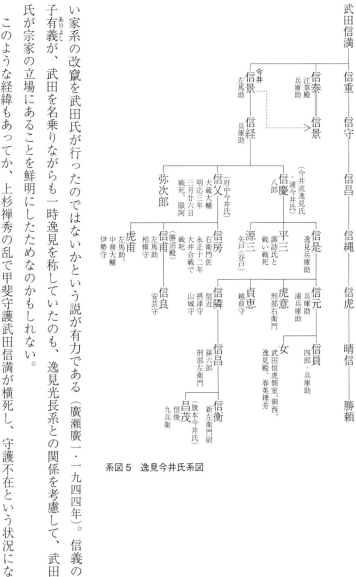

　このような経緯もあってか、上杉禅秀の乱で甲斐守護武田信満が横死し、守護不在という状況にな

ると、逸見有直が関東公方足利持氏と結び、甲斐守護職の簒奪に動く。だが、これは室町幕府の介入により失敗に終わった。その後、永享の乱で有直が滅亡し、武田信重が甲斐守護の地位に返り咲くものの、逸見氏の勢力はなおも強く、武田氏との抗争が続くことになる。この抗争は、嘉吉二年（一四四二）五月、武田信重により逸見氏が鎮圧、降伏して終息した（『須玉町史』通史編第一巻）。

しかし、逸見氏は文明四年（一四七二）五月、甲斐守護武田信昌と信濃国岩村田大井氏との抗争の最中に「ヲハ子ノ城ニテ逸見一門皆腹切、逸見卅一才」（『王代記』）とあるように、滅亡に追い込まれたとみられる。事実、これ以後、逸見氏の記録は途絶えるからである。当時の逸見氏は信昌方であったとされ、彼らを滅ぼしたのは信濃勢であったと推定される。なお、「ヲハ子ノ城」がどこに相当するのかは定かでないが、これを「ツカネノ城」の誤記ではないかと想定し、津金に残る源太ケ城（げんたが）（北杜市須玉町上津金）に比定する説もある（『高根町誌』上巻）。

逸見氏滅亡後、逸見一帯を支配するようになったのが今井氏である。今井氏が信景を祖とすることは紹介したが、本領は今井（甲府市）であった。彼が逸見地域に入部したのは、兄信泰（のぶやす）の跡を継いだからである。信泰は甲斐守護武田信満の子信重の弟にあたり、江草（えぐさ）に入って江草氏を称した。だが、応永二十一年（一四一四）に早世したといわれ（服部治則・一九七九年）、信景はその遺領を相続した。その後、今井氏は信経の嫡男信慶が逸見今井氏を継ぎ、弟信乂（のぶかた）は武田氏に仕えた。この信乂を祖とするのが府中今井氏であり、後に今井信甫が、戦死した武田信虎の弟（異説もある）勝沼信友の名跡を継いで勝沼氏を称し、信甫の子信良のときに、上杉謙信に内通して武田信玄に滅ぼされている。

今井氏は信慶と信乂の系統に分かれ、信慶系は浦今井氏、信乂系は府中今井氏となった。その際に、府中今井氏を府中（表）に居を構える今井氏、逸見に居を構える今井宗家を裏（浦）今井氏と呼称することになったという（秋山敬・二〇〇三年、二〇〇九年）。だが、この浦とは、今井氏の拠点小倉（北杜市）のことを「虚々井浦」と呼称したと『国志』が記していることから、小倉浦の今井氏という在名に由来する可能性が高い。そして、この小倉にあった城郭は中尾城であり、そこを本拠にしていたのではなかろうか。今井氏の本拠である「浦ノ城」については、中尾城に近い獅子吼城も有力な候補とされているが、ともに武田氏に対抗するための拠点として機能していた可能性がある。

武田信虎にとって、府中今井氏は頼りになる重臣であったが、浦今井氏の信是・信元父子は、「浦ノ城」（中尾城もしくは獅子吼城、北杜市須玉町）を拠点に最後まで敵対を続けた強敵となった。とりわけ、諏方氏との関係が深く、『諏方系図』（『諏訪史料叢書』所収）に、諏方頼満息女の婿としてみえる逸見兵部大夫信親とは、今井信元の弟信隣（信親、兵部大夫・山城守）であると推定されている（廣瀬廣一・一九四四年、服部治則・一九七九年）。このほかに、佐久郡の岩村田大井一族との関係も想定されるが、残念ながらはっきりしない。

栗原武田氏

栗原武田氏は、甲斐守護武田信成の子武続が栗原郷（山梨市）を本領としたことに始まるという（以下は、秋山敬・二〇一一年、『辞典』による）。栗原氏は「武田」を称しており、その家格の高さがうかがえる。武続の子信通には中務少輔信続・弾正某・出羽守信明ら三人の男子がいたとされるが、信続が長禄二年（一四五八）正月九日に戦死し、その子能登守信尊（信孝）が幼少だったため、実権が信続の弟信明の系統に移ったと推定されている（【栗原武田氏系図】参照）。

その後、武田信昌・信縄時代に信明の子信遠が宗家となり、下栗原に居館（現大翁寺）を構えた。また、信遠の弟左衛門尉信宗・信由父子は、東後屋敷の武田金吾屋敷を拠点とした。このほか、中栗原にある屋敷跡（現養安寺）は、おそらく惣領の地位を奪われた信続の子信尊（信孝）の系統の拠点ではかなろうか。なお、信尊の孫が武田信玄・勝頼に仕えた栗原信盛であり、その父信真は『軍鑑』に頻出し、「武田信玄公御代惣人数之事」において「御普代家老衆」のうち一〇〇騎の兵力を持つ栗原左兵衛その人と推定されている。

そして、武田信虎の甲斐統一に反抗したのは、栗原信明の子で信遠の弟と推定される栗原惣二郎昌種、信遠の後継者伊豆守信友らである。

大井武田氏

大井武田氏は、甲斐守護武田信武の子弾正少弼信明（法名最勝寺殿）が、大井荘に入部したのを始

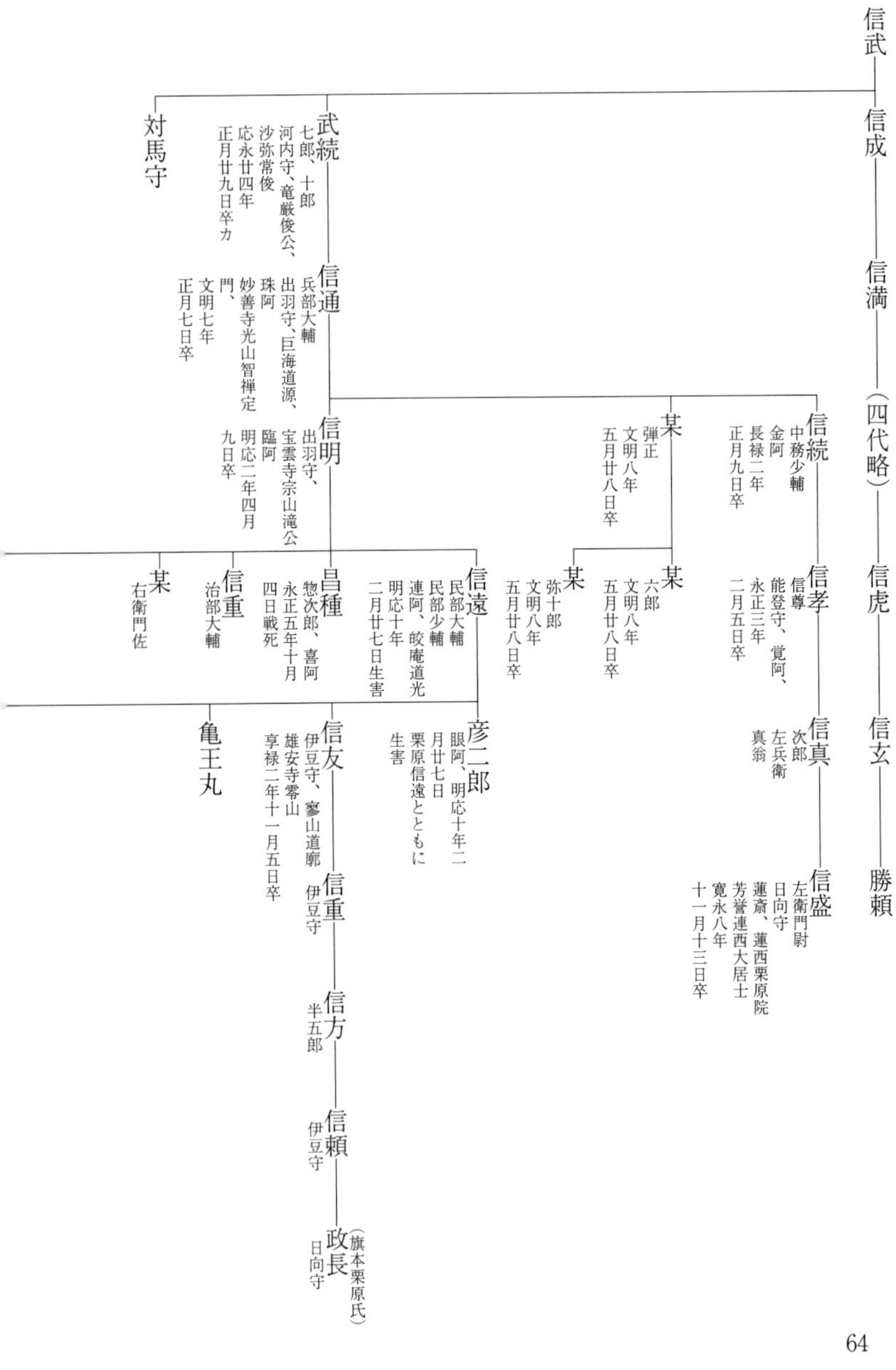
信武
信成
信満
（四代略）
信虎
信玄
勝頼
対馬守
武続
七郎、十郎
河内守、竜厳俊公、
沙弥常俊
応永廿四年
正月廿九日卒カ
信通
兵部大輔
出羽守、巨海道源、
珠阿
妙善寺光山智禅定
門、
文明七年
正月七日卒
信続
中務少輔
金阿
長禄二年
正月九日卒
信孝
信尊
能登守、覚阿、
永正三年
二月五日卒
信真
次郎
左兵衛
真翁
信盛
左衛門尉
日向守
蓮斎、蓮西栗原院
芳誉連西大居士
寛永八年
十一月十三日卒
某
弾正
文明八年
五月廿八日卒
某
六郎
文明八年
五月廿八日卒
某
弥十郎
文明八年
五月廿八日卒
信明
出羽守、
宝雲寺宗山滝公
臨阿
明応二年四月
九日卒
信遠
民部大輔
民部少輔
連阿、皎庵道光
明応十年
二月廿七日生害
昌種
惣次郎、喜阿
永正五年十月
四日戦死
信重
治部大輔
某
右衛門佐
彦二郎
眼阿、明応十年二
月廿七日
栗原信遠とともに
生害
信友
伊豆守、寥山道廓
雄安寺雰山
享禄二年十一月五日卒
亀王丸
信重
伊豆守
信方
半五郎
信頼
伊豆守
政長
日向守
（旗本栗原氏）

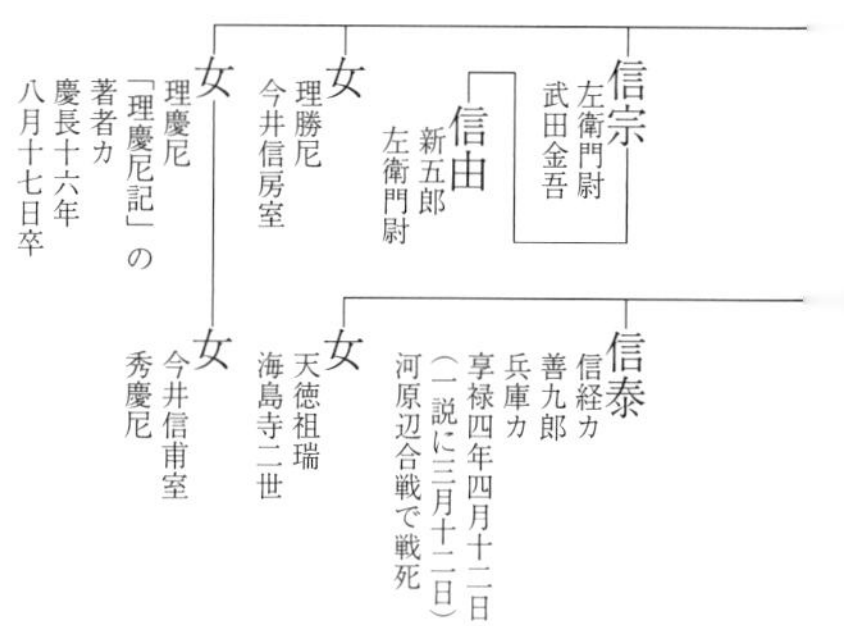

系図６　栗原武田氏系図

まりとする（以下は『増穂町誌』上巻による。【大井武田氏系図】参照）。大井武田氏に関しては史料が乏しく、室町期はもちろん、戦国期の実態もほとんど明確にできず、判明するのは武田氏との抗争で史料に登場する部分のみといっても過言ではない。

さて、初代武田信明の大井荘入部の時期は定かでなく、観応元年（一三五〇）という伝承があるが、それよりももう少し早かったのではないかとする説もある。いずれにせよ、確たる根拠に恵まれない。信明の嫡子弾正少弼春明（法名南明寺殿親岩浄睦大居士）には嗣子がなかったため、実弟の春信（法名深向院殿祖庭松〈照公〉公大居士）を養子に迎えたという。春明・春信兄弟の弟は、いずれも大井荘域を所領としたらしく、信丁は北条大和守を称したというが、北条は大井荘の北側一帯の広域呼称である（南側は南条と称した。詳細は平山・一九九七年参照）。

また、信明の末子明仲は僧籍に入ったらしく、「大井系図」『国志』などによると、光善寺、祥雲

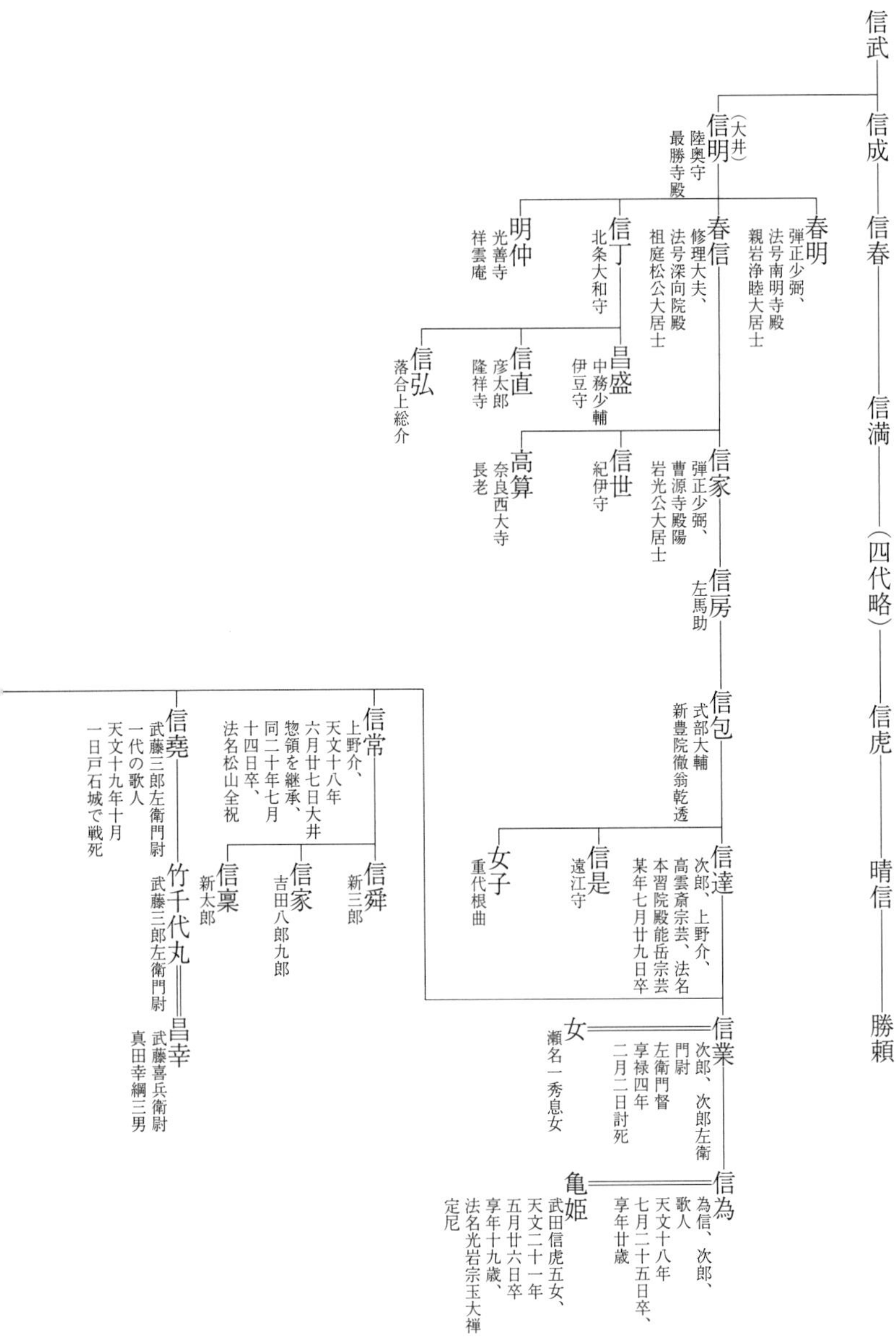
信武
信成
信春
信満
（四代略）
信虎
晴信
勝頼
（大井）信明
陸奥守
最勝寺殿
春明
弾正少弼、
法号南明寺殿
親岩浄睦大居士
春信
修理大夫、
法号深向院殿
祖庭松公大居士
信丁
北条大和守
明仲
光善寺
祥雲庵
昌盛
中務少輔
伊豆守
信直
彦太郎
隆祥寺
信弘
落合上総介
信家
弾正少弼、
曹源寺殿陽
岩光公大居士
信世
紀伊守
高算
奈良西大寺
長老
信房
左馬助
信包
式部大輔
新豊院徹翁乾透
信達
次郎、上野介、
高雲斎宗芸、法名
本習院殿能岳宗芸
某年七月廿九日卒
信是
遠江守
女子
重代根曲
信業
次郎、次郎左衛
門尉
左衛門督
享禄四年
二月二日討死
女
瀬名一秀息女
信為
為信、次郎、
歌人
天文十八年
七月二十五日卒、
享年廿歳
亀姫
武田信虎五女、
天文二十一年
五月廿六日卒
享年十九歳、
法名光岩宗玉大禅
定尼
信常
上野介、
天文十八年
六月廿七日大井
惣領を継承、
同二十年七月
十四日卒、
法名松山全祝
信舜
新三郎
信家
吉田八郎九郎
信稟
新太郎
信堯
武藤三郎左衛門尉
一代の歌人
天文十九年十月
一日戸石城で戦死
竹千代丸
武藤三郎左衛門尉
昌幸
武藤喜兵衛尉
真田幸綱三男

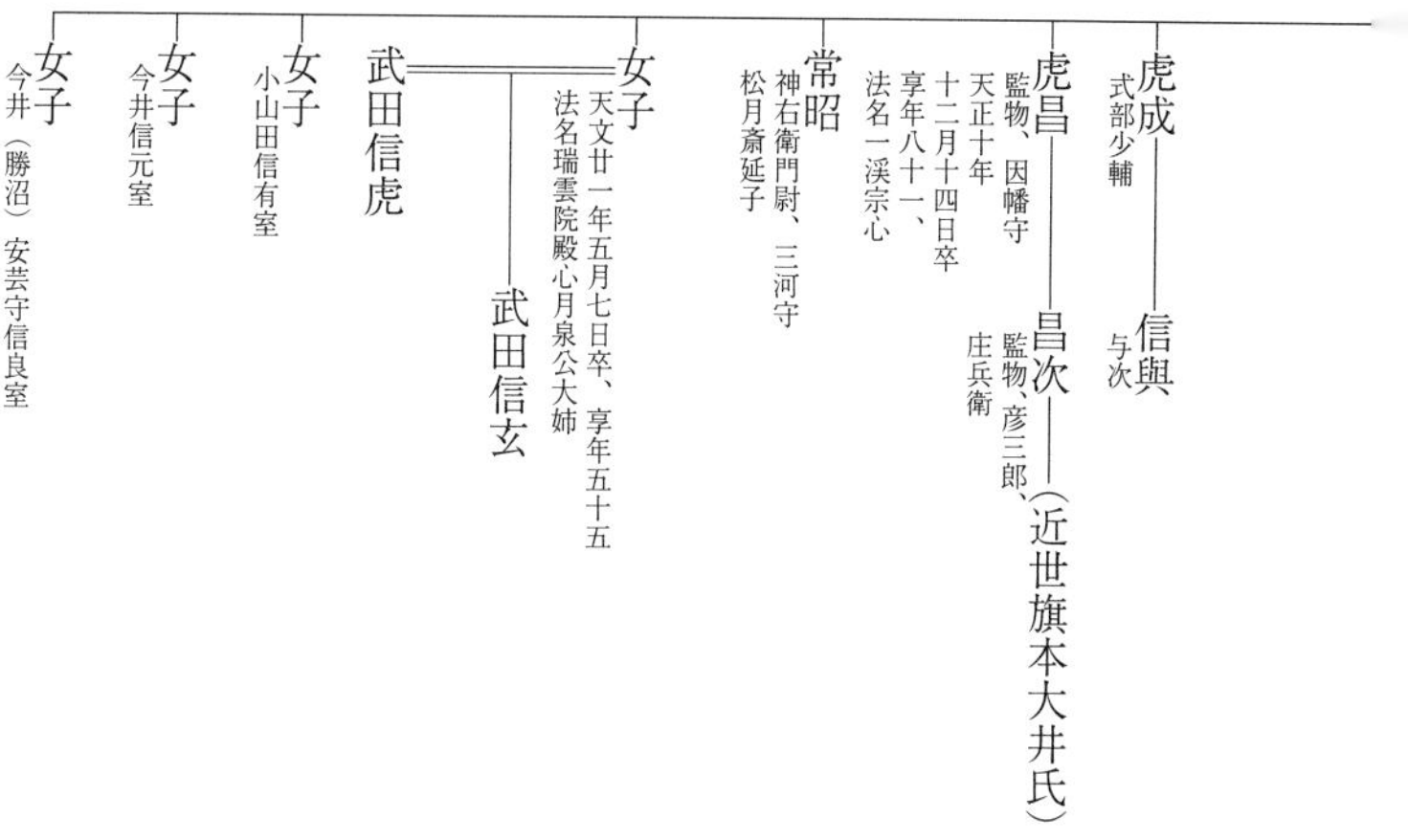
虎成
式部少輔
信與
与次
虎昌
監物、因幡守
天正十年
十二月十四日卒
享年八十一、
法名一渓宗心
昌次
監物、彦三郎、
庄兵衛
（近世旗本大井氏）
常昭
神右衛門尉、三河守
松月斎延子
女子
天文廿一年五月七日卒、享年五十五
法名瑞雲院殿心月泉公大姉
武田信虎
武田信玄
女子
小山田信有室
女子
今井信元室
女子
今井（勝沼）安芸守信良室

系図７　大井武田氏系図

庵と呼ばれている。このうち、光善寺（曹洞宗）は東南湖村にあり、祥雲庵は祥雲院といい、近世以後は松雲院と書き、大師村（以上、南アルプス市）にあった。『国志』仏寺部第十三によると、大井氏の菩提寺の一つ深向院の末寺で、大井信明の息子との関係を指摘している。

次に嫡流をみてみると、春信の後は弾正少弼信家（曹源寺殿陽岩光公、曹源寺は廃寺、山寺村に所在した）、左馬助信房（法名不詳）、式部大輔信包（法名新豊院殿徹翁幹透、真豊院〈真言宗〉は古市場村に所在）と続き、信包の子が戦国期に武田信虎を悩ませた大井信達である。また、信家の従兄弟（北条信丁の息子）には、昌盛・信直・信弘がいるが、このうち彦太郎信直は法名を隆昌院梅巌宗鉄居士（隆昌院〈曹洞宗〉は江原村に所在）、信弘は落合上総介を称したという。信弘が、大井一族落合氏の祖である。

そして、戦国期に大井信達（上野介、高雲斎宗芸、法名本習院殿能岳宗芸、本重寺は上野村に所在）が登場し、上野城（椿城、南アルプス市上野）を本拠に勢力を伸長させたといわれる。ただし、近年では信虎と大井信達が争った大井合戦時に、『勝山記』などによれば大井氏の本拠周辺が深田であったことと、上野城周辺の地形が大きく異なるため（上野城は丘陵地帯にある）、上野城本城説には否定的な見解が強い。現状では、鮎沢（南アルプス市）の地籍図をみると、南アルプス市役所甲西支所（旧甲西町役場）周辺に方形居館跡の痕跡が明瞭で、しかもその場所には小字名で土井・土井北・前田などが残されていることなどから、大井信達館跡をこの場所に比定する意見が強い（萩原三雄編・

一九九一年、八巻與志夫氏のご教示による）。

以上、系譜関係を紹介してきたが、大井氏の歴代当主と一族の法名に着目してみると、それらは旧大井荘全域に及んでおり、初代信明の菩提寺最勝寺（富士川町）は大井荘南条に相当する地域にあり、それが次第に北条方面に拡大し、戦国期の大井信達の頃には、旧大井荘中心部に本拠を構えた様相を看取できる。そして、落合・武藤などの一族をその周辺に配置しており、一円領たる国衆領としての大井領が形成され始めていた様子をうかがうことが可能だろう。

戦国期の大井武田氏は、信達・左衛門督信業が信虎と激しく争っている。なお、信達の息女で信業の妹が信虎正室大井氏であり、武田信玄の生母となる。また、信達の嫡男信業は、正室が今川氏一門瀬名一秀（いっしゅう）の息女であるといい（『土佐国蠧簡集残編』所収「今川系図」、黒田基樹・二〇〇七年①、二〇一七年②）、大井氏と今川氏との関係の深さをうかがわせる。

油川武田氏

甲斐守護武田信昌の次男彦八郎信恵が油川（甲府市）を領し、油川氏を称したことに始まる。信恵は、生母が都留郡の小山田信長の姉妹とされ、岩手氏を継いだ縄美（つなみつ）（縄満）は同母弟であったという。父信昌に寵愛され、兄信縄と甲斐守護の地位をめぐって激しく争った。

油川氏については史料が乏しく、しかも信虎に宗家が滅ぼされたこともあって、実態をほとんど明

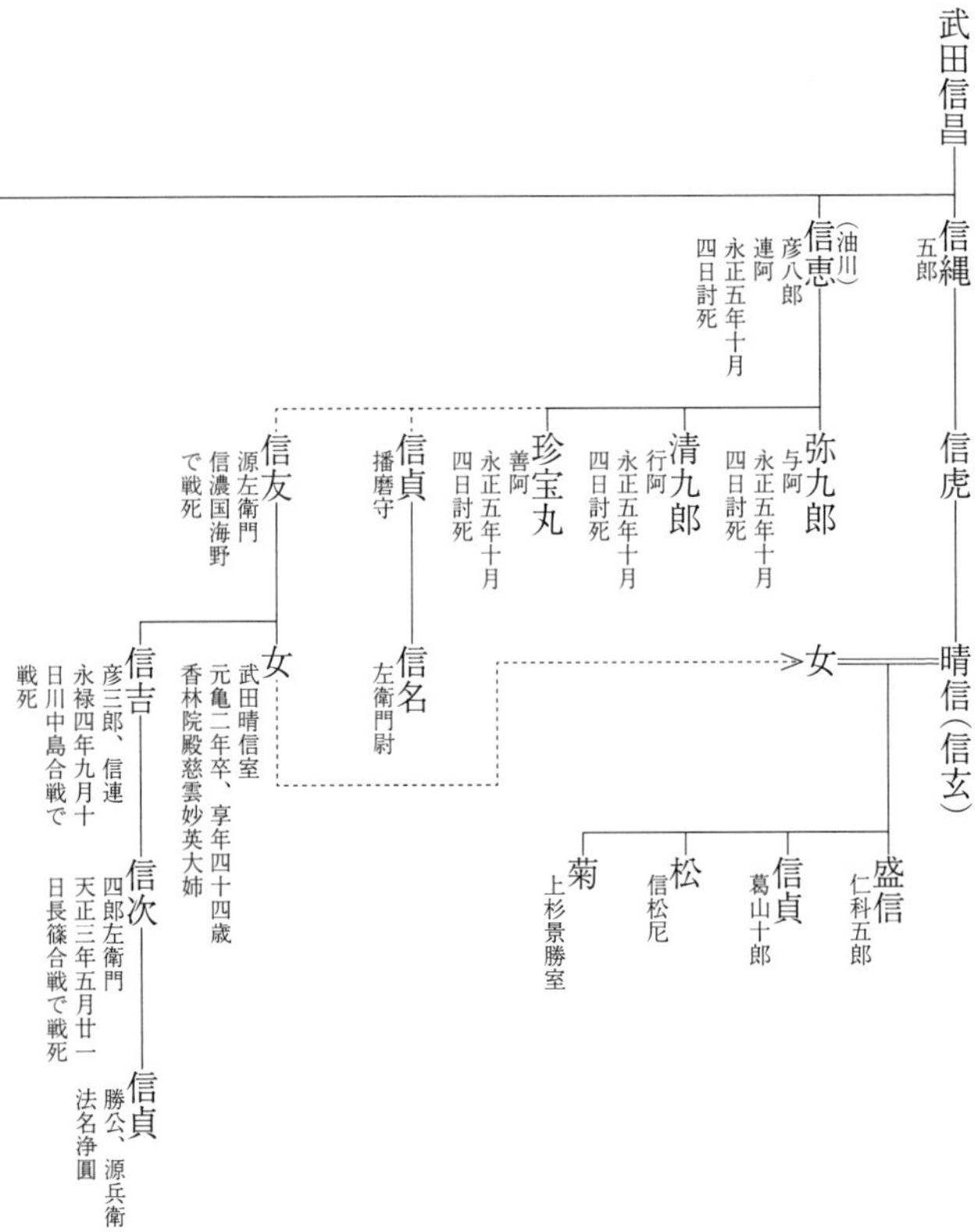

らかにしえない。特に、信恵以降の家系は復元が困難である（【油川・岩手氏系図】参照）。油川氏の拠点としては、居館跡が東油川の油川山泉竜寺（曹洞宗）であったといわれ（『石和町誌』第一巻）、要害は勝山城（甲府市上曾根）が唯一のものとされてきた。油川氏の所領は、油川を本領に笛吹川を挟んだ対岸の上曾根にまで及んでいたことになるが、その大部分は平地であり、かつ低湿地であるため、勝山城が油川氏の本

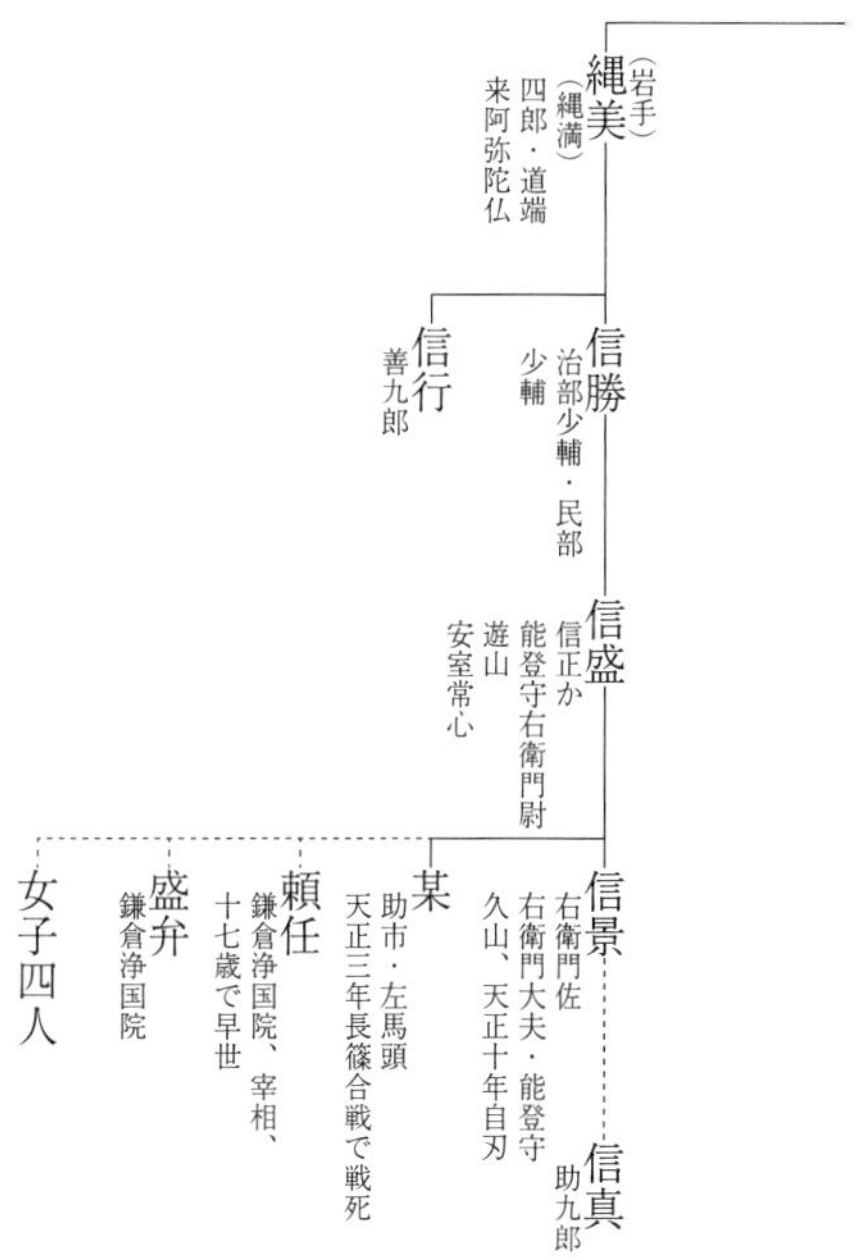

系図８　油川・岩手氏系図　- - - は推定

城と考えられていた（萩原三雄編・一九九一年）。

ところが、浅野文庫蔵『諸国古城之図』のなかに、「福泉寺城」の絵図が残されており、これが油川氏の拠点であった可能性が指摘されている（磯貝正義・一九九二年、萩原三雄・二〇〇二年）。福泉寺城は沼地もしくは湿地帯を外堀とし、土塁に囲まれ、入口が一ヶ所しかないもので、旧城内には複数の家屋と小路が描かれていることから、かなりの規模の城館であったことがうかがえる。ただ、この絵図は地名表記や方角に齟齬があり、場所を特定することができていない。その後、良質の写本「甲州福泉寺城」が二〇〇一年に長崎県島原市の本光寺から発見されたが、やはり方角や地理的な混乱が著しく、場所を確定できていない。磯貝氏は、福泉寺（寛永九年〈一六三二〉創建、大正元年〈一九一二〉に九品寺に合併）の所在した成田（甲州市御坂町成田）を第一候補としつつも、城の脇に油川の地名があることから、油川周辺にあった可能性を指摘し、これが油川氏の拠点であったのではないかと述べている。油川一帯は洪水の常襲地帯で、油川も笛吹川の氾濫により河道が変わってしまい、東西に分断され、東・西油川村二村になってしまったと伝わる（『国志』）。このような事情もあってか、遺構は埋没し、伝承も亡失してしまったのであろう。

確証はないが、泉竜寺が油川信恵の居館、福泉寺城と勝山城が油川領の要害だったのだろう。油川氏は、信虎に敗れ、信恵ら父子多数が敗死し、宗家は事実上滅亡した。だが、信恵の子や一族に信虎方に付いた者がいたらしく、彼らが武田氏に仕えており、一族から武田信玄の側室となった女性（油川夫人、子女に真理姫〈木曾義昌室〉、仁科盛信、葛山信貞、松姫、菊姫〈上杉景勝室〉）もいる。

油川氏について注目されるのは、都留郡や駿河国御厨地域（駿東郡）との関係の深さである。油川信恵の生母が小山田信長の姉妹であったことは紹介したが、このほかにも、油川氏は駿河国御厨地域の国衆葛山氏やその一族御宿氏との関係をうかがわせる史料がある。例えば、『武田源氏一流系図』は、油川信恵の子に葛山播磨守信貞と御宿藤七郎を掲げ、信貞は「駿州竹下住人葛山備中守維貞養子、属今川義元、在城尾州笠寺」とある（『甲斐叢書』八巻所収）。ここに登場する葛山備中守維貞は、『諸家系図纂』所収「北条系図」にもみえる人物であるが、実在したかどうかは判然としない。

しかし、葛山氏が尾張国笠寺城（名古屋市）に在城していたことは、『信長公記』の天文二十一年（一五五二）四月十七日条に記録されている。それによると、織田信秀死去後、すぐに尾張鳴海城主山口左馬助・九郎二郎父子が信長に叛き、今川方を引き入れて対抗したといい、「一笠寺に取出要害を構、かづら山、岡部五郎兵衛、三浦左馬助、飯尾豊前守、浅井小四郎、五人在城也」とある。この葛山氏を、『三河記』は「葛山播磨守」という人物だったとしている。『武田源氏一流系図』の「駿州竹下住人葛山備中守維貞」と、「葛山播磨守」は同一人物とみてよかろう。

実は、『為和集』に葛山氏元について「氏広ハ備中守氏時カ子也、氏時ハ伊勢新九郎入道早雲カ子也、葛山ノ養子ト成テ相州玉縄ニ在城ス、始ノ名彦九郎、後ニ駿州ヘ移ル、氏広弟播磨守貞氏也、貞氏次男ヲ御宿ト名乗」との注記がある。この記述は後世のものとされ、実際に氏時（伊勢宗瑞の子、氏綱の弟）と氏広を父子としている部分は完全なる誤記であるが、氏時と氏広を兄弟とし、ともに宗瑞の子とすれば矛盾はなくなる。しかも、氏時が玉縄城主であったことも、氏広が宗瑞と葛山氏の女性との間に生まれ、葛山氏の養子となったことも事実である（黒田基樹・二〇一九年②）。さすれば、葛山播磨守貞氏の養子に油川信恵の息子が入った可能性がある。伊勢宗瑞は武田信縄に対抗し、武田信昌・信恵父子を支援したが、こうした関係性の中で、宗瑞と武田信昌・信恵父子が結びつき、養子縁組をしていたとしてもおかしくない。

同じく、油川信恵のもう一人の息子御宿藤七郎は、『葛山家譜』（『甲斐叢書』八巻所収）に、葛山氏元（原本は「元氏」と誤記している）の弟綱清として登録されており、後に左衛門佐を称し、今川義元に仕えたとされている。これも事実かどうかは、今のところ確認できない。記して後考をまちたいと思う。

右のほかに、もう一つ興味深い事例がある。武田氏の駿河領国化達成後、駿東郡深沢城（静岡県御殿場市）には城代（郡司）が配置された。武田氏の発給文書を整理してみると、天正二年（一五七四）

までは重臣駒井右京進昌直（駒井高白斎の子）が、深沢城周辺の武田氏朱印状の奉者（「駒井右京進奉之」）として登場する（戦武二三五一号）。ところが、天正四年以後になると、それが浄円なる人物に交代しているのだ（戦武二六九一・三三四一号）。

この人物は、『寛政譜』に記録されている、油川信次（天正三年の長篠合戦で戦死。父は油川信恵の子とされる信連〈永禄四年〈一五六一〉の第四次川中島合戦で戦死〉）の子信貞とみられる。彼は法名を浄円といい、弘治三年（一五五七）生まれの人物である。油川信貞（浄円）が深沢城代に選任されたのは、武田一族の流れを汲むことや、葛山・御宿氏と縁の深い御厨地域にある城郭であることなどが考慮されたからではなかろうか。記して後考をまちたい。

岩手武田氏

甲斐守護武田信昌の子縄美が岩手（山梨市）を領し、岩手氏を称したことに始まる。縄美は、生母が小山田信長の姉妹とされ、油川氏を継いだ信恵は同母弟であったといい、その関係から、父信昌・兄信恵と異母兄信縄による甲斐守護の地位をめぐる抗争には、信昌・信恵方に荷担し争った。岩手氏についても史料が乏しく、しかも縄美が信虎に滅ぼされたこともあって、実態をほとんど明らかにできない。また、油川氏と同じく系譜の復元も困難である（【油川・岩手氏系図】参照）。

岩手縄美は、永正五年（一五〇八）十月四日に信虎との戦いに敗れ、兄油川信恵とともに戦死した。

法名来阿弥陀仏（『一蓮寺過去帳』）、「道端」（『平塩寺過去帳』）。『古浅羽本武田系図』によると、縄美には治部少輔信勝という息子がおり、この系統が武田氏に仕えたとされる。縄美以後の当主は、信勝―信盛（能登守・遊山）―信景（右衛門佐、能登守）―某（右衛門尉）と続くと推定されるが、混乱が多く確定できない。

穴山武田氏

穴山武田氏は、甲斐守護武田信武の子義武（四郎、修理大夫、信濃守）が穴山（山梨県韮崎市）を領したことに始まるとされるが、実際にはそれ以前に穴山を称した氏族がいたらしく、義武はそこに養子として入ったのであろう（以下は、平山・二〇一一年①による。【穴山武田氏系図】参照）。その後、義武の養子に満春（甲斐守護武田信春の子、後に武田陸奥守信元となり甲斐守護となる）、武田伊豆千代丸（甲斐守護武田信満の子で、信重の弟信長の息子）、信介（甲斐守護武田信重の子、刑部大輔）が相次いで養子として相続したという。

穴山武田氏が本領穴山を離れ、甲斐国河内領（山梨県の南側、富士川沿いの巨摩郡南部と八代郡西南部一帯の広域呼称）を支配するようになったのは、穴山満春の時代であったとされる。

穴山信介の子乙若丸が応永三十二年（一四二五）十月に夭折すると、その弟信懸（兵部大輔、伊豆守、法名建忠寺殿中翁道義、斎名臥龍）が継ぎ、武田信昌・信縄・信虎期の内乱を経験した。穴山信懸の動

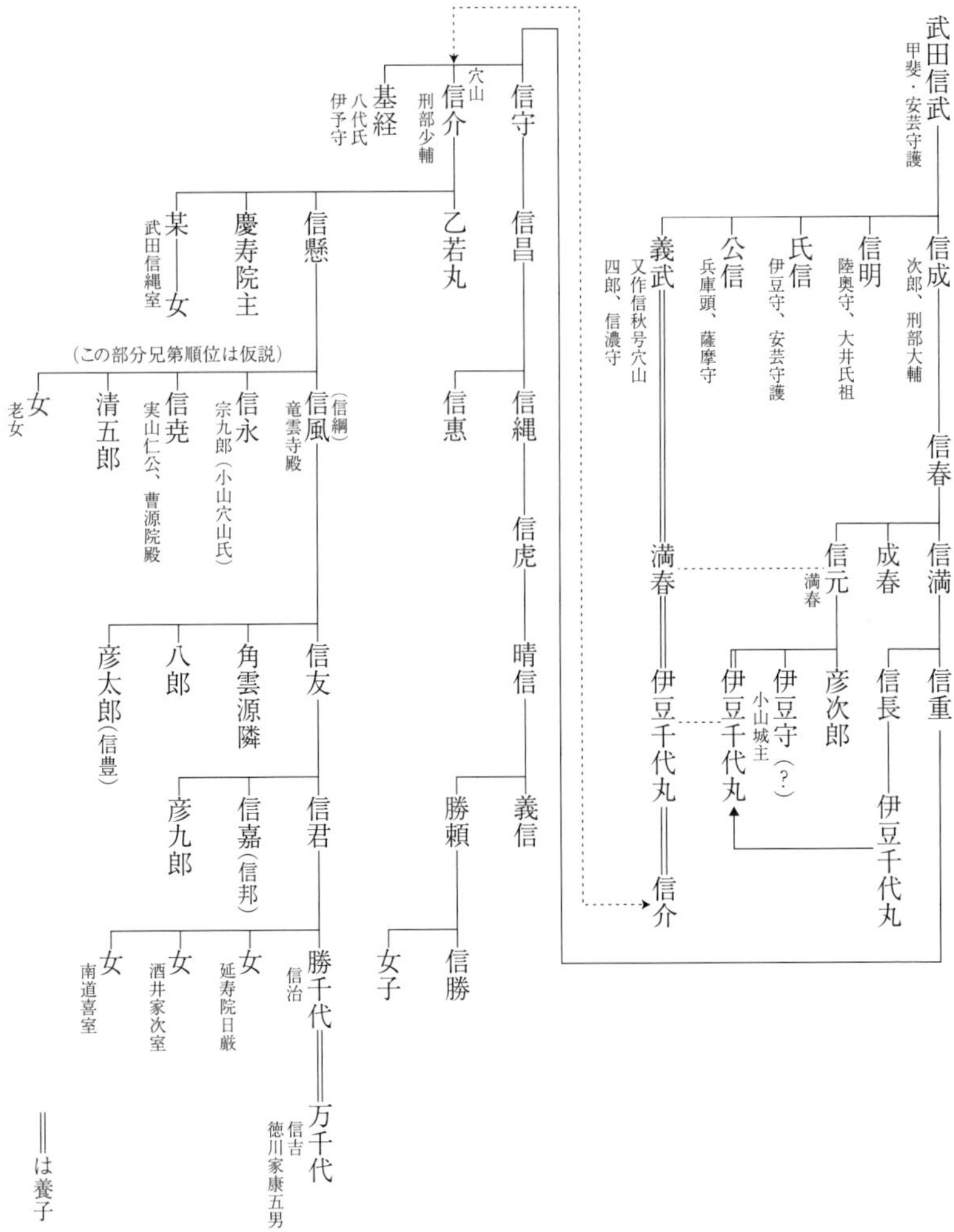
武田信武
甲斐・安芸守護
信成
次郎、刑部大輔
信明
陸奥守、大井氏祖
氏信
伊豆守、安芸守護
公信
兵庫頭、薩摩守
義武
又作信秋号穴山
四郎、信濃守
信春
信満
成春
信元
満春
満春
信重
信長
彦次郎
伊豆守
小山城主
(?)
伊豆千代丸
伊豆千代丸
伊豆千代丸
信介
信守
信昌
信縄
信恵
信虎
晴信
義信
勝頼
信勝
女子
穴山
信介
刑部少輔
基経
八代氏
伊予守
乙若丸
信懸
慶寿院主
某
武田信縄室
女
(この部分兄第順位は仮説)
信風
(信綱)
竜雲寺殿
信永
宗九郎(小山穴山氏)
信堯
実山仁公、曹源院殿
清五郎
女
老女
信友
角雲源隣
八郎
彦太郎(信豊)
信君
信嘉(信邦)
彦九郎
勝千代
信治
女
延寿院日厳
女
酒井家次室
女
南道喜室
万千代
信吉
徳川家康五男
═は養子

系図９　穴山武田氏系図

向は甲斐の戦国初期争乱に重大な影響を与えているが、その詳細は本書で述べることとしよう。
近年紹介された『今川本太平記』（陽明文庫所蔵）に記されている覚書により、穴山信懸は今川氏親・伊勢宗瑞と親しく、とりわけ宗瑞とは「結盟」の間柄であったといわれる。

信懸は、甲斐守護武田氏を支える活躍をしたが、永正十年五月二十七日、息子穴山清五郎のクーデターにより暗殺された。享年は七十代後半から八十代と推定される。これ以後、穴山氏は穴山甲斐守信風（信綱とも。本書では信風で統一、法名龍雲寺殿一株義公大禅定門）―信友（伊豆守、幡龍斎、法名円蔵院殿剣江大居士）と続き、武田信虎と激しく対立した時期があった。このころまで、穴山氏の本拠は南部館（南部町）であったが、信虎に従属後は、信風もしくは信友が居館を下山（身延町）に移している。また、信友は信虎の息女南松院殿を正室に迎え、武田一門として重きをなした。その後、信友の子信君（左衛門大夫、陸奥守、梅雪斎不白）が信玄・勝頼時代に活躍している。

小山田氏

小山田氏は、通説によれば秩父平氏小山田氏の子孫であり、秩父重弘の子小山田有重（武蔵国小山田荘別当、畠山重能の弟）を祖とするといわれている。ところが、戦国期の小山田氏は「藤原」姓であり、秩父平氏ではない。近年指摘されているように、南北朝期に都留郡小山田氏は、北朝方の藤原姓小山田氏が南朝方の平氏姓小山田氏を滅ぼしたうえで取って代わったか、都留郡の藤原姓の新興勢力が小

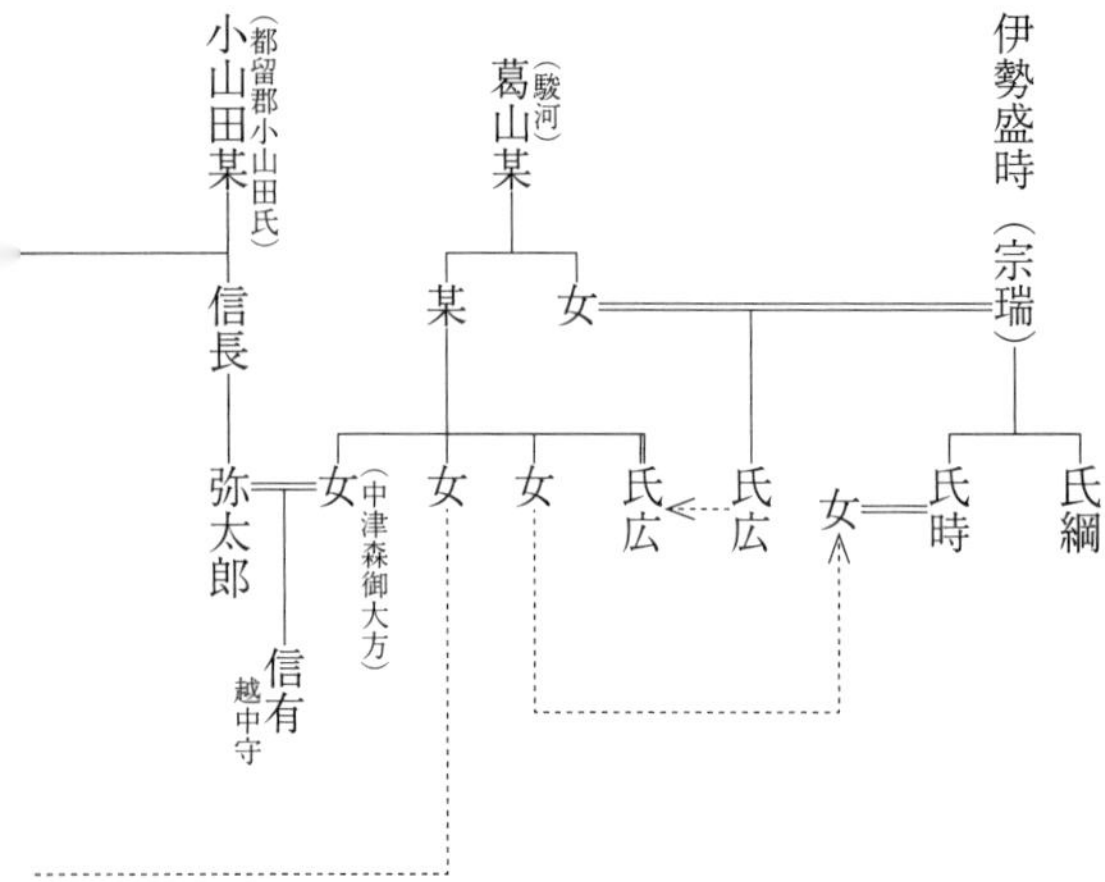

系図10　小山田氏系図　丸島和洋『郡内小山田氏』P85より転載

山田氏を称し、秩父平氏小山田氏と小山田上杉氏の末裔を僭称したとみられる（丸島和洋・二〇一三年）。

戦国期に小山田信長（耕雲か）が登場し、その姉妹が甲斐守護武田信昌に嫁ぎ、油川信恵と岩手縄美を生んだという。その関係から、小山田氏は武田信昌・信恵・縄美と惣領武田信縄との抗争に際しては信昌・信恵方として参画し、後に武田信虎と小山田弥太郎（信長の子、法名義山勝公禅定門）が激しく争った。小山田弥太郎は信虎に敗れ、永正五年（一五〇八）十二月に戦死している。

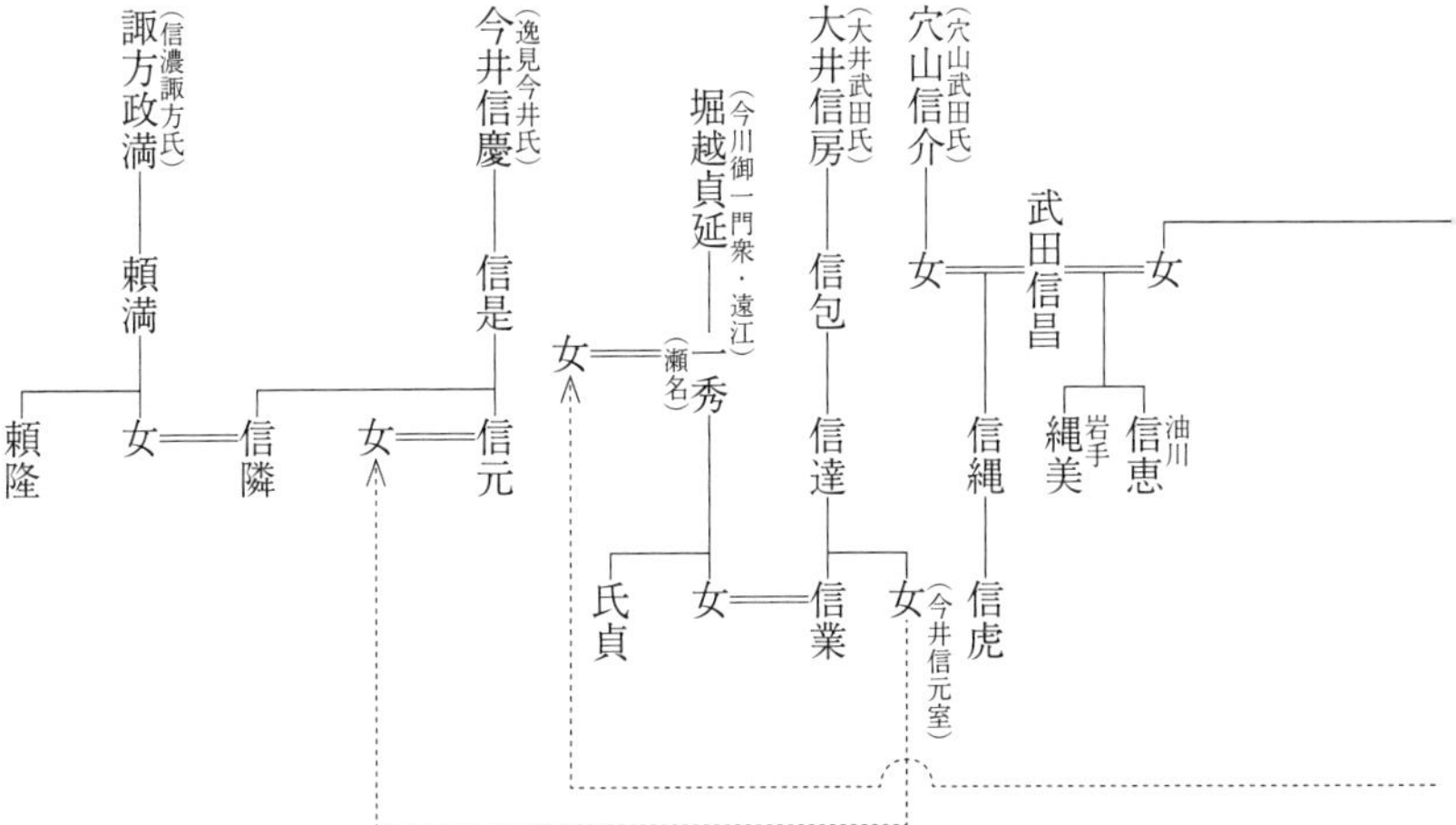

図１　甲斐国人の婚姻関係推定図

このころにはすでに中津森（都留市）に居館を構えていたと推定される。

その後、弥太郎の息子越中守信有が信虎に従属し、信虎の妹を正室に迎えた。さらに、信有は大井信達の息女（信虎正室大井夫人の妹）を正室としている。これは、信虎の妹が天文元年（一五三二）に逝去したため、大井氏女を後妻に迎え、信虎の相婿の立場で姻戚関係を継続しようと意図したものと推定されている。

小山田氏で注目されるのは、小山田弥太郎の正室は駿東郡の国衆葛山氏の息女であるといい、彼女は後に「中津森御大方」と呼ばれている。また、彼女の姉妹は今川一門瀬名一秀に嫁いだとも、高天神福島氏か懸川朝比奈氏に嫁いだとも指摘されている。さらに、もう一人の姉妹は北条氏時（伊勢宗瑞の子、玉縄城主）に嫁いだと伝わる（黒田基樹・二〇〇七年③、丸島和洋・二〇一三年）。最後の当主小山田信茂も葛山氏と縁があり、信茂室は御宿友綱の息女であった。このように、小山田氏もまた、今川・北条・葛山氏との関係が深いことがうかがえる。

他国勢力と結びつく甲斐国人

祖父信昌、叔父信恵、父信縄との抗争を契機にした争乱が続くなか、武田信虎はこれら甲斐の有力国人層との対決を余儀なくされた。信虎にとって厄介だったのは、国人との対決は、同時に彼らを背後から支援する他国勢力との戦いを不可避にしたことである。今まで紹介してきたように、逸見今井氏は信濃諏訪方・岩村田大井氏、大井武田・穴山武田氏は今川氏、油川武田氏や小山田氏は伊勢（北条）氏といった具合である。

このような支援の関係が形成された理由は、今井・大井・油川・小山田諸氏や武田氏の姻戚関係をまとめてみるとわかりやすいだろう。甲斐の国人層は、相互に密接な姻戚関係を持つだけでなく、隣接する大名とも同様の関係を取り結んでおり、安全保障体制の構築に余念がなかったのである。武田信虎の甲斐統一事業とは、国内の反抗勢力との戦いだけでなく、同時に近隣勢力の介入を排除し、国内での覇権をいかに確立していくかという、極めて困難な道程だったといえるだろう。

二、信直の家督相続

祖父・生母・父の死去と信直の家督相続

永正二年（一五〇五）九月十六日、信縄の父で信直（以下、大永三年〈一五二三〉の信虎改名まで、特に断らない限り、信直で統一）の祖父信昌（落合御前）がついに死去した。享年五十九。上杉禅秀の乱と甲斐守護武田信満の自刃を契機とした、甲斐の戦乱と武田氏滅亡の危機を乗り越え、甲斐を統一した中興の祖として、後世、武田信玄に崇敬された人物であった。だが、後半生は室町幕府・堀越公方と古河公方の対立、さらに室町幕府と堀越公方足利茶々丸との対立に参画し、惣領信縄を排して次男油川信恵擁立に動き、甲斐を再び内乱の巷に叩き込んだ張本人でもあった。信縄との和睦後も、落合御前として隠居しつつもなお隠然とした政治力を保持し続け、信縄の領国支配にも強い影響力を及ぼしていた。その信昌の死は、武田氏にとっても、彼に翻弄され続けた信縄にとっても、新たな時代の幕開けとなるはずであった。しかし、事態は意外な方向に推移する。

父信昌のくびきから解放されたはずの信縄は、病床にあったらしい。信昌が死去した翌年四月十一日、信縄は北口本宮冨士浅間神社（富士吉田市）に願文（がんもん）を奉納した（戦武一三号）。それは、いま罹患している病気が平癒すれば、来る六月には速やかに参詣するというものであった。彼がいつごろから病床に臥していたかは定かでないが、願文を奉納するほどであるから、長期に及ぶものであったか、本人が願文を納めて平癒を祈願せねばならぬほど、ただならぬ病状だとの自己認識があったかであろう。信縄の病気は十月になっても回復せず、同月二十三日、彼は伊勢神宮に鎧（腹巻）一領を納め、「当病即愈」を祈願した（戦武三〇号）。

いっぽう、父信縄の病気が重篤ななか、信直は生母岩下氏を十月十七日に失った（『菊隠録』）。信縄は、長男信直をもうけた側室に先立たれたのである。明けて永正四年二月十四日、信縄は病気平癒の祈願も空しく死去した。享年は三十歳後半から四十歳前半と推定されている。

信直は、わずか三年の間に祖父信昌、生母岩下氏、父信縄を相次いで失ったのであった。このような事態を受けて、信直は父信縄の跡を継ぎ、家督相続を果たすこととなった。当時、信直はわずか十歳の少年にすぎなかった。なお、信直の家督相続に関する詳細は、史料が残っておらずまったくわかっていない。

反旗を翻した油川信恵

信直が家督を相続した翌永正五年（一五〇八）、叔父油川信恵と岩手縄美らが挙兵し、明応七年（一四九八）以来沈静化していた甲斐の内乱が再発する。ただし、挙兵の時期は定かでない。また、信恵挙兵までの経緯についても史料がまったくなく、判然としない。

ところで、油川信恵はなぜこの時期に挙兵したのだろうか。通説では兄信縄が急死し、後継者の信直がまだ若年と侮り、彼を抹殺して甲斐守護職を簒奪する好機と考えたからだとされている。ただ近年、家永遵嗣氏は、永正四年六月に細川政元が暗殺され、足利義澄を支えていた勢力が衰退し、代わって足利義稙が勢いを盛り返し、永正五年に入京して将軍に返り咲いた時期と一致していることを指摘した。さらに、油川信恵を支援していた今川氏親・伊勢宗瑞も義澄方から義稙方に転じ、同じ義澄を奉じていた事態が解消したことが、信恵挙兵の背景だったのではないかと述べた（家永遵嗣・二〇一三年）。つまり、当時の信直は、父信縄以来、前将軍義澄を奉じる立場を引き継いでいたのである。このように、油川信恵は今川・伊勢氏の支援を受けやすくなり、甲斐の義澄方である武田宗家を打倒すれば、それに取って代われる状況になったと判断したのではなかろうか。

油川信恵に荷担した勢力については、永正五～六年にかけての油川方の戦死者や国外逃亡者を追っていくことで、朧気ながらその輪郭が浮かび上がってくる。まず、信恵の同母弟縄美、小山田弥太郎、小山田平三（境小山田氏、小山田一族）ら郡内衆、栗原惣次郎昌種、栗原金吾（左衛門尉信宗）、武田譜代河村左衛門尉、同工藤氏などが、『勝山記』『高白斎記』『一蓮寺過去帳』などから確認できる。

小山田弥太郎と油川信恵、岩手縄美は従兄弟であった。河村氏は、油川信恵の近臣として史料に登場するので（戦武一一四号）、その関係からであろう。工藤氏は、信直の父信縄の近臣として工藤祐久・昌祐が知られるが、ここでは信恵方となっている。信直に反抗した工藤一族がいたのであろう。後に、信直に誅殺されたという工藤下総守虎豊（工藤長門守、内藤修理亮昌秀の父）は、信直方に残った工藤氏とみられる（ただし、工藤虎豊については、『武田三代軍記』などの軍記物にしか所見がなく、実在したかどうか検討を要する。ただ、信直と対立したという工藤氏の所伝は信用してもよかろう）。また、栗原氏は信遠の弟昌種・信宗二人が信恵方となっていた。

さらに、後に触れるが、彼らを支援していたのは、伊豆韮山の伊勢宗瑞であった。つまり、栗原や武田氏譜代の工藤らを除けば、油川方の主力は都留郡や伊勢宗瑞など、甲斐東部から駿河・伊豆にかけての地域の人々で構成されていたことがわかる。こうしてみると、信恵の叛乱は甲斐守護の地位を奪い、武田宗家に取って代わろうという彼の野心と、義澄方の信直打倒という伊勢宗瑞との思惑が一致したと考えることができ、家永氏の指摘は傾聴に値するだろう。

これに対し、記録がまったくみられないものの、今井信是、大井信達、栗原信友（信遠没後の栗原氏当主）、穴山信懸はこのとき、油川信恵に荷担したり、信直と敵対した形跡がないので、彼らが武田方を支える有力な味方だったと考えられる。このほかに、武田一門では、父信縄と信恵・縄美の弟松尾信賢（信直の叔父、信賢息女は後に信直の側室〈松尾老母、高林妙桂禅定尼〉となっている）、曾根、飯富、板垣などの武田譜代も信直方に留まった。こうしてみると、信直方は油川方のように、他国の有力者の後押しこそなかったものの、意外にも甲斐国内では多数派であった可能性が浮かび上がってくる。

坊ケ峰合戦と信恵・縄美の戦死

挙兵の時期・経緯・衝突までの動向は定かでないが、油川信恵・岩手縄美軍と武田信直軍は、永正五年（一五〇八）十月四日に激突した。その模様を、『勝山記』は「此年（永正五年）十月四日、武田八郎殿（油川信恵）、同子息弥九郎殿、珍宝丸打レサセ玉フ也」、『高白斎記』は「十月四日、油川彦八郎（信恵）ト四郎（岩手縄美）生害」と、それぞれ記録している。

坊ケ峰古戦場跡　山梨県笛吹市　画像提供：サンニチ印刷

両軍が戦ったのは、『国志』によると「曾根勝山」（人物部第四「武田彦八郎信恵」の項）とあるが、いっぽうで「藤岱ノ域ニ棒峯ト云突峯アリ、頂ノ小池ヲ勝負ガ池ト名ヅク麗泉ナリ、此辺永正中武田彦八郎ノ戦場ナリト云伝レドモ今得テ可記コトナシ」（古跡部第五）と記している。この「棒峯」とは坊ケ峰（ぼうがみね）のことであり、地元では武田信直と油川信恵の古戦場とされ、ここで信恵が滅亡したとの伝承がある。勝負ケ池は、現在では失われてしまったが、江戸時代までは存在していたといい、ここは合戦の戦死傷者の血で染まり、五月五日の端午の節句の明け方になると、池の周辺では軍馬のいななき、馬蹄の音、多数の人の声、刀の切り合う音などが聞こえたとの怪異談が伝えられていた（『東八代郡誌』）。

断言はできないが、両軍の戦いは、勝山城や坊ケ峰付近で行われたのだろう。本書では、両軍の戦いを坊ケ峰合戦と呼ぶことにしたい。

この戦いで、油川信恵（法名連阿弥陀仏）、息子弥九郎（法名与阿弥陀仏）、同清九郎（行阿弥陀仏）、同珍宝丸（善阿弥陀仏）、岩手縄美（来阿弥陀仏）、栗原昌種（喜阿弥陀仏）、河村左衛門尉（頓阿弥陀仏）らが戦死し、まさに信直の圧勝に終わった。油川氏は壊滅的打撃を受けたのである。油川氏は、惣領信恵らが戦死したものの、信恵の子信友が存続しており、信直方に付いたか、誅殺を免れ、油川の相続を許されたのだろう。

小山田弥太郎の戦死

油川信恵の滅亡は、これを支援していた郡内小山田氏を刺激した。報復のため、永正五年（一五〇八）十二月、小山田弥太郎が軍勢を率いて、国中（くになか）（甲府盆地）に攻め込んできたのである。このことを、『勝山記』は「此極月五日、国中ニテ合戦アリ、都留郡人数負ル也、小山田弥太郎殿打死、同心ノ打死無限、然ハ工藤殿・小山田平三殿、韮山へ御出仕ナリ、小笠ノ孫次郎死」と記録している。

小山田弥太郎は国中に攻め込んだものの、十二月五日に信直軍と衝突し、弥太郎をはじめ多数が戦死して敗退した。この事態に、小山田氏と行動を共にしていた武田氏譜代の工藤氏や、小山田一族の境（さかい）小山田平三が伊豆韮山に逃れ、伊勢宗瑞に匿われたという。このように、小山田氏は当主が戦死する危機に見舞われたのであった。

信直は、油川方の郡内勢に対する攻撃の手を緩めなかった。永正六年秋、信直は今度は自ら軍勢を率いて都留郡に攻め込み、河口（富士河口湖町）を焼き払い、いったん撤退した。そして十二月に再び都留郡に攻め込み、郡内勢に甚大な被害を与えた。このとき、「下ノ検断」「吉田ノ要書記」らが武田軍に討ちとられたという（『勝山記』）。武田軍の都留郡攻めは、永正七年春にまで及び、ついに小山田方は信直と和睦したのである（同前）。これは事実上、小山田氏の降伏を意味していた。

このときの小山田氏当主は、弥太郎の息子越中守信有であった。信直は、小山田信有の降伏と従属を受けて、自分の妹を正室として嫁がせ、関係構築を進めている（丸島和洋・二〇一三年）。永正五年十二月から同七年春にかけての武田・小山田氏の合戦で、弥太郎や越中守信有ら郡内勢が頼みにしていた伊勢宗瑞は、これに介入することはなかった。

宗瑞は、永正五年十月に今川氏親の名代として三河に侵攻しており、当時、信直と油川信恵の合戦に介入する余裕はなかった（以下、黒田基樹・二〇一九年①）。また、永正六年八月、宗瑞はそれまで連携してきた扇谷上杉氏と断交し、関東に出兵を開始している。この直前に、山内上杉顕定は越後長尾為景（ためかげ）（上杉謙信の父）を討つべく、越後に出陣していた。扇谷上杉朝良は顕定を支援するため、上野国に出向いていたのである。このころ宗瑞は、扇谷上杉方の三浦氏と八丈島支配などをめぐって対立しており、扇谷上杉氏との齟齬が顕在化していた。そこへ、長尾為景からの働きかけがあったのである。宗瑞は為景の要請に応じ、連携を決意した。それは同時に、山内・扇谷上杉氏との断交と、関東侵攻に舵を切ることを意味したわけである。

宗瑞は永正六年八月、相模への侵攻を開始し、武蔵に軍を進め、扇谷上杉氏の本拠江戸城（東京都千代田区）を脅かした。宗瑞は、関東侵攻の地歩を固めるため、翌年三月初旬まで在陣を続けていた。

このようにみてみると、信直の都留郡出兵は、宗瑞の関東侵攻時期と重なっていることがわかるだろう。信直が永正五年十二月に小山田弥太郎を討ちとった後、その余勢を駆って一気に都留郡に攻め込まず、永正六年秋と十二月、さらに永正七年春という時期を選んで出兵したのは、郡内勢を支援する伊勢宗瑞の動向を注視していたからだと考えられる。

さしもの信直も、伊勢宗瑞の介入を受ければ厄介なことになると考えていたと思われる。とりわけ、永正六年十二月から翌七年春にかけての攻勢は、宗瑞が関東での行動を終える前に小山田氏を降伏させることを狙ったものだったとみられ、まさに一刻を争う事態だったと推察される。そして、信直は目論見どおり、宗瑞が関東から撤退する直前に、小山田信有を降伏させたのだろう。

諏方頼満の甲斐侵攻

しかし、伊勢宗瑞も手を拱いていたわけではないらしい。信直が都留郡侵攻を行っていた永正六年（一五〇九）十月、北巨摩の今井氏の支配領域で変事が起こった。十月二十三日、小尾弥十郎が今井兵庫助信是の居城江草城（獅子吼城、北杜市須玉町）を乗っ取ったのである（『高白斎記』）。

信直が戦局を優位に進めながらも、永正六年秋にいったん国中に撤退したのも、この事態を知ってのことだった可能性が高い。小尾氏は小尾郷を拠点とする土豪で、戦国期に津金郷の津金氏らとともに津金（小尾）衆という地域連合を結成し、甲信国境を警固していた氏族である。確証はないが、小尾弥十郎は諏方頼満・伊勢宗瑞の調略に応じ、今井信是を打倒して、今井宗家に取って代わろうとしたのではないだろうか。

というのも、この直後の十二月二十四日、武田平三（法名、是阿弥陀仏）、侍者源三（法名、与阿弥陀仏）、武田上条彦七郎（法名、重阿弥陀仏）、亀千代（法名、金阿弥陀仏）が「同時打死」しており（『一蓮寺過去帳』）、このうち武田平三と源三は、『円光院本武田系図』に、今井武田信慶の子で、兵庫助信是の弟平三・源三に比定されている。しかも、同書の今井平三の注記に「スハヨリ責殺ス、テウカ城ニツカアリ」と記述されている。つまり、今井（逸見・武田）平三は諏方頼満の攻撃を受け、「テウカ城」で戦死し、同地に葬られたというのである。

このことについて、服部治則・秋山敬氏は「テウカ城」を「庁衙城」とし、若神子城ではないかと推定している。そして、諏方氏の襲来が、この直前に発生した小尾弥十郎の江草城乗っ取りと連動していると指摘した（服部治則・一九七九年・一九八八年、秋山敬・二〇〇三年）。この指摘は重要であり、その通りであろう。

問題なのは、諏方頼満と今井氏がそれぞれ信直、油川信恵のどちらに味方していたかである。秋山敬氏は、今井氏が信恵方、諏方頼満が信直方であったとみている。だが、諏方頼満は一貫して信昌・信恵方であり、信縄とは一線を画していた。また、この後、関東管領上杉憲房後室を信直が側室にして、北条氏綱との対決姿勢を強めたことを契機に、今井信元が武田氏に反旗を翻すと、諏方頼満はこれを支援しているのだから、諏方氏は一貫して親伊勢（北条）方、反信縄・信直方であったと考えるべきであろう。既述のように、諏方頼満は文亀元年（一五〇一）以来、武田氏を挟撃するために伊勢宗瑞と連携していた。確たる証拠はないが、この諏方軍の行動は、信直方の今井信是を攻めることで、信直の都留郡侵攻を牽制しようとしたのだと考えるのが自然だろう。小尾弥十郎の蜂起も、諏方頼満の調略の結果であった可能性が高い。

小尾弥十郎のその後については、以下のような学説が提唱されている（秋山敬・二〇〇三年）。諏方・今井合戦の四年後にあたる永正十年十二月二十六日、江草の十五所神社が再建された。そのときに作成された棟札によると、大檀那は武田彦六信意と小尾兵部尉藤原祐久の二人であった（戦武四一三〇号）。武田信意は今井信元のことであり、小尾祐久は弥十郎の後身と指摘されている。すなわち、今井信元は小尾弥十郎と共同で江草の鎮守十五所神社の再建を実施したということになり、再建事業が今井氏による小尾氏の赦免と、講和を意味するという。この背景には、小尾弥十郎の挙兵が、諏方氏の使嗾によるものとの推定を補強することになるだろう。

もう一つ、見逃せないことがある。それは、諏方頼満の息女が「逸見兵部大夫信親妻」となったという「神氏系図」の記述である。ここに登場する逸見信親は、今井信元の弟信隣（山城守、兵部大夫）に比定されている（廣瀬廣一・一九四四年、服部・一九七九年、秋山二〇〇三年）。これは、その後の諏方・今井両氏が連携する理由を説明するものとして大変興味深い。今井氏は永正十年以後、武田信直に対抗する際、諏方頼満を後ろ楯としているのだが、それはこの婚姻を背景にしているのであろう。

諏方頼満と今井信是・信元父子の縁組みは、永正十年十二月の小尾弥十郎の挙兵を契機に、諏方軍の今井攻めがあり、今井氏がこれに敗北したことがきっかけであろう。今井氏は、諏方氏の脅威を取り除くべく、信是の息子信隣と諏方頼満息女との婚姻を実現させることで、諏方氏との和睦を成立させたとみられる。秋山敬氏は、信隣が人質として諏方に入ったと推測している。そこまで踏み込んだ推測は差し控えたいが、この婚姻により、今井氏が諏方氏との政治・軍事的結びつきを強めたのは事実だろう。

しかし、今井氏に痛打を与えた諏方頼満であったが、その余勢を駆って信直を攻めることはせずに撤退したらしい。今のところ、それを示唆する史料がみられないからである。その理由として、都留郡攻めを中止し、信直が国中にとって返したということや、戦局が武田氏優位だったこと、さらに伊勢宗瑞の後詰めが見込めず、肝心の油川信恵や小山田弥太郎が壊滅していたことも大きかったと考えられる。

このように、信直は諏方頼満、伊勢宗瑞に挟撃される危機を切り抜け、油川・小山田打倒を達成したのであった。

三、窮地を脱した大井合戦

穴山信懸暗殺

永正七年（一五一〇）の小山田氏従属以後、甲斐国には束の間の平和が訪れる。災害や飢饉、物価騰貴などは相変わらずであったが、永正八・九年は何事もなく過ぎた。戦乱の兆しは、永正十年五月の事件から始まった。

『勝山記』永正十年条に「此年川内ノ穴山道義入道殿子息清五郎ニ打タレサセ玉フ」と記されている。穴山道義（どうぎ）入道とは穴山信懸（のぶとお）のことで、彼は「忠翁道義」と号していた。その人物が、よりにもよって息子穴山清五郎に殺害されたという。『勝山記』には、信懸暗殺事件の日時が記されていないが、高野山成慶院所蔵「武田家過去帳」には「建忠寺殿中翁道義、甲州武田弥九郎信懸公為菩提也、但武田伊豆守信友公祖父也、永正十年五月廿七日卒」とあるので、五月二十七日が暗殺事件の起こった日であろう。信懸は、武田信縄・信直を支え続けた有力一門であり、甲斐の有力国人でもあった。その信懸が、息子清五郎に殺害されたというのだから異常事態である。その原因は何であったか。

このことについては、すでに旧著『穴山武田氏』で詳細に述べているので繰り返さないが、穴山武田氏の家中では、境界を接する戦国大名今川氏親と結び、信直と断交する路線を支持する今川派と、武田氏との関係継続を支持する武田派との抗争が激化していたのではないかと推定される。

信懸自身は、今川氏親・伊勢宗瑞と個人的に昵懇の間柄であり、彼が健在なときは、今川氏が甲斐に侵攻してくることはなかった。信懸が信直と今川氏との関係を仲介していた可能性もある。しかし、信直が国内の国人との対決を開始し、とりわけ伊勢氏と関係が深い油川氏や小山田氏との戦闘を継続していたことは、穴山武田氏の立場を微妙なものとしていたであろう。伊勢氏は、甲斐の味方を支援すべく、甲斐に侵攻していた。当然、今川氏はこれを支援する立場にあったが、穴山信懸の存在がこれを阻んでいたと考えられる。

信直に対する今川軍の安定した軍事行動のためには、穴山氏の従属化が不可欠である。だが、信懸暗殺以前には、今川氏による甲斐侵攻は行われていない（延徳四年〈明応元、一四九二〉の今川軍の甲斐侵攻は、武田信昌・信恵方の大将栗原信遠に攻撃された、信縄方の穴山信懸救援のためであろう。このとき、信縄はまだ明確に堀越公方足利茶々丸支援を打ち出す前のことであった）。穴山信懸の暗殺後、家督を継いだ息子穴山甲斐守信風は、今川氏に従属したものと推察される。というのも、これ以後、今川氏の甲斐侵攻が開始されるのであり、その進軍ルートは穴山氏の支配領域たる河内（かわうち）領であった。

そう考えると、伊勢宗瑞とともに武田信直打倒を目指す今川氏にとって、甲斐侵攻には穴山氏の協力が不可欠であり、これが信懸の思惑により実現不可能であるとすれば、今川氏と穴山氏の関係も微妙なものになってきたことであろう。

信懸が息子清五郎に暗殺されたのは、信直方に身をおけば、今川氏の軍事侵攻に直面し、穴山氏の存続にかかわる事態を招きかねないという家中の今川派と、信直派の信懸との対立の結果と考えるしかなかろう。事実、信懸暗殺後、穴山武田氏は後継の信風が今川氏に従属したらしく、人質を提出していたらしい（後述）。

なお、清五郎は父暗殺後まもなく殺害されたとみられ、穴山氏の系図や諸記録に一切登場しない。信懸暗殺後も、穴山家中では内紛が続き、清五郎は落命したとみられる。清五郎が穴山氏の系図や、高野山の供養帳などに一切見られないのは、父殺しという行為と、穴山氏がその後武田氏に従属した経緯から、彼を正史から消したためではなかろうか。信懸の横死と穴山家中の内紛を経て、穴山武田氏は今川方となり、このことがさらに穴山氏と領域を接する大井信達・信業父子の今川方荷担へと繋がったと考えられる。

信懸暗殺後も、信懸未亡人と息女は川田に居住し、彼の三回忌供養を武田信昌の菩提寺永昌院で執行しているので、彼女たちは武田氏に誅殺されることなく、信直の膝下で健在であり、そこに身をおき続けていたことがわかる。そもそも、信懸夫人と息女が川田に居住していたのは、彼女たちが人質であったからでもある。それが、信懸の死後も川田で生活を続けていたとすれば、やはり信懸は信直方であり、有力な味方であった証拠であろう。信直は、穴山信懸という有力な味方を失った。そして、穴山武田氏は信懸の死後、信直より離叛したのである。この一連の出来事は、まもなく甲斐の政局に大きな影響を及ぼすこととなった。

大井信達、武田軍を撃破

穴山信懸暗殺後、甲斐は戦乱もなく平穏であったようだが、永正十二年（一五一五）、西郡（甲府盆地西部一帯）の国人大井信達が、信直に敵対の意志を鮮明にした。信達が突如、信直に敵対した理由は定かでない。少なくとも、油川信恵の挙兵には合流した形跡がないので、今回の敵対は別の理由によるものと推察される。何事かをきっかけに、信達は信直と断交したのであった。

だが、前後の状況を観察してみると、大井氏の敵対は信達・信業父子が今川氏に従属したことを契機としたと考えられるのである。その前提に、穴山氏が今川氏に従属したことがあった。支配領域を接する穴山氏の動向は、大井氏に大きな影響を与えたとみられる。

そのことを示唆する動きとして、信達の嫡男信業が、今川重臣瀬名一秀（いっしゅう）の息女を娶っている事実がある。信業の生年は明らかでないが、彼の嫡男大井次郎信為は、永正十七年生まれである。生母は瀬名氏と推定されるから、結婚はそれ以前ということになる。信直と今川氏は、永正十二年の大井合戦を契機に本格的な抗争に突入し、関係改善は天文五年（一五三六）以後のことになるから、大井信業が今川重臣瀬名氏の息女を娶るとすれば、大井合戦の直前の時期（永正十年〜同十二年）が最も蓋然性が高い。大井氏と瀬名氏の姻戚関係成立をもって、信達は今川方への荷担を鮮明にしたとみるべきであろう。これは、穴山氏の離叛に続く、重大事態の発生を意味した。しかも、大井氏の支配領域は甲府盆地西部一帯であり、今川氏の勢力圏が、信直の本拠地川田に迫ることとなったからである。

信直と大井信達の対立が、いつごろから始まったかは明らかでない。信直の大井攻めは、十月に実施された。これが、大井合戦の始まりとなる。この模様を、『勝山記』は次のように記録している。

此年当国大井殿屋形トノ合戦、十月十七日申剋ナリ、屋形方大勢ナリト云ヘトモ、彼ノ城ノ廻リヲ不被知間、皆深(フカ)田ニ馬ヲ乗入テ、無出打死畢ヌ、其ノ人数小山田大和守、衛門助殿、尾曾殿、飯(富)実殿、其ノ外随分面々様二十崎(騎)計、是大将分方々也、其ノ余ハ一二百人打死畢、其後駿河国ヨリ、甲州エノ口々ヲ塞ル、ナリ、重ノ調義可トモ有之、更ニ不見候（後略）

信直軍は大軍を率いて、信達の本拠大井氏館を攻めた。既述のように、通説では上野城（椿城）を攻めたことになっているが、周囲が深田であったという『勝山記』の記述と地理がまったく整合しないので、これは鮎沢にあったと推定される大井氏館であろう。この地域は、低湿地が広がっていた場所であった。

大井合戦での信直の動きについては、①大井攻めで多勢を引率していたので油断していたらしく、

②周囲の状況把握を怠り、③しかも夕刻の申剋（午後四時頃）に開戦に踏み切っている（この日は、西暦に換算すると一五一五年十一月二十二日となり、申刻は日没間近のこととなる）、④信直は、大井氏の本拠地に到着したものの、日暮れが迫っていたこともあって夜営を嫌い、多勢を恃み、力攻めで一挙に攻め潰そうとしたものか、と推測されている。しかし不審なのは、大井氏館の周囲が深田であったため、攻め寄せた武田軍の馬は足を取られて身動きがとれなくなり、そこを大井方に反撃されたという記録である。当時は、冬の寒気も厳しかった時期であり、水田に水が張られていたとは考えにくい。武田軍の攻撃を阻んだ、深田とはいったいどういうことなのか。また、信直が開戦を一日延期せず、日没近くに攻めかかったのには、何かほかに理由があるのではないだろうか。

そこで注目されるのは、前掲の『勝山記』の後略部分である。そこには次のような記述が続く。

此年ハ十月十二日ノ夜ヨリ雪フリ、大雨ト雪ト同心ニ降ルニ依テ、大地事外ニ冰（氷）リテ、芋モホリエス、菜ナントモ一本モ取ル間モ無シ、サシ置ニ依テナモ徒ラニスツル、芋モ如此至候間、中々言語道断飢饉ト成也

これによると、信直が大井合戦に踏み切る直前の十二日は、夜半から雪が降り、大雨と降雪が交互に降るという状況で、大地は氷結するほどの寒さであったという。このため、甲斐は飢饉となったという。

大井氏館の周辺が十月なのに深田になっていたのは、合戦直前の大雨と雪によるものだったと考え

られる。しかも寒気が酷く、信直の大井領到着が夕刻になったのも、行軍に思いのほか手間取ったことが背景にあるのではなかろうか。そして、寒気と夜営を嫌い、信直は一挙に決着をつけようと焦ったのだろう。

大井軍の反撃のため、武田軍の大将クラス小山田・於曾以下二十人ほど、さらに兵卒一、二〇〇人が戦死し、手痛い敗北を喫した。このときの戦死者については、『一蓮寺過去帳』にも記述がある。それは、乙亥（永正十二年）十月十七日忌日の人物として、板垣備州（法名、重阿弥陀仏）、飯富道悦（同、宣阿弥陀仏）、飯富源四郎（同、喜阿弥陀仏）、甘利（同、重阿弥陀仏）の四人である。このうち、板垣備中守は板垣信方の祖父に、飯富道悦は飯富虎昌・昌景兄弟の父、飯富源四郎は飯富虎昌の弟で、飯富（山県）昌景の兄と推定されている（源四郎の仮名が、昌景と同じ）。また、『勝山記』に記録されている「衛門助」は、今井右衛門佐信房（府中今井氏、信乂の子、信甫の兄）とされる（服部治則・一九七九年）。

大井合戦での武田軍戦死者から判明することは、信直に従って参陣したのは、小山田氏、府中今井氏のほかに、武田一門於曾氏、譜代の板垣・甘利・飯富氏らであり、『勝山記』が記録しているように、信直はかなりの規模の軍勢を引率していたことがうかがえる。

今川軍の甲斐侵攻と信直の危機

永正十二年（一五一五）十月十七日、大井合戦で信直は味方の国人・武田一門・譜代をはじめとする宿将を失う手痛い敗北を喫した。しかし、大井氏は信直を撃退したものの、依然として武田方に攻め潰される危機に際会していることに変わりはなかった。大井氏の危機に来援したのが、今川氏親が派遣した軍勢であった。

今川軍の甲斐侵攻について、『小年代記』の永正十二年条には「駿州勢発向、十一月念日」とある。時期的にみて妥当であろう。ただしこのとき、今川氏親自身は参陣していない。残念なことに裏づけが取れないものの、今川軍を構成していたのは、葛山・庵原・福島氏らであったという（『今川家譜』、静⑦六四〇号）。もし事実ならば、葛山は葛山氏広（伊勢宗瑞の息子、今川一門）、庵原は庵原周防守、福島は福島左衛門尉助春に、それぞれ相当するであろうか。なお慎重な検討が必要である。

また、『宗長日記』に「其後、甲斐国武田次郎牟楯に付て、氏親合力の事あり」とある部分は注目すべき記録である。この記述は永正十二年のことであるが（島津忠夫校注『宗長日記』岩波文庫による）、ここにみえる「武田次郎」を「武田五郎」の誤記で、武田信直か、武田信縄のこととする学説（島津忠夫校注、静⑦六三八号）は疑問である。信縄・信直父子ともに、仮名は「五郎」であって、「次郎」を称した事実はない。通説では、『宗長日記』の誤記と解釈されているが、私は記録は正確だと考えている。なぜならば、『宗長日記』は今川氏親が「武田次郎」を救援するために軍勢を派遣したと明記しているからだ。

今回の今川軍の甲斐侵攻は、「武田次郎」支援であって、信縄や信直ではない。当時、氏親が支援していた甲斐国人で、武田姓を称していたのは穴山・大井両氏であり、「次郎」の仮名を称していたのは、瀬名一秀の娘婿となっていた大井信業しかいない。今川方が救援する相手と認識していたのは、武田上野介こと大井信達ではなく、武田次郎＝大井信業であるとすれば、今川重臣瀬名氏の娘婿である信業は、今川方の重要人物と認識されていたのであろう。

『宗長日記』の記述は、信直と大井信達・信業父子が対立したのは信業と瀬名氏との婚姻、すなわち大井氏の今川従属を発端とするものとする私の推測を裏づけるものといえよう。今川軍は、信直から離叛し、氏親に従属を果たした大井信達・信業父子を救援すべく、一〇〇〇余人ともいわれる軍勢を甲斐に派遣したのであった（静⑦六四〇号）。

今川軍は、すぐには武田軍と戦端を開くことなく、路次を封鎖して、甲駿両国の物流をすべて封じた。このため、甲斐には塩をはじめとするすべての物資搬入が途絶えた。信直は、今川方と交渉を行ったらしいが、すべて不調に終わり、両軍の衝突は不可避となった。

物資流通の途絶は、米・粟・稗など農作物全般の大凶作で逼迫していた甲斐の人々の生活に追い打ちをかけた。村の人々は、領主らに侘言を申し出て、年貢・公事の減免を嘆願したらしい（『勝山記』）。大井合戦での敗北、今川軍の襲来と路次封鎖、天候不順による大飢饉の発生、村々の窮乏。信直は重大な危機に見舞われたのであった。

信直、苦戦する

永正十二年（一五一五）は、十月の大井合戦、十一月の今川軍の甲斐侵入で幕を下ろした。明けて永正十三年、いよいよ今川軍が動きだしたらしい。その様子を、『勝山記』は次のように記録している。

　未タ大井殿ト御屋形様ノ取合弥ヨ強盛ナリ、駿河ト当国ノ取合未タ不息

残念なことに、大井信達・信業父子および今川軍と、武田信直軍との合戦の詳細はまったくわからない。永正十三年は、合戦に明け暮れていた様子が判明するだけである。ただ、九月以後になると、他の記録から具体的な動向がわかる。

【史料二―1】『王代記』永正十三年条

　九月（於万力）廿八日合戦、駿河勢出、国中悉焼、八幡山・松本・七覚焼亡、曽祢之毛沢陣取、勝山ヲキツキ

【史料二―2】『高白斎記』永正十三年条

　同九月廿八日扇山破レ、依之信虎公黒（恵）林寺江御引籠ル、翌春御帰陣

信直と今川軍の戦闘は、九月二十八日に万力（まんりき）（山梨市）で行われた。『王代記』の記述をみると、今川軍は信直と万力で激突した前後、国中の寺社や村々などを放火してまわったらしい。焼失したところとして記録されている八幡山は、窪八幡神社別当寺（べっとうじ）の八幡山普賢寺（ふげんじ）（山梨市）、松本（甲州市石和町）

恵林寺山城跡　山梨県甲州市　画像提供：小野正文氏

は大蔵経寺（だいぞうきょうじ）、七覚（甲府市中道町）は七覚山円楽寺（えんらくじ）のことである。信直は苦戦したらしく、万力の合戦でも敗退したらしい。地理的にみて、信直の本拠川田館は放棄され、完全に焼亡したと推定される。信直は、「扇山」が今川軍に攻略されてしまったため、恵林寺に逃げ込んだという。

「扇山」については、従来は恵林寺の裏にある扇山に比定されてきた（『山梨県の地名』平凡社他）。ところが、この通説には疑問が寄せられ、また、恵林寺山の調査により、近年これまでまったく知られていなかった城郭跡が発見され、話題を呼んだ（内藤和久・二〇一七年）。この「恵林寺山城」こそ、信直が今川軍に対抗するために築城、籠城した城跡なのかもしれない。信直は、恵林寺に逃げ込んだのではなく、「恵林寺山城」に逃げ込み、ここで籠城しようとした可能性がある。また、信直が恵林寺山に後退せざるをえない状況を作った武田方の「扇山」とは、兜山（かぶとやま）（笛吹市春日居町）ではないかとの新説が提起されている（内藤・二〇一七年）。現状では、まだ判断ができない。記して後考をまちたいと思う。

今川軍は信直を追い詰めながらも、これを滅ぼすことができなかった。信直は苦戦しながらも、今川軍の攻撃を凌ぎ切ったのだろう。

今川軍は、態勢を立て直すべく「曽祢之毛沢」に布陣し、さらに勝山城を築いたという。この「毛沢」がどこかは判然としないが、勝山城の近辺だと読めるので、あるいは芋沢川（いもさわがわ）の誤聞なのかもしれない。いずれにせよ、今川軍は信直攻略の拠点として、油川信恵の属城であった勝山城を再興したのであった。

勝山城跡　山梨県甲府市

郡内勢の奮戦

信直を追い詰めながらも討ち取ることができなかった今川軍は、勝山城に在城した。その後、武田・今川両軍は国中で断続的に衝突していたらしいが、その詳細は記録されていない。だが、両軍ともに決定的な勝利を収めることができず、戦線は膠着状態になったとみられる。代わって戦場となったのは、都留郡である。

永正十三年（一五一六）末、今川方は駿河国駿東郡より籠坂峠を越えて、都留郡に新手の軍勢を差し向けた。そのときの模様について、『勝山記』は次のように記録している（永正十三年条）。

此年極月廿六日巳剋ニ西海右近進・平八マテ（迄）兄弟三人、大石

吉田城山（➡の部分。⇨は北口本宮富士浅間神社）　山梨県富士吉田市　画像提供：サンニチ印刷

与五郎殿モ打タル、ナリ、サル間宮内(小林)丞殿、同ク廿九日ニ出陣アルナリ、其後日々合戦シテ近ハ皆々ウ(鵜)ノ嶋ニテ越年ス、サレトモ日々ノ合戦ニ、吉田ノ城ヲ責ルニ城方メテヲ取リ、漸ク年モ替ル

十二月二十六日の巳剋（午前十時頃）、今川軍は都留郡の武田方と激突し、西海右近進・平三兄弟三人と、大石与五郎らが戦死した。西海氏は西湖（西海）郷（富士河口湖町）の土豪で、西之海衆の一員であろう。また、大石氏は大石郷（富士河口湖町）の土豪とみられる。これを知った船津（富士河口湖町）の土豪で、小山田氏の重臣小林宮内丞（宮内助、後に尾張守。小林尾張入道道光の子）が、三日後の二十九日に出陣し、今川軍と戦った。戦場となった近在の人々は、河口湖に浮かぶ鵜の島に避難し、ここで越年したという。

今川方は吉田城（富士吉田市）に入り、武田方と対峙したという。吉田城は吉田城山にあった城郭で、文亀元年（一五〇一）九月、籠坂峠を越えて甲斐国都留郡に侵攻してきた伊勢宗瑞が築いた城であり（『勝山記』）、今川軍はその故地を再興したようだ。今川軍が吉田城山に籠もったのは、戦局が不利となったためらしい。小林宮内丞らの武田方は手を緩めず、吉田城を攻撃した。籠城する今川軍は、劣勢になった（「メテヲ取」）という。だが、武田方も攻めきれないまま、永正十三年は暮れた。

明けて永正十四年正月一日、都留郡の武田方は戦局が優位になったのを見逃さず、船津の土豪小林尾張入道道光（宮内丞の父）が軍勢を率いて新倉（あらくら）（富士吉田市）に出陣した（『勝山記』永正十四年条）。

> 此年正月一日小林尾張入道殿荒蔵へ出陣シ玉フ、然間正月二日ヨリ城ヲ責ル事強盛ニテ、ツイニ正月十二日夜引申候、サル間先鋒ツイニ切リ勝テ、吉田自他国一和ニ定ナル

武田方は、正月二日から吉田城を力攻めにしたところ、ついに今川方は支えきれなくなり、同十二日夜、秘かに城を逃げ出し撤退を始めた。これに気づいた武田方は追撃戦に移り、先鋒は今川軍を散々に打ち破ったという。この結果、吉田宿は今川軍と和睦した。地域の人々が自分のところを攻めに来た敵軍と独自に和睦したという事例は珍しい。その後、都留郡で今川軍が暴れ回ったという記録は見えなくなり、永正十四年末は大雪による積雪で、鳥獣らは餌を失って多くが餓死し、路次は不通になったという。

武田・小山田・今川三氏の和睦と大井夫人との結婚

永正十四年（一五一七）正月十二日の都留郡吉田城での敗戦は、今川方に衝撃を与えたらしい。いっぽうで、永正十三年末から、遠江では斯波義達（よしたつ）・大河内貞綱（おおこうちさだつな）の反攻の動きが活発となり、浜松庄引（ひく）

間城（静岡県浜松市）に、牢人をはじめとする七・八〇〇〇人が籠城し、今川方と戦闘に突入していた（『宇津山記』）。斯波氏は、今川氏親が武田信直と干戈を交えている間隙を衝いて蜂起したのである。斯波氏の動きは、信直と連携していたものかもしれない。

また、時期は定かでないが、甲斐国勝山城に籠城していた今川軍は、それまで反信直で一致、行動していた甲斐国人らに見放されつつあった。『宇津山記』に、「甲斐国勝山いふ城にこの国より勢をこめれられし、いひあはせらる、国人心かはりして、人のかよひ絶はてつ」と記されている。

『宇津山記』によると、遠江における今川と斯波との合戦が去年から始まったとのことにより、事態が悪化したとあるから、去年とは永正十三年末とみてよかろう。それに永正十四年早々の都留郡での敗北は、今川方の状況をさらに悪化させたのだろう。

永正十四年正月二十二日、今川氏親はついに信直攻略を諦め、武田氏との和睦を決断する。氏親は、連歌師紫屋軒宗長を招き、和睦斡旋に奔走してくれるよう懇願した。『宇津山記』は、その様子を次のように記している。

正月廿二日、匠作（今川氏親）より久知音の国人につきてまかりくたり、無為の事をも申かよはすへきよしあれハ、貴命そむきかたくて、則廿三日、こふ（駿府）をたちて、廿八日知人の館にいたりて、一折の連歌興行

世ハ春とおもふや霞峰の雪

氏親の懇願を承知した宗長は、翌二十三日に駿府を発ち、二十八日に知己の国人の館に入った。この国人が誰かは判然としない。ただ、宗長が昔からの知己であると明記していて、しかもそれなりの勢力を保持している人物であることから、穴山武田信風か、大井信達のどちらかであろう。ただ、連歌との関係でいえば、穴山武田氏よりも大井武田氏のほうがはるかに造詣が深い家柄なので（信達自身はもちろん、信達の息子信常、信堯、信業の嫡男為信も「歌人」と謳われた人物である）、ここは武田・今川両軍の戦闘の端緒を開いた大井信達の館に入ったとみるべきと考える。

宗長は武田信直と対面し、なんと五十日に及ぶ交渉を行った。それほどの長期に及んだのは、信直がよほど今川氏に腹を据えかねており、宗長の説得になかなか耳を貸そうとしなかったからではあるまいか。信直は、勝山城に取り残された今川軍二〇〇〇余人を殲滅するつもりだったのだろう。宗長は、『宇津山記』に次のように書き残した。

五十日にをよひ、敵味方にさま〳〵老心をつくし、まことにいつはりうちませて、三月二日、二千余人、一人の恙もなくしりそき、帰路に身延と云法花堂（久遠寺）に一宿、寺の上人所望に、

雪こほり（氷）山やあらそふ春の水

や

春来て雪氷我さきにうちとけ、なかれ出たる山水のさまにや、下の心ハこのはひの一和の心にも

宗長は、真心を込めつつも、時には氏親の同意を得ぬまま、虚言を織り交ぜて信直の説得にかかっ

た。そしてついに三月二日、信直が同意し、武田・今川の「一和」（和睦）が成立し、勝山城に籠城していた二〇〇〇余人は一兵も損じることなく、駿河に引き上げていった。重責を果たした宗長は帰途、身延山久遠寺（身延町）に一泊し、そこの上人の求めに応じて和歌を詠んだ。そこには、頑なに折り合おうとしない信直と氏親を、〝結氷した雪氷〟と表現し、ようやく和睦が成就したために、命永らえて帰国できる今川兵が先を争って駿河に向かうさまを、雪解け水が先を争って流れ出る様子に重ね合わせている。そこには、和睦成就を秘かに喜び、胸を撫で下ろす宗長の心境がうかがえる。

今川軍が去ったことにより、苦境にあった信直の逆転勝利が確定した。同時に、大井信達・信業父子も降伏したと推定されている。このとき、信達は一女を信直の正室として娶せ、従属の意志を鮮明にしたと考えられる。この女性こそ、武田信玄・信繁・信廉らの生母大井夫人（瑞雲院殿）である（廣瀬廣一・一九四四年、磯貝正義・一九七七年）。かくて、大井合戦は終結した。

そして、翌永正十五年三月、甲州大井で万部読経が行われた（『王代記』）。大井合戦での戦死者を供養するためであろう。主催者は、武田信直であった可能性がある。かつての敵地であった大井庄で万部読経を実施したことは、合戦に勝利したことを内外に誇示する意味あいもあったと思われる。

また、同年五月、今川軍と郡内勢（小山田氏）が正式に和睦した。このことを、『勝山記』は次のように記している（永正十五年条）。

此年ノ五月、駿河ト甲州都留郡ト和睦也、調法者ハ内野渡辺式部丞、他国ノ判者人ハ池永九良さ（左）

衛門方、同福嶋道宗入道云々

永正十四年に締結されたのは、劣勢に追い込まれた今川軍と吉田宿との和睦であったのだが、今回は今川軍と都留郡全域の和睦に格上げされた。その仲介者・見届け人を、都留郡からは内野郷（忍野村）の土豪渡辺式部丞、今川方からは池永九郎左衛門と福嶋道宗入道がつとめた。今川軍の一員に、福嶋氏がいたことが確認できる。

今回の和睦は信直の許可を得てのものであろうが、小山田氏と今川氏とが独自に和睦している事実は見逃せない。丸島和洋氏が指摘するように、小山田氏の武田氏への従属が完全なものではなかったことがうかがえる（丸島和洋・二〇一三年）。

今井信是を屈服させる

永正十六年（一五一九）早々、武田信直は北巨摩の国人・今井信是と戦うことになった。『勝山記』は、次のように記録している（永正十六年条）。

当国ノウラノ兵庫殿、屋形様ト取合玉フヘキニ定リ、今日ノ明日ノト卯月マテモ不息

これによると、今井信是は信直と戦う決意をし、戦闘が四月まで断続的に続いたというのである。問題なのは、なぜこの時期に、唐突に今井氏が信直と戦う決断をしたのかということである。通説では、信直の権力強化の動きに反発したものといわれてきた。

確かに、この合戦の直後、信直は甲府建設を始めており、その可能性はあるだろう。しかし、もう一つ見逃せない事実がある。それは、今井氏が叛乱を起こす直前の永正十五年十二月、隣国諏方において、諏方大社大祝・惣領の諏方頼満と、諏方大社下社大祝の金刺昌春が衝突しているのだ。十二月十八日、金刺氏が籠城する萩倉要害は頼満の攻勢に絶えきれず自落し、昌春は亡命、家臣（「家風」）らも離散する事態となった（『当社神幸記』）。諏方頼満は、金刺氏を事実上滅亡させ、諏方郡統一を達成したのである。

武田氏は、信直の父信縄時代以来、諏方頼満とは不和であり、諏方大社下社の金刺氏を支援していた経緯があった。また、永正六年には、伊勢宗瑞・旧油川信恵方の小山田氏を支援するために諏方頼満が北巨摩に攻め込んできて、今井氏に甚大な被害を与えたことは既述の通りである。このとき、今井信是・信元父子は諏方氏に事実上降伏したと推定され、信元の弟信隣の妻に諏方頼満の息女を迎え、諏方氏との連携強化に乗り出したのであった。

このような経緯をみていくと、今井信是が信直と断交したのは、諏方頼満と金刺昌春の戦いに際して、信直が昌春を支援しようとしたことが背景にあるのではなかろうか。記して後考をまちたいと思う。

信直と今井信是の対立は結局、四月になって双方が和睦することで終熄したらしい。今井氏の叛乱を鎮定させた信直は、いよいよ新たな本拠、甲府の建設に乗り出すのである。

第二章　戦国都市甲府の建設

一、「府中」の建設始まる

戦国都市甲府の研究

武田信虎（煩雑なため、本章二節までは信虎に統一）が開き、信玄・勝頼の三代、六十二年にわたって発展が続いた甲府は、一九八〇年代より、歴史地理学・文献史学などによる研究が始まり、戦国都市史研究を牽引する成果を生み出してきた。その嚆矢は、飯沼賢司「戦国期の都市〝甲府〟」（一九八五年）であり、その批判的検討を行い、緻密な景観復原を試みた数野雅彦氏の諸研究（一九八九年、一九九〇年、一九九一年①・②、一九九四年、二〇〇一年、二〇〇二年、二〇〇七年）は、今日の戦国都市甲府についての通説的知見を築き上げている。

飯沼論文は、信虎・信玄・勝頼の三期にわけて、甲府開府と発展の状況を史料にもとづいて考察し、広小路・柳小路・南小路・大泉寺小路をはじめとする基幹道路と、碁盤の目のように区画された都市空間を復元した。さらに、高野山の過去帳などの記載から、甲府は武士居住区と町人居住区とにおおまかに区分できるが、近世の城下町と比較すると、その分離は明確ではなく、全体として混在化が認められると指摘した。また、市場などの商業地への支配と統制は、信玄・勝頼期に進むのであり、当初は、居館・武士居住地と市町が空間的に分離した二元的な構造であったと述べている。これは、小島道裕氏が指摘した、戦国期城下町の特徴と重なる（小島道裕・一九八四年）。

これに対し、数野雅彦氏の諸業績は、①甲府は、武田信虎によって新規に開発・整備された戦国都市であること、②それゆえに、守護館（武田氏館）を起点に、基幹道路と街路の区画を整然と行うという、明確な都市プランが当初から存在すること、③家臣屋敷・寺社・市町などの配置に、それらを空間的に分離する方向性が認められること、④そのいっぽうで、市町と武家地、寺社地などを一体化させる指向性がうかがえること、⑤市町の屋敷割には、織豊系城下町固有といわれてきた長方形街区や短冊形地割が、戦国期甲府城下町にも存在すること、⑥要害城などの詰城、湯村山（ゆむらやま）城をはじめとする城砦、烽火台（のろしだい）の整備による、都市防衛の計画性も確認できること、などを指摘した。

これらを踏まえて、数野氏は、戦国期甲府は、小島道裕・飯沼賢司氏が想定する戦国期城下町の典型とされる二元的構造ではなく、むしろ織田信長の安土城下町が行った、武家地と市町の一体的整備に先行する実例だと主張した。同時に、数野氏の研究は、城下町の区画や地割、整備計画の一体性などを、すべて織豊系城下町固有とみなし、戦国期城下町をいわば「後進」としかねない研究状況に警鐘を鳴らしたのであった。

また、甲府開府以前、一条小山に存在した時宗一蓮寺は、その南側に大規模な門前町が展開しており、殷賑（いんしん）を極めていたことが明らかにされ、そしてその景観の想定復元が、秋山敬氏によって進められた（秋山敬・一九九八年）。

ところが、二〇〇〇年代に入って、武田氏館跡と城下町遺跡の発掘調査が進められ、文献史料では知り得なかった事実が次々に明らかとなった（志村憲一・望月小枝・佐々木満・一九九九年、佐々木満・二〇〇二年、山下孝司・二〇一九年）。また、丸島和洋氏が紹介した、高野山成慶院の過去帳の記録は、甲府の市町の実在について新たな発見をもたらした（丸島和洋・二〇〇六年、二〇〇八年、二〇一〇年、二〇一一年、二〇一三年）。現在、その成果をもとに、戦国都市甲府の研究は新たな段階を迎えようとしている。本書では、それらの成果に依拠しながら、武田信虎の甲府開府について紹介しつつ、自分の見解を提示してみたい。

甲斐守護武田氏の本拠

室町期の甲斐守護武田氏は、南北朝内乱に際し、南朝に荷担した嫌疑で武田政義（まさよし）（石和（いさわ）〈武田〉信光（のぶみつ）を祖とする鎌倉期以来の武田物領家）が没落したことから、足利尊氏（たかうじ）の盟友であった武田信武が取って代わり、以後、信武の孫信時（のぶとき）の系統が、安芸・若狭・甲斐守護を歴任することとなる（信時流武田氏の隆盛）。武田信武は、足利尊氏・義詮（よしあきら）父子とともに各地を転戦していたこともあっ

図２　甲斐守護武田氏の歴代本拠地

て、甲斐にほとんどその足跡を見出すことができない。そのため、甲斐国に守護所（守護館）を設定していたかどうかは、まったくわかっていない。

　甲斐守護時代の武田氏の守護所（守護館）は、信武の子武田信成から伝承地が認められる。信武の後の甲斐守護職は、信成―信春―信満―信元―信重―信守―信昌―信縄―信虎と続く。武田信成の守護所（居館）は、八代郡北（笛吹市八代町）に残されている。次の信春の居館は、山梨郡千野（ちの）（甲州市塩山）にあった（萩原三雄編・一九九一年他）。信春の居館は、青梅（おうめ）街道を押さえる要所であるとともに、歴代の居館の中で、甲府盆地の最も縁辺部に位置している。これは、父信成の居館が信濃出兵の留守中に攻め落とされたとの伝承もあることや、都留郡の南朝方の動きが活発であったことなどから、用心のためであった可能性があるだろう。

次の信満については、伝承地が残されていない。彼は、上杉禅秀の乱に連座して滅亡している。ただ、信満の法名が「長松寺殿明庵光公大居士」であるので、長松寺（甲府市）周辺に存在した可能性があるだろう。信満の息子のうち、宗印（そういん）（仁勝寺（にんしょうじ））、信景（今井）、信賢（巨勢村）の三人もが周辺部に拠点を構えており、信満の甲府周辺拠点説に蓋然性を与えていよう（磯貝正義・一九八八年）。

室町幕府の後援により甲斐に帰国し、早世した武田信元も居館の存在は判明していない。その後、武田信重は小石和（笛吹市小石和）に居館を構え、周辺に城下集落が成立していたと推定されている。だが、信重はこの居館を穴山氏に襲撃され、戦死したと伝わる。信重の子信守はほとんど事績を残さぬまま、享徳四年（一四五五）に早世したという。父信重の死から、わずか五年後のことであった。こうした事情もあってか、信守の居館も判然としない。そして、信昌時代になって川田（甲府市）に守護所を構えたと推定されている。これがその後、信縄・信虎と継承されたという。

このように、室町期の甲斐守護武田氏歴代の守護所は、甲府盆地の各地を転々としていたことがうかがえる。これは、全国的にみても通例であった。それは、守護職が「遷替（せんたい）の職（しき）」（交替が想定される官職）だったからであり、守護交替のたびに移転するのが一般的であったからである。移転事情と移転先については、各国それぞれの事情があるのだろう。ところが、室町幕府体制の安定とともに、守護の地位も安定し、特定の氏族が幕府の補任を受けて代々継承する「相伝の職」へと変化した。このことが、守護所の場所が固定化していく背景になったといわれる。

信昌・信縄期の本拠地問題

武田信昌による川田館の造営は、室町後期から戦国初期にかけて、甲斐守護武田氏の権力が安定し始めたことにより実現したとみられる。信昌は、寛正六年（一四六五）に家宰跡部氏を討ち、上杉禅秀の乱以来、断続的に続いた内乱に終止符を打ち、甲斐統一を果たした。この直後に、川田館を造営したと想定されている（『国志』他）。これは、『甲斐国志』巻四〇以来の説であり、川田館を信昌・信縄・信虎三代の居館とする説が有力である。

だが、このことについては異説も存在する。例えば、『王代記』永正十一年（一五一四）条に「武田左京大夫信虎御代河田ニ屋形」とあり、実はこれが川田館の史料上の初見であることもあって、川田館は信虎期に造営されたと想定する説もある（『山梨市史』通史編）。また、守護が一ヶ所を長期間居館とすることに疑問を提起し、信虎造営と彼一代のみの使用を主張する論者もいる（萩原三雄・一九八〇年）。

このように、諸説あって定まっていないが、『山梨市史』通史編は信昌の居館を川田館とし、次いで信縄の居館は、菩提寺聖徳寺のある正徳寺付近にあったと想定している。そして、信昌は晩年「落合御前」と呼ばれていることから、落合館の存在を指摘している。

信昌が川田から落合に、信縄が川田から正徳寺に、それぞれ居館を移していると想定されているのは、やはり明応元年（一四九二）から同七年にかけての、信昌と信縄の対立が背景にあるのであろう。川田館は、父信縄の死後、信虎が新たに整備しなおし、永正十一年に入った可能性もある。記して後考をまちたい。

川田館跡　山梨県甲府市

川田館をなぜ廃止したのか

信虎が永正十一年（一五一四）に整備・利用した川田館は、東西二町（約二一八メートル）、南北一町（約一〇九メートル）であり、それまでの守護館と比較してもはるかに巨大であった。ちなみに、武田信成館は東西八〇メートル、南北一〇六メートル、武田信春館は東西一〇〇メートル、南北一四七メートルであった（『山梨県史』資料編7中世4考古資料）。川田館の規模の大きさがわかるだろう。また、館の裏にある大蔵経寺山から菩提山にかけての北の尾根上には、新城・古城・古手城があり、川田館の詰城と推定されている。これほど整備された川田館をわずか五年で廃止し、信虎は甲府移転を実行に移すのである。

では、信虎はなぜ川田館を廃止したのであろうか。これを物語る史料は残されていない。現在、移転の理由としていくつかの要因が指摘されている。それを列挙してみると、①川田館周辺は洪水の常襲地帯であり、安定した政治・軍事・経済の中心としての都市整備には困難が伴ったこと、②甲府盆地の開発が進み、伝統的に農業や商工業の中心であった東部だけでなく、中郡や西郡なども力をつけてきており、それに対応すべく、甲府盆地中心部への進出を必要としたこと、③室町後期から戦国期にかけての甲斐の市・町・宿の状況をみると、東郡だけでなく甲府盆地にほぼ満遍なく展開する状況になっており、②の状況が裏づけられることなどから、政治都市甲府の建設を領国経済の統制の軸とすることで、戦国大名としての権力を確固たるものにしようとしたこと、④川田では城下拡大には手狭であり、しかも防衛などに課題があること、などである（上野晴朗・一九七二年、数野雅彦・一九九一年①・一九九四年他）。もちろん、居館移転の理由は一つではなく、複合的な要因があったであろう。

だがもう一つ、可能性として付け加えるとするならば、武田氏の権力としての自立の実現であろう。武田氏が東郡に守護館を構えたのは、それを支える勢力との関係を抜きには考えられない。対立していたとはいえ、東郡の小田野城（山梨市）を本拠にしていたといわれる家宰跡部氏、東郡に広い勢力基盤を誇る栗原氏などは、その代表である。明応元年（一四九二）から始まった信昌・信恵と惣領信縄の争いに際し、信昌・信恵方の大将として、国中の軍勢を率いて信縄方の穴山信懸を攻めたのは、栗原信遠であった。このことは、武田氏の軍事力の重要な柱を栗原氏が担っており、信昌・信恵に代わって軍勢の指揮権を委ねられていたことを示している。これらの事実は、当時の武田氏は、彼らに依拠して国内の平定戦を戦わざるをえない状況だったことを意味する。

信虎が甲府に本拠を移転させたのは、有力国人を頼りに政治・軍事を行うのではなく、どの勢力からも総体的に自立し、彼らの上に立つ、上位権力としての地位を固めようとしたためではなかろうか。信虎が甲府建設とともに行ったのが、有力国人を含めた家臣の城下集住策であったことは、その象徴である。それまでのように、自らが恃みとする国人らの支配領域に近づいて守護館を建設するのではなく、逆に自ら築いた城下に彼らを呼び寄せたのは、まさに上位権力としての自立を鮮明にする行為にほかならなかったといえるのではないだろうか。

信虎の「府中」建設宣言

武田信虎の甲府建設は、永正十六年（一五一九）から始まった。このときの記録をみると、「同月十五日新府中御鍬立テ始ム」（『高白斎記』永正十六年八月条）、「甲州府中ニ一国大人様ヲ集リ居給候」（『勝山記』）永正十六年条）、「□(欠損)六月二日甲府初立、信虎御代ニ庚申日也」（『王代記』永正十五年条）などとあり、信虎が新たに建設する守護館の地を「新府中」「甲府」と呼んでいる。『王代記』の記述には、誤記の可能性を含めた疑問も指摘されるが、「府中」と明記していることは注目される。

ほんらい「府中」とは、「国府」を指し、古代の国司が国政を担う国庁の所在地のことである。鎌倉・室町期の守護職は、国司の権限を徐々に吸収し、一国の統治者として成長していくとされるが、彼らの拠点である守護館は守護所であって、「国府」ではない。また、守護所が国府と同じ場所に設置された事例は、全国でも知られていない。それは、国司（受領）と守護職とが、まったくの別物の官職であるからにほかならない。


だが、信虎が自ら開創する居館の所在地を「府中」と喧伝したのは、彼がそれまでの室町期の守護職を超越し、領国を統治する国主をもあわせもつ存在であり、それにふさわしい本拠とすることを宣言したのに等しい。他国では、もともと所在した「府中」に自分の居館を築き、首都とした事例はあるが、自ら新規に開創した拠点を「府中」と名付けた事例は、信虎以外には存在しない。そうした意味で、信虎の甲府建設は当時としては極めて異色といえるだろう。

開府以前の甲府

それでは、信虎が「府中」建設の地と定めた相川扇状地とは、もともとどのような場所であったか。

相川扇状地は三方を山で囲まれ、東を藤川、西を相川に挟まれた、最大幅二km、奥行き三kmほどの広さで、南側に独立丘の一条小山が存在していた。そして、この地域には小松庄（山梨郡）と塩戸庄（巨摩郡）という二つの荘園が存在していた（秋山敬・二〇〇三年②）。

小松庄は、立荘の経緯や荘園領主の変遷などについては一切不明である。ただ、甲斐源氏武田有義（信義の子）の孫時信が小松を称しており、以後、子孫がこの地域の地頭となり、支配していたことがうかがえる。小松氏が小松庄を保持するに至ったのは、鎌倉の有力御家人加藤景廉の息女が吉田太郎（武田有義の子有信のこと、時信の父）に嫁ぎ、その際に景廉から娘に伝えられ、有信と景廉息女との間に誕生した時信に伝領されたためと推定されている。小松氏はその後、文明十八年（一四八六）二月まで、小松庄地頭として史料に登場するが（『国志』巻一二二）、戦国期に史料に登場しなくなる。小松庄は、小松氏の所領として開発が進んだと推定されるが、その規模などは一切判明しない。

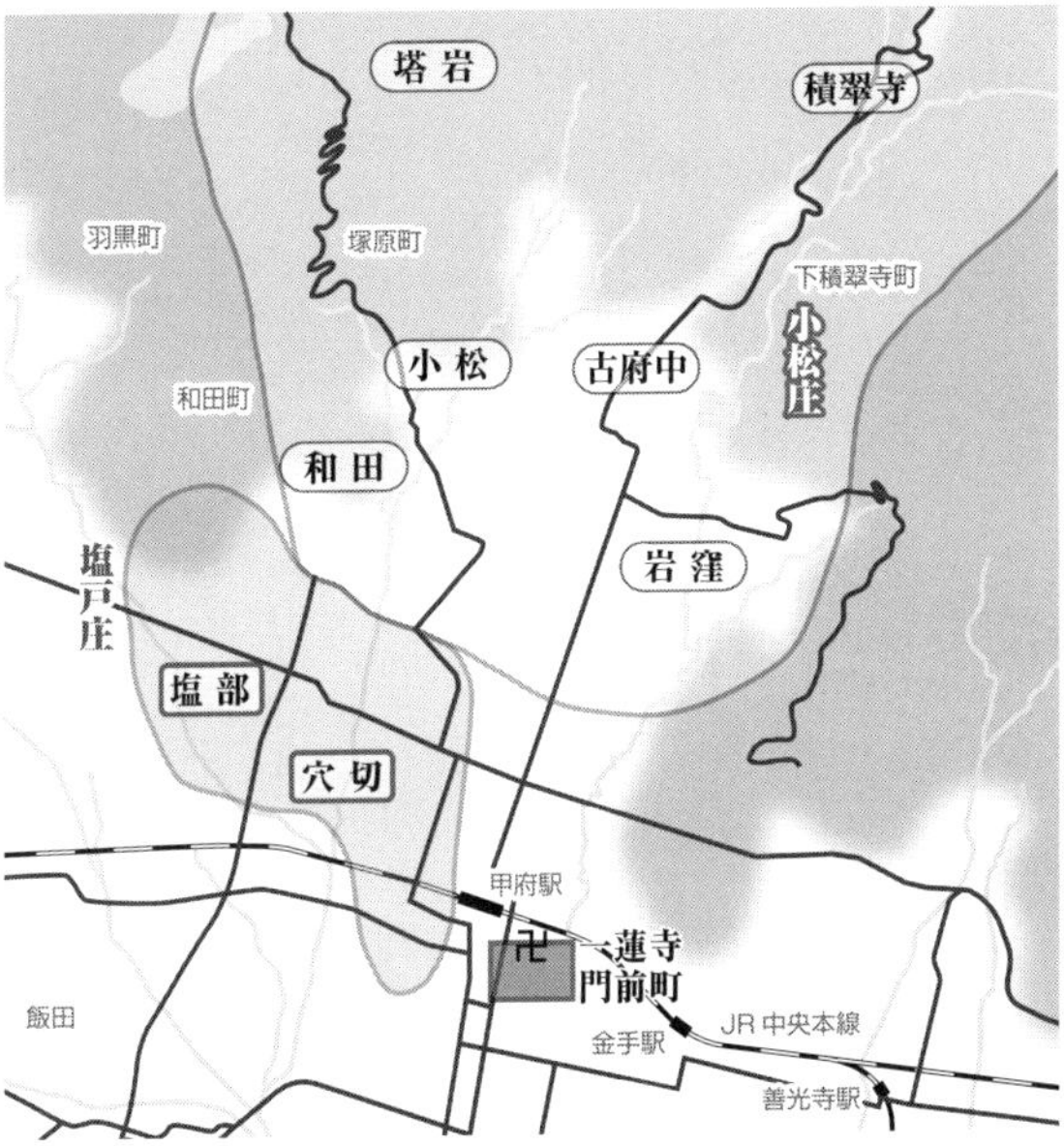

図３　開府以前の甲府周辺想定図

小松庄の庄域について、秋山敬氏は、小

松・和田・塔岩・古府中・岩窪・積翠寺を想定している（秋山・二〇〇三年②）。これは、ほぼ躑躅ケ崎館と武田城下町を含む地域に相当する。小松庄の地名は、大永四年（一五二四）八月に「甲州小松」、天文十五年（一五四六）にも「府中小松庄長宝寺」、同十六年に「小松庄長宝寺」、同十八年「小松庄」、永禄六年（一五六三）に「小松庄府中」、などとみえているが（高野山成慶院『甲斐国供養帳』）、元亀・天正期には管見されなくなる。つまり、小松庄とは甲府の成立にともない、甲府を包摂する広域名称として使用され、やがて小松郷だけを残し、残りは甲府（「府中」）に吸収され、消滅したと考えられる。

次の塩戸庄は、文治二年（一一八六）四月、醍醐寺領荘園のうち「未沙汰文書櫃」（不知行分）として登場しており、早くから荘園領主の京都醍醐寺への年貢納入が滞っていたことがわかる（山⑤下二五八五号）。塩戸は小松庄に隣接している荘園で、その庄域は現在の塩部を中心とした地域と推定されている。ただ、現在の塩部は甲府城築城にともない、旧塩部村が外堀の建設予定地に入ってしまったために移転したといわれているので（『国志』村里部第二）、現在よりも南側に所在したと推定される。醍醐寺の記録によれば「甲斐国巨摩郡塩戸庄」とあることからも、近世は山梨郡であった塩部村とは位置が違うのは確実であろう。塩戸庄は、甲斐源氏武田有義の子有信が塩部を称していることから、有信が地頭になったと思われる。その後は管見されなくなり、塩部郷として戦国期に至っている。

以上のことから、相川扇状地の北部から中央部にかけては小松庄が、南部から南西部にかけては塩戸庄が所在し、少なくとも平安時代後期から開発が進んでいたと推定される。

次に、相川扇状地の南端に位置する独立丘一条小山とその南側一帯について紹介しよう。一条小山（現在の甲府城跡）には、時宗の一条道場（一蓮寺）が存在していた。そして、その南側一帯には、広大な一蓮寺門前町が展開していたことが明らかにされている（秋山敬・一九九八年）。それによると、一蓮寺（一条小山）南側一帯には、東門前・東町・南門前・西町・西町屋・横町・横町屋などの門前町が立ち並び、東から甲州道、鎌倉往還、青梅街道、秩父往還、若彦路（わかひこみち）、中道往還が、南から駿信往還、西郡道、河内路が、西からは穂坂路（ほさかみち）、甲州道が入り込んで町中で合流する、交通の結節点となっていた。

つまり、甲府開府以前の室町期には、一蓮寺を中心に、甲斐国における中心的な宗教都市として一蓮寺門前町が存在したことがわかる。信虎が相川扇状地に注目したのは、その南端に殷賑を極めた都市があったからにほかならないであろう。

このように、甲府開府以前の相川扇状地は、一蓮寺門前町が展開し、駿河・信濃・相模・武蔵とを結ぶ街道の結節点になっていただけでなく、小松庄・塩戸庄が存在し、その規模は明らかでないが、田畠の開発がある程度進んでいた地域であったと推察される。信虎は、相川扇状地が地理的に甲斐の中心であり、しかも交通の要所であることに着目しつつ、居館と城下を建設するのに十分な敷地を確保できることを確認したことで、都市建設に踏み切ったものと推定される。

甲府（府中）の建設始まる

甲府建設の開始については、『高白斎記』永正十六年（一五一九）八月十五日条に見える、「新府中」の鍬立が実施されたことを始期とする論者が多い（数野雅彦・萩原三雄氏の諸論考参照）。ただ、この鍬立を武田氏館のものとみなし、甲府全体の工事起工を、『王代記』が記す、前年の永正十五年六月二日と考える論者もいる（山下孝司・二〇一九年）。私も、甲府全体の起工式は永正十五年六月、武田氏館のそれは永正十六年八月と考えている。信虎は、自ら御鍬立の翌八月十六日に検分を行っている。

武田城下町の規模は、東西五三〇間（九六四メートル）、南北九〇二間（一，六四〇メートル）に及ぶ広大なものであった（『国志』古跡部第八、「屋形跡」）。小松庄・塩戸庄の荘域で、田畠が広がっていた景観は、大きく変貌を遂げようとしていた。

二、信虎による「府中」移転

信虎、躑躅ケ崎館に入る

「新府中」のうちでも、武田氏館（以下、躑躅ケ崎館）の建設はとりわけ進んでいたようだ。そして十二月二十日に居館が完成したらしく、信虎は川田館から躑躅ケ崎館に移り住んだ（『高白斎記』）。また、『勝山記』には「甲州府中ニ一国大人様ヲ集リ居給候、上様モ極月ニ移リ御座候、御ミタイ様モ極月御移候」とある。これは、信虎の命により甲斐国人らは甲府に屋敷を構え、そこに居住したこと、さらに上様（小山田信有夫人、信虎の妹）や、御台所様（信虎正室大井夫人）も十二月には甲府に転居したことを記したものである（磯貝正義・一九七七年、丸島和洋・二〇一三年他）。信虎が実施した甲斐国人らの城下集住政策は、当時としては画期的であり、織豊期の家臣らの城下集住策のさきがけでもあったとされる。つまり、信虎の甲府移転時には、すでに城下にも国人や家臣らの屋敷がかなりの程度完成していたとみなされる。甲府の建設が、前年永正十五年から開始されたと推定する所以である。

明けて永正十七年二月二十七日、信虎は自らの十三回忌逆修供養を、中山廣厳院で執行した（『菊潭集』、山⑥上一一号）。また、三沢の宗香なる人物に命じて、甲府で万部読経を行った（『高白斎記』『勝山記』）。その宗香は、三月三十日に虚空蔵菩薩が出現した吉祥の夢告を受けたと信虎に報告している（『高白斎記』）。これは、甲府開府を祝う行事であったとみられ、それを委任された宗香が、事実であったかどうかはわからないが、虚空蔵菩薩の吉夢をみたと信虎に奏上したのも、甲府移転を吉事と内外に周知させるためにも必要なことだったからだろう。

また、永正十七年は小山田信有と武田氏との間で、連携強化が確認された年でもあった。都留郡の岩殿山円通寺の修復を、小山田信有とその家臣が中心となって実施したのだが、これに信虎の弟武田左衛門大輔信友（勝沼信友）も参加しており、鳥目一〇〇疋（銭一貫文）の奉加を行っている（戦武

No.	寺社名	宗派その他	年代	備考
1	府中八幡宮	武田氏の氏神	永正16年	石和八幡宮より遷座
2	御崎明神	武田氏の氏神	永正16年	石和の武田信光館の鎮守
3	大宮山誓願寺	浄土宗	大永元年	武田信虎創建、弁誉上人が開山
4	清水寺	真言宗	大永2年	武田信虎創建、天正13年に大覚寺と合寺して、万蔵院となる、山号不詳
5	広教山信立寺	日蓮宗	大永2年	武田信虎創建、開山日伝上人
6	功徳山尊体寺	浄土宗	大永3年	武田信虎創建、開山弁誉
7	稲久山一蓮寺	時宗	大永6年	一条小山より小山原に移転
8	上条地蔵堂	国母地蔵尊	大永7年	法城寺創建
9	万年山大泉寺	曹洞宗	大永年間	天桂禅長が開山、二世の吸江英心は信虎の弟
10	南宮明神	武田氏崇敬	大永年間	諏訪明神
11	荒神堂	真言宗	大永年間	武田信虎創建、寺号良林寺、開山弘尊、後に移転し華光院となる
12	妙清山清運寺	日蓮宗	天文元年	開基自得院日賀（横田氏）
13	永陽山桃岳院	臨済宗	天文4年	開山心了西堂
14	大神宮	伊勢神宮	天文年間	伊勢神宮内宮
15	富士山上行院	日蓮宗	天文年間	開山日代、開基成田宗純

（註）数野雅彦・1991年②、『甲斐国志』仏寺部・神社部、『甲斐国社記・寺記』をもとに作成

表1　信虎期に創建・遷座した寺社一覧

四八号）。信友は小山田氏の目付役であり、寄親（よりおや）でもあったから、信有による円通寺修造事業に参画したのであろう。

甲府に遷座させた寺社

信虎は、甲府に居館を移転させるとともに、ここに複数の寺社の移転、新規造営を行っている。信虎の甲府開府以前より、小松庄・塩戸庄の地域にすでに存在していた寺院は、積翠寺・法泉寺だけである（大泉寺もすでにあったという説があるが、確認できない）。このことについては、すでに数野雅彦氏の研究があるので、それに依拠しながら紹介していきたい（数野雅彦・一九九一年②）。表1は、武田信虎が新規建立・移転・遷座させた寺社の一覧である。

信虎が居館の移転と同時に遷座させたと推定

されているのは、府中八幡宮・御崎（みさき）明神・大神宮である。府中八幡宮は石和八幡宮を勧請（かんじょう）したものであり、もとは鎌倉の鶴岡八幡宮を、武田氏の祖石和（武田）五郎信光が勧請したことに始まるという。これは、甲斐源氏の守り神であり、信虎はまずこれを居館西側の隣接地に遷座させた。鎌倉幕府が大倉（おおくら）御所の西に、鶴岡八幡宮を祀ったことを意識していると指摘されている（飯沼賢司・一九八五年、五味文彦・二〇一四年）。後に、武田信玄は永禄三年（一五六〇）、甲斐国内の有力大社十社（武田八幡宮、窪八幡神社、石和八幡宮、一・二・三宮など）を除く、甲斐国中の神社一六〇社を二社ずつ八十二組に編成し、府中八幡宮に参籠（さんろう）させ、二日二夜にわたって国家安穏、武運長久を祈祷させる「府中八幡宮勤番制度」を創設している（西田かほる・二〇一九年）。

次に信虎が遷座させたのは、御崎明神である。これは、武田（石和）五郎信光が自らの居館に勧請した鎮守と伝えられ、信虎はこれを躑躅ケ崎館の内部に遷座させ、祀ったという。遷座した場所は、躑躅ケ崎館主郭部北西の稲荷曲輪に比定されている。

また、大神宮は伊勢神宮より天照大神を勧請、祀ったもので、もとは石和の窪中嶋に存在していた石和御厨の鎮守を、信虎が遷座させたといわれている。

その後、信虎が勧請したのは南宮明神である。これは諏方明神を祀ったものであり、大永七年以前には、広小路と六方小路に挟まれた空間に創建されたと推定される（小字「南宮」が今も残る）。

信虎期に祀られた神社は、すべて武田氏に縁のある氏神・鎮守ばかりであり、それらを父祖の地より遷座させ、躑躅ケ崎館周辺に配置させている。とりわけ、府中八幡宮と居館との関係性をみると、中世都市鎌倉を模倣している様相がうかがえる。

信虎が建立した寺院

次に、信虎による寺院の建立について紹介しよう。現在、史料上、信虎期の建立と推定されている寺院は、菩提寺となった大泉寺をはじめ十ヶ寺が該当する。

このうち、清運寺（せいうんじ）・桃岳院（とうがくいん）・上行院（じょうぎょういん）は、家臣などの手で建立されたもので、信虎が創建に関与したわけではないので除外しておく。

信虎が血縁を考慮して建立したと推定される寺院として、大泉寺・誓願寺・天尊躰寺の三ヶ寺がある。大泉寺は、信虎自らが菩提寺と定めたといわれ、大永元年（一五二一）に天桂禅長を開山に招き建立したという。それとともに、中山廣厳院と隔年で、甲斐国曹洞宗の僧録司（そうろくし）を勤めさせたといい、二世には信虎の弟吸江英心を据えている。

誓願寺は、信虎が帰依した弁誉上人を招き、大永元年に下横沢に創建された浄土宗の寺院である。弁誉上人は、大永三年に信虎の長男竹松が夭折すると、葬儀の導師を任されたという。弁誉は、享禄年間に誓願寺を弟子浄誉に譲り隠居した。まもなく、信虎は天文元年（一五二一）、甲府に竹松を開基とし、弁誉を開山として新たに建立したのが浄土宗の天尊躰寺である。この寺は、信立寺（しんりゅうじ）と並んで甲府の南端に建立された寺院である。天尊躰寺の敷地も広く、その位置といい、館の南側を防衛する拠点としての意味を持っていたのではないだろうか。記して後考をまちたい。

次に、信虎が建立したのは大永二年創建の日蓮宗信立寺である。信虎は、身延山十三世日伝上人に帰依し、彼を開祖として建立したと伝わる。実はこの年、既述のように、信虎は家臣を多数引率して身延山久遠寺を参詣し、日伝上人から授法を受けていた。また、信虎が日伝より授けられた、大永二年二月成立の大曼陀羅御本尊が（「武田左京大夫信虎授之」と記されている）、長遠寺（南アルプス市若草）に現存している。大永二年に信虎が身延山で日伝から受けた「御授法」とは、大曼陀羅御本尊を授与され、師弟関係を結んだことであったと推定される。信虎は日伝に依頼し、師弟関係をいっそう固めるべく、彼を開山とした日蓮宗寺院を甲府に建立したのだろう。

信虎が甲府に移転、建立させた寺院で最も重要なのは、国生みの地蔵として古くから信仰され、俗に国母地蔵尊と尊称されていた上条地蔵尊を祀る、上条地蔵堂である。甲斐には古くから、「甲府盆地はかつて湖であり、農業をする耕地に恵まれず、多くの人々が苦しんでいた」という湖水伝説がある。このとき、人々の前に地蔵菩薩が現れ、湖水を堰き止めていた盆地南部の山を切り開き、水を落とした。そのため、耕地となる豊かな土地が出現し、人々は安心して農業に専念できるようになったという。地蔵菩薩の恩恵により国土が出現し、農業が盛んになったことに感謝し、人々はこれを「国母地蔵」「稲積地蔵」と尊称し、篤く信仰するようになったと伝わる。

国母地蔵尊（復元、実物は戦災で焼失）　山梨県甲府市　画像提供：サンニチ印刷

この説話は、平安・鎌倉期に成立し、室町前期までに増補された『地蔵菩薩霊験記』中巻第十四話に、「一条郷高砂河原の浮御堂」としてすでに掲載されている（山⑥下二一四号）。それによると、甲斐国安通（南アルプス市）には、行基が建立したと伝わる安通院があり、六尺三寸の彩色した木造地蔵菩薩を祀っていた。ところが、頂沢川（須沢川の誤記、御勅使川上流）の洪水で下流に流されてしまった。その後、地蔵菩薩は下流で発見され、高砂河原の御堂に再安置された。これが「浮御堂」の由来である。

『国志』によると、高砂河原の「浮御堂」は西郡高砂の「浮御堂」と呼ばれていたが、天長十年（八三三）、甲斐国司により古上条（甲府市国母）に移されたとも、甲斐源氏の祖・新羅（源）三郎義光が移設したとも伝わる。これが、上条地蔵堂の成立である。源義光が、甲斐に在国した史実はないので、高砂から古上条への移転は、甲斐国司が行ったのであろう。こうした国母地蔵伝説を持つ上条地蔵堂は、稲作の守護として甲斐の人々の信仰を集め、秋の収穫時に稲穂を供えるのが古来の風習であったとい

う（山梨県立博物館蔵甲州文庫「上条地蔵大菩薩略縁起」）。

『軍鑑』巻一にも、「かミでう（上条）法城寺にハ、洛国さが（嵯峨）のさくげん（策彦）和尚御座候、此ほうじようじハ、甲斐国、とつとむかし（昔）ハ水うミ（湖）なり、ときく、かミでう地蔵ぼさつ（菩薩）の御ちかひ（誓）にて、南の山をきりて、一国の水こと〳〵くふぢ（富士）川におつる（落）により、甲州国中平地となりて、今かくのごとくなり、さるによりて、かミでう地蔵堂と申せども、寺号をバ法城寺と申、この文字は水去て土と成と云ことハり也、ほうじやうじやぶれ（破）バ、甲州ハすいび（衰微）也、末代迄も甲州持将ハ、此寺かミでう法城寺を建立あるべし」とあり、甲府に移転した上条地蔵堂が法城寺（ほうじょうじ）と名付けられたのは、湖水伝説にちなむ（水が去りて土と成るを表記したもの）といい、戦国末期から近世初期には、甲斐の国主はこれを手篤く祀り守護せねば、国が衰微すると信じられていたことがわかる。こうした事情もあって、上条地蔵堂（国母地蔵尊）の甲府移転事業は、『高白斎記』にも特筆されている（大永七年条）。

正月二十五（日脱カ）辛亥上条ノ地蔵堂可取立トテ、南宮ノ西ノ地形平普請初（中略）（七月）十九日甲午上条ノ地蔵府中へ御移、八月三日節戊申地蔵仏殿柱一本立初

上条地蔵堂の移転予定地は、南宮明神の西に当たり、大永七年正月二十五日、信虎は敷地の整地を命じている。その後、七月十九日に国母地蔵尊を甲府に遷座させた。おそらく仮屋の建設が成就したのであろう。八月三日には、国母地蔵尊を納める新たな仏殿（ぶつでん）の柱立が始まっている。こうして、法城寺が建立されたのであった。完成した時期については、残念ながら記録がないが、大永八年には落成

したと想定される。

国母地蔵尊の甲府移転と法城寺建立は、武田信玄の善光寺移転と並ぶ大事業といえるだろう。武田氏の本拠として建設された甲府は、政治・経済都市であったものの、あくまで新興の都市であり、甲斐の人々に対して求心力を持ってはいなかった。信虎は、甲斐の人々から篤い信仰を集める国母地蔵尊を甲府に移転させることで、新都甲府に求心力を持たせようと考えたのであろう。

国母地蔵尊を祀る法城寺が、武田氏にとって極めて重視されていたことは、後に信玄が永禄元年（一五五八）に信濃善光寺より善光寺如来を遷座させた際に、仮屋が完成するまで、法城寺に国母地蔵尊と並んで安置したことにも現れている（『甲斐善光寺文書』三九・四八号）。なお、『軍鑑』には法城寺住職は、臨済宗妙心寺派の高僧策彦周良であったと記しているが、事実かどうかは確認できない（策彦は、弘治二年〈一五五六〉から同三年にかけて、甲斐恵林寺の住職を務めている）。もし事実なら、武田氏が法城寺を極めて重視していたことを示す。

このほかに、高野山成慶院『甲斐国供養帳』において、天文八年に「別府神宮寺」がみえる。別府は、躑躅ケ崎館の北側にある地名で、近世は下積翠寺村の枝郷であった。ここに神宮寺があるということは、何らかの神社があり、その神宮寺が存在したということである。館の北側には、鬼門守護として愛宕将軍地蔵を祀った愛宕社があり、その別当寺として宝蔵院（西之坊）があったとされる。愛宕社の旧所在地は聖道小路とされ、その北側の「神宮寺」の小字が宝蔵院の旧地であったと伝えられるため、別府はやや北にずれている。だが、実際の神宮寺の旧所在地が別府であった可能性があるだろう。ところで、この愛宕社を勧請・設置したのは、武田信玄であったとされる（『国志』）。しかし、天文八年に別府神宮寺の存在が確認されるとすれば、鬼門守護である愛宕将軍地蔵の勧請と神宮寺の設置は、信虎の可能性もあるだろう。

このように、信虎期の甲府における寺社の移転・建立は、武田氏を護持する氏神・鎮守の遷座や勧請（府中八幡宮・御崎明神・南宮明神・愛宕社）、武田氏が帰依する僧侶、一門出身の僧侶を招聘した菩提寺や祈願寺の建立（大泉寺・誓願寺・天尊躰寺・信立寺）、民衆の信仰篤い神仏の遷座（国母地蔵尊・大神宮・荒神堂（こうじんどう））、などが目的であったとまとめることができるであろう。

甲府防衛の城砦整備

躑躅ケ崎館を取り巻く縁辺部の山々には、甲府を防衛するための城砦が築かれた。現在、知られている城砦は、要害城（丸山城、要害山城）、熊城、湯村山城、一条小山砦、法泉寺山の烽火台、鐘推堂（かねおしどう）山（やま）、一の森山の烽火台、積翠寺山の烽火台、茶道峠の烽火台である。このうち、史料に登場するのは、要害城、湯村山城、一条小山砦、鐘推堂山の四ヶ所である（以下は、磯貝正義・湯本軍一編・一九八〇年、萩原三雄編・一九九一年、山下孝司・平山優編・二〇一六年による）。

〔要害城〕躑躅ケ崎館の裏手（北側）に位置する丸山（標高七七五メートル、比高二五〇メートル）に築かれた城。永正十七年（一五二〇）六月晦日、信虎より積翠寺裏の丸山を城に取り立てるとの命令が出て、普請が始まった。閏六月一日、信虎は自ら丸山に登り、城普請の様子を検分している。この築城は、信虎に対し、大井・栗原・今井三氏が同時に叛乱を起こした直後にあたっており、武田氏がいざというときのために、急遽築城を開始したものとみられる。大永元年（一五二一）八月十日、信虎は要害城の城主に重臣駒井昌頼（まさより）を任命した。このころまでに完成したのであろう。折しも、今川氏親の重臣福島一門を中心とする今川軍の甲斐侵攻が始まっており、信虎の正室三条夫人はこの城に退去し、信玄を生んでいる（以上、『高白斎記』）。

〔湯村山城〕躑躅ケ崎館の西部、湯村山（標高四四六メートル、比高約一五〇メートル）に築かれた城。大永三年四月二十四日より「湯ノ島ノ山城御普請初」とある。さらに「五月小十三日水神ノホクラ城ニ立」とあり、山上にあった水神の祠を城にしたという（『高白斎記』）。主郭・Ⅱ郭・Ⅲ郭に分かれ、それらが二本の堀切で区分されており、発掘調査の結果、掘立柱建物跡と推定される柱穴が検出されている。城下南側の甲府に至る道筋に、「関屋」の小字が伝わっており、信濃からの道（穂坂路）を押さえる要所であったと推定される。

〔一条小山砦〕甲府の南端にあった独立丘の一条小山（現在の甲府城跡）に、信虎が築かせた砦。当時、山上には時宗の一蓮寺があったが、武田氏は大永四年六月十六日より一条小山の普請を開始している。そして、大永六年四月二十七日、一蓮寺を山の麓の小山原に移転させ、寺の新規建立を始めている（以上、『高白斎記』）。一条小山砦の完成がいつかは定かでないが、大永六年中には成就したものと推定される。

〔鐘推堂山〕その名称から、狼煙（のろし）の中継地として鐘が置かれ、いざというときには、それを打ち鳴らして変事を知らせたものと推定される。鐘推堂山は、信虎が恵雲院（えうんいん）に寄進した「塚原山・権現山・鐘推堂山」のなかに含まれており、もとは武田氏直轄の山であって、当時からその名称で呼ばれていたようだ。このことから、甲府開府と時期を同じくして、少なくとも永正十七年頃には整備がなされたと想定される（これを明記した信虎の寄進状は、彼の花押型が花押Ⅱ―1型なので、永正後期のものとみられ、甲府開府時期と一致している）。現在、『高白斎記』以外で実在が推定できる唯一の烽火台である。

この他の熊城や烽火台については、築城年代を知る手がかりに乏しい。信虎期から信玄期にかけて整備されたと思われる。今後の研究に期待したい。これらの城砦や烽火台は、躑躅ケ崎館が相川扇状地の扇頂部、北端に偏しているため、東・西・南の三方向から攻め寄せることが想定される敵に対処する拠点といえ、いざというときには要害城に籠城することが想定されていたのだろう。

城下町建設の特徴

信虎が整備を進めたのは、居館、家臣屋敷群、寺社、甲府防衛の城砦群だけではない。商人や職人を招き、一蓮寺門前町とは別個の町場の建設をも構想し、実行していた。戦国期の甲府には、武田氏の特権商人・職人が居住する八日市場、三日市場のほか、紺屋町、連雀町、細工町などの町場も存在していた。史料を探っていくと、高野山成慶院『甲斐国供養帳』の、天文四年（一五三五）と同六年に「府中八日市場」、同十年にも「八日市場」が登場しており、八日市場が信虎期に存在したことは間違いない。いっぽうの三日市場も、大永六年（一五二六）に「三日市場」が登場する（『一蓮寺過去帳』）。これが、甲府三日市場の初見と想定されている。その後、確実に甲府の三日市場の存在が確認できるのは、高野山成慶院『武田家日坏帳』において、天文十二年に「府中三日市場」とみえるのがそれである。この二つは、甲府の主要な市場として重視され、信虎によって設置されたのであろう。

八日市場は、近世の愛宕町が故地と推定されており（『国志』神社部第一「山八幡宮」）、三日市場は近世の元三日町が元の場所と推定されている。これらは、甲府の東西の隅に立地しており、それは京都、奈良、鎌倉の都市づくりを意識していたことを示しているといえるだろう。この他の町場については、信虎追放後の天文十年以後に登場し始めるため、これらは信玄期に整備されたのではなかろうか。

次に、甲府といえば、躑躅ケ崎館の主郭部を中心線にして、南北に約二町間隔で直線的に伸びる五本の基幹道路と、これらを東西に繋ぐ小路がそれぞれ整備され、碁盤の目のような区画がなされていたことで知られる。問題なのは、この基幹道路の設定を基軸とする区画整理が、はたして信虎期にどれほど実行されていたかである。管見の限り、小路の初見は天文十四年の「府中一条小路」「下府中一条小路」である（『甲斐国供養帳』）。信虎追放からわずか四年後の記録であるので、信虎期に整備さ

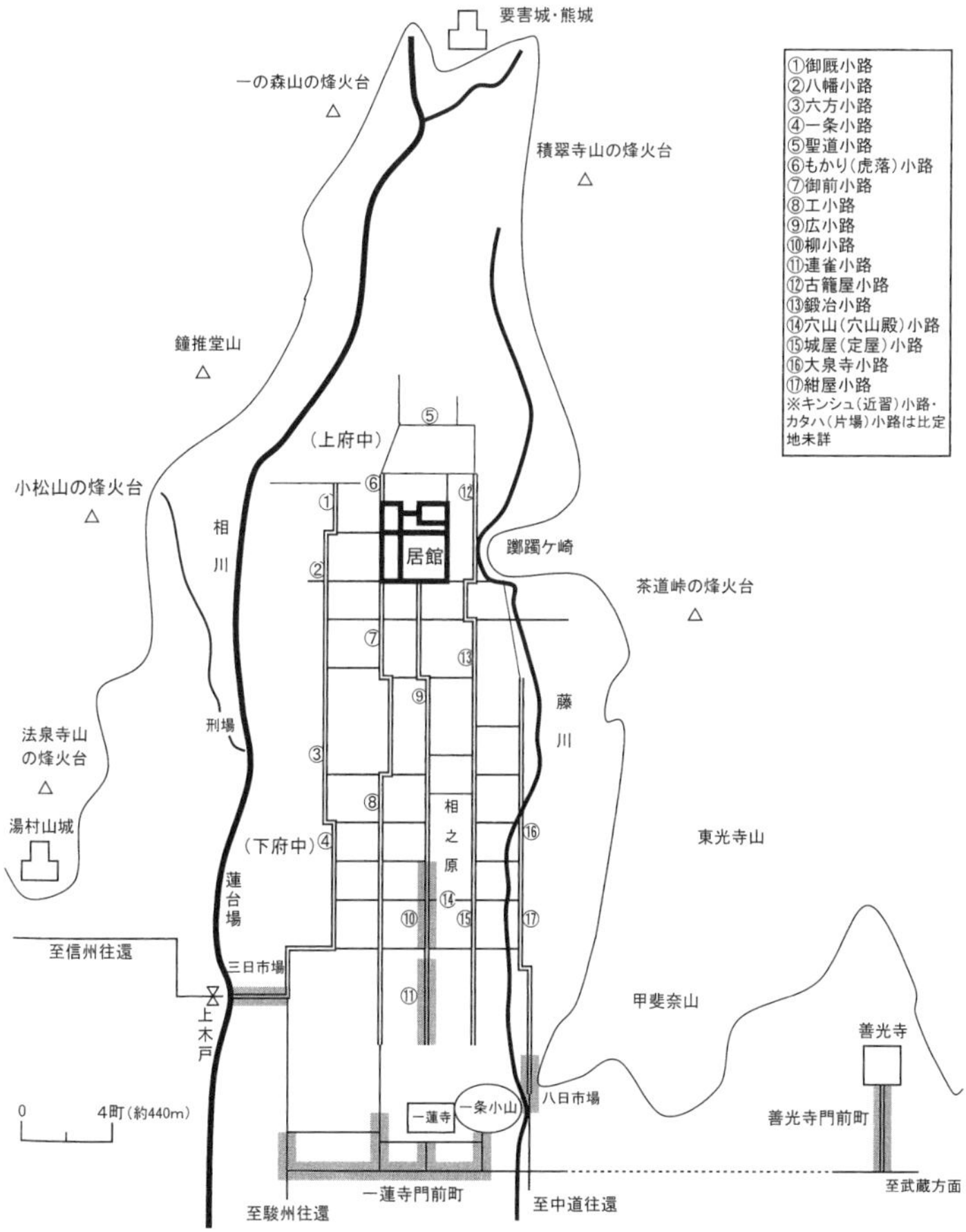

図４　戦国期甲府城下町復元想定図　数野雅彦「武田氏の本拠」（『武田氏年表』高志書院、2010 年）より転載

れていた可能性はあるが、断言できない。なお、穴山小路が大永三年には存在していたとする説があるが、根拠とされた同年三月付の武田信虎判物写は偽文書であり、成立しない。

ただ、一蓮寺門前町・八日市場・三日市場と躑躅ケ崎館とを繋ぐ道路の存在は確実であるが、それらが当初から明確な区画整備を伴っていたかは判断できない。また、この時期に「下府中」とあるので、当然、「上府中」の存在も想定できる。実際に「上府中」は、同じく天文十四年に「上府中長宝寺」とみえており、その存在が確認できる。長宝寺とは、下積翠寺村にかつて存在した臨済宗妙心寺派の寺院である（現在は廃寺）。このように、少なくとも信玄初期の時代に甲府は上府中と下府中という区分が存在しており、小路の整備も行われていたと想定できるだろう。だが、信虎期にそこまでの整備がなされていたかは、なお判断を保留せざるをえない。つまり、数野雅彦氏らの研究によって復元されているような、基幹道路と小路による碁盤の目のような区画整備は、信虎期に未整備もしくは、整備途上だったのではないだろうか。

ただ、今まで述べてきたことをまとめてみると、信虎期の寺社配置の特徴から、まず躑躅ケ崎館の周辺に氏神・鎮守・守護神と国母地蔵尊を配置し、祈願寺や氏寺などを一蓮寺門前町と躑躅ケ崎館間の中央やや南側に配置し、東西と南側から甲府に入り込む小路を押さえるような役割をも持たせていたと推察される。さらに、八日市場と三日市場を甲府の南東と南西の隅に配置するなど、中世都市鎌倉や京都、奈良を意識した都市構想を読み取ることができるだろう。

いっぽうで、これらを地図上に落としてみると、信虎期の甲府は、大泉寺・南宮社・法城寺を結ぶラインと、天尊躰寺・信立寺・誓願寺を結ぶラインの中間に、広大な空閑地が存在していたことが想定できる。このことは、信虎が将来、都市の膨張を想定して、寺社などを造営せず、手つかずのまま残しておいた区画と考えることができるのではないだろうか。断言できないが、先の「上府中」「下府中」の区分は、躑躅ケ崎館を中心とした家臣団、国衆の居住区域が「上府中」、空閑地を挟み、天尊躰寺・信立寺などの北側を境界に、その南側を「下府中」としたのではなかろうか。記して後考をまちたい。

このように、信虎期の甲府の景観は一蓮寺門前町を南側に控え、新たに南東と南西の隅に八日市場、三日市場をそれぞれ設置したものの、躑躅ケ崎館と家臣屋敷のある地域との間には広大な空閑地が存在し、当初は居館・家臣屋敷のある地域（「上府中」）と、市場・商業地域（「下府中」）とが離れており、中世都市に特有な二元的構造をしていたのではなかろうか。しかし、信玄・勝頼期の武田氏の発展に伴い、城下町は膨張を続け、やがてこれらは一体化を遂げていったと想定されるのである。つまり、武田氏の城下町甲府は、居館、武家地、商・職人居住地、市場などを一体化させた、近世城下町の先鞭ともいえる計画性を持っていたのではなく、都市が膨張した結果、そのような景観に行き着いたと思われる。その過程で、武田氏は商人・職人層と町場への支配、統制を強めていったのであろう。

信虎期甲府の謎

近年、躑躅ケ崎館跡や城下町の発掘調査が進み、これまで知られていなかった事実が明らかにされてきた。とりわけ、大きな問題なのは、躑躅ケ崎館の規模の変遷と、居館および周辺城下の軸線問題である（以下は、数野雅彦・二〇〇二年、山下孝司・二〇一九年による）。

躑躅ケ崎館は、これまでの研究により、信虎の築造から武田氏滅亡後、甲府築城にともなう移転までの間に、おおよそⅥ期に及ぶ変遷があるとされてきた。居館跡の現状は、主郭部が堀幅十六メートルで、規模は二町四方である。ところが、発掘調査の結果、信虎期（第Ⅱ期、第Ⅰ期は居館建設以前の地山段階）の居館の状況については、堀幅は現状よりもはるかに小さく、およそ幅七メートルであり、しかも土塁が築かれておらず、その規模も少なくとも一回りは小さかったと推定されている。その後、第Ⅲ期に堀に沿って犬走りを伴う幅七メートル、高さ二メートルの土塁が盛られたという。およそ、この段階までが、信虎期から晴信初期と想定されている。

創建当初の居館の規模が小さく、土塁もないというのは、普請開始が八月、信虎の転居が十二月という短期間の工事であり、急造であったと考えれば合点がいくだろう。

実は、ここで問題となるのは、信虎期の居館の軸線の問題である。発掘調査によって、新たな課題が浮上している。それは、①西曲輪（武田義信〈信玄の嫡男〉の結婚〈妻は今川義元息女〉にともない増設）の直下より、古い段階の堀が発見されたこと、②味噌曲輪直下からも、家臣屋敷の区画と

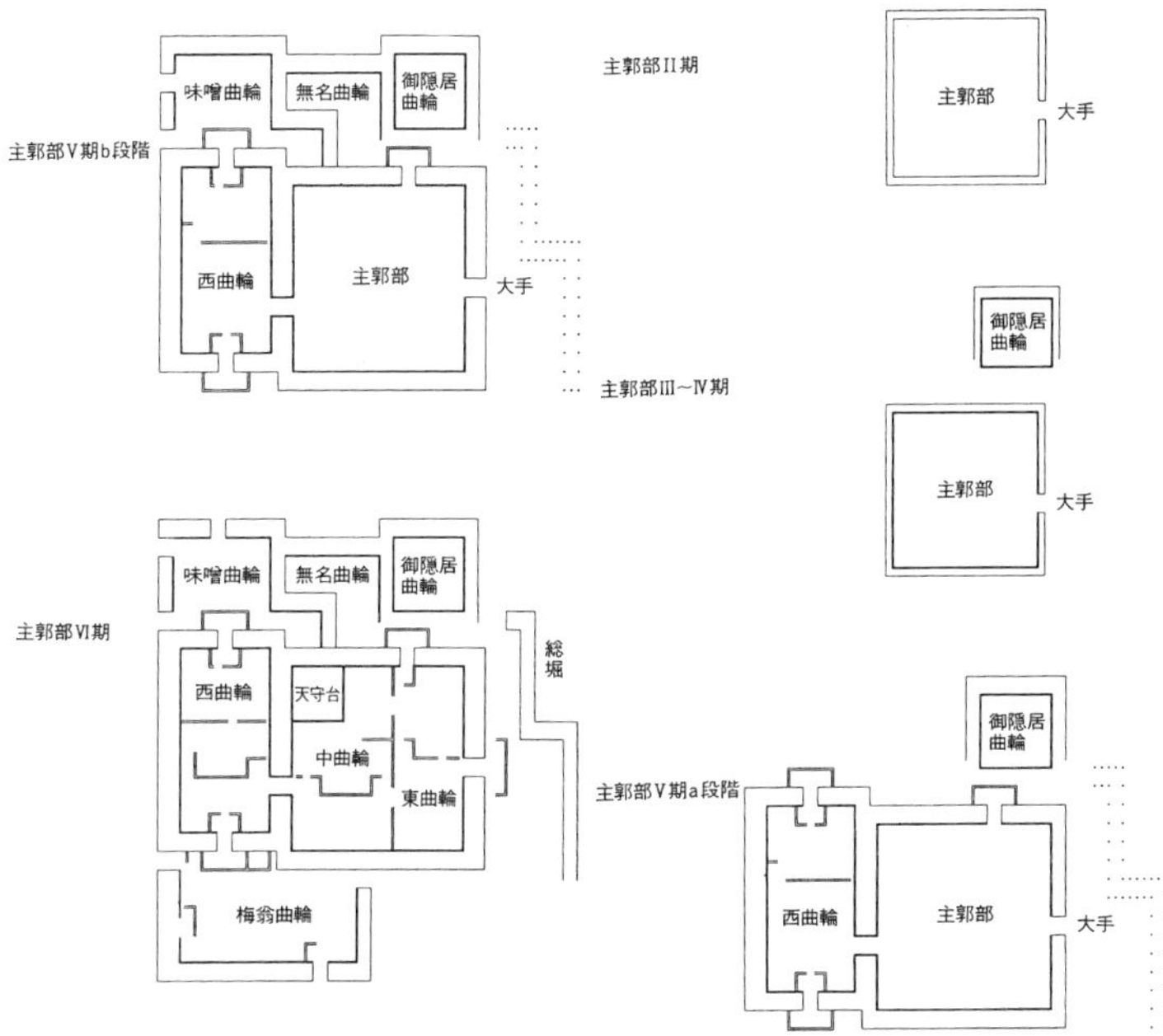

図５　躑躅ケ崎館の変遷　数野雅彦「本拠を築く」（『定本・武田信玄』高志書院、2002 年）より転載

推定される溝が検出されていること、③居館近くの武田通り直下から、家臣屋敷の区画と推定される溝が検出されていること、④「甲府市武田氏館跡歴史館（信玄ミュージアム）」建設にともなう発掘調査で、家臣屋敷のものと推定される溝が検出されていること、⑥主郭部からも、二棟の掘立柱建物跡が検出されていること、である。これらは、信虎期から晴信初期の遺構と推定されている。

注意すべきは、他の遺構のほとんどが、躑躅ケ崎館を中心とする南北の基軸線に沿ったものばかりであるのに対し、これらの堀・溝・建物遺構に共通しているのは、すべて東（時計回り）

図６　信虎期の躑躅ケ崎館想定図　山下孝司「戦国大名武田氏と甲府」（『武田氏研究』59号、2019年）より転載

に軸線がずれているという点である（図6、山下孝司氏原図）。

この軸線は、現状の躑躅ケ崎館跡と城下の道路の南北と東西の基本軸線をもとにすると、二十～三十度東に振れており、信虎期の居館と周辺の家臣屋敷群は、現状のそれらとは軸線を異にしていたと考えられている。

このことが提起する課題は、信虎期の居館と城下の軸線が、信玄・勝頼期の軸線に変更された時期と契機である。躑躅ケ崎館と城下は、二度の火災に見舞われていたことが確認される。それは、信虎期の天文二年（『勝山記』）と、晴信期の天文十二年（『高白斎記』）である。数野氏らは、天文十二年の火災がかなりの規模であったと推定されること、晴信自身が駒井高白斎の屋敷に避難し、そこで長期にわたって生活していること、「常ノ間」など、室町将軍の御所を彷彿とさせる豪壮な建物を時間をかけて建てていること、などをもとに、現在の基本軸線に沿った居館と城下の再編の契機を、ここに求めている。

しかし、私はむしろ、天文二年の火災に着目すべきだと考えている。『勝山記』の記録には、「武田殿御所焼ケ申候、小山田殿ハ七十ツホノ家ヲ御作リ国中へ越被食候」とある（天文二年条）。私が注目するのは、信虎の居館が焼失したのに続き、小山田信有が七十坪の家を造って移ったという記事である。小山田氏は、永正十六年（一五一九）に甲府に敷地を与えられ、屋敷を造っていたはずであるし、事実、『勝山記』には「上様モ極月ニ移リ御座候」とあり、信有夫人（「上様（かみさま）」、信虎妹）が、同年十二月に甲府に転居している。にもかかわらず、天文二年の躑躅ケ崎館焼失にともない、小山田信有が甲府の屋敷を造ったというのは、火災が城下に及ぶもの（あるいは出火元が城下か）であったと考えるのが自然だろう。

居館と周辺の家臣屋敷を含めた城下の焼失を契機に、信虎は居館と城下の復興を、単なる旧観に復すのではなく、居館や城下の軸線変更を含む規模で実施したのではなかろうか。また、それが可能であったのは、家臣屋敷群の規模がさほど大きくなく、基幹道路や小路もある程度存在してはいたが、まだ整備途上だったからではないか。今後の研究の成果を待ちたい。

家臣の城下集住策の実態

武田信虎の甲府開府については、譜代・国衆・大身の領主など、武田氏の御家人になった人々のうち、大身を対象に城下に屋敷を造らせ、そこに人質（妻子）とともに居住させる城下集住策を始めた画期性が指摘される。では、御家人の甲府集住とは、実際にどれほどのものであったろうか。

例えば、信虎に最後まで抵抗した逸見今井信元は、所領を没収され、甲府での奉公を命じられていたこと、小山田信有の屋敷は甲府に造営され、そこに信有や夫人（信虎妹）が居住していたこと、亡命者の元諏方大社下社大祝諏方金刺昌春は、信虎に懇望し、甲府で屋敷を与えられ庇護されていたこと、などは紹介した通りである。

このほかに、後掲表4（二九九頁）をみると、享禄二年（一五二九）から、家臣の居住地に「府中住」と明記する事例が増加していることがわかるだろう。この事実から、信虎による甲府城下集住策は確かに実在し、それが徐々に浸透していった状況が看取できる。この甲府集住策を、いわゆる「兵農分離（へいのうぶんり）」として捉える議論が後を絶たない。確かに、当時の武士のほとんどが、本領もしくは知行所に屋敷を構え、居住していたことは、表4をみてもわかるだろう。だが、国衆クラス（知行貫高一〇〇〇貫文以上）はいうまでもなく、大身の武士（知行貫高二〇〇貫文以上、一〇〇〇貫文未満、武田一門・譜代家臣・旧国人クラス）も農業経営主であって、百姓身分でも、耕作に携わっているわけではない。また郷村の土豪、有力百姓（有徳人（うとくにん））層（在村被官、知行貫高二〇〇貫文以下）でもほとんどが地主層であり、経営主であった。そのため、年貢・公事収納さえ実現できれば、どこに居住しようと顧慮しなかったとみられる。

実際に、すでに信虎の父信縄段階でも、一部の譜代家臣は知行所から離れて、万力の守護館周辺に居住していることが指摘されている（秋山敬・二〇〇二年②）。そして、甲府に居住することは、信玄・勝頼期になると、甲府居住（「在府之奉公」）と、本領や知行所の屋敷に住み続けながらの奉公（「在郷之奉公」「在村之奉公」）の区別が存在し、その選択は武田氏による指示もしくは、当人の申請によるものであった。武田御一門衆・譜代らが屋敷を構えたのは、かつて室町期の守護が京都に住み、室町幕府将軍に奉公する「在京奉公」が原則であったのと同様である。また、『軍鑑』によると、旗本は在府奉公が原則であったといい、信濃国海津城（長野市）に在城していた足軽大将小幡豊後守昌盛が、譜代として信玄に奉公することを望み、海津を退去して甲府にやってきたのはその典型である（巻十二）。

織田信長による尾張給人の安土城下集住が、よく「兵農分離」政策の事例として取り上げられるのは、彼らが旗本であったにもかかわらず、妻子を在所に置いたまま、自身が単独で奉公していたからであった。在府は妻子などの家族を人質とする意味を持つが、人質の提出は、そのこと自体が奉公の一形態であり、忠節の証しだったのである（平山・二〇一四年②、平井上総・二〇一七年）。

武田氏の政策による家臣の甲府居住は、信玄期になるとより徹底された。例えば、武田氏に反抗した国衆などは、知行を取り上げられ、信濃佐久郡の国衆岩村田大井貞隆・貞清父子などのように、甲府居住を命じられ、その上で新知行を拝領し、それに見合った軍役を在府のまま勤仕していた（平山・二〇一八年）。また、板垣・山県・内藤・馬場・春日・跡部など、信玄期を支えた譜代らは、すべて甲府居住であることが、高野山成慶院の『甲斐国供養帳』『武田家日杯帳』などの記載から確認できる。

信虎による家臣の甲府集住策は、実は室町幕府の「守護在京」、鎌倉府の「在倉制」を模範とし、戦時に迅速に対応でき、また叛乱を未然に防止できるよう、一門・譜代・大身らを妻子とともに城下屋敷に居住させるものだったといえるだろう。それは、北条・今川・六角・大内・大友氏など、他の戦国大名も同様だったわけで、「兵農分離」政策として特記すべきものではない（これらの諸大名も、大名の城下町に一門・譜代らが屋敷を持ち、日常的に詰めていることが、多くの研究で紹介されている)。ただ、戦国大名の本拠地整備と城下集住策は、他の地域では天文・永禄期から本格化するが、信虎は永正・大永・享禄期に新都甲府建設を推進しながら、東国でいち早く併行してそれに着手、実行に移した点で、極めて先駆的であったといえるだろう。

三、国人の叛乱と生涯最大の危機

三国人の同時叛乱

永正十七年（一五二〇）五月、栗原信友を首魁（しゅかい）とする国人たちが信直を見限り、同調する人々とともに家族を引き連れて甲府を退去し、敵対の意志を露わにした。甲府建設にともなう、国人への統制強化に反発したものであろう。栗原信友に同調したのは、西郡の大井信達・信業父子、北巨摩の今井信是・信元父子という有力国人であった。彼らはそれぞれの本拠に戻り、信直と戦う準備を整えた。信直にまたもや大きな苦難が降りかかったのである。その模様は、いくつかの史料に記録されている。

【史料二―3】『勝山記』永正十七年条

此年ノ五月、当国ノ栗原殿大将トシテ、皆々屋形ヲサミシ奉テ、一家国人引退玉フ、同六月八日ニ東郡ノ内ミヤケツカ（都塚）ニテ軍アリ、上意ノ足衆切リ勝テ、其ノ日ニ栗原殿ノ城ヲマク（中略）此年夏、当国ノ大熕（大井）殿ヲ屋形ヨリ責給、終ニハマケテ、大熕殿城ハカウサン申サル、也、浦ノ殿モ屋形様へカウサンアル也

【史料二―4】『小年代記』永正十七年条

逸見・大井・栗原同心敵太守、六月十日酉刻同時三処一戦、太守皆得利、栗原殿他国、大井・逸見一和、以後奇（苛）政、万民憂之、九月廿三日自屋形入足軽、既及難義、奉憑今井左馬助殿（信甫）申成、廳属無為、去間諸寮舎各出銭

【史料二―5】『王代記』永正十七年条

此年（六月十日）逸見・大井・栗原一族悉一家同心ニ信虎ニ弓引、板垣・曽祢羽州・三州味方、一日ニ三方ノ合戦、屋形方切勝、御敵秩父引籠和談シテ帰参、曽祢大学助討死、六月十日

【史料二―6】『高白斎記』永正十七年条

六月十日丙寅今諏訪合戦、従是逸見・西郡滅却

これらをまとめてみると、次のようになるだろう。五月某日（日付は不明）、栗原信友、大井信達・信業父子、今井信是・信元父子が、信直を見限り家族を連れて甲府を退去した。信直は、譜代の板垣信方、曽祢出羽守、曽祢三河守昌長（まさなが）、曽祢大学助らを率いて六月に出陣した。このとき信直は、軍勢を三手に分け、栗原・大井・今井三氏の本拠に向け侵攻させたという。武田軍は、譜代らの軍勢のほ

かに、信直直轄の足軽衆（「上意ノ足衆」）を多数擁しており、すでにこの段階で軍勢を三軍に分割しても、個々の国人の軍事力を上回るほどであったことがうかがえる。信直がこのような実力を保持しえたのは、他国の牢人らを多数召し抱え、直轄軍事力たる足軽衆を編成していたからであろう。

武田軍と栗原・大井・今井氏との戦いは、六月十日酉刻（午後六時頃）に同時に行われたという。栗原信友は都塚（笛吹市一宮町）で武田軍を迎撃したが敗れ、居館に敗走したところ、信直軍に包囲された。信友はたまらず武蔵国秩父に逃れ、後に信直に降伏して帰参を許されたという。

いっぽう、大井信達・信業父子は今諏訪（南アルプス市）で信直軍に撃破され、城（椿城か）を包囲された。大井氏も籠城が困難となり、降伏したという。今井信是・信元父子も武田軍に攻められ、降伏している。こうして、同時に三ヶ所で国人を相手に合戦を行い、信直は難なくこれを撃破、降伏させた。このとき信直が、どの方面の指揮を執っていたかは明らかでない。この合戦で、武田方は曽祢大学助が戦死した。なお、三氏のうち、大井父子と今井父子は連携して武田軍と戦っていた可能性がある。それは、今諏訪合戦での敗退をきっかけに、逸見（今井）と大井（西郡）は「滅却」（勢いを失った）と『高白斎記』にあるからである。これは今諏訪合戦の敗退で、同時に「滅却」したと解釈することができよう。

三氏の叛乱の余波は九月まで続いていたらしく、九月二十三日には、信直が派遣していた足軽が塩山向嶽寺（甲州市）に乱入し、乱暴狼藉を働いたらしい。信直が東郡（甲府盆地東部）に足軽を派遣していたのは、九月になってもまだ、秩父に逃れた栗原信友が抵抗を続けていたからであろう。そのとばっちりを、向嶽寺は受けてしまったらしい。困惑した向嶽寺は、信直の重臣今井信甫に依頼し、足軽の狼藉停止を実現させている。このとき、向嶽寺は寺内の寮舎に銅銭を供出させている。これは、取次（とりつぎ）役の今井氏に支払った礼銭であろう。まずは向嶽寺が一括して支払い、成就したのですべての寮舎に割り付けて負担させたものと思われる。おそらく、今井信甫の取次により、信直が武田軍の乱暴を禁止させたとみられるが、そのための禁制（きんぜい）、判物を発給した可能性もある。

実は、向嶽寺には次のような年未詳十月二十八日付の武田信虎判物が残されている（戦武一〇九号）。

塩山之事、諸事可為如傑山（武田信昌）・孚山（武田信縄）之御掟候、特足軽已下兎角之義申候者、御成敗可被成候者也

十月廿八日　信虎（花押Ⅱ―1）

塩山向岳庵へ

これによると、信虎は祖父信昌、父信縄以来、武田氏が向嶽寺を保護してきた由緒を認め、足軽らに狼藉の停止を命じ、もし今後も同様のことがあったら成敗すると述べている。この文書は年未詳だが、据えられている信虎の花押が、大永元年頃から大永六年頃まで使用された花押Ⅱ―1型であること（後述）、信直ではなく信虎署名であるので、大永元年以後のものであること、などからこのときのものではない。だが、永正十七年にも同じような文書が発給されていた可能性はあると思われる。

なお、永正十七年九月以後、武田軍の兵卒が甲斐国東郡（甲府盆地東部）に展開していた形跡がな

いので、栗原信友の降伏と帰参も、このころであった可能性がある。

かくて信直は、三国人の同時叛乱を難なく鎮圧したのであった。

甲府一蓮寺での仏事

三国人叛乱鎮圧の余塵が燻っていた永正十七年（一五二〇）八月、甲斐に一人の僧侶がやってきた。時宗の二十四代遊行上人不外（ふがい）である（以下、『遊行二十四祖御修行記』、山⑥下一一四号）。彼の来甲は、信濃国村山（北杜市高根町）の土豪日向（ひなた）図書助の招きを受けたからであった。彼はこの直前の七月、信濃国海野（うんの）（長野県東御市）に滞在し、常照寺（じょうしょうじ）にて二十五代遊行上人を仏天（ふってん）に譲っていた。その後、不外らは清浄光寺（しょうじょうこうじ）再興の気運を待つべく、越中へ行こうとしたが、戦乱が激しくなったため断念し、甲斐に入ったのであった。不外上人は九月九日夜、甲斐国若神子（わかみこ）（北杜市須玉町）の長泉寺（ちょうせんじ）（逸見（へみ）道場）で踊り念仏を行い、十月には甲府の一蓮寺に移った。

不外が甲斐にやってきたのは、単に日向の招きに応じたからだけではなかった。実は、時宗の本山、藤沢の清浄光寺は、永正十年正月二十九日の戦火にあい、焼け落ちていたのだ。これは、伊勢宗瑞と扇谷上杉方の三浦道寸（どうすん）との合戦が原因であった（真鍋淳哉・二〇一七年）。幸いなことに、本尊は駿河国長善寺（ちょうぜんじ）（時宗、宝地山、静岡市）に遷され、戦火を免れていた。だが、清浄光寺再建の目途は立たず、信者たちの嘆きは大きかったという。そこで不外は、二十二代意楽（いらく）の追善供養と、本尊の迎え入れを一蓮寺で行う決意を固めたのであった。

不外は、九月上旬に武田信直に依頼し、その助力を得て、本尊を一蓮寺に遷すことに成功した。そして十月九日、念願であった二十二代意楽の追善供養を一蓮寺で執行した。その後、十月十七日に一蓮寺の客殿を借りて、武田大井入道宗芸（そうげい）が不外上人らを歓迎する歌会を催している。この大井宗芸こそ、六月十日の決戦に敗れ、武田信直に降伏したばかりの、大井信達その人である。彼は出家して大井高雲斎宗芸と称していたことがわかる。信達の出家が判明するのは、これが初見となる。このことは、信直に降伏した際に、信達が出家したことを示すのではなかろうか。なお、信直は十一月二十五日に躑躅ケ崎館の建設が完了したことを、不外上人に告げている。不外らは、信直が叛乱を押さえ込み、ようやく成就させた新都甲府の黎明に立ち会ったのだった。

不気味な予兆

永正十八年（一五二一）二月十八日、武田信直は不可思議な行動をしている（『勝山記』永正十八年条）。

此年ノ二月十八日、武田殿、大原舟津小林宮内丞殿へ御出有之、明ル日中津森へ御下候

この記録によると、信直は突然、都留郡に赴き、大原庄船津（富士河口湖町）の小林宮内丞（宮内助、後に尾張守、小林尾張入道道光の子、小山田氏重臣）のもとへ行き、その屋敷で一泊した。信直は翌日には小山田氏の本拠中津森に行き、小山田信有と対面している。信直は、なぜこの時期にわざわざ自

ら小山田氏のもとを訪問したのだろうか。その理由は、次の記録と関連させて考えるべきであろう。『王代記』大永元年（一五二一）条には「駿河勢二月廿七日ヨリ出張」とあり、『小年代記』大永元年条にも「二月廿八日駿河勢出張河内」と記録されている。今川氏親の軍勢が、河内に入ったというものだ。日付は一日ずれがあるが、二月二十七日ごろと考えてよかろう。これは、信直が都留郡を訪問した直後の出来事である。これ以上の史料がないので断言はできないが、信直は今川氏が甲斐に侵攻してくる情報を察知し、それに対処するための協議を小山田信有と行うべく、自ら都留郡を訪問したのだろう。ほんらいであれば、小山田信有が甲府に行くべきであろうが、信直はわざわざ自身が訪ねており、まだ国衆の統制が安定しない状況がうかがえる。このとき、河内領主穴山信風は今川方になっていたと考えられる（黒田基樹・二〇一九年①）。

信直としては、河内領主穴山信風が今川方になっただけでなく、大井信達・信業父子の動向も不安定で、さらに彼らを支援する今川軍の侵攻を退けたばかりだったこともあり、小山田氏の動向に神経を尖らせていたのだろう。大井合戦では、小山田信有ら郡内勢の奮戦が戦局の逆転に大いに寄与した。しかし、戦局次第では小山田氏の動向もどうなるか予断を許さなかったのであろう。後述するが、後に小山田氏は武田氏から離叛する動きを見せ、信直から制裁を加えられている。

二月下旬に河内に侵入した今川軍は、その後、動きを示すことはなかったらしい。その後の続報が、史料に見られないからである。だが、それは嵐の前の静けさにすぎなかった。今川氏親は、武田信直打倒に向けて着々と準備を進めていたのである。

信直、信虎と改名す

今川氏との激突が不可避となるなか、永正十八年（一五二一）四月十三日、信直は朝廷から従五位下に、同十九日には左京大夫に叙任、叙爵された（『歴名土代』『後柏原天皇日記』、山⑥下四〇号）。この叙任は、以前より朝廷に働きかけていたものであろう。信直の叙任を朝廷の伝奏広橋守光に申請したのは、室町幕府政所執事伊勢貞忠であった。このことから、信直は将軍足利義稙（義尹、以下義稙で統一）と連携していたと推察される。当時、前将軍足利義澄は永正五年に京都を追放され、近江に逃れていた。当時、室町幕府は、足利義澄―細川澄元方と、足利義稙―細川高国方に分裂していたが、信直は京都を制圧し、政権に返り咲いた将軍足利義稙を支持していたとみられる。

この動きは、今川氏親・伊勢宗瑞も同様で、それまで将軍足利義澄を支えてきた氏親らは、義稙の将軍復帰を契機に義澄との関係を断ち、義稙との連携を決断したらしい。この方針転換の背景には、単に義澄が京都から没落したというだけでなく、氏親が宿願としていた遠江国制圧と遠江守護職獲得問題があったとされる。文亀元年（一五〇一）以来、氏親は遠江国をめぐり、斯波義寛（越前・尾張・遠江守護、元幕府管領家）・義達父子と激しい争奪戦を繰り広げていた。氏親・宗瑞は、遠江侵攻戦を実行するとともに、幕府に遠江守護補任を要請した。氏親の遠江領国化は、永正元年頃にはほぼ達成され、斯波氏の退潮は決定的となっていた。だが、将軍義澄・細川政元は斯波氏を支援しており（義澄の側室は、斯波義寛の息女）、氏親の遠江守護職補任はなかなか実現しなかった。そのため、義澄が没落し、義稙が幕府将軍に復帰すると、氏親はこれと結び、永正五年七月十三日、ついに遠江守護職に補任されたのである（黒田基樹・二〇一九年①）。

信直も、父信縄以来、交友が続いていた足利義澄から離れ、義稙と結び、叙任を受けることに成功したのだろう。「左京大夫」は、明応から永禄期にかけて多く濫発されたと指摘されているが、初期のころは守護大名系の戦国大名が多く補任されている。例えば、陸奥の伊達稙宗（だてたねむね）や周防の大内義興（よしおき）などである（今谷明・一九九二年）。つまり、信直がこの官途を獲得したのは、東国における戦国大名としての地位を内外に誇示する重要な手段であったと考えられる。「左京大夫」の官途は、位階とともに、他国の有力大名クラスと肩を並べる格式であり、このことは信直の今川氏親への強烈な対抗意識の表れではなかろうか。その後、信直の宿敵北条氏綱も、享禄二年（一五二九）末には「左京大夫」の官途を受けているが、これは武田氏への対抗意識と推定される。

また、信直は叙任と同時に、諱を信虎に改名している。実は、信虎改名の時期は特定できないのだが、信直と自署した文書は、永正十四年四月三日が下限であり、その後、大永期には信虎と所見される。遊行上人不外は大永元年九月、諏方に滞在していた際に今川軍の甲斐侵攻に直面した武田氏から「大永元辛巳九月下旬、甲斐国より亦復就大乱、太守信虎後生一大事可奉願之由依懇望、一条へ再住有」

と、一蓮寺への帰還を依頼されている（『遊行二十四祖御修行記』、山⑥下一一四号）。このとき、信直ではなく信虎と明記しているので、彼の改名の契機は通説通り、大永元年四月の叙任で間違いなかろう（以後は、信虎と記す）。

今川軍、甲斐に侵攻す

今川軍の甲斐侵攻は、大永元年（一五二一）二月二十七日（二十八日とも）に始まった。問題なのは、これが何を目的にしていたかである。このことについて、河内に「出張」（進軍）しただけであり、武田軍と衝突した形跡がないこともあり、信虎を牽制したか、後の福島軍の侵攻の地ならし、などの見方もできるだろう。いっぽうで、福島軍の侵攻の前段階に、穴山信風が武田信虎に帰参する動きをみせていることを重視し、信虎による穴山氏調略工作に対する報復とする見解が出されている（黒田基樹・二〇一九年①）。

信虎にとって、生涯最大の危機となった大永元年の今川軍襲来は、どのようなものであったか。関連する記録を掲出してみよう。

【史料二―7】『勝山記』永正十七年条（年代は誤記）

此年駿河勢数万人立テ、甲州テ合戦有之、駿河衆悉クキリマケテ、福嶋一門皆々打死、甲州へ取ルシルシ数万崎（騎）、霜月廿三日未ノ剋ヨリシテ夜ヲ責メ玉フ、チリ〳〵ニニクル事無限

【史料二―8】『勝山記』永正十八年（大永元年）条

又河内へ八月廿八日惣勢立テ、ヤリツキ其ノ日有之、富士勢負玉フ也、関東モ乗リ房サト河越殿取合不レ息マ、向陳ハ悉ク大夫ノ手マクルナリ、乗リ舟ヲ多ク取ラル、ナリ、此年ノ七月十五日ニ武田ノ八郎殿、駿河ヨリ甲州へ御帰国有之、当国屋形様ノ御意テ御帰候

【史料二―9】『王代記』大永元年条

十月、府中飯田ニテ百余人討死、十一月廿三日申刻、上条合戦、駿州衆大死シテ帰、六百人討死

【史料二―10】『小年代記』大永元年条

九月初六日於大島一戦、味方失利、同十六日富田之城落居、又飯田口一戦得勝利、同霜月廿三日酉刻於上条一戦、駿河衆背（敗）軍、福島一類（ルイ）打死、其外四千余人打死、残衆籠富田而越年

【史料二―11】同右、大永二年条

自正月三日国中棟別、寺社共、（中略）、同十四日駿州勢乞身命帰国

【史料二―12】『高白斎記』大永元年条

同八月十日己丑申刻、昌頼、丸山ノ城主ニ被仰付、同九月大嶋ノ凶事、十六日己丑亥刻富田落城、寅刻御前御城へ御登リ、十月十六日丁（乙）未飯田ニ合戦、御勝利、同十一月三日辛亥戌刻「晴信公」誕生、蟇目曽根三河守縄長相勤、十日戊午駿河衆勝山へ移ル、廿三日辛未酉刻於上条河原ニ御合戦、駿河福嶋衆数多被為討捕、廿七日乙亥従積翠寺御曹子殿初テ府中へ御下リ

【史料二―13】同右、大永二年条

正月朔日立春、十四日乙(ママ)巳富田踞駿河衆除

これらの記録を読み込んでいくと、まず注目すべきは、今川軍が駿河に侵攻してくる直前の七月十五日、信虎の命令を受けて、武田八郎が駿河より甲斐に帰国していることである（史料二―8）。武田八郎は穴山武田氏の人物とみられ、当主穴山信風により今川氏のもとへ人質として出されていたと推定される。信風の弟（穴山信懸の子）か、信友の弟に相当する人物であろう（平山・二〇一一年①、黒田基樹・二〇一九年①）。秋山敬氏は、『高野山成慶院武田家過去帳』にみえる、永禄九年（一五六六）十二月五日に没し、慈眼院殿玄室芳頓禅定門の法名を贈られた、「下山武田八郎殿」に比定し、彼を穴山信懸の妹か、弟の娘の子と想定している（秋山敬・二〇一〇年①）。だが、この武田八郎は、穴山信友の次男で信君（梅雪）の実弟穴山武田信嘉（のぶよし）であり、時期が合わない（信君は天文十年生まれ）。

つまり、大永元年七月までに穴山信風は今川氏と断交して、信虎への再従属を決め、駿河今川氏のもとへ送っていた人質の穴山武田八郎を引き上げたらしい。以上をふまえれば、黒田基樹氏が指摘するように、今川軍の甲斐侵攻は、穴山武田氏の離叛を契機とした信虎への報復という意味合いが強い。今川方は、駿河国富士郡の国衆富士氏らの軍勢を甲斐国河内地方に派遣したが、信虎は全軍を挙げて出陣し、八月二十八日に槍での合戦が行われ、富士軍は敗退した（史料二―8）。

事態を重く見た今川氏親は、重臣福島氏らを主力とする大軍を甲斐に派遣することとしたのである。

今川軍の大将福島とは誰か

ここで登場する今川軍の大将福島とは、いったい誰なのだろうか。通説によると、遠江国土方城主福島上総介（兵庫助）正成という人物であったといい、正成の戦死後、その息子弁之助は小田原北条氏に仕え、鎌倉の玉縄城主福島左衛門尉となり、後に北条氏康の妹婿となって北条綱成になったとされる。これらの記述は、『関八州古戦録』（享保十一年〈一七二六〉成立）、『高天神記』（享保二十一年〈一七三六〉成立）がもととなっており、その後の軍記物や『寛政譜』などにも影響を与えている。

ところが、このときの大将については、前掲の同時代史料に「福島一門」「福島一類」「福島衆」と記されているが、誰なのかは一切明記されていない。福島氏の研究を行った小和田哲男氏も、良質な史料に福島上総介（兵庫助）正成は登場しないと指摘している（小和田哲男・一九九五年）。それだけでなく、北条綱成が甲斐で戦死した福島上総介の息子だという説も、近年では完全に否定されている（黒田基樹・二〇一八年）。

現在、明らかになっていることを列挙すれば、福島氏が遠江国高天神城に在城していたことは事実であり、地域の統治を担っていることが確認できる。そして、高天神城に在城しつつ、福島一族を統括し、さらに今川氏の遠江支配に大きな存在感を示す人物を捜すと、それは福島左衛門尉助春が該当する。

福島助春については、遠江国大福寺領の安堵に関連する、年未詳十一月二十八日付の一枝斎善勝書状写が注目される（静史⑤一一〇三）。そこには、「就御寺領之儀、御礼拝見申候、此儀ハ去々年治部卿罷下、御屋形様へ申上候之処、被聞召分、御判を左衛門殿御奏者にて被申請、田原へも被申届候歟、今度就打死」と記されている。大福寺領の安堵に関して、「御屋形様」（今川氏親）の御判（判物）発給のために奔走していた御奏者は「左衛門殿」なる人物であり、彼は「今度就打死」とあるように、十一月二十八日の直前に戦死しているというのである。大福寺領に関与していた「左衛門殿」とは、福島左衛門尉助春のことである（見崎鬨雄・一九八三年、長塚孝・一九八九年）。福島一類の戦死は、大永元年（一五二一）十一月二十三日のことなので、この文書の内容と整合する。

以上から、福島上総介（兵庫助）正成とは、高天神城を今川氏から預かっていた重臣福島助春と認定して間違いなかろう。また、福島助春の息女は今川氏親の側室となり、花蔵（はなぐら）の乱で今川義元と家督を争った玄広恵探（げんこうえたん）（花蔵殿）を生んだと推定されている。この背景もあって、福島氏は花蔵の乱で玄広方の中心となっていた。

なお、福島助春の一族と推定される福島三郎右衛門盛助（もりすけ）、同豊後守春久（はるひさ）をはじめ、永正十五年（一五一八）に小山田氏と今川氏の和睦の仲介者となった福島道宗入道らは、永正十七年を最後に管見できなくなるので、甲斐で信虎に敗れて戦死した福島一族とは、彼らであった可能性が高い。なお、丸島和洋氏は、福島左衛門尉助春が上総介となり、さらに出家して福島道宗入道と称した可能性を指摘しているが（丸島和洋・二〇一九年）、私は前記『大福寺文書』の一枝斎善勝書状に「左衛門殿」「今度就打死」と記され、出家した形跡がみられないので別人と推定しておきたい。

なお、小和田哲男氏は、福島一族が甲斐に侵攻したのは、今川氏親の命令ではなく、私戦であった可能性を指摘している。その理由として小和田氏は、福島氏がこの時期に高天神城主を解任され、駿河国駿東郡で蟄居させられていたのではないかとし、その原因を永正十五年における武田信虎と今川氏親の和睦斡旋を実施したことに求めた。小和田氏は、この和睦が氏親の不興を買い、福島氏は失脚して駿東郡への蟄居を余儀なくされ、その汚名を返上すべく、北条氏の勧めもあり、また駿東郡・富士郡の国衆の協力を得て、私的な戦闘を挑んだのが大永元年の駿河勢侵攻ではなかったかと推定している（小和田・一九九五年。ただし小和田氏は、『史伝武田信玄』、『高天神城の総合的研究』においては、今川義忠の死後、小鹿範満派に与し、今川氏親擁立派と対立したことから、駿東郡に蟄居させられたのではないかとしている）。また、この作戦に失敗したことから、駿東郡に残された福島氏の遺児が今川氏からの追求を逃れ、北条氏を頼り、北条一族の待遇を受けて北条綱成になったとも推測している。小和田説は、実は『関八州古戦録』と相似しており、福島氏が今川氏より自立しようとして勝手に動いたという記述に近い。

だが、福島一族らの甲斐侵攻を私戦とするのは無理がある。甲斐に侵攻した駿河衆は大軍であったと諸記録は一致して伝えており、それらを福島一族が動員できたとは、到底思えない。また、『宗長日記』の大永七年条に「吉川次郎左衛門頼茂、淡路小守護の息、継母のにくみにて、宗長につきて罷下、牢人とも被官ともなくて、当国より甲州手楯の合力の人数にて討死、今年十一月廿三日、七年」との記述があり、大永元年の甲斐侵攻の記録であることがわかる。これを読む限り、その軍事は今川氏親（「当国」）の命による軍勢派遣であり、これに「合力」（協力）すべく、牢人でも被官でもなく、宗長の付き人のような形で駿河に滞在していた吉川頼茂は参陣し、命を落としたというのであろう。福島氏が何らかの事情で失脚し、その名誉挽回のため勝手に甲斐に侵攻したという学説は、残念ながら成立しないだろう。なお、周知のことではあるが、福島氏はその後も重臣としての地位を保ち、花蔵の乱で重要な役割を演じていることも附記しておく。

今川軍、甲府に迫る

八月二十八日の合戦で敗退した今川方は、福島一族を主力とする大軍を甲斐に派遣した。どれほどの人数であったかは判然としないが、前記の諸史料をみると、戦死者が四千余人から数万騎などとあり、また後述するように、生き残った今川の敗残兵は三千余人とされるので、五千人を超える規模だったと思われる。『軍鑑』巻五には「くしま遠州・駿河の人衆一万五千いんどつして、すでに甲府迄おしつむる」とある。いずれにせよ、相当の規模であったことは間違いなかろう。

信虎は、河内の大島（身延町大島）でこれを迎え撃った。これが九月六日に行われた大島合戦である。この合戦で武田軍は敗北を喫した。武田方にとって、大島合戦の敗北は衝撃であったらしく「大嶋ノ凶事」といわれた（史料二―12）。武田軍は、そのまま甲府に撤退したらしい。

いっぽうの今川軍は、勢いに乗って甲府盆地に侵入し、九月十六日に大井信達・信業父子の属城戸田（富田）城（南アルプス市）を攻略し、ここを前線拠点とした。戸田落城を知った信虎は、臨月であった正室大井夫人を、寅刻（午前四時頃）に丸山城（要害城）に避難させている。

その後、今川軍がどのように動いたか、しばらく記録にみえない。ただ、『遊行二十四祖御修行記』によると、大永元年（一五二一）九月下旬、武田信虎の懇望で諏方から再び甲府を訪れた不外上人は、「抑国郡半過放火然」と記しており、甲斐国内の各地は今川軍によって放火されていたらしい。信虎は危機的な状況に追い詰められており、不外上人に甲府再来を懇望したのも、万一の際には供養をして

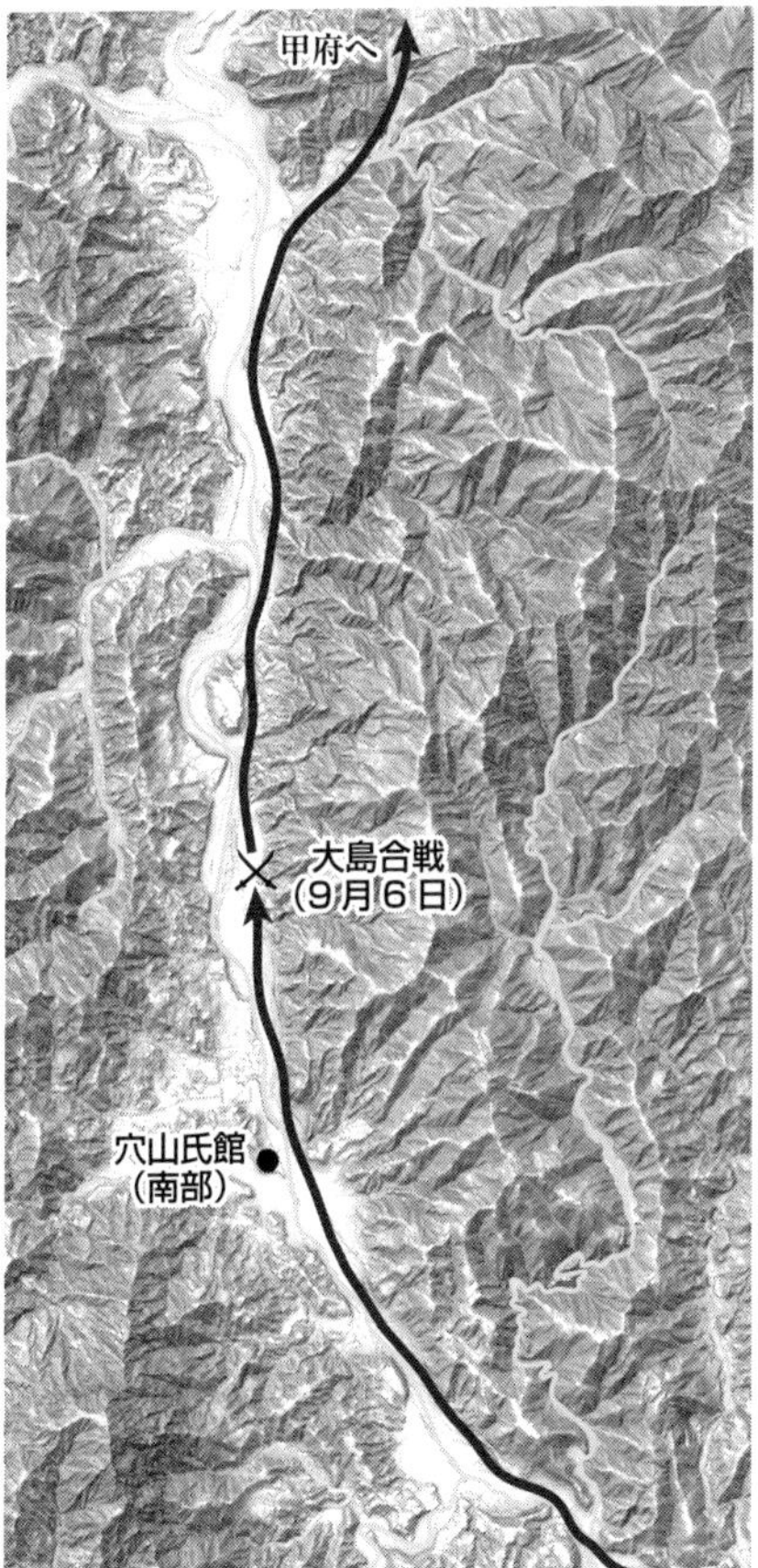

図７　今川軍侵攻図

ほしいとの思いがあったからではなかろうか。

今川軍は戸田城攻略後、飯田河原（いいだがわら）の合戦までの約一ヶ月、甲府盆地の各所に侵攻して放火・掠奪を行い、武田方を揺さぶっていたとみられる。だが、こうした事態のなか、甲斐の一門・譜代・国人らの中から、今川軍に呼応する動きは現れた形跡がない。信虎にとって、これは幸いなことであったと思われる。このことについて、『軍鑑』巻十六に興味深い記述がある。そこには「信虎公廿八歳の御時、くしま合戦の砌、ふだひ衆大形在所へ引籠、けんじよ仕る、右のくしまに勝たまひて、其時より甲州一国の衆を八年の間にこと〴〵くたやしたまふ」とあり、また、巻五には「（福島軍一万五千人が甲府に侵攻してきたため——平山註）信虎が内の者ども、大形身がまへいたすゆえ、武田の人衆二千ばかりなれバ」と記されている。福島の大軍をみて、信虎のもとに譜代家臣ですら参集せず、在所に引きこもって、「けんじよ」（見証）、「身構え」、つまり事態の成り行きをただ傍観していたという。武田氏から離叛して今川軍に味方もしないが、信虎に忠節を尽くして参陣もせず、洞ヶ峠（ほらがとうげ）を決め込んだという記述は事実を伝えている可能性があるだろう。

なお、『軍鑑』巻九によると「御父信虎公、二十八歳の時、駿河くしまとうゆふ武士、今川殿おかろしめ、けつく、甲州を取ておのれが国に仕らんとて、遠・駿の人数をひきづして、甲州飯田河原まで来り、しかも、六十日余、陣をはり居る、其時、甲州御一家の衆、こと〴〵く身がまへをして、武田御家、已めつきやく候処に、信虎公の家老荻原常陸守と中大剛の武士、武略を以、信虎公勝利をゑたまふ、敵の大将久嶋を討取被成たる」とあり、両軍は六十日余りにわたって、飯田河原で対陣したという。

また、『国志』古跡部第八には、「竜地ノ台」に福島の陣所があったとの伝承を記録している。竜地は高台であり、敵の攻撃を受けにくく、甲府の様子を把握するのには格好の場所であるので、ここに今川軍が布陣していたとしてもおかしくはないだろう。今川軍が、荒川を挟んで武田軍と対峙していたという『軍鑑』の記述も、充分ありうる話である。ただ、決戦場が飯田であることは諸記録から間違いないので、今川軍が布陣していた竜地から飯田に向かうというのは、地理的に不自然であろう。私は、今川軍は戸田城から各地を荒らし回り、十月十六日までには戸田城から西郡道を進んで、まっすぐ甲府を目指したと推定する。西郡から甲府に向かうと、ちょうど「飯田口」（史料二―10）に到達するからである。

大島古戦場跡　山梨県身延町

信虎は、成就したばかりの新都甲府を背に完全に追い詰められていた。武田氏が「めつきゃく」する可能性は高まっていた。そして、両軍はついに激突する。

飯田河原の合戦と御曹子様の誕生

大永元年（一五二一）十月十六日、今川軍と武田軍の決戦が飯田で行われた。当時の史料には「飯田口」「飯田」「府中飯田」とあり、飯田河原とは記されていない。この決戦を飯田河原と記した最も古い記録は、『軍鑑』であろう。その後、『国志』が「飯田河原古戦場」と古跡部に立項し、一般化していった。ただ、すでに畑大介氏の研究で指摘されているように、当時の釜無川・貢川・荒川の流路は飯田付近を経て、上条・下条・中小河原方面に向かって流れており、戦国期には「飯田河原」という地名は確かに存在していた（畑大介・二〇一一年）。そこで本書では、この合戦を通説通り、飯田河原の合戦と表記したい。

この合戦で、信虎は劣勢を跳ね返し、わずか二千ほどの軍勢で今川の大軍を撃破することに成功した。『軍鑑』などは、重臣荻原常陸介らの知謀で勝利したというが、事実かどうかは定かでない。今川軍の戦死者は、『王代記』だけが百余人であったと記録している。信虎は、滅亡と甲府陥落の危機をとりあえず脱したのである。

今川軍が敗戦後、どのように動いたのかはわからない。今川軍が、油川信恵の属城で大井合戦の際に取り立てた故地でもある勝山城に移動したのは十一月十日のことであり、飯田河原の敗戦から約一ヶ月、どこで何をしていたのかは不明である。

飯田河原の合戦で、武田軍が奇跡的な勝利を挙げてからほぼ半月後の十一月三日戌刻（午後八時頃）、要害城に避難していた信虎の正室大井夫人は、男子を出産した。彼こそ、後の武田晴信（信玄）である。嫡男の誕生を祝い、妖魔を退散させ邪気を払う蟇目（ひきめ）を射る重要な役人（蟇目役）を務めたのは、重臣曽根三河守縄長（つななが）であった。

武田信玄の幼名は一次史料では確認できないが、『軍鑑』によると、福島軍を撃破した直後に誕生したことから信虎が大いに喜び、「勝千代」と命名したとされる。この記述は、事実である可能性が高い。勝千代は、早速武田家中の人々から「御曹子様」と敬われている。

上条河原の合戦での大勝利

十月十六日の飯田河原の合戦で敗退した今川軍は、十一月十日に勝山城に入り、態勢を立て直していたと考えられる。そして十一月二十三日、再び甲府に向けて進撃を開始した。

信虎は総力を挙げてこれに当たり、両軍は上条河原で激突した。これが上条河原の合戦である。合戦が行われたのは、『遊行二十四祖御修行記』には「虔以今月廿三日酉刻、一陣一戦之士卒」とあり、『高白斎記』『小年代記』も「酉刻」と記録している。いっぽう、『王代記』は「申刻」、『勝山記』は「未ノ剋」と記しており、わずかながら相違がある。未刻（午後二時頃）ならば合戦は昼過ぎ、申刻（午後四時頃）ならば夕刻から始まったことになるし、酉刻（午後六時頃）ならば夜戦ということになるだろう。この場合は、今川方の大将福島氏を檀那としていた縁から、合戦の成り行きを注視していた遊行上人不外と、武田方の駒井高白斎の記録を尊重し、酉刻の合戦であったとしておく。

ただ、『勝山記』の記述は興味深く、「未ノ剋ヨリシテ」とある部分の「シテ」とは、仕手（為手）のことと解釈でき、さすれば武田軍は午後二時頃には合戦の準備を整え、「夜ヲ責メ玉フ」（夜襲を仕掛けた）と読むことができるだろう。この解釈ならば、多くの同時代史料が合戦の始まった時刻を酉刻（午後六時頃）とすることと矛盾しない。

この合戦で、今川軍は六百人、四千余人、数万騎が戦死したなどと、混乱した風聞が流れるほどの大敗を喫し、総大将福島とその一門はことごとく武田軍に討ち取られたという。大将福島を武田軍の足軽大将原美濃守虎胤（とらたね）が、福島の伯父を小幡山城守虎盛（とらもり）がそれぞれ討ち取ったと伝わる（『甲陽軍鑑結要』竜韜品）。前記のように、大将福島は福島助春と推定され、その伯父とはあるいは福島道宗入道のことかもしれない。記して後考をまちたいと思う。

敗残兵は散り散りになって戦場を逃れた。今川軍の敗残兵は勝山城には戻らず、戸田城に逃げ延び、ここに籠城した。生き残った兵卒は三千余人であったという。危機を脱したことを確認した大井夫人は、生まれたばかりの御曹子様（武田信玄）を連れて、十一月二十七日に積翠寺より甲府に下り、躑躅ケ崎館に戻っている。

決戦場はどこか

飯田河原、上条河原の合戦での大勝利は、追い詰められていた武田信虎にとって、まさに起死回生の大逆転劇であった。ところで、この合戦はどこで行われたのだろうか。『国志』以来、飯田河原は飯田（甲府市飯田）、上条河原は島上条（甲斐市島上条）とされてきた。ところが、近世の村明細帳や小字名などを追っていくと、古戦場の推定場所は『国志』と相違する可能性があるという。この問題を分析したのが、畑大介氏である（畑大介・二〇一一年）。以下は、畑氏の分析を参考に記述していくことにしよう。

戦国期の甲府盆地の景観を復元する際に注意が必要なのは、釜無川の流路が現在とはまったく相違していることである。当時、釜無川は竜王を扇頂部として、東流路・中央流路・西流路の三筋に分流し、甲府盆地中央部を流れていた。このため、飯田河原の合戦が行われた「飯田河原」とは、荒川と釜無川東流路が合流した優勢な水量の河川が存在した地域で、戦国期の釜無川の主流であったとされている（安達満・一九九四年、川崎剛・一九九四年）。

飯田河原の合戦にまつわる伝承が多く残されていたのは、巨摩郡北山筋荒川村（甲府市荒川一〜二丁目・池田一〜二丁目・下飯田一丁目）である。『国志』によると、ここには戦死者の文字を刻んだ供養塔（板碑。文字についての記述なし）があったといい、「板地蔵」と呼ばれていたが、寛政二年（一七九〇）に発生した荒川の洪水で流失してしまったという。また、池田一丁目には「字陣場」の地名があり、ここは飯田河原の合戦での陣地があったところだと伝えられている。現在、飯田河原古戦場碑がある

飯田河原合戦供養塔　山梨県甲府市

のは、この場所にあたる。これらから、飯田河原古戦場は石碑が建つ旧荒川村一帯と考えてよかろう。

このほかに、現在、飯田河原合戦供養塔との伝承を持つ板碑が、島上条（甲斐市）の八幡神社境内に現存する。これは風化が激しく、刻まれている文字のほとんどは判読できないが、正面上部の梵字（釈迦三尊種子）と「大永六年丙戌九月」のみが辛うじて判読できる（『山梨県史』資料編7中世4考古資料七八〇頁）。このことから、この板碑は当時のもので、伝承通り、飯田河原合戦戦死者供養塔（七回忌供養）とみてよいだろう。ただ、なぜこの場所に残されているかは定かでない。

次に問題なのが、上条河原合戦場であろう。『国志』以来、上条河原とは島上条のことを指すといわれてきた。だが、そうであるとすれば不自然な点が残る。畑氏も指摘するように、飯田河原の合戦で敗退した今川軍は、勝山城に撤退し、その後再度侵攻してきて、武田軍と上条河原で激突したのだが、そうすると、今川軍は大きく西に迂回して甲府を目指したことになる。しかも、この地域には上条河原の合戦に関する伝承が残されていないのである。

畑氏は、勝山城から甲府に最短で向かう場所にも「上条」（古上条）の地名が残り、しかもそこは

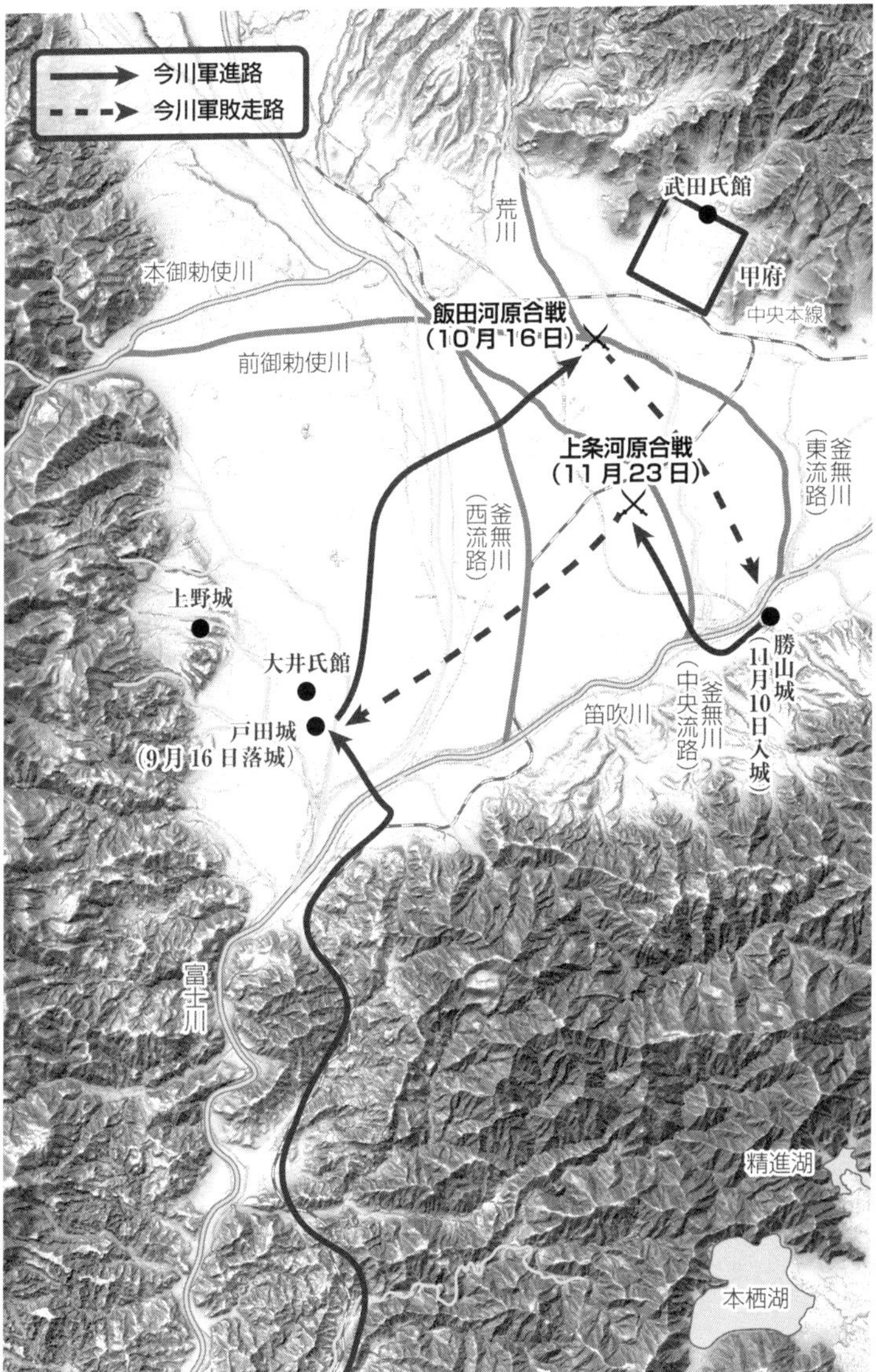

図８　飯田河原・上条河原合戦関係図

かつての釜無川東流路の流域に相当すると指摘し、慶長六年（一六〇一）の検地帳に「ふくし満塚」（古上条村之内中割）、「くしま塚」「福嶋塚」（上条之内後屋）の小字があることを見出した。古上条村の中割には、ほかにも「れんたい後」（蓮台＝墓地）、「くらまつか」（鞍馬＝馬具、馬）など、中世に関わるものもみられる。その後、貞享二年（一六八五）の検地帳では、中割の「ふくし満塚」は消えているが、後屋の「くしま塚」は記録されており、現在でも古上条町、後屋町には伝承地が残されている。残念ながら塚は現存しないが、地元の伝承ではかつてはいくつかの塚があったという。

以上のことから、畑氏は、上条河原の合戦は、『国志』が主張した島上条ではなく、古上条のことであったと推定した。これはその通りであろう。今川軍は、勝山城から中道往還を進んで甲府に向かい、途中、釜無川河畔の上条河原で武田軍と衝突し、壊滅したと考えられる。

時宗僧侶たちによる戦死者供養

武田信虎の懇請で、諏方から甲府一蓮寺を再び訪れていた遊行上人二十四代不外は、今川軍による放火で焼け落ちた甲斐の惨状を目の当たりにしていた。両軍の決戦が迫るなか、信虎が不外を招いたのは、万一のときには供養をしてもらおうと考えていたからではあるまいか。しかし、事態はまったく逆で、戦場に骸（むくろ）を晒したのは、福島一門以下の今川軍の兵卒たちであった。以下は、『遊行二十四祖御修行記』（山⑥下一一四号）をもとに記述する（吉田政博・一九九八年）。

不外は、武田信虎とその家臣らが、韓信の如き兵術と、太公望、諸葛孔明の如き知謀を駆使して山に軍を配置し、野陣を張って塁を固め（「或山而張軍、或野而堅塁」）、今川軍と戦い、福島一門らを討ち取ったことに驚きを隠せなかった。同時に不外は、福島一門の戦死に衝撃を受けていた。というのも、福島氏は時宗と関係が深く、不外の弟子叟順石蔵主（駿河の時宗僧）は「矧是福島氏者吾檀越也」とあるように、福島氏が檀那であった。しかも叟順石蔵主は、この甲斐侵攻に従軍しており（「于時在彼軍兵之中」）、そのことを不外に書状で伝えてきていたという。

戦場跡に無惨に散乱する福島一門と今川軍の兵卒の遺骸を、不外は弟子らとともに集めて手厚く葬り、墳墓を築かせた。そのうえで、不外自身が導師をつとめ、十念を授け、弥陀を刻んだ塔婆（「高顕」）を建てている。不外は、福島一門の戦死に落胆を隠せないでいることから、信虎の招きを受けつつも、福島氏に深く心を寄せていたと考えられる。時宗の僧侶は陣僧として、また、戦死者供養を敵味方の区別なく行う存在として、戦国の世において尊崇されていたことがわかるだろう。

今川軍が退去し平穏を取り戻す

飯田河原・上条河原の合戦で、武田信虎は滅亡寸前の危機を撥ねのけたばかりか、敵将福島一門を討ち取るという大戦果を挙げた。いっぽう、圧倒的優勢を誇っていた今川軍は、大将福島を討たれ、生き残った三千余人は戦場から散り散りに逃れ、武田軍の追撃を振り切り、這々の体でようやく戸田

戸田城跡　山梨県南アルプス市　画像提供：サンニチ印刷

城にたどり着いた。しかし、今川軍に味方する者はなく、孤立無援のまま甲斐で越年することとなった。

　彼らの帰国に、今川氏親が奔走した形跡は今のところ確認できない。降伏、開城と帰国を願い出たのは、戸田城の敗残兵たちであった（史料二―11）。この様子に心を痛めていた遊行上人不外は、武田信虎を懸命に説得したらしい。上条河原の敗戦からおよそ二ヶ月後の大永二年（一五二二）正月十四日、信虎は不外の説得を聞き入れ、戸田城に籠城する今川軍三千余人を一人残らず帰国させることに合意した。不外は、要求が実現したことに安堵している。今川軍の帰国を見届けた不外は正月二十八日、甲府一蓮寺を発ち、諏方に向かって甲斐を後にした。

　こうして、武田信虎は生涯最大の危機を脱したのであった。今川軍との合戦のため、武田氏は伊勢神宮との交流が一年間途絶えたままになっていた。信虎の家臣河村縄興（かわむらつなおき）は、伊勢神宮の御師（おし）幸福大夫に宛てた大永二年二月八日付の書状で、「抑当国之様体可有其聞候哉、雖然駿河衆数多打捕御本意候、爰元無為ニて候ハヽ、来秋可有御下向候哉（中略）依去年惣劇不弁故、無其儀候、誠之口惜候」と記し、お聞き及びかと思うが、駿河衆を多数討ち取り満足している、こちらは平穏になったので来たる秋には甲斐にお越しいただけないか、去年は戦乱で実現できず、悔しい思いをした、と述べている（戦武四九号）。

また、信虎の家臣秋山昌満（あきやままさみつ）も三月一日付の書状で、「駿河衆致出張候間、此国及難儀候処ニ御一戦御立運候て悉福嶋衆被為打得候、其已後者御無為候、（中略）殊我々堅固候」と記し、福島衆の来襲で難儀したが、敵を討ち取り、今は平穏となり、武田方は無事息災であると述べている（同五一号）。いずれの書状も、苦戦しながらも今川軍を撃破し、福島ら多数を討ち取った戦果を誇っており、平穏を取り戻したことに安堵した武田方の心情がうかがえる。

甲斐統合を誇示するデモンストレーション

今川軍の甲斐侵攻を辛うじて挫いた信虎であったが、甲府の間近まで攻め込まれ、国中は焼土となった。この合戦で、財政が逼迫したためであろうか。武田氏は大永二年（一五二二）正月三日より、国中（甲府盆地一帯、都留郡、河内を除く）全域に棟別銭（むなべつせん）を賦課している（史料二―11）。このような臨時課税を実施した事例は、信虎時代にはほかにみられない。勝利したとはいえ、信虎の痛手のほどがうかがえる。

だが、穴山武田氏が帰属し、信虎による甲斐の統合が事実上達成された。今川氏の侵攻を撥ねのけたことで、どちらにも味方せず、時勢を窺っていた国人や譜代らも信虎の威勢に従うようになったのだろう。信虎は、大永二年にそれを誇示する二大デモンストレーションを実施している。それは、『勝山記』大永二年条に次のように記録されている。

此年当国屋形様身延ニテ御授法、御供ノ皆々授法云云、（中略）武田殿富士参詣有之、八要（葉）メサル、也

これによると、信虎は大永二年に家臣らを引き連れて身延山久遠寺に参詣し、日伝上人より「御授法」を受けたという。これは前述のように、大曼陀羅御本尊を与えられ、師弟関係を結んだということであろう。供をした家臣らもこれに倣ったという。さらに信虎は都留郡にもおもむき、富士登山を果たし、噴火口を一周する八葉（はちよう）巡りを行った。外敵の侵攻を撃退し、甲斐一国の国人らを従属させることに成功した信虎は、安堵していたのであろう。

第三章　念願の甲斐統一

一、宿敵・北条氏綱との戦い

山内・扇谷上杉氏と北条氏の抗争

今川氏の侵攻を撃退し、しばらく国内の平穏が続いていた大永四年（一五二四）早々、武田信虎は関東の争乱に介入することを決断する。では、なぜ信虎は関東の争乱に手を伸ばしたのだろうか。ここで、関東の争乱を振り返っておこう（以下は、黒田基樹・二〇一七年①、二〇一九年①、山田邦明編・二〇一八年による）。

関東では、長享元年（一四八七）から延徳二年（一四九〇）まで、扇谷上杉定正と山内上杉顕定が争う長享の乱が起こった。その後、延徳三年に堀越公方足利政知の死と、それにともなう茶々丸のクーデターが勃発すると、両上杉氏は再び対立する。明応二年（一四九三）、室町幕府将軍足利義澄と管領細川政元が明応の政変で実権を掌握すると、義澄は今川氏親・伊勢宗瑞に足利茶々丸の打倒を命じ、宗瑞が伊豆に侵攻した。この結果、茶々丸への対応をめぐり、両上杉氏は再び分裂する。伊豆守護を兼任していた山内上杉顕定は、足利茶々丸を庇護し、いっぽうの扇谷上杉定正は伊勢宗瑞とともに茶々丸・顕定と対決することとなったのである（長享の再乱）。

甲斐武田氏は、両上杉氏の分裂と足利茶々丸の蜂起に際し、武田信昌・信恵父子が室町将軍足利義澄・管領細川政元・扇谷上杉定正・伊勢宗瑞・今川氏親のグループに、武田信縄（信虎の父）は、足利茶々丸・山内上杉顕定・古河公方足利成氏・政氏父子のグループにそれぞれ帰属して、甲斐を二分した内戦を展開していた。だが、明応七年の明応地震を契機に、信昌・信恵方と信縄方は和睦し、甲斐に庇護されていた足利茶々丸は伊勢宗瑞に引き渡され、殺害された。

武田氏の内乱はいったん収まったが、関東の長享の再乱はその後も続き、永正二年（一五〇五）、扇谷上杉朝良が顕定に降伏してようやく終結する。ところが永正四年（一五〇七）八月、越後国守護上杉房能（顕定の弟）が守護代長尾為景（上杉謙信の父）に暗殺され、報復のため、永正六年に山内上杉顕定は越後出兵に踏み切ったが、長森原合戦で横死してしまう。しかも、顕定の越後出陣中に古河公方足利家の内紛が勃発し、政氏・義明父子と高基（義明の兄）が衝突し始めたのである。

こうした混乱を背景に、伊勢宗瑞は永正六年、扇谷上杉領に侵攻を開始し、同時に山内上杉領にも攻め込んだ。古河公方家の内紛と伊勢宗瑞の侵攻に直面した両上杉氏は、山内上杉憲房が足利高基を支えたいっぽうで、扇谷上杉朝良は古河公方足利政氏・義明を支持していたことから、またもや対立し始め、両上杉氏の内戦が再燃した。宗瑞はこの間、永正十三年に三浦道寸を滅ぼして相模国を切り取り、武蔵国南部をほぼ手中に収めた。

その後、永正十五年に転機が訪れる。扇谷上杉朝良の死去（四月）と、上総国真里谷武田氏による小弓公方足利義明の擁立（七月）である。朝良の死により、後ろ楯を失った古河公方足利政氏は隠居して高基に家督を譲ったが、これに反発して下総小弓城（千葉市）を拠点に足利義明が対抗する構図となったのだ。義明の小弓城入部には、真理谷武田氏の支持があった。扇谷上杉朝興（朝良の子）も、亡父朝良以来、足利政氏方であったため、高基を認めず、小弓公方義明支援にまわった。

このことから、真里谷武田氏を支援していた伊勢宗瑞は、奇しくも扇谷上杉朝興と同陣営に所属することとなったため、彼は隠居して息子氏綱に家督を譲り、扇谷上杉氏と和睦した。宗瑞の隠居と扇谷上杉氏との和睦を契機に、氏綱は本拠を伊豆韮山城から相模小田原城に移し、さらに領国支配のための発給文書に捺す虎印判を創設している。

また、伊勢氏綱は大永三年六月から九月までに「北条」姓を称し、上杉氏に代わる関東の支配者を指向するようになる（戦国大名北条氏の成立）。北条改姓とほぼ時期を同じくして、氏綱は和睦していた扇谷上杉朝興と開戦に踏み切り、内藤大和入道（相模国津久井城主、扇谷上杉方）、大石道俊（武蔵国由井城主、山内方）、小宮朝宗（同国戸倉城主、山内方）、三田政定（同国勝沼城主、山内方）ら、相模・武蔵・甲斐の境目に割拠する国衆を次々に従属させていった。

こうした危機に際会した扇谷上杉朝興は大永三年、山内上杉憲房に和睦を申し入れ、これはただちに実現したらしい。また、北条氏綱の攻勢に直面した扇谷上杉氏は、宗瑞以来、伊勢氏とは宿怨の間柄であった武田信虎に支援を申し入れたとみられる。

信虎が、大永四年早々に関東に出兵したのは、以上のような背景があったからであった。

信虎、関東へ出陣

ここで問題になるのは、信虎と扇谷上杉朝興との同盟成立がいつ頃なのかである。信虎の関東出兵に関する史料をみてみよう。

【史料二―13】『勝山記』大永四年条

此年正月ヨリ陣立初テ、二月十一日国中勢一万八千人立テ、サルハシ（猿橋）ニ御陳（陣）ニテ日々ニ御ハタラキ候、ヲク（奥）三方ヘハタラキ、ヤイクサ（矢軍）アリ、此時分乗リ房サ（上杉憲房）ハ、八十里御陣ヨセト承候、此年万事共有之、小サルハシ（小猿橋）ト云処ニテ度々ノ合戦アリ

【史料二―14】『王代記』大永四年条

甲申（大永四年）四　三月晦日（大）乙未日、信虎（トラ）秩父出陣、乗房御座

【史料二―15】『高白斎記』大永四年条

七月小甲子廿日、信虎公関東へ御出陣、岩付攻メ

注目されるのは、信虎の軍勢召集が大永四年（一五二四）正月早々で、二月十一日には国中勢が出

陣し、都留郡猿橋（大月市）に在陣していることである。この時期、北条氏綱は武蔵に侵攻し、正月十三日には江戸城を攻略した。そのため、上杉朝興は河越城（埼玉県川越市）から松山城（同東松山市）に後退を余儀なくされている。

こうした情勢の推移をみると、信虎と朝興の交渉と同盟締結が大永四年早々であったとは思えない。それらは、前年の大永三年に成立していたと考えられる。信虎の関東出兵は、大永三年末までに決定済みであり、しかも武田・両上杉方は北条軍が武蔵侵攻の準備中であるとの情報を察知していたために、正月早々に軍勢召集が行われたとみるべきだろう。また、山内上杉憲房との同盟も、朝興とのそれが成就した直後か、大永四年早々に成立したとみてよかろう。

これまでの通説では、信虎の関東出兵は山内上杉憲房と対峙するためとされてきたが（磯貝正義・一九七七年など）、これは明確な誤りである。信虎は北条氏綱を牽制すべく、相模国津久井郡に出てきたのであった。このころ氏綱は、江戸城を出て、三月には蕨城（埼玉県蕨市）、四月までには毛呂山城（同毛呂山町）を攻略している。いっぽう、扇谷上杉朝興は上野国から出陣してきた山内上杉憲房と藤田陣（同寄居町）で合流を果たした。信虎が、津久井郡の奥三保や小猿橋で北条方と合戦に及んでいたときに、上杉憲房が陣を寄せてきたと【史料二―13】にあるのは、藤田陣のことを指しているのであろう。

信虎は、三月になると雁坂峠（山梨市・埼玉県秩父市）を越えて秩父に進軍し、上杉憲房を支援している。ただ残念なことに、このとき、信虎がどのような動きをしたかはこれ以上判然としない。その後、七月には武蔵国岩付城（さいたま市）を攻めている。この作戦は、扇谷上杉朝興と連繫してのことであった。

　朝興は、六月に河越城を取り戻してここを本拠とすると、七月に岩付城を攻め、北条方となっていた太田資頼を降伏、帰参させている（『石川忠総留書』）。信虎は、この合戦に参加していたわけである。朝興は十月に、山内上杉憲房とともに毛呂山城を包囲した（戦武六五号）。両上杉・武田軍に押された北条氏綱は、江戸城を出陣し勝沼に到着したが、反撃に出ることがまったくできなかった。このとき、山内上杉氏の家宰足利長尾憲長、武蔵国衆藤田右衛門佐、上野国衆小幡氏らの仲裁により、十月、氏綱は両上杉氏と和睦することとし、毛呂山城を明け渡した（同前）。このとき、すでに信虎は帰陣していたらしく、毛呂山城包囲陣には不在で、双方の和睦にも関与していない。

北条氏綱からの和睦申し入れ

　武田信虎は、大永四年（一五二四）七月の岩付城攻略をもって関東から撤兵したらしい。そして、両上杉氏と北条氏との和睦が成立すると、自らも氏綱との和睦に合意した。氏綱は、十一月二十三日付で長尾為景に書状を送り、信虎が再三にわたって和睦を申し入れてきたこと、武田氏の背後を衝いて反撃しようとしたものの、肝心の今川氏親との調整が遅れていたこと、信虎の重臣荻原備中守が「半途」までやってきて懇願していること、などを考慮し、また、信虎に特に怨みがあるわけでもないので（「対信虎無意趣儀候上、先任申候」）、武田氏の要請を受諾することにしたと伝えている（戦北六五号）。この記述のうち、和睦を信虎が懇望したという部分は、氏綱の誇張であろう（後述）。

なお、この氏綱書状から、北条氏が長尾為景と同盟関係にあったことがわかる。為景との親密な関係が確認できるのは大永四年からであるが、北条氏が為景と手を結ぶとすれば、永正六年（一五〇九）の山内上杉顕定の越後侵攻が契機であろう。為景は、山内上杉氏の背後を北条氏に脅かしてもらい、さらに挟撃しようと考えていたと思われる。

氏綱が頼みにしていた今川氏親は、大永四年から病床にあったと推定されており、死去する大永六年まで、今川氏はほとんど軍事行動を起こしていない。氏綱が信虎の背後を牽制し、関東進出を阻止すべく、今川氏の協力を得ようとして果たせなかったのは、この辺に理由がありそうである。

このように、信虎と氏綱との和睦は大永四年十一月に合意したと推定される。氏綱が、信虎に特に怨みはないと書いたのは、信虎と干戈を交えるのが初めてだったからであろう。だが、氏綱の信虎評は「但彼国之事、例式表裏申方ニ候間、始末之儀如何、雖然、先任申候」とあるように、武田氏はいつも表裏をいうので、それが今後どう推移するかはわからないが、とりあえず信虎の求めに応じることにしたとあるのは興味深い。

翌大永五年、『勝山記』に「与当国新九郎（北条氏綱）御和睦候て、銭千貫文当国府中へ進上被申候、駿河ト甲

州ハ未夕和雨（睦）無シ」とあるように、前年の和睦合意を受けて、北条氏綱は銭一〇〇〇貫文を甲府に送り、和睦成立の手続きを終えた。戦国期における敵同士の和睦では、申し入れをしたほうが礼銭を支払うのが慣例であった（黒田基樹・二〇〇九年）。とすれば、和睦申し入れは、氏綱からであったとみるべきであり、前記の長尾為景宛氏綱書状の内容とは逆であったことになる。

当時、氏綱は両上杉氏・武田信虎同盟の攻勢を受け、勢力を大きく押し戻される事態となっていたのだから、圧倒している信虎側が、北条氏に和睦を再三懇望するというのはいかにも不自然である。事実は逆で、氏綱は両上杉・武田連合の攻勢を、毛呂山城割譲を条件とした和睦で食い止めようと躍起になっていたのだろう。なお、可能性として、信虎は氏綱だけでなく、今川氏親を含めた三者和睦を模索していたかもしれない。だが、それが実現しなかったので、『勝山記』は今川氏とはいまだに和睦が成立していないと書いたのではなかろうか。記して後考をまちたいと思う。

和睦が破綻し津久井城を攻略

大永四年（一五二四）十一月二十三日、北条氏綱は長尾為景に書状を送り、若鷹を所望した（戦北六七号）。為景はこれに応えて、翌大永五年早々、若鷹二羽を氏綱の使者で山伏（やまぶし）の出羽に託し、秩父から甲斐を経由して小田原に送った。為景が甲斐武田領国を経由させたのは、当時、信虎と氏綱が和睦中であったことと、関東では早くも大永五年二月に両上杉氏と北条氏綱との和睦が破綻し、戦闘が再開されていたため、関東を通過するのは危険と判断したからだろう。氏綱は両上杉氏との和睦を破棄し、奪回されていた岩付城を攻略し、菖蒲(しょうぶ)要害（埼玉県久喜市）に人数を配置して、上杉方の反撃に備えた（戦北七〇号）。

ところが、山伏出羽は甲斐にさしかかったところ、運んでいた若鷹二羽とともに武田方に抑留されてしまった（戦北七〇・七一号）。事情を知った氏綱は、早速信虎に申し入れ、出羽と若鷹の解放を求めた。それに対し信虎は、「氏綱には別に恨みはない。恨みがあるのは長尾為景だ」と返答してきたといい、抑留していた若鷹のうち、一羽を横取りし、山伏出羽ともう一羽の若鷹は解放したという。なお、氏綱は武田信虎と協議の末、武田氏の秩父支配を容認している。信虎が秩父に侵攻した大永四年三月当時、この地域は北条方が押さえていたのであろう。信虎は、上杉憲房支援のために秩父に侵攻、制圧し、そのまま領国としていたもので、氏綱はこれを追認したとみられる。

こうした事態が契機となったのか、信虎と氏綱の和睦もまもなく破綻したらしい。『勝山記』大永五年条には「此年武田殿ト新九郎殿ト合セン（合戦）ヒマナシ」「未タツクイ（津久井）ノ城ヲチス」とあり、信虎が相模国津久井城を攻めたことがわかる。武田・北条の和睦破綻は、氏綱が、両上杉氏との和睦を破棄して交戦したことが原因であろう。

『勝山記』には、このとき津久井城は陥落しなかったとあるが、近年、異説が提起されている（村田精悦・二〇一〇・一一・一三年、黒田基樹・二〇一六年）。それによると、武田軍は津久井領を攻め、津久井城主内藤氏を降伏させたと考えられるという。このとき、奥三保十七ヵ村をはじめとする津久井領は武田領となったと推定されている。これは、北条氏にとってかなりの痛手となったことであろう。

なお、北条氏と両上杉氏との抗争が再開された直後の大永五年三月二十五日、関東管領山内上杉憲房が死去した。享年五十九。家督は憲房の実子憲政（のりまさ）が若年だったため、養子の上杉憲寛（のりひろ）が継いだ。『勝山記』は大永五年条で「当国ト官領又々和睦ナリ」と記録しており、信虎は関東管領を継いだ上杉憲寛と結んだようだ。

かくて信虎は、山内・扇谷上杉氏との同盟を維持しつつ、北条・今川同盟と対決する姿勢を堅持したのであった。

二、武田領国を脅かす東西の敵

金刺昌春を庇護する

信虎が、山内上杉憲寛、扇谷上杉朝興と連携して北条氏綱と抗争を繰り広げていた大永五年（一五二五）四月、武田氏を頼って甲府を訪れた人物がいた（『勝山記』大永五年条）。

此年四月一日、諏訪（スハ）殿府中へ御入候てスマイ所望候間、其ノ如レ望ノ、然間大喜無申計大永五年四月一日、甲府に「諏訪殿」が不意に訪れ、信虎に屋敷を所望した。信虎はその願いを聞き入れ、甲府に屋敷を与えたところ、大いに喜んだという。ここにみえる「諏訪殿」とは、諏方大社下社大祝金刺諏方遠江守昌春のことである。金刺昌春は永正十五年（一五一八）十二月十八日、諏方上原城主諏方頼満（碧雲斎、諏方大社上社大祝、諏方氏惣領）と戦って敗れ、没落していた。その昌春が信虎を頼ってきたのは、武田氏の支援を得て、諏方大社下社と本領の回復を願ってのことであろう。

隣国である信濃国諏方大社上社の諏方氏と下社金刺氏との抗争に際し、武田信縄・信虎父子は金刺氏を、いっぽう武田信昌・信恵父子は上社諏方氏を支援した経緯があった。既述のように、諏方頼満は伊勢宗瑞とも結んでおり、永正五・六年に行われた信虎の対油川、小山田戦に際し、甲斐に攻め込み今井氏に打撃を与えていた。これは、伊勢・油川・小山田方への後詰めとみられる。こうした事情もあり、信虎と諏方頼満とは宿怨の間柄であった。

永正十五年に金刺昌春が諏方頼満と戦い没落したとき、信虎は大井合戦をようやく鎮めたばかりであり、昌春支援に動くことができなかったと思われる。しかし、かつての縁を頼って昌春は甲府に現れたのであり、信虎は彼を庇護することとした。これは将来、信虎が諏方頼満と戦う決意をしたことを意味した。

このことと関連するのであろうか。大永六年十月、武田信虎と今井信元が対立する事件が起こっている。事の発端は、信虎が同年十月五日、重臣駒井昌頼に駒井郷（韮崎市）で五〇〇貫文を給与したことに始まる(『高白斎記』)。駒井氏は名字の地でもある駒井郷を、このときまで所持していなかったことを示す。問題はその後で、『高白斎記』には「八日戊午昌頼駒井へ打入、十八日戊辰大蔵峯へ御出陣」とあることだ。

駒井昌頼は、信虎から給与された駒井郷知行実現のために、軍勢を率いて攻め込んだ(「打入」)というのである。しかも、その直後に、大蔵峯に信虎自身が軍勢を率いて「御出陣」したという。大蔵峯は大蔵村(北杜市須玉町大蔵)のことと推定され、そこまで信虎が出陣したとすれば、この地域の領主今井信元との対立以外に考えられない(『須玉町史』通史編第一巻、史料編第一巻)。大蔵は、今井氏の本拠小倉浦(こごえうら)(中尾城)や獅子吼城に近い。ということは、駒井郷一帯を押さえ、武田氏の知行宛行実行を阻んでいたのは今井信元とみられ、駒井昌頼は知行拝領を実力で実現せねばならず、軍勢を率いて攻め込んだのだろう。だが、今井信元が対抗する姿勢を見せたため、今度は信虎が軍勢を率いて、駒井昌頼の後詰めを行ったと思われる。その後、信虎と今井氏が衝突した形跡がないので、今井氏が駒井郷から手を引いたと考えられる。

今井信元が信虎への反抗を隠さなかったとすれば、その後ろ楯は姻戚関係を結んだ諏方頼満であることは間違いなく、金刺昌春の庇護は諏方・今井氏を刺激したと考えることもできるのではないだろうか。享禄四年(一五三一)の今井信元の叛乱と諏方頼満の介入の伏線は、すでにこのころから醸成されていたのである。

武田軍と北条・今川軍の衝突

大永六年（一五二六）になっても、信虎と北条氏綱の戦いは止むことがなかった。双方は何度か和睦の交渉をしたらしいが、実現することはなかった。

この年、甲斐では信虎が上洛し在京しているとの噂が流れた。しかし、北条氏との抗争が続くなか、甲斐を留守にすることはできず、信虎が京都に出発することはなかったという（『勝山記』）。これらの噂は、実際に信虎が京都の将軍足利義晴より上洛を命じられていたことが原因と思われる。この年、後柏原天皇が崩御し、知仁（ともひと）親王が践祚（せんそ）し後奈良天皇となっている。信虎に上洛命令が出たとすれば、このことに関連してであろうが、残念ながらその詳細は判然としない。

実際に、京都では武田信虎に上洛するよう命令が出されたとの風聞があり、大永六年十二月二十三日、京都の三条実香（さねか）が三条西実隆（さんじょうにしさねたか）に「将又武田又上洛候由沙汰候、実候哉」と書状で尋ねている（静⑦九五三号）。残念なことに、これ以上の事実関係は明らかにならないが、信虎上洛の噂が甲斐で流れたのには、確かな根拠があったのだろう。

大永六年七月、信虎と北条氏綱との本格的な衝突が、甲駿国境の籠坂峠を挟んで行われた。その模様を、『勝山記』は次のように記している。

其ノ後チ七月晦日ニカコサカ（籠坂）ノフモト（麓）梨木タイラ（平）ニテ合戦アリ、須走殿、惣テ高田一族皆打死、クロ（黒）石入道、並ニカツラ（葛）山ミシク（御宿）殿打死、武田殿勝玉フ也、三嶋ノ高田マテモウチ死、屋形様ハサルカク（猿楽）呼ヒ下シ日々御座候、山中ノ御陣ハ未レ息マ、其ノ月ノ廿四日マテ打立不レ絶

両軍の合戦は、梨木平（なしきだいら）（静岡県小山町）で行われた。梨木平は、籠坂峠から須走に下りる途中にある地名である。この合戦は、信虎が攻撃を仕掛けたことで始まったようだ。それまで、甲相国境の津久井、奥三保を舞台に展開されてきた信虎と氏綱の戦いが、甲駿国境の御厨地方に移ったことについては、今川氏との関係が指摘されている。というのも、大永六年六月二十三日、長い闘病生活を送っていた今川氏親が病歿し、わずか十四歳の息子氏輝（うじてる）が家督を継いでいた。氏輝は前年に元服したばかりで、家中を束ねて信虎と抗争を繰り広げることは無理であった。信虎はこれを好機ととらえ、御厨地方に侵攻したとされる（『小山町史』第六巻）。

信虎は山中（やまなか）（山中湖村）に布陣し、籠坂峠を越えて軍勢を須走方面に派遣した。これに対し、今川・北条方がただちにこれを迎え撃った。しかし、須走の土豪とみられる須走殿（須走浅間神社の神職か）、伊豆三嶋の高田一族、黒石入道（下古城（しもふるしろ）〈小山町下古城〉の城主か）、葛山氏、御宿氏の一族が戦死する打撃を受け、敗退した。その後、戦線は膠着したらしく、信虎は陣中に猿楽師を招き、無聊を慰めている。双方の戦闘は七月二十四日まで続き、山中の武田軍陣所からは次々に兵卒たちが出陣していったという。その後の動向は定かでないが、双方ともに兵を退き、合戦は終了したと考えられる。梨木平の合戦には勝利したものの、残念ながら信虎は駿河国駿東郡の御厨地域に領土を拡大することはで

きなかった。

信濃佐久郡出兵と今川氏との和睦

　大永七年（一五二七）、佐久郡野沢（佐久市）の国衆伴野貞慶が、信虎に助けを求めてきた。伴野氏は甲斐源氏の支流で、小笠原長清（逸見〈武田〉清光の三男加賀美遠光〈武田信義の弟〉の次男）の六男時長が、佐久郡伴野荘の地頭として入部したことに始まる。永正六年（一五〇九）、佐久郡全域を統合しつつあった岩村田大井貞隆と対立し、激しく争った。だが、大井氏の攻勢に押されぎみとなっていたらしい（『勝山記』大永七年条）。

　此年信州トモ（伴野）ノ殿ニタノマレ（頼）給テ信州へ立玉フ、彼ノ国一ニ成テ、トモ殿ノ行方ヲ不レ知ラ、其ノ後信州一国ノ殿々ノ和睦シテ、トモ殿ヨリ武田殿へハ所領ヲ被進候ヲ、返サレ候（中略）六月三日ニ信州ト当国ト、トモノ殿見ツキ（継）候て御立□処ニ、和漏（睦）ト云云

　伴野貞慶と大井貞隆の抗争は、大井氏が佐久郡の国衆を味方につけることに成功したらしく、一つになって攻めかかってきたので、貞慶は本領を捨てて逃亡し、一時ゆくえをくらませたようだ。その後、貞慶は信虎のもとに亡命してきたのだろう。

　問題は、この事件がいつ頃のことなのかである。これを知る手掛かりが、『高白斎記』大永七年二月二日条にある。それによると「二日小田切落城」と記録されており、これは佐久郡小田切（佐久市）

にある雁峰城（小田切城）を指す。この雁峰城に当時、伴野貞慶が籠城して大井方と戦っていたとみられ、これを維持できなくなったため、甲斐に亡命したのであろう。興味深いのは、当時の大井氏は佐久郡の国衆（「殿々」）を統制下に置き、動員ができたのではなく、個々の国衆へ呼びかけを行い、彼らの同意と参陣を受けたとみられることである。というのも、武田軍が佐久郡に侵攻すると、大井氏をはじめとする国衆は、個々に武田・伴野氏との和睦に応じているからである。これは、個々の国衆が自身の判断で大井方に付き、和睦の決断と承認も大井氏が代表して行うのではなく、やはり個々の国衆の独自の判断で実現されていることを示している。つまり、岩村田大井氏の権力は、大井氏当主貞隆を頂点とするヒエラルキーではなく、国衆に参陣を要請し、その自主的判断を尊重する味方中のような緩い関係性だったのだろう。

いずれにせよ、伴野貞慶は二月に没落し、武田氏を頼ってきたため、信虎は軍勢を率いて信濃国佐久郡に出陣した。甲府を出陣したのは、五月下旬のことであろう。信虎の来襲を恐れた大井氏をはじめとする佐久郡の国衆らは、合戦を回避する選択をした。そして、伴野氏との和睦と本領復帰を承認したのであった。武田・伴野・佐久郡国衆の和睦成立は、六月三日のことである。伴野貞慶は武田氏に感謝し、所領を進呈したが、信虎はこれを辞退、返却している。

佐久郡の混乱を収めた信虎は、そのまま信濃善光寺を参詣したらしい。『高白斎記』大永七年七月八日条に、「八日信虎公善光寺へ御参詣、十七日御下向」とある。信虎の善光寺参詣は、大永三年六月十日に続いて二度目である。

そして、時期は定かでないが大永七年、信虎は今川氏と和睦を果たした。この和睦が成立したのは、信虎よりも今川氏のほうの事情が大きかったと考えられる。既述のように、信虎の宿敵今川氏親は、大永六年六月二十三日、長い闘病生活の末に死去し、わずか十四歳の息子氏輝が家督を継いだ。だが、氏輝は当主として政務を執ることをせず、実母の寿桂尼（じゅけいに）が取り仕切ることとなった。こうした事情もあって、今川氏はほとんど軍事行動をとっておらず、しばらくは大きな戦役を行わぬという判断をしたのであろう。晩年の今川氏親との和睦は実現しなかったが、大永七年についに今川氏と和睦を果たしたのであった。これまで、今川氏の侵攻や調略によって、信虎や甲斐国は何度も苦境に陥っていたから、この和睦の知らせは大きな朗報であった。

『勝山記』大永七年条に「当国ト駿河ト和睦云云、為ニ其ノ一国ノ内ヲ走馬ヲ御フレ候、国中万部ノ法ケ経ト御フレ候」とあるように、信虎は今川氏との和睦を、走り馬によって甲斐国内に触れ回らせ、さらに戦死者の供養と国の安全を祈願してであろうか、万部法華経の読経実施もあわせて知らせている。

北条氏綱とは引き続き合戦が続いていたが、山内・扇谷上杉氏との同盟により、北条包囲網が形成され、さらに今川氏との和睦が実現したことで、氏綱の脅威は大きく低下した。かくて、甲斐は久しぶりに外敵の侵攻を受ける危険性から遠ざかったのであった。

将軍義晴、信虎に上洛を促す

大永七年（一五二七）六月十九日、室町幕府将軍足利義晴は、武田信虎に上洛を促す御内書（ごないしょ）を発給した（信⑩五二四）。

伊勢守（伊勢貞忠）御申之
就今度京都忩劇、被召上武田左京大夫（信虎）之間、不存等閑申合候者、可為神妙候也
六月十九日
上杉とのへ（上杉憲寛）
諏方上社大祝（諏方頼満）
木曾猶在（ママ）之（木曾義元）

これは、将軍義晴が関東管領山内上杉憲寛、諏方上原城主諏方頼満、信濃国木曾郡の木曾義元（よしもと）の三人に宛てて発給した御内書で、「京都忩劇（そうげき）」を鎮めるために、武田信虎を京都に召し上げたいので協力するように要請したものである。

この御内書の年号については、大永六年説（『信濃史料』）と同七年説（奥野高廣・一九五九年、磯貝正義・一九七七年）があるが、大永六年に「京都忩劇」に相当する戦乱がみられないことから、大永七年説に従うこととしよう。

実は大永七年二月、将軍義晴を擁する細川高国政権は、堺公方足利義維・細川晴元を擁する阿波三（み）好元長（よしもとなが）らと戦って敗れ、近江国坂本（さかもと）（大津市）に逃れた。義晴は、高国とともに同年十月に上洛に成功し、義維方と対峙していたのである。

将軍義晴が信虎に上洛を命じたのは、自身の帰洛と足利義維・三好方を撃破するためであったと考えられる。信虎は、近江国に退去した義晴に接近していた（戦武四〇一〇号）。

就京都忩劇到江州被取退候処、驚入候旨早速注進申候、殊可励忠節之段神妙候、然者急度令参洛抽戦功者尤肝要、猶右馬頭（細川尹賢）可申候也

卯月廿七日

武田左京大夫とのへ

この足利義晴御内書から、信虎が申し入れたのは、①義晴の近江退去に驚き見舞いをしたこと、②義晴に忠節を尽くすと申し入れたこと、③信虎が、義晴に協力を申し出ており、それは上洛を匂わすものであったこと、などである。細川尹賢（ただかた）の副状（そえじょう）を添えて（現存しない）、義晴が信虎に返信したのが右の御内書である。

当時の信虎にとって、義晴と連携する意思表示をしたものの、その実現、すなわち軍勢を率いての上洛など思いもよらないことであった。だが、信虎はその後も足利義晴方に身を置き続け、それが後の武田氏の外交路線に大きな影響を与えることとなる。だが、ここでは信虎が将軍義晴と遠く連携を

約束していたことを確認しておけば充分である。

甲斐全域に軍事動員をかけた諏方侵攻戦

大永八年（享禄元・一五二八）八月、武田信虎は甲府で庇護していた金刺昌春を擁し、彼の帰国の援助を大義名分に、ついに信濃国諏方郡への侵攻を開始した。信虎にとって、信濃国への本格的な出兵であった。その経緯を知ることができる同時代史料をすべて掲げてみよう。

【史料二―16】『勝山記』大永八年条

此年武田殿、諏方（スハ）殿ヲ見ツキ（継）候て、一国ヲ皆々御立候、サカイ（境）ニテ合戦アリ、サル間武田殿マケ（負）メサレテ、其ノ時ノヲキ□（ワラ）備中守打死ス、九（八）月晦日之カンセン（合戦）也

【史料二―17】享禄元年十一月二十三日付大祝諏方宮増丸注進状案余白注記（信⑩五四〇）

子ノ年八月晦日、甲州ヨリ境ヲ被越候処、此方ワツカナル勢衆ニテ馳而、於原山合戦打カチ、甲州二千余騎ノ勢衆キリクツシ、上兵カスヲシラス討留早

【史料二―18】『神使御頭之日記』享禄元年条（信⑩五四〇）

此年甲州武田方ト執合ニ付テ、八月廿二日ニ武田信虎堺へ出張候テ、蘿木ノ郷ノ内小東ノ新五郎屋敷ヲ城ニ取立候、同廿六日青柳ノ下ノシラサレ山ヲ陣場トシテ、安芸守（諏方）頼満・嫡子頼隆対陣ヲ御取候テ、同晦日ニ神戸・境川一日ノ内ニ二度合戦候テ、朝神戸ニテハ諏方負□、晩境川ニテ諏

方打勝、雑兵二百余人打候、神長頼真(守矢)モ処ノ事候間、彼合戦相候、禰宜満清(矢島)モ相候、此方ニ八千野孫四郎打死

　このときの諏方侵攻戦は、信虎が甲斐国全域に対し軍事動員をかけて軍勢を召集した初めての作戦であったらしく、「一国ヲ皆々御立候」と記録されている。武田軍は八月二十二日、甲信国境の境川(現在の立場川)に向けて進軍し、途中、蔦木郷のうちの小東(長野県富士見町)にある新五郎屋敷を城に取り立てた。この小東の城とは、先達城のことを指すと推定される(宮坂武男・二〇一三年)。

先達城跡　長野県富士見町

　これに対し、諏方頼満・頼隆父子は、軍勢を率いて二月二十六日、青柳(茅野市青柳)の下にある「シラザレ山」(茅野市金沢木舟)に布陣した。シラザレ山は宮川沿いにある山で、今も陣城の跡が残されており(宮坂武男・二〇一三年)、甲信国境の境川や武田軍が陣を敷いた先達城など、八ヶ岳西麓一帯の眺望は抜群である。

　両軍は相手の出方を窺っていたと思われ、少しの間、双方ともに目立った動きをしていない。両軍が境川に進出し、衝突するのは晦日のことである。

　しばらく対峙していた両軍は、八月晦日、甲信国境で激突した。

シラザレ山遠景　長野県茅野市

これは、原山（神野、原とも呼ばれる広大な原野で、現在の長野県原村）を抜け、諏方に進もうとした武田軍を阻止すべく、諏方軍がシラザレ山から移動し、衝突したものであろう。武田軍が蔦木から小東、境川（立場川）、神戸（ごうど）（御射山神戸（みさやまごうど）、富士見町神戸）と進んでいることが史料から読みとれるので、これは鎌倉街道を進んでいたと推察される（『諏訪市史』上巻、長野県教育委員会・一九八七年）。地元では、入笠山（にゅうかさ）の山腹を上がったところが古戦場と言い伝えている。

最初の合戦は、早朝に御射山神戸で行われ、諏方軍が撃破されたという。態勢を立て直した諏方軍は、境川に布陣していた武田軍に夜襲を仕掛け、大勝利をおさめた。諏方軍では千野孫四郎が戦死したが、武田軍は重臣荻原備中守をはじめ二〇〇余人が戦死する打撃を受けた。この合戦には、諏方大社上社神長官（じんちょうかん）守矢頼真（もりやよりざね）、禰宜大夫矢島満清（やじまみつきよ）も参陣したという。諏方軍は小勢であり、早朝の緒戦では敗退したが、夜間に果敢に二度目の戦いを挑み、大軍の武田軍を打ち破ったのであった。この敗北により、信虎は諏方侵攻を中止し、甲府に撤退せざるをえなくなったのである。

民衆を救う徳政令

信虎は、大永八年（享禄元・一五二八。以下、享禄元年）に甲斐国内に徳政令を発した。このことは、『勝山記』の同年条に次のように記録されている。

> 此年御上意ヨリ地下へ三年サキハヲシツフシ、其ノ以後ヲハ本ナシト御フレ候、サル間、地下衆ナケキモアリ、喜ヒモアリ、大概ハナケキ被申候

このときの徳政令については、勝俣鎮夫・黒田基樹氏の研究がある（勝俣鎮夫・二〇〇五年、黒田基樹・二〇〇七年④）。この記録によると、信虎の徳政令とは「三年以前に負った債務については、すべて無償で破棄し、それ以後の債務については、利子を払わずに借りた元金の返済で破棄するものとする」というものであったといい、地域の人々は、喜ぶ者と嘆く者とにくっきりと分かれたが、多くは悲嘆したという。ただ、この記録を綴ったのは日蓮宗寺院の常在寺の僧侶たちなので、彼らは債権者、つまり貸した側であり、彼を取り巻く知己の多くも同じ立場の者たちばかりであったと推定されている。よって、多くが嘆いたとある記述をもって、信虎の徳政令が不人気であったとはいえないであろう。

徳政令が享禄元年のいつ頃出されたのかは判然としないが、秋の年貢収納期頃ないし債務返済期のこととみられる。すなわち、おおよそ九月から十一月にかけてのことではなかっただろうか。

この時期の甲斐は、悲惨な状況にあった。永正八年（一五一一）から同十七年まで、さらに大永二

年（一五二二）～同三年、大永七年～同八年（享禄元年）までは、連年のように災害・飢饉・疫病・凶作が頻発した。つまり、これらは信虎が家督を相続してから、甲斐国人や伊勢（北条）、今川、諏方氏との合戦に明け暮れていた時期と重なる。甲斐の民衆にとって、苛酷な時期だったといえるだろう。そして、徳政令が出された享禄元年は、五月の大雨による大水で田畠が荒廃し、六月から八月にかけては大旱魃に見舞われていた（『勝山記』他）。信虎はこの状況を鑑み、徳政令を出すことにしたと考えられる。

勝俣鎮夫氏は、信虎の徳政令は一般のそれと同じく、おそらく三ヶ条から五ヶ条よりなるものであったと推定し、『勝山記』の記事は、そのなかでも筆者をはじめとする債権者の階層が最も重視した一ヶ条のみが書き留められ、今日に伝えられていると想定している。この徳政令の主柱は、田畠を担保にした借銭（債務）に対するものであり、①借銭の利子を破棄すること、②貸し主に借銭の元金さえ返済すれば、担保に取られた田畠はもとの持ち主が取り戻せること、③これは「田地返し」と呼ばれる方法であるとともに、④利子が元金をはるかに超えるようになった長期債務の無償破棄とを組み合わせたものである、と指摘している。

信虎は、災害・飢饉・戦乱による民衆の疲弊を十分に認識しており、それが一揆（いっき）・逃散（ちょうさん）などに結びついて、領国の安寧を揺り動かすような事態になる前に徳政令を出したのであろう。ここで注目されるのは、信虎の徳政令が、戦国期東国の戦国大名領国で最も早い事例であることと（黒田氏による）、信虎が甲斐一国徳政令を発令したことである。

思い起こしていただきたいのは、永正十二年〜同十五年にかけての大井合戦において、信虎が今川方と和睦した際に、小山田氏は武田氏の許しを得たとみられるものの、独自に今川氏と和睦していることである。つまり、今川氏との和睦がこの段階では信虎単独で完結せず、小山田氏の参画を必要としていた点に特徴があった。

ところがその後、信虎の甲斐統一事業の進展と他国侵攻が始まると、信虎と他国の大名との和睦は「当国ト官領又々和睦ナリ」（大永五年、信虎と山内上杉憲寛）、「当国ト駿河和睦云云」（大永七年、信虎と今川氏輝）などのように、信虎が甲斐を代表する大名として、単独で関東管領山内上杉氏や駿河今川氏と和睦をすることで、双方の平和が実現されるようになったのであり、武田氏の権力が安定してきていることを示していよう。しかも、今川氏との和睦については早馬で触れ回ったとあり、国衆などを飛び越えて、地域社会に武田氏からの指示が伝達されるようになったことも知られる。

そして、信虎による享禄元年の徳政令は、武田氏の「上意」と認識されており、小山田氏を超える上位権力として、また、甲斐一国に布告を下知することが可能な最高権力として確立したことを示すものといえるだろう。信虎の徳政令は、さまざまな意味で戦国大名武田氏の権力確立を示す指標とみなすことが可能といえよう。

三、甲斐統一達成

小山田信有との対立

享禄二年（一五二九）、それまでは何事もなかった武田信虎と都留郡の国衆小山田信有が不仲となったらしく、武田氏は都留郡への路次をすべて封鎖する動きに出たという。一連の出来事は、『勝山記』享禄二年条にのみ記述されている。

此年国中ヨリ路次フサカリ申候、此年中津森御太(大)方様、六月廿日ニ遠州へ御越候て、アネコト(姉御)御対面御座、色々ノホンサウ(奔走)ト聞申候、去間来ル十月十八日ニ□(当)国へ御帰候、御太方ノ御迎ニハ、近習衆百人、金ネ作リノ刀ヒトツヤウ(一様)ニ、キル(着)物ノアカネツムキ(茜紬)一ヤウ(様)ニ、百人富士河ノハタマテ(端迄)御迎ニ御座候、御帰ニハ和泉殿ニ一夜、入道殿ニ一夜、クラミ(倉見)ノ新九郎殿ニ一夜、御逗留候て、中津森へ御帰候、霜月十五日ニ路(ロ)次アキ候、其日棟別参候

信虎による路次封鎖を受けた小山田氏は、かなり追い詰められたらしい。『勝山記』によれば、この時期の都留郡は、穀物相場が高騰しているからである（第Ⅱ部第二章図12参照）。そこで、信有の生母（「中津森御大方様」、小山田弥太郎正室）が六月二十日、遠江に居た姉のもとを訪問した。姉妹は信虎に路次封鎖を解除するよう働きかけるべく、各所へ向けて奔走したらしい。

信有生母の遠江滞在は実に四ヶ月に及び、十月十八日に帰国した。その際に、信有の近習衆一〇〇人が金造りの太刀をはき、茜紬で着飾り、駿河国富士川の河畔まで出迎えに行った。信有生母の一行は、小山田重臣の小林和泉守屋敷（船津、富士河口湖町）、同じく小林尾張入道道光屋敷（船津）、倉見（西桂町）の新九郎屋敷にそれぞれ一泊した後、中津森館に帰還した。信有生母の出迎えとその帰還は、小山田氏の威勢を誇示する、今川方や武田方への示威行動であったと考えられる。そして、信有生母の帰還からほぼ一ヶ月後の十一月十五日に、信虎は路次封鎖を解除した。信有生母を大仰に小山田家臣らが出迎えたのは、彼女の奔走が奏功し、信虎説得に成功したとの確証が得られたからであろう。そして、路次封鎖の解除とともに、都留郡には棟別銭が賦課されたという。

ところで、問題となるのは、信虎と小山田信有が不仲となった原因と、信有の生母が面会に向かった実姉が誰の妻であったか、である。

まず、不仲の原因について検討しよう。このことについては、大きく三つの説がある。一つ目は、武田信虎が都留郡に棟別銭を賦課しようとしたところ、小山田氏がこれを拒否したため、報復として路次封鎖に踏み切ったというものである（秋山敬・二〇一〇年①、丸島和洋・二〇一三年）。二つ目は、小山田氏が独自の政治的動きを示したため、信虎が経済的圧力をかけ、それを封じたとするものである（勝俣鎮夫・一九九八年）。ただし、具体的にその政治的動きが何であったかは明示されていない。最後に、小山田氏が北条氏綱・今川氏輝と結ぶ動きをみせたことではないかとするものである（黒田基樹・二〇〇七年②)。

このうち、秋山・丸島説は棟別賦課をめぐる武田氏と小山田氏の相剋と解釈しており、極めて魅力的である。路次封鎖の時期が六月から十一月に及んだのは、ちょうど富士参詣の道者（どうじゃ）が富士山麓の吉田、河口の御師のもとに参集する時期と(富士山の山開きは、旧暦六月一日、山仕舞いは七月二十七日)、御師らが檀那廻りのために各地に出て行く時期に相当する。また、富士参詣の道者の関銭（せきせん）などは、小山田氏の重要な財源であった。小山田氏の受けた経済的打撃のほどがうかがえる。

いっぽうで、勝俣・黒田説は、小山田氏が武田氏に警戒されるような動きをしたと想定する点で一致している。その際に想定されるのは、今川氏と北条氏との関係であろう。このうち、今川氏とは大永七年(一五二七)に和睦しており、その後は平穏に推移していた。信有の生母が今川領国である遠江国を訪問しえたのも、小山田家臣らが駿河に出迎えに入国できたのも信虎と今川氏輝が和睦中だったからでもある。

そうなれば、北条氏との関係が想定される。実をいうと、気になる史料がある。それは、『勝山記』享禄二年条の末尾のほうにある「此年ノ二月十日ニ新屋敷ノ薩摩殿打タル、ナリ」という記述だ。路次封鎖が実施される以前の享禄二年二月、小山田氏の家臣とみられる「薩摩殿」が死去している。彼が誰かはわからないが、『勝山記』の筆者が特筆する人物であるから、大原庄(大石・船津・木立・長浜・大嵐・勝山・成沢・新倉などの広域呼称、現富士河口湖町・鳴沢村)周辺の土豪であろう。彼の死因が小

津久井城跡　神奈川県相模原市　画像提供：サンニチ印刷

山田氏など上位権力による成敗なのか、合戦による戦死なのかは、残念ながらこれ以上明らかにならない（『勝山記』は、「打タル、」の表記を、成敗、戦死の双方で採用している）。

ただ、信虎は小山田氏の再屈服後の享禄三年正月早々、信有を都留郡猿橋に参陣させ、北条氏と対決している（後述）。また、既述のように、近年の研究により、武田氏は大永五年に相模国津久井城を奪取しており、北条氏綱はその奪回を目指していたとされる。信虎と小山田信有との不仲は、津久井城奪回とともに、武田氏への反攻に向けた北条氏の調略が信有に向けられたからではなかろうか。「薩摩殿」の死は、享禄二年二月、北条氏綱による津久井・奥三保奪回戦に関わるもので、信有はその去就に迷ったのではないだろうか。そのことが信虎の怒りを招き、路次封鎖という手段に出たものか。

　黒田基樹氏は、享禄二年、北条氏綱の調略に応じようとした小山田信有が、信虎の路次封鎖を受けて武田氏のもとに身を置き続ける選択をしたため、享禄三年に矢坪坂（やつぼざか）の合戦で氏綱の報復を受けたと想定している。極めて興味深い指摘といえよう。本書では、小山田信有が北条氏綱の攻勢に直面し、その去就に迷ったことが路次封鎖の原因と考えることにしたいが、もちろん根拠が弱く、今後の検証が必要である。

信有生母の姉は誰か

次に問題になるのは、信有生母がわざわざ面会しに行った姉が誰なのかである。彼女が今川重臣の妻女であることは間違いない。そして、遠江国の今川重臣とすれば、高天神福島氏、懸川朝比奈氏がそれに相当すると指摘されている。いっぽう、丸島和洋氏によると、確実な史料ではないが、『甲州郡内小山田家系図』に、信有の生母（小山田弥太郎の妻）は駿河国葛山氏の息女と記され、さらに姉妹は瀬名一秀と北条氏時（伊勢宗瑞の子）に嫁いだとあるという（著者未見）。このうち瀬名一秀は、遠江今川氏の家系で、本拠は遠江であった。駿河・相模・伊豆に隣接し、北条氏とも関係が深い小山田氏ということを考えれば、こちらの推定のほうが説得力がある。

となると、信有の生母が面会に赴いたのは、瀬名一秀の妻であったと思われる（ただ、正室は遠江今川氏の嫡流堀越今川貞基の息女なので、側室であろう）。なお、一秀は永正期に死去しており、家督は息子の瀬名氏綱が相続していた。瀬名氏は、今川家の御一家衆二番の家格を誇っており、当主の今川氏輝を動かすことが可能であった。信有の生母は、武田信虎に路次封鎖解除を働きかけることができる唯一の存在は今川氏輝しかいないと考え、実姉の伝手を頼り、瀬名氏を通じて氏輝を動かし、信虎の説得を行ったのではあるまいか。当時、武田氏と今川氏は和睦中であり、その説得工作となれば、信虎も無碍にはできなかったであろう。

かくて、信虎による路次封鎖は解除された。だがその直後、都留郡には棟別銭が賦課された。最後の課題は、棟別銭賦課の主体が誰かである。通説では、武田信虎が路次封鎖解除の代わりに棟別銭を賦課したとされる。だが、これまで述べてきたように、私はその説を採らない。これは、路次封鎖のために奔走してくれた今川方の人々への礼銭調達のため、小山田信有自らが賦課したという勝俣鎮夫氏の学説を支持したいと思う。

北条軍を迎え撃った矢坪坂の合戦

大永五年（一五二五）の津久井侵攻で、津久井城主内藤氏は武田氏に従属した可能性が高いことは前述した。その後、北条氏綱は享禄三年（一五三〇）早々に津久井城奪回を企てたらしい。おそらく、津久井城はこのとき、北条氏に奪回されたと思われる。というのも、津久井城主内藤氏は、天文二年（一五三三）に北条氏に「又御家風に参上」とされており、武田方から再び北条方に帰属していたことが判明するからである（黒田基樹・二〇一六年）。これは、北条軍が津久井方面に動き、武田軍が対抗して都留郡に出陣した享禄三年のこととみるのが最もふさわしいだろう。

こうして、武田氏の最前線は津久井城から奥三保に後退した。この地域は、武田・北条両氏に両属する「半手之村（はんてのむら）」「敵知行半所務（てきちぎょうはんしょむ）」と呼ばれたが、村々が半手（両属）を選択し、武田・北条両氏が

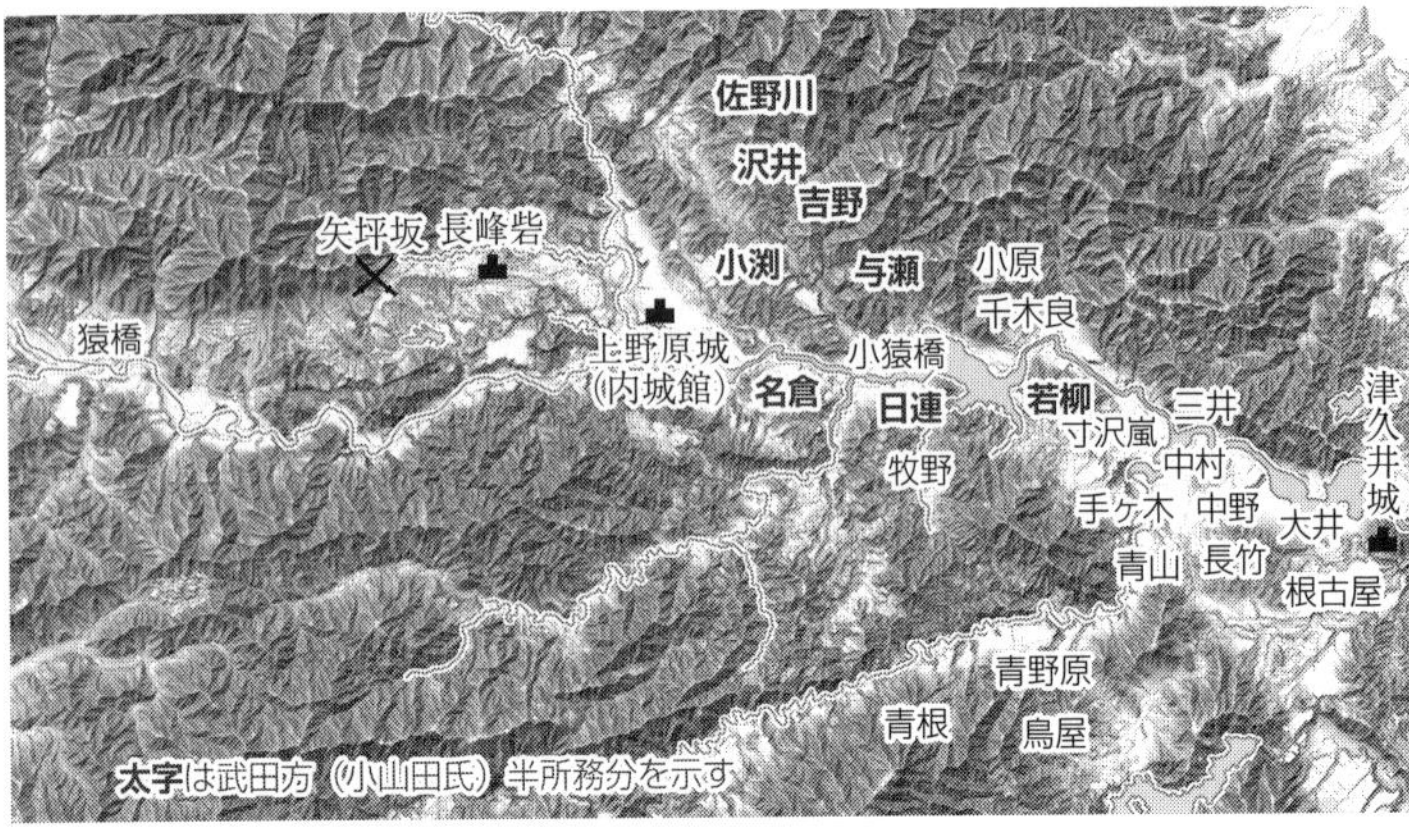

図９　甲相国境津久井方面略図　丸島和洋『郡内小山田氏』掲載図をもとに作成

これを認定したのは、この時期のことではなかったか。『北条家所領役帳』で「敵知行半所務」に登録され、年貢半納が容認された「半手」の村は、奥三保十七ヵ村のうち、相模川北部（「保内日向之村」）の与瀬・沢井・佐野川・小渕・吉野村と、相模川南部（「日陰之村」）の日連・那倉・若柳村の計八ヵ村であった。

信虎は正月七日、ただちに軍勢を率いて都留郡猿橋に出陣した。また、去就が不安定だった小山田信有も参陣し、武田軍に合流した。『勝山記』享禄三年条には、「此年ノ正月七日、越中守、同ク国中ノ一家国人サルハシヘ御陣ヲメサレ候」とある。

その後、信虎軍は撤退したらしいが、武田・北条の双方は断続的に甲斐都留郡と相模津久井郡の境界で小競り合いを繰り返していたようだ。そして享禄三年四月、甲相国境を大きく踏み越え、北条氏綱が軍勢を率いて侵入してきた。北条軍は上野原を通過し、猿橋方面に進んできたのである。これは

矢坪坂古戦場　山梨県上野原市

不意打ちであった可能性が高く、迎撃に出陣したのは、小山田信有軍だけであった。四月二十二日、北条軍と小山田軍は矢坪坂（上野原市大野矢坪）で衝突した。その模様は、『勝山記』に「此年ノ卯月廿三日ニヤツホサカニテ、越中殿ト氏縄（綱）御カッセン是アリ、打劣ケテ吉田衆打死至候」と記されている。小山田軍は北条軍に撃破され、家臣の吉田衆に戦死者が出たという。矢坪坂は、相模国千木良（ちぎら）（神奈川県相模原市）から上野原を経て猿橋に向かう、甲州道の要所である。往古は、この周辺から矢じりなどが出土したこともあったと伝わる（『上野原町誌』上巻、『国志』古跡部第十六之下「古戦場」）。

しかし、北条軍はそれ以上の侵攻を行わなかった。小山田軍を撃破したことで、撤退したのであろう。武田方は北条軍の侵攻に備え、後に矢坪坂と上野原の間に長峰砦（ながみね）を築き、上野原の国衆加藤氏に守らせている（『国志』人物部第六、古跡部第十六之下「長峯砦」）。北条軍は、以後、矢坪坂付近まで攻め込むことは二度となかった。

なお、小山田信有は矢坪坂の合戦直前の三月、「此年ノ同月（三月）中津森ノ御所炎上、御前ノカウシモ焼ケ候」（『勝山記』享禄三年条）とあるように、中津森館を火災で失っている。城下の御前小路も焼失したというから、かなりの被害だったとみられる。小山田氏にとって、享禄二・三年は、信虎の路次封鎖から始まり、本拠地の火災、矢坪坂の敗戦などが立て続けに発生した多難な時期であったろう。

国中大乱の始まり

享禄四年（一五三一）正月、甲府で異変が発生した。武田氏の譜代・飯富虎昌、国人栗原が信虎を蔑み、甲府を退去して御嶽（みたけ）（甲府市）に籠もって叛乱の狼煙を挙げたのである。これに逸見今井信元が加わり、叛乱は一挙に拡大するに至った。塩山向嶽寺の僧侶は、「国中大乱が起こった」と記した。この「国中大乱」は、どのように推移したのか。まずは甲斐の史料を掲げよう。

【史料二―19】『勝山記』享禄四年条

此ノ年ノ正月廿一日ニヲウ殿・栗原殿、屋刑（形）ヲサミシ奉テ府中ヲ引退ソキ、ミタケエ馬ヲ御入候、去間浦ノ信本モ御同心ニテ御座候、然ハ此人々信州ノ諏方殿ヲ憑ミ候て、府中へムカイメサレ候、河原辺ニテ軍サアリ、浦殿打劣テ栗原兵庫殿・諏方殿打死ニ被レ食サ候、打取ル頭八百計ト云云、其ノマ、信州ノ勢ハ皆ナ引被申候、此ノ年万□（カ）ニテ三河守殿打死ニ被レ食サ候、

【史料二―20】『小年代記』享禄四年条

正月廿二日国中大乱起、二月十日一戦、十一日・十二日、当庵被打破、諸塔頭諸寮舎焼却、七堂堅固、衆僧各分散、由是開山大和尚奉移牧洞庵、同十五日為越駿州、奉移河内之瑞応寺、御年忌

図10　金峰山への登拝路（御嶽道）『山梨県史』通史編中世掲載図をもとに作成

　行事以下勤之、同廿二日得太守之命
　先牧洞庵御帰庵、送夏重而得命八月
　廿日為再興御帰山

【史料二―21】『王代記』享禄四年条

三月七日、曽祢三州縄直大庄ニ陣取、
十二日ハ塩川ニテ諏方□合戦、スハ
三百人討死、十三日□□□上之坊ニ
　陣取、十六日辰刻、討死

　栗原・飯富らの甲府退去事件は、正月二十一日もしくは二十二日に発生したらしい（後掲の諏方大社上社の記録などは二十二日とある）。このとき、甲府を退去した栗原殿とは、通説では栗原伊豆守信友とされるが、信友は享禄二年十一月五日に死去しているので（『一蓮寺過去帳』）、誤りである。このときの栗原殿は、信友の子伊豆守信重であろう（『辞典』）。栗原・飯富らが御嶽に籠もり、ここを拠点としたのは、険阻な山岳地帯という要害な地であったことと、金峰山（きんぷさん）信仰の聖地金峰山と御嶽金桜（かなざくら）神社があり、甲州の各所と御嶽道で結ばれていたこととが関係しているのだろう（図10）。この御嶽道（金峰山登拝路）は九筋といわれ、塚原（甲府市）、吉沢・亀沢（ともに甲斐市）、万力・西保・杣口（ともに山梨市）、穂坂（韮崎市）、江草・小尾（ともに北杜市）がその登山口であった（『山梨県歴史の道調査報告書第十二集 御嶽道』山梨県教育委員会、一九八七年）。

一見すると、北巨摩の今井信元と東郡の栗原信重の本拠は甲府盆地で真逆の方向にあり、反信虎方の連携が困難と思えるが、実は御嶽道を利用すれば、容易であったと考えられる。実際に、御嶽に籠もったはずの飯富虎昌と栗原一族の栗原兵庫は、後に今井信元・諏方頼満軍に合流していることが確かめられるし、信虎が韮崎方面に拘束されている間、東郡では栗原方が暴れ回っているので、彼らが甲府を東西から挟撃する動きをみせ、信虎を攪乱しえたのは、御嶽道の存在抜きには考えられないだろう（『韮崎市誌』上巻）。

国中大乱の原因と反信虎方の人々

ところで、なぜ突然、栗原信重・飯富虎昌らは信虎を見限り、叛乱に踏み切ったのだろうか。このことについては、前年の享禄三年（一五三〇）に関東の扇谷上杉朝興が、信虎に一人の女性を側室として差し出したことが原因といわれている（『勝山記』享禄三年条）。

然ハ関東ヨリ河越殿ト(ノ)御重宝(調法)ニテ、乗リ房(上杉憲房)ノ上様ヲハイ(奪)取リ御申候て、武田殿ノ御前ニナヲシ御申候、

朝興は、信虎と相談のうえで、上杉憲房後室を山内上杉氏のもとから強引に奪い取るようにして身柄を確保し、甲斐に送って信虎の側室にしたという。憲房は、去る大永五年（一五二五）三月二十五日に死去しており、しかも享禄二年から、山内上杉氏では関東管領上杉憲寛（憲房の養子）と憲政（憲房の実子）とが抗争を開始していた。また、これと連動して、古河公方足利高基と嫡子晴氏も衝突していた。享禄三年は双方の争いが激しくなるなか、扇谷上杉朝興は懸命に北条方と戦い、江戸城を窺う奮闘ぶりを示していた。北条軍との死闘を優位に進めるためにも、朝興は信虎を頼りにせざるをえなかったのだ。また、上杉憲政も山内家の家督と関東管領職を取り戻すためにも、扇谷上杉朝興との連携と、父憲房以来、山内上杉氏と同盟を結んでいた武田信虎の後押しが欲しかったのだろう。

ところが、既述のように信虎は、大永五年の上杉憲房の死去後は、跡を継いだ養子憲寛と同盟の継続を確認しあっていた。つまり、信虎はほんらい上杉憲寛と結んでいたわけだ。ところが、扇谷上杉朝興は憲政支援に踏み切り、信虎に同調を促すべく、憲房後室を送り込んできたことになる。しかも、憲政はあまり乗り気ではなかったらしい。『勝山記』が憲房後室を奪い取ったと表現したのは、こうした経緯があったからであろう。朝興は渋る若年の憲政を、半ば強引に押さえ込み、憲房後室を信虎

の側室に送り込んだのであり、しかもそれは信虎とも合意の上でのことであった。かくて信虎は、その外交路線を転換し、憲寛から憲政支援にまわった。山内・扇谷上杉氏との同盟強化のためとはいえ、憲房後室を強引に自分の側室にし、それまで提携していた憲寛と断交したといえる。このことが、武田氏の家中に破廉恥な行為であるとの反発を生んだのであろう。

ところで、「国中大乱」と呼ばれた叛乱劇は、そう認識されるのに十分な勢力であった可能性がある。【史料二―19】以下をみると、重臣飯富虎昌、国衆栗原信重一族、今井信元一族などが知られるが、そのほかにも、西郡の大井信業が荷担していたことが確認できる（後述）。また、河内の穴山信風もこれに参加していた可能性が高い（平山・二〇一一年①）。さらに、これらを諏方頼満が背後から支援したというのだから、尋常な事態ではなかろう。信虎は、大永元年以来の危機に見舞われたのである。

諏方氏の介入を招く

今井信元・栗原信重・飯富虎昌らの叛乱は、たちまち隣国の介入を招いた。信濃の諏方頼満が、今井らを支援すべく侵攻してきたのである。その模様を、諏方大社上社の記録である『当社神幸記』は次のように記している（享禄四年正月条）。

明年(享禄四年)正月廿二日(ママ)、甲州錯乱而、当方篠尾(笹尾)ニ要害ヲ立候て、下宮牢人衆さゝへられ候、彼城も廿二日夜自落、此方本意之分にて、弥武田方難義この記述には、重要な一節がある。それは、笹尾（ささお）（北杜市小淵沢町）に「要害」が築かれたこと、そしてその地が「当方」（諏方領）であったということだ。これは、ほかの記録からは確認できぬ、貴重な証言といえる。すくなくとも、甲信国境の笹尾付近は諏方氏の領土になっており、武田方はその奪回に動いていて、そこに「要害」を築いたという。この笹尾の要害は、笹尾砦のことである（小淵沢町教育委員会・笹尾塁跡発掘調査団・一九七九年）。そして、そこに在城したのは、「下宮牢人衆」＝金刺昌春らであった。金刺昌春が信虎に匿われ、甲府に居住していたこと、昌春を擁して諏方侵攻を企てた武田信虎が、境川の合戦で敗退したことは先に紹介したが、その後も信虎は彼を匿い続け、諏方に反攻する機会を窺い続けていたことがわかる。信虎は笹尾砦を築き、ここに金刺軍を配置して、諏方頼満の侵攻を食い止めようとしたのであろう。

笹尾砦跡　山梨県北杜市

ところで、諏方頼満が甲信国境の境川を越え、笹尾付近までを支配下に入れたのはいつのことであろうか。この点は決め手がないが、可能性として、①諏方頼満が今井信是・信元父子を攻め、和睦に応じた永正六年（一五〇九）、②頼満が信虎を境川の合戦で撃破した大永八年（享禄元・一五二八）、のどちらかであろう。

いずれにせよ、諏方氏の領土は、今井氏の支配領域に大きく食い込んでいたことがわかる。

ただ、この史料は解釈が難しい。文脈を追っていくと、正月二十二日の叛乱勃発にともない笹尾砦が構築されたものの、その日の夜には自落してしまったと読めるが、いかにも不自然である。それほど早く、笹尾砦の普請が成就したとは思えない。もしそうだとすると、金刺昌春は下社牢人衆を率いて、いち早く笹尾砦の普請を始めたが、諏方頼満が動くとの情報を察知して、夜には逃げ出してしまったということになるだろう。あるいは、自落の日時が正月二十二日ではなく、月を書き落としてしまっている可能性も考えられよう。諏方軍による甲斐侵攻は、三月ないし四月のことなので（記録に混乱がある。詳細は後述）、三月か四月のことではなかろうか。さすれば、金刺軍は正月二十二日以降に笹尾へ進出し、笹尾砦を築いてしばらく籠城していたことになろう。記して後考をまちたい。金刺軍の逃亡により、笹尾砦で諏方軍を牽制しようとした信虎の思惑は、大きく崩れることとなる。

河原辺合戦の激闘

双方の軍事衝突が確認できるのは、享禄四年（一五三一）二月二日である。『一蓮寺過去帳』によると、この日、大井左衛門頭信業（弥阿弥陀仏）、今井尾州（臨阿弥陀仏）、今井（宣阿弥陀仏）、今井（底阿弥陀仏）の四人が登録されている。これは、大井信業（大井信達の嫡男）が今井・栗原方に味方し、今井尾張守ら今井一族の三人とともに戦死したことを示す。なお、宣阿弥陀仏か底阿弥陀仏のどちらかが、信虎と戦って敗死したと『系図纂要』に記載されている今井中務大輔虎甫（今井信父の子、信房・信甫の弟）であろう。大井氏が反信虎方に荷担したことは、間違いなかろう。合戦場がどこであったかは定かでないが、大井と今井が連合しているので、西郡か北巨摩であろう。

いっぽう、東郡でも合戦が起こっていた。二月十日に合戦があり、それは十一日、十二日まで続き、塩山周辺でも激しく展開されたらしい。塩山向嶽寺は合戦に巻き込まれ、建物は打ち破られ、諸塔頭と諸寮舎は放火され灰燼に帰した。ただ、幸いなことに七堂は焼失を免れている。だが、僧侶たちは四散し、残った者たちが開山大和尚像（抜隊得勝像）を上岩下の牧洞庵（甲山牧洞寺、山梨市上岩下）に避難させた。牧洞庵は臨済宗向嶽寺派の寺院で、抜隊得勝が開き、三年間在住したところであり、その由緒から、向嶽寺に入寺する長老はまずこの寺に来て開山の塔に拝礼し、香奠斎料を納めるのがしきたりであったという（『国志』仏寺部第二）。これらが考慮され、当座の開山像の避難場所として、牧洞寺が選ばれたのだろう。

だが、不安が募った向嶽寺の衆徒らは、二月十五日に駿河に避難する決意をし、河内の瑞応寺（慈眼山瑞応寺、臨済宗、身延町三沢）に開山像を移し、御年忌などの諸行事をここで行ったという。向嶽寺の衆徒が目指したのは、駿河国の臨済寺とみられ、それまでは瑞応寺に開山像を仮安置したのであろう。瑞応寺は穴山氏との関係が深く、穴山信友が保護した古刹である（『国志』仏寺部第十六）。向嶽寺の衆徒は、穴山氏や今川氏の庇護を求めようとしたのだろう。だが、武田信虎は向嶽寺衆徒に牧洞寺に戻るよう命じたといい、二月二十二日に再び開山像を奉じて牧洞寺に帰っている。

そして三月七日、信虎の重臣曾根縄直（つななお）が大庄（場所不明。東郡であろう）に布陣した。栗原信重ら反信虎方の動きが活発になったためであろう。それには理由があった。今井・栗原・飯富軍を支援すべく、ついに諏方頼満が軍勢を率いて甲斐に侵入し、韮崎に布陣したのである。その経緯を記す、諏方の史料を掲げてみよう。

【史料二一21】『神使御頭之日記』享禄四年条

此年一鶚（諏方頼隆）親父安芸守頼満、甲州エ出張候テ、四月十二日於塩河合戦候テ、数多打死、乍去合戦ハチイクサ（カ脱カ）ニ候

【史料二一22】『当社神幸記』享禄四年四月条

同四月、甲州へ自此方打入、韮崎ニ陣取、於河原合戦、一日ニ四五度、花岡方、矢島善九郎、小井弖六郎討死候、其外十余騎討死候、打勝候而敵方数百人討捕、得大利、逸見其外余多此方ノ手ニ被討候

実は、諏方頼満の甲斐侵攻と、両軍の決戦である河原辺（かわらべ）合戦の日付が、甲州側の史料では三月十二日、諏方側では四月十二日になっていて、一ヶ月のズレがある。ただ、このうち甲州側の『王代記』は、窪八幡神社の別当上之坊（普賢寺）の住僧が記したものであり、このときの合戦の舞台になっているので、諏方軍の襲来は三月早々、河原辺の合戦は三月十二日と考えるべきであろう。

『王代記』『勝山記』の記事をみると、三月七日に信虎方の曾根縄直が東郡に出陣し、三月十二日に塩川（河原辺）合戦、三月十三日に曾根縄直が上之坊に布陣し、十六日の万力合戦で戦死したとあることから、諏方頼満の侵攻は、まさしく東郡の栗原信重と連携し、東西より武田方を挟撃する意図があったと推察される。

三月、甲斐に侵入し、今井信元・飯富虎昌・栗原一族らと合流した諏方頼満は、韮崎に布陣した。そして三月十二日、武田信虎と諏方・今井・栗原らの連合軍の決戦が河原辺（塩川）で行われた。これが、河原辺合戦である。両軍の戦闘は、一日に四、五回にも及ぶ壮烈なものであったという。この合戦で、諏方軍は花岡某（諏方西方衆か）、矢島善九郎（諏方大社上社権祝矢島氏の一族か）、小井弖六郎（伊那郡小出郷〈伊那市〉の土豪か）らが、反信虎方の甲斐衆は栗原兵庫（栗原一族）らが戦死し、諏方頼満も戦死したとの誤報が飛び交う有様であった。諏方・反信虎連合軍の戦死者は、三〇〇人（『王代記』）、八〇〇人（『勝山記』）、「数多打死」（『神使御頭之日記』）などと記されている。いっぽう、武田軍の戦死者も数百人だったと、頼満方の『当社神幸記』は記録している。また、興味深いのは、穴山信風の歿年が享禄四年三月十二日であることだ（平山・二〇一一年①）。これは河原辺合戦の当日にあたり、信風の死がこれに関係している可能性が高い。旧著『穴山武田氏』でも指摘したことだが、信風は反信虎方に荷担し、この合戦で戦死したのではなかろうか。

頼満方の記録には諏方軍が勝利したとあるが、それはまったくの誇張で、頼満は敗走し、諏方に撤

大坪古戦場跡　山梨県韮崎市　画像提供：サンニチ印刷

退した。その後、諏方軍が甲斐に侵攻することは二度となかった。頼満方の記録にあるように、多数の戦死者を出したが、信虎に勝利したのだとすれば、なぜ諏方に撤退したか、さらに信虎に追い詰められた今井信元をなぜ救援しなかったのかが説明できない。『勝山記』も、信州勢は全軍撤退したと記している。

ところで、両軍の決戦地については、「河原辺」「於河原合戦」「塩川」「塩河合戦」などと記録されている。このうち、河原辺とは韮崎のことである。韮崎は釜無川と塩川に挟まれた地域であり、決戦は塩川側で行われたのであろう。『国志』古跡部第九は「宇津谷ノ古戦場」、同古跡部第十は「大坪古戦場」でそれぞれ立項している。宇津谷古戦場とは、宇津谷村の枝村滝沢に武田信玄の戦場と言い伝えているところがあり、本陣跡を「勝山」と呼び、古塚四基が当時残されていて、太刀二振が掘り出されたことがあったと記録する。また、滝沢は塩川を挟んで韮崎の対岸にあたる。いっぽう、韮崎側の古戦場跡が小字「大坪」とされ、この地域が「大坪古戦場」と伝承されている。『国志』によると、大坪には「殿田」、「旗田」（「八段田」とも）、「信玄平」、「伊勢山」、「大明神坂」（現・穴観音坂）、「陣場ノ天神」（現・梅天神祠）などの地名が残り、江戸

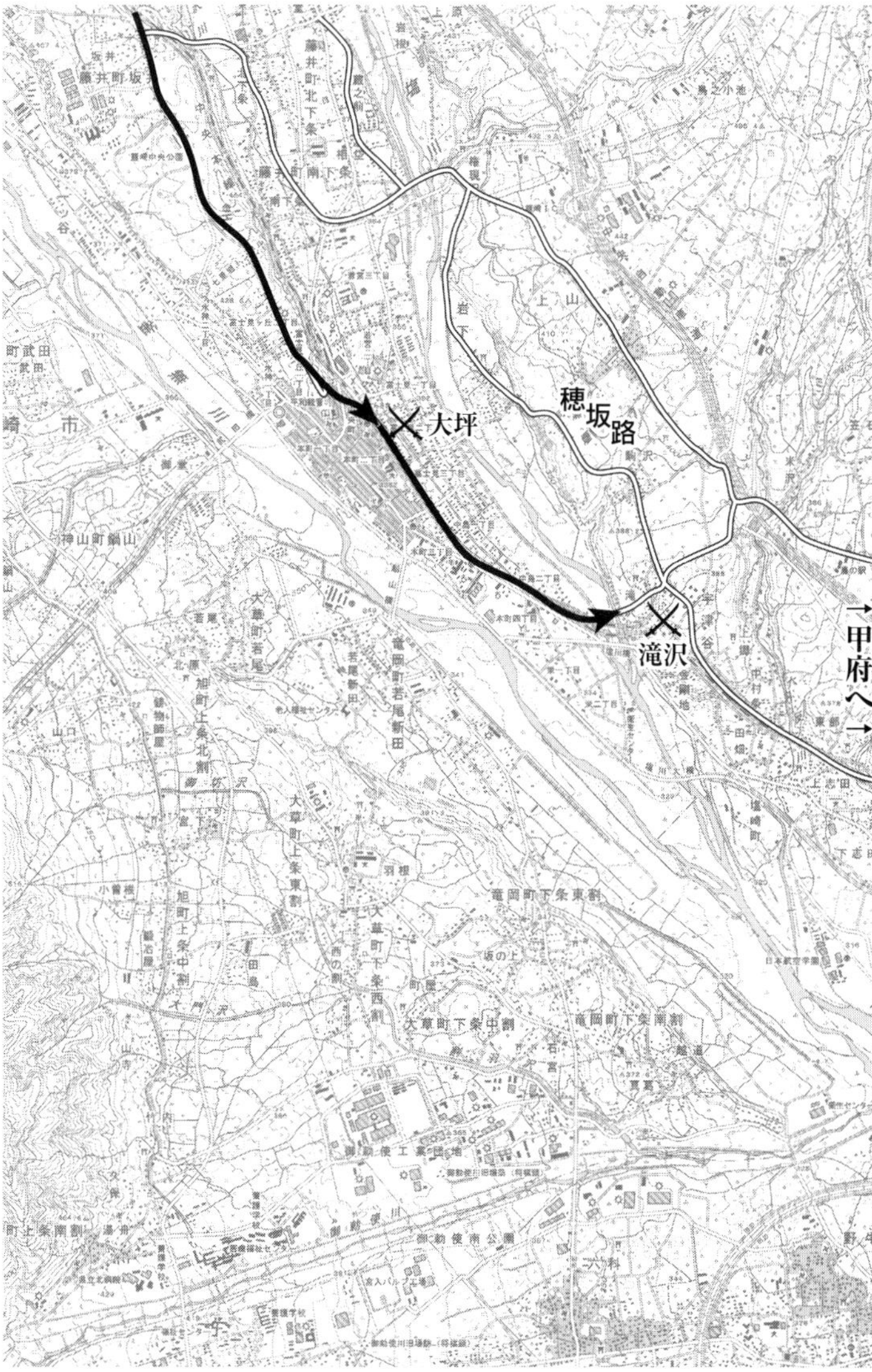

図11　河原辺合戦関係地図　➡諏方・反信虎軍想定進路　国土地理院発行1/25000地図に加筆

時代には鏃や折れた刀、槍などが多数出土したという。宇津谷・大坪古戦場ともに、『軍鑑』に記載されている武田信玄と諏方頼重らとの「韮崎合戦」の遺跡と混同されているが、『国志』が指摘するように、これは享禄四年三月十二日の古戦場であろう。

古戦場が二ヶ所伝承されているのは、当時の古道と照合することで理解できる。諏方頼満は韮崎に布陣し、その後、甲府を目指して進撃を開始したというから（『勝山記』）、彼が韮崎まで進んできたのは当時の甲州道であり、それは諏方から釜無川沿いに進み、台ケ原から花水坂で七里岩台地に上がり、境之沢、穴山、坂井を経て、北下条で藤井平と呼ばれる塩川沿いの平地に至る。そして相垈（あいぬた）に進み、その先が大坪となる。ここで当時は塩川を渡河し、対岸の穂坂台地に上がり、権現平を経由して滝沢となる。その先は穂坂路という古道であり、この路を東に進むと甲府に至る。両軍の決戦地が、塩川両岸の大坪と滝沢に伝承されているのは、こうした事情があるからであろう。当時の記録に、「塩川」「塩河合戦」と記述されているのも、塩川を挟んだ激戦が行われたためと思われる。いずれにせよ、信虎は河原辺合戦で勝利をおさめ、危機を脱した。諏方頼満は撤退し、今井信元は本拠地浦城（中尾城もしくは獅子吼城）に逃げ込んだ。

今井信元の降伏と甲斐統一の達成

河原辺合戦の翌三月十三日、東郡で栗原軍と対峙していた信虎の重臣・曾根縄直らの軍勢は、窪八幡神社の別当上之坊（普賢寺）に布陣し、十六日に敵と衝突した。この合戦で、辰刻（午前八時頃）に曾根縄直が戦死したという。合戦の帰趨については明らかでないが、その後、栗原軍の動きがまったく確認できないことや、栗原信重は降伏したと推定されているので、曾根縄直が戦死したものの、武田方は勝利をおさめたのではなかろうか。栗原信重軍の動きが、河原辺に進出した諏方・今井軍に呼応したものであったことは間違いない。信虎は、両方面で勝利したのであった。

『小年代記』によると、信虎は八月二十日、牧洞庵に開山像を奉じて避難していた向嶽寺の衆徒に塩山に帰るよう命じており、寺の再建が始まっているので、この時期までには栗原氏は完全に屈服し、東郡は平穏になったとみられる。

だが、今井信元は諏方頼満の支援を頼みに、なおも抵抗を続けていた。『勝山記』享禄五年（天文元年）条は、次のように記録している。

此ノ年ノ九月浦ノ信本（信元）、武田殿へテキ（敵）ヲ被レ食候、サル（去）間信州ノ衆ヲ大勢頼ミ被レ食候て、浦エコモリ（籠）被食候、去程ニ一国ヲヨセテ（寄手）浦ノ城ヲセメ（責）被食候、サレトモ（去共）ツイ（遂）ニ浦ノ信本劣ケ被食候て、屋刑（形）エカウサン（降参）御申候、去間城ヲ屋形へハタシ（渡）御申候て、ヒサシタ（膝下）ニ　御ツメ（詰）被レ食候、一国御無為ニナリ候

河原辺合戦後、今井信元がどのような動きをしていたかは判然としない。『勝山記』を読む限り、天文元年九月になって、またもや信虎への敵意を剥き出しにし、信州衆の援軍を得て「浦」へ籠城し

獅子吼城跡　山梨県北杜市

たとある。確証はないが、今井信元は一時、信虎と和睦していたのかもしれない。ここに登場する信州勢とは、諏方頼満からの援軍であろう。ただ、九月の再蜂起に協力すべくあらためて派遣されたのか、前年の河原辺敗戦時に、諏方に戻れず、信元とともに籠城せざるをえなかったのか、どちらかは明らかでない。『勝山記』の記述を読む限り、前者の可能性が高いが、管見の限り、諏方側の史料にはあらたな援軍派遣の記録は存在しない。

　今井信元・諏方軍が籠城した「浦」の城は、通説では獅子吼城といわれている。近年では、中尾城との説もあるが、本書では通説に従って獅子吼城としておきたい。信虎は、一国（甲斐の総勢）で攻め寄せたという。反信虎方を撃破・制圧し、従属させたうえで、彼らをも動員してきたのであろう。諏方頼満の援軍を得たとはいえ、今井信元には信虎に対抗できる軍事力はもはや望むべくもなかった。信元は降伏・開城し、獅子吼城を武田氏に明け渡したばかりか、信虎の膝下に詰めることになったという。これはつまり、本拠地を信虎に引き渡し、信元自身は甲府の城下屋敷に居住することとなったのだろう。これ以後、逸見今井氏の動向が北巨摩一帯から完全に姿を消す。おそらく、本領などすべてを信虎に没収されたのであろう。逸見今井氏は、国人から国衆への脱皮に失敗し、戦国大名武田氏の家臣へと編入されたのであった。さらに、信虎は諏方氏の勢力を国内から駆逐し、領国の境界を甲信国境の境川まで押し戻したと推測される。

今井信元の降伏をもって、『勝山記』の筆者は「一国御無為」となったと記した。これは、信虎による甲斐統一が達成されたことを明記したものだ。確かに、今井信元の降伏により、以後、甲斐では反武田の叛乱は起こらなくなり、それを契機にした対外勢力の軍事侵攻もなくなった。

これは、信虎によって、祖父武田信昌時代以来続いた、甲斐の国人と他国の守護・国人とが連携し、加えてこの連携の構図に室町幕府内部や関東公方・関東管領内部の分裂が影響しあいつつ、勢力拡大を実現しようとした特有の構図が清算されたことを意味する。そしてこれ以後、甲斐国人の勢力拡大や安定を意図した提携関係は、武田氏を頂点とする体制に収斂、保障されることとなり、軍事力（自力）の発動は原則として武田氏の命令による対外戦争にのみ限定されていくこととなった。つまり、武田領国内部では、自力の発動は抑止されたわけであり（「私戦」「喧嘩」禁止）、それは「惣無事」（自力の停止、凍結）という原則が徹底されることでもあった。

これ以後、武田領国下のすべての武士は、譜代・国衆・軍役衆などの区別なく、彼らの武力発動は、戦国大名武田氏に従軍して実施される「公戦」においてのみ奨励され、それが彼らの功績（戦功）として忠節・恩賞評価の唯一の基準に位置づけられたわけである。

そして、後年の武田氏にとって、甲斐統一が達成された天文元年は、その権力確立と領国秩序への責任を負うべき指標と位置づけられた。後に武田信玄が制定した『甲州法度之次第（こうしゅうはっとのしだい）』第十一条（五十五ヶ条本）に、次のような条文が制定されている。

一恩地拘人、天文十辛丑年以前十箇年、地頭へ夫公事等無勤者、不及改之、但及九年者、随事之体、
　可加下知也

この条文は、武田氏より恩地（新知行地）を与えられ、そこより地頭へ公事・夫役を天文十年より数えて十年間負担の事実がなければ、調査するには及ばず、そのまま無役とすると規定したものである。信玄が、自らの法的責任発生の起点を天文十年に置いているのは、この年が信虎追放、信玄の家督継承であるからだが、さかのぼって責任をもって解決する時間幅は十ヶ年間であり、それは天文元年を起点としているわけだ。武田信玄にとっても、自らの権力が秩序回復のために負うべき法的責任の始原を天文元年に置いているのは、父信虎の甲斐統一達成によるものだろう。そして信玄自身も、父信虎による甲斐統一以前の混乱期に発生した諸問題には、武田権力は責任を負わないと宣言したわけである。天文元年の信虎の甲斐統一は、戦国大名武田氏にとっても、政治・軍事・法などあらゆる面で画期となったのだった。

第Ⅲ部　新機軸を打ち出した外交と内政

武田信虎画像　山梨県甲府市・信立寺蔵　画像提供：山梨県立博物館

第一章　反今川から親今川へ

一、北条・今川氏との抗争と諏方氏との和睦

武田太郎、正室を迎える

信虎が甲斐統一を達成した天文元年（一五三二）は、小山田氏にとっても画期となった年である。この年、小山田越中守信有の正室で、信虎の妹（「小山田越中守上様」）が死去した（『勝山記』）。亡くなった場所は、甲府の小山田屋敷であろう。永正十六年（一五一九）十二月、武田信虎が川田から甲府の躑躅ケ崎館に本拠を移した際に、彼とともに「ミタイ様」（信虎正室大井夫人）と「上様」がこれに従っているが、この「上様」こそ、信虎の妹で信有の正室と推定されている（丸島和洋・二〇一三年）。

いっぽうで、小山田信有は天文元年、本拠地を中津森から谷村（やむら）（都留市）に移している。屋敷の完成と移転を祝い、武田信虎が「一家国人」を引き連れて谷村を訪れた（『勝山記』）。このことから、小山田氏の谷村移転が武田氏の全面的支援によるものであること、享禄二年（一五二九）の不和や信有正室（信虎妹）の死去という試練後の出来事であることなどから、小山田氏の従属と、その存立に

武田氏が責任を負うことを確認する意味があったといわれる。また、緊急時の詰城として、桂川の対岸に勝山城を築いたと推定されている（都留市教育委員会・勝山城跡学術調査会・二〇一〇年）。

天文二年、甲斐では都留郡の各所で火災が発生しているが、甲府でも大規模な火災があったらしい。永正十六年に完成していた躑躅ケ崎館が焼失したのである。この後、小山田信有は七十坪の屋敷を造り、その完成を知ると甲府を訪問しているから（『勝山記』）、火災は甲府城下を含む大規模なもので、小山田氏は新たに屋敷地を賜り、そこに再建したとみられる。既述のように、甲府城下の再編成は、このときに行われた可能性がある。

このような災厄が続くなか、信虎は扇谷上杉朝興との提携強化に踏み切った。北条氏と対抗するためである。

【史料三―1】『勝山記』天文二年条

此年武田殿、河越殿息女ヲムカイ（迎）御申候、御トモ（供）ノ衆中々申無計候

【史料三―2】『勝山記』天文三年条

此ノ年霜月、当国ノ屋形源大良（源太郎）殿上様河越ヨリ御越候て、一年御座候て、クワイニン（懐妊）被食死去メサレ候

天文二年、信虎の嫡男太郎（後の信玄）のもとに、河越より扇谷上杉朝興の息女が輿入れしてきた。その行列は衆目を集めたらしく、供衆は着飾って甲州入りしたのだろう。武田氏が関東管領の系譜を

引く上杉氏の姻戚となるのは、武田信満以来のことである（信満の息女は、犬懸上杉氏憲〈禅秀〉に嫁ぎ、憲方（のりまさ）・持房（もちふさ）・教朝（のりとも）を生む。これが武田氏が上杉禅秀の乱に荷担する要因となる）。上杉氏との提携強化は朝興の主導により、上杉憲房後室を信虎の側室にするという方法で享禄三年に行われていたが、今度は自らの息女を信虎の嫡男太郎に娶せたのである。この方法が享禄三年段階で行われなかったのは、朝興の息女がまだ幼女だったからとみられる。

ところが、上杉夫人は懐妊したまま天文三年十一月に急死してしまった。彼女が懐妊したまま死去してしまったのは、まだ相当若年だったからだろう。朝興の思惑は挫折してしまった。当時、朝興は北条氏綱と激しく争っており、房総の里見義豊（さとみよしとよ）を支援するとともに、武蔵・江戸に侵攻し、相模を窺う動きをみせていた。しかし、上杉夫人が急死したころには里見義豊は敗死し、安房里見氏は扇谷上杉方を離れ、北条方となるなど、勢力の衰えが顕著になっていた。

今川氏輝、信虎と断交す

武田氏と北条氏との抗争は、大永五年（一五二五）以来続いていたが、今川氏との和睦は大永七年以来継続中であった。ところが、その関係に翳りが見え始めた。今川氏が信虎との和睦に踏み切ったのは、当主氏輝が若年であり、内政と軍事を統括できる能力がなかったからといわれる。このため、生母寿桂尼が家母長として家政を取り仕切った。その後、ようやく氏輝が当主として本格的な活動を始めるのは、天文元年（一五三二）のことである。これ以後、寿桂尼の文書発給、すなわち家政代行はほぼなくなり、氏輝政権が本格的に始動した。氏輝は、天文元年に馬廻衆（うままわりしゅう）を創設し、軍事力編成の強化にも乗り出している。

今川氏の武田氏に対する和睦に亀裂が生じたことが確認できるのは、天文三年のことである。天文三年五月二十五日、今川氏は富士金山への荷物搬入の円滑化を図ったが、同時に「甲州境目」の荷留を指示し、もし甲州へ荷物を出すような者がいれば、ただちに成敗することを明示した（戦今五一五号）。路次封鎖は、事実上の手切れを意味する。

そして天文三年七月、今川氏輝は甲斐に軍勢を派遣した（『小年代記』天文三年条）。

七月中旬、駿州・遠州・豆州三ヶ国衆一万余騎出張、一戦各帰陣

今川軍の甲斐侵攻は、これしか記録がなく、合戦（「一戦」）の行われた場所や日付など一切は不明である。だが、信虎と氏輝の合戦が始まったことだけは間違いない。氏輝が対外戦争に乗り出したのは、これが初めてである。今川と武田の断交は、天文三年五月までと考えてよかろう。ところで、和睦は寿桂尼の主導、手切れは氏輝主導であろうが、なぜこの時期に断交、交戦再燃に至ったのか。これはやはり、武田信虎と扇谷上杉朝興との連携強化が背景にあると考えられる。北条氏綱と同盟を結んでいる今川氏にとって、信虎が扇谷上杉氏と同盟を強化したことは黙認できなかったのだろう。もちろん、北条氏からの働きかけもあったと思われる。

武田・今川、万沢口で衝突

武田信虎は天文四年（一五三五）、今川氏輝に報復すべく、駿河侵攻に動いた。これまで武田氏は、今川氏により一方的に甲斐を攻められるばかりであったが、信虎は国内統一を背景に、ついに今川領国への侵攻を果たしたのである（『為和集』天文四年七月条）。

今月（七月）五日ニ、従甲州敵出張、廿七日ニ諸勢出陳、八月十九日ニ万沢口にて合戦、同廿日ニ従相州氏綱兄弟父子、何かニ一万計ニテ出陣、同廿二日ニ相働ヲ、都留郡主小山田衆（武田被官）合戦終日侍りて、未剋ニ散、小山田衆討捨七八百、三百六七十討捕、軈而廿三日ニ小田原へ帰陣、小田原衆手負二三百、討死衆八二人、河村与太夫子（足軽）也

武田・今川両氏の合戦は、七月五日に信虎軍が駿河に侵攻してきたことから始まった。武田軍は駿河国富士郡に侵入し、鳥波（とりなみ）（静岡県富士宮市）などを放火した（戦今五三二号）。これを知った今川氏輝は、七月二十七日に軍勢を率いて駿府を出陣した。今川氏は家中を挙げて出陣しており、駿府には誰も残ってはおらず、冷泉為和は自邸で月次歌会を開いたが、参会する者のない寂しいものであったらしい。為和は合戦の長期化を予想しており、「出陣故、明月の会、何方ニもなし、無念〳〵〳〵」と嘆じている（『為和集』天文四年八月十三日条）。

両軍は八月十九日、甲駿国境の万沢口（山梨県南部町）で衝突した。この合戦に関する武田方の記

録として信虎感状写があり（戦武九九号）、いっぽうで今川方には、今川家臣孕石（はらみいし）郷左衛門光尚宛の八月二十日付の今川氏輝感状写が伝えられている（戦今五三三号）。おそらく、万沢口合戦は今川軍優勢だったのだろう。その後、両軍の動きはみられず、戦線は膠着したと思われる。しかし、これは信虎の誤算であった。氏輝は武田軍本隊を甲駿国境の万沢口で拘束し、同盟を結ぶ北条氏綱に依頼して、甲斐侵攻を図ったのであった。

実弟勝沼信友の戦死

万沢口合戦が行われる直前の八月十六日、北条氏綱は今川氏輝を支援すべく、軍勢を率いて小田原を出陣した。

【史料三―3】『快元僧都記（かいげんそうずき）』天文四年八月条

一、当月（八月）十六日、向甲州氏縄（綱）進発、為駿州扶佐云々、因茲社頭造営奉行事陣参之間、御留守之人数、窪田入道・関新・神尾入道被仰付了（中略）廿二日、於甲州郡内山中一戦、敵五十余人被討捕也、即廿四日、小田原江被入馬、此間造営不怠、諸職人被入之畢、院家中（鶴岡八幡宮別当相承院）陣之祈念有之、此時武田ト今川ト合戦、氏綱今川江加勢、此留主ニ自河越（上杉朝良）上杉衆出張

【史料三―4】『勝山記』天文四年条

此ノ年八月廿二日相模（サカミ）ミノ屋形セイツカイ被レ食候テ、人数二万四千、御方ハ二千計テ、小山田

殿イクサヲ被成、小山田殿劣ケ被レ食候テ、弾正殿・大輔殿・侍者周防殿・小林左京助殿・下（シモノ）ケンタン殿、随分方々打死被レ食候、殊ニカツノマノ人数以上二百七十人打死申候、其ノ日上吉田焼申候、明ル日下吉田焼申候

北条軍の兵力は、『為和集』には一万人ほど、『勝山記』には二万四千ほどとあり、兵数に隔たりがあるが、かなりの大軍であったことは間違いなかろう。北条軍は、駿河御厨地方から籠坂峠を越えて都留郡山中に攻め寄せた。これに対し、武田方は八月二十二日、小山田信有と信虎の弟勝沼信友が山中で北条軍を迎え撃った。これが山中合戦である。

合戦は終日展開され、未剋（午後二時頃）に決着がついた。武田方はわずか二千人程度であったといい、大軍を擁する北条氏綱本隊の敵ではなかった。この合戦で、勝沼信友をはじめとする勝沼衆二七〇人ほどが戦死し、小山田衆も小山田一族小山田弾正、家臣の侍者周防、小林左京助、下の検断ら多数が戦死した。北条軍は小山田衆の七、八百人を討ち捨てとし、三六〇、七〇人を討ち取ったという。武田方の惨敗であった。いっぽうの北条軍は、戦死者が足軽河村与太夫の息子などわずかに二人、負傷者が二、三百人であったという。北条軍はそのまま吉田に乱入し、上吉田は放火され、翌八月二十三日には下吉田も焼け落ちた。信虎は万沢口で拘束され、北条軍に対抗することができず、甲府も危機に陥ったばかりか、腹背に敵を受ける恐れがあった。

しかし、今川氏輝が北条氏綱に支援を要請していたように、信虎もまた扇谷上杉朝興に後詰めを要

請していたのである。朝興は河越城を出陣し、小田原に向かった。上杉軍の小田原侵攻を知った氏綱は、山中合戦の翌八月二十三日、急遽小田原に引き返した。

上杉軍は、九月下旬に相模国大磯（神奈川県大磯町）、平塚（同平塚市）、一宮（同寒川町）、小和田・知賀崎（同茅ヶ崎市）、鵜沼（同藤沢市）を焼き払い、小田原に圧力をかけた。このころには、氏綱も

勝沼氏館跡　山梨県甲州市　画像提供：サンニチ印刷

帰陣して上杉軍に備えていたらしく、朝興はそれ以上小田原に迫ることなく、十月、河越城に帰陣している（『快元僧都記』）。その後、北条・上杉両軍は武蔵国入間川河畔で衝突したというが、その詳細は明らかでない。

いずれにせよ、扇谷上杉朝興の後詰めにより、信虎は危機を脱したのであった。戦後、信虎は戦死した実弟勝沼信友に男子がいなかったため、その居館と所領を府中今井信甫に与えた。この後、府中今井氏は「勝沼殿」と呼ばれることとなる（秋山敬・二〇〇九年、二〇一〇年②）。いっぽう、今川氏輝は九月五日付で太田又三郎に山中合戦での感状を送り、その戦功を讃えている（戦今五三四号）。

だが、武田信虎の侵攻は、今川氏輝にとっても衝撃だったようだ。氏輝は、僧籍で当時、京都建仁寺にあった弟梅岳承芳（後

の今川義元）と、その師九英承菊（後の太原崇孚雪斎）を駿河に呼び戻し、「今河氏之官寺」で「河東第一之伽藍」と評された善得寺（静岡県富士市）に置いた。それは、「依駿・甲藩籬両刃交鉾、早辞東山帰本寺、芳公・菊公居住本寺」とあることから確認できる（静⑧一九三三号）。京都から駿河に帰還する際に、将軍足利義晴は善得寺を十刹の列に加え、一国の上位の寺格を与えたという（同前）。氏輝が梅岳承芳とその師九英承菊を呼び戻したのは、弟の承芳ではなく、むしろその師承菊の補佐と助力を求めようとしたためであろう。後に、太原崇孚雪斎の活躍ぶりをみれば、氏輝が対信虎戦のために必要不可欠と考えたのは、彼の才覚であったのは想像に難くない。だが、この措置が今川氏の歴史に大きな影響を与えることとなる。

諏方頼満との和睦

今川・北条両氏との対決で、実弟勝沼信友を山中合戦で失うという痛手を受けた信虎は、その対応に動く。天文四年（一五三五）九月、信虎は信濃諏方郡の諏方頼満（天文三年〈一五三四〉に出家して碧雲斎。以下、諏方碧雲斎）と和睦することを決断し、これを実行に移した。山中での敗戦から一ヶ月も経たぬ迅速さであった。信虎は今川・北条同盟と戦いながら、諏方氏とも対立することの不利を悟り、腹背に敵を受ける前に、その脅威を取り除こうとしたのであろう。

信虎と碧雲斎の和睦については、『神使御頭之日記』天文四年条に次のように記されている。

此年、武田信虎ト碧雲斎於堺川ニ参会、当社御宝ヲモタセラレ、於堺川ニ御宝鈴ヲ被仰候、神長ツ、ラ（葛籠）ノ箱ニ御宝ヲソヘテ六人ニカトカセ御供申、信虎・碧雲両所ノ間ニテ神長申立ツカマツリナラシ（鳴）申候、堺川マテ御宝鈴御越候事、生（往）古ヨリ是始ニ候、彼川ノ北ノハタニテナラシ申候、生古ヨリナキハウニ候間、九月十七日ニ御宝鈴鳴候て、其月ノ内ニ又不会、武田殿ヨリノ参銭金七出候

御宝鈴　長野県諏訪市・諏方大社上社蔵　画像提供：諏訪市教育委員会

信虎は、甲信国境の堺川まで自ら出向き、諏方碧雲斎と対面した。おそらく、それ以前に和睦の合意が成立していたとみられる。両者の対面は、和睦を内外に示す意図があったとみてよい。このとき、諏方碧雲斎は和睦を確固たるものにすべく、諏方大社上社に秘蔵されている御宝鈴を堺川まで運ばせたという。御宝鈴が諏方大社の外に持ち出されたのは、これが初めてのことであったといい、神長官守矢頼真は、葛籠に入れた宝鈴を六人の神職に担がせ、堺川まで運び、川端で鳴らしたという。

この宝鈴は「誓約の宝鈴」といわれるもので、この宝鈴を鳴らして誓約することは、諏方大明神の神前での約束とみなされ、これを破れば神罰が下ると信じられていた。ただ、御宝鈴を神

域から外に運び出すことは、先例のない出来事であったので、神長官守矢頼真は内心不満であったようだ。

信虎と碧雲斎は、こうして和睦を果たした。信虎は諏方大社上社にお礼の参詣には行かず、神長官守矢氏のもとに参銭（賽銭）として黄金七両を贈ったという。

武田晴信の元服

天文五年（一五三六）正月十七日、信虎の嫡男太郎が従五位下に叙せられた（『歴名土代』）。この叙位にともない、官位の叙任もなされたとみられるが、史料が残っていない。だが、このときに太郎は「左京大夫」の官位に補任され、父信虎は「陸奥守」に遷任されたと推定されている（奥野高廣・一九七二年、秋山敬・二〇〇二年②、柴辻俊六・一九八七年）。実は、『実隆卿記』天文五年正月十一日条に「甲斐武田四品［（欠損）］談、不及言語之由答［（欠損）］」とあり、信虎が従四位下に叙位されているとみられることから、信虎の「陸奥守」遷任は、従四位下叙位とあわせて実施されたと考えられる（山⑥下三九号）。

こうした一連の動きは、太郎の元服に先立ち、父信虎が朝廷に働きかけた結果、実行されたものであろう。おそらく、この官位叙位などを伝達し、後奈良天皇の口宣案（位記）と補任状を携えて甲斐に下向したのは、公家の四辻季遠と考えられる。季遠は、天文五年九月二十一日に甲斐の土産を携えて宮中に出仕しているので（『お湯殿の上の日記』）、彼が甲斐に下向したのは、武田太郎の叙位伝達と、三月の元服式参列のためと推定される（秋山敬・二〇一〇年③）。

そして三月、十六歳になった太郎は元服し、将軍足利義晴の諱を拝領し、晴信と名乗ることとなった（『高白斎記』天文五年三月条）。

　三月武田晴信公元服、十六歳、義晴ノ諱ノ晴ノ字ヲ賜フ

なおこのとき、将軍義晴からの偏諱状が幕府からもたらされたはずであるが、その詳細は明らかでない。このように、武田太郎は武田左京大夫源晴信となり、従五位下の官位を与えられ、信虎の後継者として歴史の舞台に登場したのである。

二、今川氏の内訌〝花蔵の乱〟

今川氏輝・彦五郎兄弟の急死

天文五年（一五三六）二月初旬、今川氏輝は実弟彦五郎を伴い、小田原城の北条氏綱のもとを訪問した。前年に氏輝は妹瑞渓院（ずいけいいん）を氏綱の嫡男氏康のもとに嫁がせており、今回はそれにともなう表敬訪問であろう。北条氏は二人の来訪を大いに歓待した（『為和集』ほか）。氏輝兄弟は約一ヶ月ほどの滞在ののち、三月初旬、駿府に帰還した。

ところがまもなく、氏輝・彦五郎兄弟は発病し、重篤となった。知らせを聞いた北条氏は驚愕し、ただちに鎌倉の鶴岡八幡宮・建長寺（けんちょうじ）・円覚寺（えんがくじ）などに病気平癒を祈願させた（『快元僧都記』）。だが、その効果はなく、三月十七日、氏輝・彦五郎兄弟は同時に死去した（『高白斎記』他）。氏輝、享年二十四。彦五郎の享年は不明である。兄弟の死については謎が多く、陰謀の可能性を唱える論者もいるが、史料を見る限り、病気であったことは間違いない。天文五年は甲斐国都留郡でも疫病が流行したというから（『勝山記』）、流行病の可能性が高い。

花蔵の乱と前嶋一門切腹事件

今川家では、新当主の擁立が速やかに行われた。それを主導したのは、氏輝の生母寿桂尼であったと推定されている。後継者は、氏輝の弟梅岳承芳となった。承芳は、早くも将軍足利義晴に働きかけを行い、五月三日には「今川五郎」（今川家の当主）に認定され、将軍の偏諱「義」を与えられ、「義元」となった。今川義元の誕生である。

ところが、この手続きが行われている間に、義元の相続に異議を唱える勢力が出現した。義元の二歳年長の異母兄玄広恵探（花蔵殿）である。彼は、実母の実家で今川重臣の福島一族に擁立され、義元に挑戦したのであった。こうして四月、今川氏の内乱〝花蔵の乱〟が勃発した（花蔵の乱については、大石泰史・二〇一九年を参照のこと）。花蔵殿と福島一族は、花倉城（葉梨（はなし）城、静岡県藤枝市）を拠点に四月二十七日、駿府に攻め込んだ。この内乱は、今川家臣が両派に分裂した深刻なものであったが、義元擁立を支援した北条氏綱の援軍が駿河に到着したため、形勢は一挙に義元有利となった。そして六月八日（十四日とも）、花倉城が陥落し、花蔵殿をはじめ福島一族は滅び、内乱は終息した。こうして、今川義元の家督相続が確定した。

この内乱に際して、信虎がどのように動いたかは明らかでない。ただ、『勝山記』天文五年（一五三六）条に、花蔵の乱の記事に続けて「此年六月当国ノ府中ニテ、前嶋一門皆上意ニソムキ腹ヲ切リ申候、去程ニ一国ノ奉行衆悉ク他国へ越被申候」とみえている。この前嶋一門の切腹事件については、彼らが今川家臣で、信虎を頼ってきたとする説（磯貝正義・一九七七年）、駿河から亡命してきた今川家臣を、武田家臣の前嶋一門が匿ったため、信虎に誅殺されたとする説（上野晴朗・一九七二年）などがある。史料をみる限り、前嶋一門は「上意」（信虎の意志）に従わねばならぬ存在であるので、武田家臣であることは間違いない。彼らの成敗が、必ずしも花蔵の乱に関係しているかどうかは判断できないものの、それとの流れで記述されているので可能性はあるだろう。問題は、前嶋一門に切腹を命じたことで、武田氏の奉行衆の多くが信虎と袂を分かち、他国へ退去したというので、信虎の「上意」に多くの家臣が反発したのは間違いなかろう。

前嶋一門が反発し、奉行衆（譜代家臣）ら多数がそれに同調した信虎の「上意」とは何であったか。残念ながら、それを知る手がかりはない。通説では、信虎は義元擁立に賛成しており、花蔵殿の残党が甲斐に逃れてきたのを匿った前嶋一門を誅殺したとされている。だが、当時の今川義元は、まだ武田氏に対する態度を公表しておらず、しかも義元支援に宿敵北条氏綱が参画していたのだから、義元を積極的に支援する動機に乏しい。前嶋一門誅殺事件の原因については、今後の検討課題である。

親今川へと外交路線を転換

今川義元は家督相続後、父氏親、兄氏輝以来続いていた、甲斐武田氏との抗争に終止符を打ち、和睦する方向で動き始めた。これは、今川氏の外交路線である親北条・反武田の転換にほかならなかった。そして信虎もまた、今川氏の新当主義元との連携に舵を切る。信虎にとって、積年の宿敵今川氏との和睦が成立すれば、北条氏や信濃の国衆との対決が容易になる。そして、両者が外交路線の転換に踏み切ったのには、将軍足利義晴の存在があったと推定されるのだ。

武田氏は、信虎の父信縄が明応七年（一四九八）に祖父信昌と和睦して以来、足利茶々丸方から一転して、将軍足利義澄・細川政元政権に与する立場を取っていたとみられる。だが、積極的に接触した形跡は確認できない。その後、足利義澄が没落し、足利義稙が将軍となると、信虎は彼に積極的に接近している。これは、今川・伊勢氏と対抗する意味が強いと推察される。信虎の「左京大夫」任官と従四位下の叙任は、将軍義稙のもとで実現した。

そのころ今川氏親は、遠江守護職と遠江領国化問題で遠江・尾張・越前守護斯波氏と対立していた。

ところが、足利義澄・細川政元政権は斯波氏を支援したため両者に間隙が生じ、やがて義澄没落を契機に袂を分かっている。氏親・宗瑞はともに将軍足利義稙に従い、その結果、氏親は念願の遠江守護補任を果たしたのであった。

こうしてはからずも、信虎と今川・伊勢はともに将軍足利義稙を奉じる立場を取ることとなった。しかし、永正十八年（大永元年・一五二一）に義稙が京都から没落し、義晴（義澄の遺児）が新将軍となると、信虎は義晴に接近した。

いっぽう、京都から没落した義稙は大永三年四月に死去するも、その遺児義維が細川晴元に保護され、将軍足利義晴・細川高国政権と対立する構図ができあがっていた。このころ今川氏は、大永六年に氏親が長い闘病の末に病死し、家督を継いだ氏輝がまだ若年であったことなどの事情もあってか、京都の政局への対応が遅れていたらしく、依然として足利義稙―義維を奉じていたらしい（平野明夫・二〇〇七年）。今川氏輝は、実弟梅岳承芳（今川義元）を京都建仁寺に送り込み、京都外交の一環を担わせていたとされる。このとき、承芳自身は将軍足利義晴の知遇を得ており、その師九英承菊とともに活動していたらしい。

その後、承芳は兄氏輝の求めを受け、武田信虎に対抗するための補佐役として、師九英承菊とともに駿河に帰還したのだった。これは、兄氏輝の死去直前のことと推定されている。既述のように、承芳は駿河帰還に際し、将軍義晴より、彼が入る駿河善得寺を十刹の列に加えるとの厚遇を受けており、彼の後ろ楯には義晴がいたことは間違いない。義元の家督相続は、東条吉良氏や松平氏などの、三河における将軍足利義晴派にも支持されたという（平野明夫・二〇〇七年）。

いっぽうの武田氏は、将軍義晴にいち早く帰属したこともあって、信虎自身の従四位下・陸奥守補任、嫡男晴信の偏諱、従五位下・左京大夫補任などを実現させていたわけで、明確な義晴派である。ここに、武田氏と今川氏とが連携する素地ができあがった。四辻季遠は、天文五年早々から九月まで甲斐に下向していたとされているが、その大きな目的の一つが、武田・今川両氏の和睦斡旋であったと指摘されている（秋山敬・二〇一〇年③）。これは、将軍義晴の意向を受けてのものであったろう。

さらに、信虎と義元を結びつける理由があった。それは、義元が明確な反福島方であったことだ。花蔵の乱において、玄広恵探（花蔵殿）を支持し、義元方と戦った中心は、重臣福島一族であった。この福島氏こそ、今川氏親時代にしばしば実施された甲斐侵攻に際して、常にその中核を担っていた存在であり、信虎にとって宿怨の敵だった。これが、信虎が義元支持に踏み切った背景であると想定される。

かくて、義元と信虎は接近し、やがて同盟締結に至るのである。

晴信正室三条夫人の輿入れ

武田氏と今川氏との関係好転にあたって、忘れてはいけないのが、嫡男晴信の結婚である。晴信は、最初の正室上杉氏を天文二年（一五三三）に迎え、翌三年十一月に喪っていた。そこで、新たな正室を迎えることとなったのだが、その女性は京都の公家三条公頼の息女であった。彼女の輿入れについては、確実な史料に恵まれていないが、『軍鑑』巻一に次のような記述がある。

されども、駿河今川義元公御肝煎にて、勝千代殿十六歳の三月吉日に、御元服ありて信濃守大膳太夫晴信と、忝も禁中よりちよくし（勅使）として、てんばうりん（転法輪）三条殿、甲府へ御下り給ふ、則ちよくめい（勅命）をもつて、三条殿姫君を晴信へとて、その年の七月御こし入候なり

これによると、晴信のもとへ三条公頼息女が輿入れしてきたのは、天文五年七月のことであるという、それは今川義元の仲介によるものだという。花蔵の乱勃発が天文五年四月、義元の勝利が同年六月であるから、信虎と義元の関係好転を背景とした今川氏の結婚仲介、斡旋が七月というのは少し早いと思われる。

晴信と三条夫人の間に誕生した最初の子女は嫡男義信であり、彼の生年は天文七年のことからすると、両者の結婚は天文六年と考えるのが妥当であろう。このことから、『軍鑑』の天文五年七月説は少し早く、実際の結婚は天文六年ではなかろうか。

いっぽう、晴信の結婚が今川義元の斡旋、仲介という『軍鑑』の記事は、彼自身が京都建仁寺におり、朝廷や公家、幕府要人らと幅広い人脈を持っていたと推定されることや、寿桂尼が公家中御門宣胤（たね）の息女であることなど、京都との関係からみて信じてよい。

以上のことから、今川義元の仲介による晴信と三条夫人との結婚は、天文六年二月の甲駿同盟成立後のことと推定したい。

甲駿同盟の成立と河東一乱

天文六年（一五三七）二月十日、武田信虎は息女（定恵院殿、生母正室大井夫人、晴信の姉）を今川義元の正室として嫁がせた。信虎の息女は永正十六年（一五一九）生まれなので、このとき十九歳であった。これをもって、信虎と義元との同盟（甲駿同盟）が成立した。

だが、この動きに反対していたのが北条氏綱である。氏綱は、武田・今川の同盟締結の交渉を妨害しようとさまざまな工作をしたようだが、結局実現しなかった。そして、信虎息女の輿入れを知ると、今川氏との同盟を破棄し、駿河に侵攻を開始した。この一連の出来事について、『勝山記』は次のように記している（天文六年条）。

此年弐月十日当国ノ屋形様ノ御息女様、駿河ノ屋形様ノ御上ニナヲリ被食候、去程ニ相模ノ氏縄色々ノサマタケヲ被食候へ共、成リ不申候て、ツイニハ弓矢ニ成候て、駿河国ヲヲキツ（興津）マテ焼キ被食候、去程ニ武田殿モ須走リ口へ御馬ヲ出シ被食候、此年御宿殿此国御越候、出陣ノ安内者ニナリ被食候、此年尾曽殿マンサニテ打タレ玉フ（中略）次ニ河越殿サカミノ屋形ニ城ヲトラレ給、去程ニ松山ヲコシラエ御座候（中略）駿河屋形ト氏縄ノ取合未タ不スレ止マ北条軍は、二月二十一日に駿河国駿東郡の諸寺に禁制を出し（戦北一三四〜七号）、二十六日に駿河に向けて出陣した（『快元僧都記』）。これに対し、駿河国駿東郡・富士郡の地域の土豪らは、さまざまな動きを示したらしい。駿河国衆葛山氏の重臣御宿氏の某は、北条方に降ることを拒み、武田氏のもとに亡命した。御宿某は武田方に付き、案内者として対北条戦に参加している。北条軍は富士川以東の駿河（河東地域）を占領し、支配下に置いた。これに対し、今川義元も軍勢を率いてこれに対抗した。これを、第一次河東一乱と呼んでいる。

信虎は、甲駿国境須走口（籠坂峠）に軍勢を出し、御宿某の案内で北条軍を牽制しようとした。また、甲駿国境の万沢口にも軍勢を派遣していたらしく、北条軍と交戦した模様で、武田一族於曾氏が戦死したのはこのときのことであろう。「マンサ」とは、万沢（南部町）のことである。

だが、武田軍の牽制にもかかわらず、北条軍は三月には駿河吉原（静岡県富士市）に進出し、興津（おきつ）（静岡市）まで進み、この一帯を放火したらしい。『快元僧都記』に「四日（三月）、駿州吉原飛脚相立進巻数畢、富士河東郡悉本意之由、返札有之、殊武州・甲州之敵軍引返、分国静謐、然而百貫卅駄到来、弥可励懇祈之由、一札到来」とある。四月には、北条軍と駿河富士郡の国衆富士氏との戦闘が行われている（戦今五九二号）。その後も、北条・今川両軍の戦闘が駿河東部の各地で展開された。この争乱のなかで、義元がいた善得寺も兵火で焼け落ちた（静⑧一九三三号）。

いっぽう、関東でも動きがあった。天文六年四月二十七日、扇谷上杉朝興が死去し（享年五十）、家督は息子朝定（当時十三歳）が相続した。河東一乱勃発にともない、信虎軍と「武州」が三月に今川支援のため出陣してきたものの、「武州・甲州之敵軍引返」したとあるのは、朝興の死と関係があるだろう。北条氏は、六月までに駿河河東地域の制圧を終え、鉾先を関東に転じた。扇谷上杉朝定が河越を出陣し、北条領国へ侵攻を開始したとの情報に接したためである（『快元僧都記』）。これは、駿河で軍事行動を展開していた北条軍の背後を衝くためであろう。氏綱は、上杉朝定軍を撃破し、その本拠地河越城の奪取に成功した。朝定は、家宰難波田善銀の本拠武蔵松山城に後退し、態勢を立て直さざるをえなかった。

このように、今川義元は家督相続早々、北条氏との断交・開戦に至ったものの、武田信虎・扇谷上杉氏と同盟を結び、これに対抗したのである。

第二章　領国支配と家臣団編成

一、信虎時代の甲斐国

『勝山記』にみる甲斐の状況

武田信虎が武田家の当主であった時代の甲斐国は、どのような状況であったのだろうか。当時の世相を記録した貴重な史料として、『勝山記』『王代記』などがある。そこで、信虎が家督を相続した永正四年（一五〇七）から、追放される天文十年（一五四一）までの甲斐の様子を、天災（飢饉・災害・疫病流行）、作況、物価、合戦に区分し、さらに理解の補助のために特記事項を加えて作成したのが、表2である。

これをみると、異常気象（大雨・大雪・台風・旱魃）は、永正五年、同七年、同八年、同十二年、同十五年、同十七年、享禄元年、天文元年〜十年に記録されている。これは、信虎時代の三十五年間のうち、実に十七年に及び、平均で二年に一度の割合で起きている（地震に関する記録もあるが、農業にはさほどの影響を与えなかったものとみなし、検討から除外した）。

物価	合戦	特記事項
		武田信縄死去、信直（信虎）家督を相続
前年の豊作により、世間富貴言説に尽くし難し、日本国中売買安	合戦	坊ケ峰合戦、油川信恵滅亡
売買高	合戦	武田・小山田氏の抗争続く
	合戦	武田信直と小山田信有和睦
富貴四分三分になる		富士山の釜岩燃える
去年より売買なし、撰銭流行		三月の大雪で積雪は四尺に及ぶ
前年の豊作により、世間富貴、売買安、撰銭流行		河内領主穴山信懸、息子清五郎に殺害される
前年の豊作で売買安、撰銭流行	合戦	今川氏親、甲斐侵攻
前年の豊作で売買安、撰銭流行	合戦	武田信虎、大井氏と合戦
前年の凶作により春より世間詰まる、大麦高、粟の売買なし、撰銭流行	合戦	今川氏との合戦で、路次封鎖、いまだ他国との流通再開せず
前年の豊作により売買はすべて吉	合戦	空前の積雪で四方の路次が塞がり、鳥獣の餓死多数
世間詰まる事限りなし、米荷は山家では不通、米売買は都留郡では一粒もなし	合戦	武田氏と今川氏和睦
秋は国中富貴、撰銭流行	合戦	武田信虎、本拠を甲府に移す
前年の豊作で夏までは売買安	合戦	今井信元が、武田信虎に降伏する
	合戦	飯田河原、上条河原合戦、武田信玄誕生
前年の豊作で売買安		武田信虎、身延山に参詣し、富士登山を行う
前年の凶作で飢饉、夏は大麦吉		
	合戦	武田信虎、関東に出兵
売買吉、銭詰まる	合戦	武田氏、北条氏と和睦
	合戦	武田・北条氏の合戦続く
	合戦	武田信虎、信濃佐久郡に出兵、武田氏と今川氏和睦
武田信虎による徳政令	合戦	武田信虎、諏方碧雲斎と戦い敗北
前年は豊作だったらしく春の売買安、富士参詣者がなく、路次封鎖もあり撰銭流行		武田信虎と小山田信有対立。武田氏、都留郡の路次封鎖を実行

表2　武田信虎期における甲斐国の世相一覧

年号	西暦	飢饉・災害・疫病、天候	作況
永正4年	1507		
永正5年	1508	大雨	作毛悪、秋作悉悪
永正6年	1509	前年の不作により飢饉	秋作吉
永正7年	1510	十二月、大雪	夏麦、小麦吉
永正8年	1511	口痺流行し死者多数、大風二三度吹、八月大水害	大風により耕作壊滅
永正9年	1512	前年の不作により飢饉、三月大雪で路次不通	
永正10年	1513	麻疹流行、唐瘡流行	作物はすべて豊作、二十分の出来
永正11年	1514	暖冬で降雪稀少	
永正12年	1515	暖冬で降雪稀少、その後大寒波	春はよかったが、秋凶作
永正13年	1516	七月、地震	
永正14年	1517	七月、暴風雨による洪水、十二月大雪	
永正15年	1518	天下飢饉、餓死、七月大風、八月霜被害甚大	秋凶作
永正16年	1519	秋の収穫前まで大飢饉、日本国飢饉、冬は富士郡へ行き芋柄を食べ露命を繋ぐ	秋豊作
永正17年	1520	夏までは吉、八月中旬に大雨で耕作損ず、冬大雪	秋凶作
大永元年	1521		(秋豊作か)
大永2年	1522		秋凶作、特に粟が壊滅
大永3年	1523	前年の凶作で飢饉、春より富士郡に行き露命を繋ぐ、子供に疸、麻疹（イナスリ）流行	夏麦豊作
大永4年	1524		
大永5年	1525		
大永6年	1526		
大永7年	1527	春夏疾病流行	
享禄元年	1528	五月、大雨と洪水、六～八月、大旱魃	洪水被害は局地的で、他では秋豊作か？
享禄2年	1529		夏麦豊作、秋豊作

前年の豊作で春の売買安、銭飢渇	合戦	武田信虎、関東に出兵
前年の豊作で春の売買安、銭飢渇	合戦	河原辺合戦
春は人々詰まる、秋世中吉	合戦	武田信虎、甲斐統一
春は富貴で売買安		武田氏館焼失。武田太郎、上杉朝興息女を娶る
前年の凶作により、春は言語道断の苛酷さとなる、銭飢渇、秋は売買安		人身売買流行、武田太郎正室上杉氏死去
前年の豊作で世中十分	合戦	武田信虎、今川氏輝と万沢口合戦、北条氏綱が都留郡に侵攻し、山中合戦
	合戦	花蔵の乱、武田信虎、奉行衆と対立し、奉行らが国外に退去、武田軍が相模青根を攻撃
春売買なし、前年の凶作の影響	合戦	武田・今川同盟成立、河東一乱始まる、信虎、今川義元支援のため出陣
	合戦	北条軍、吉田に乱入、武田・北条氏が一時和睦
都留郡では、大原庄は富貴だが、他の地域は飢渇（銭飢渇か）	合戦	武田・北条両氏の合戦続く
前年の半作で春売買安、八月の台風以後、物流が途絶し物不足深刻	合戦	武田信虎、信濃佐久郡に出兵、都留郡の寄子衆は軍事動員を嫌悪する
世間一向凶	合戦	海野平合戦、武田信虎、息子晴信によって駿河に追放される

（註）『勝山記』『妙法寺記』をもとに、一部、『高白斎記』『王代記』の記事を参照して作成。

次に、作物の作況についてみよう。永正五年には「作毛悪」「秋作悉悪」、永正八年は台風の影響で富貴は三、四分、八月の水害で耕作は最悪、同十二年は大寒波で大雪となり、耕作はすべて最悪で、芋も掘れず、菜は壊滅したという。永正十五年は作物全般にわたって大凶作、同十六年は秋の収穫前まで前年の影響で大飢饉であったといい、同十七年は大雨のため稲は壊滅、大永二年は農作物全般が凶作、大永三年は春に飢饉が襲ったという。その後、天文元年は春の菜が凶作で、しかも前年以来の飢饉、天文二年は大雨の影響で凶作、同三年は台風で豊作の見込みから一転して三分の一に転落、天文七年は前年冬からの大寒波で大麦が凶

享禄３年	1530	正月より暖冬、七・八月、疫病流行	夏、世中吉
享禄４年	1531	子供に疱瘡流行し死者多数	(秋凶作か)
天文元年	1532	前年の凶作ためか春飢饉、夏旱魃、天下大旱魃	春は菜が凶作、夏麦豊作、大麦・小麦は吉、秋豊作
天文２年	1533	五～八月、大雨、その後、大旱魃	秋凶作、蕎麦以外凶作
天文３年	1534	前年の八月からこの四月まで飢饉で蕨を掘り、命を繋ぐ、五～八月、蒸し暑い気候続く、春から夏にかけて疫病流行で死者多数、暖冬で降雪なし	大麦吉、秋豊作、但し風害で三分一となる
天文４年	1535	正月以来暖冬、三月、大風で家屋被害、咳病流行で死者多数	
天文５年	1536	一月暖冬、地震、大風による家屋倒壊、五～七月、長雨により飢饉、疫病流行	凶作
天文６年	1537	一月暖冬、疫病流行、飢饉、春は大風吹く、子供に疱瘡流行、十月より降雪、稀に見る寒波	
天文７年	1538	前年の凶作で春飢饉、一～三月断続的に大風に見舞われる	前年から続く寒波で大麦壊滅、小麦は吉
天文８年	1539	十二月大風、洪水、暖冬	秋中半分
天文９年	1540	春夏疫病流行し死者多数、五月大雨で世間散々、八月十一日大型台風襲来で被害甚大、冬に降雪なし	夏麦豊作
天文10年	1541	前年の台風被害で、春百年に一度の大飢饉、八・九月度々の大風被害	台風で凶作

作、天文十年は大飢饉となっている。このように、作況は三十五年間で十三年が何らかの凶作・飢饉に見舞われている。凶作・飢饉の発生は、二年半に一回という高確率であった。

このように、当時の甲斐は異常気象の影響で凶作や飢饉に襲われるなか、合戦は途切れることなく続いていた。これが武士・寺社・百姓などの諸階層に関わりなく、深刻な打撃となっていたことは想像に難くない。まさに信虎時代は、天災と飢饉の時代であったのである。

年ごとの物価変動の特徴と枡

信虎時代の世相をよりリアルに知ってもらうべく、当時の物価変動について検

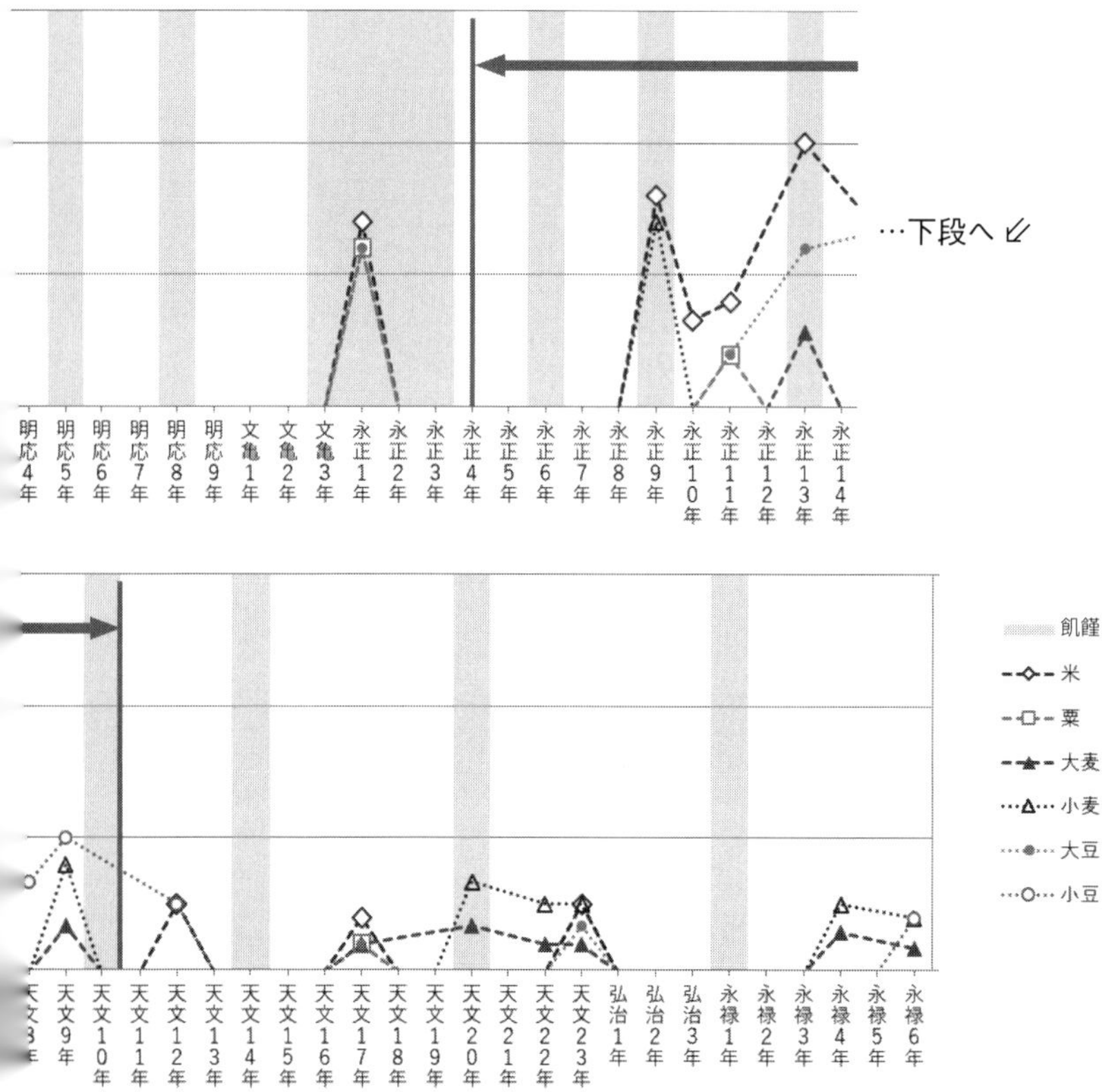

討してみたい。『勝山記』には、すべての年代ではないものの、米・大麦・小麦・大豆などの穀物相場に関する記述が断続的にみられる。それを一覧表にしたのが、図12である。この折れ線グラフの積算根拠を列挙すると、以下の通りになる。

　最古の記録は、文明五年（一四七三）である。この年は前年の凶作の影響で「甲州大飢饉」と記憶された事態であったといい、米一升＝一三〇

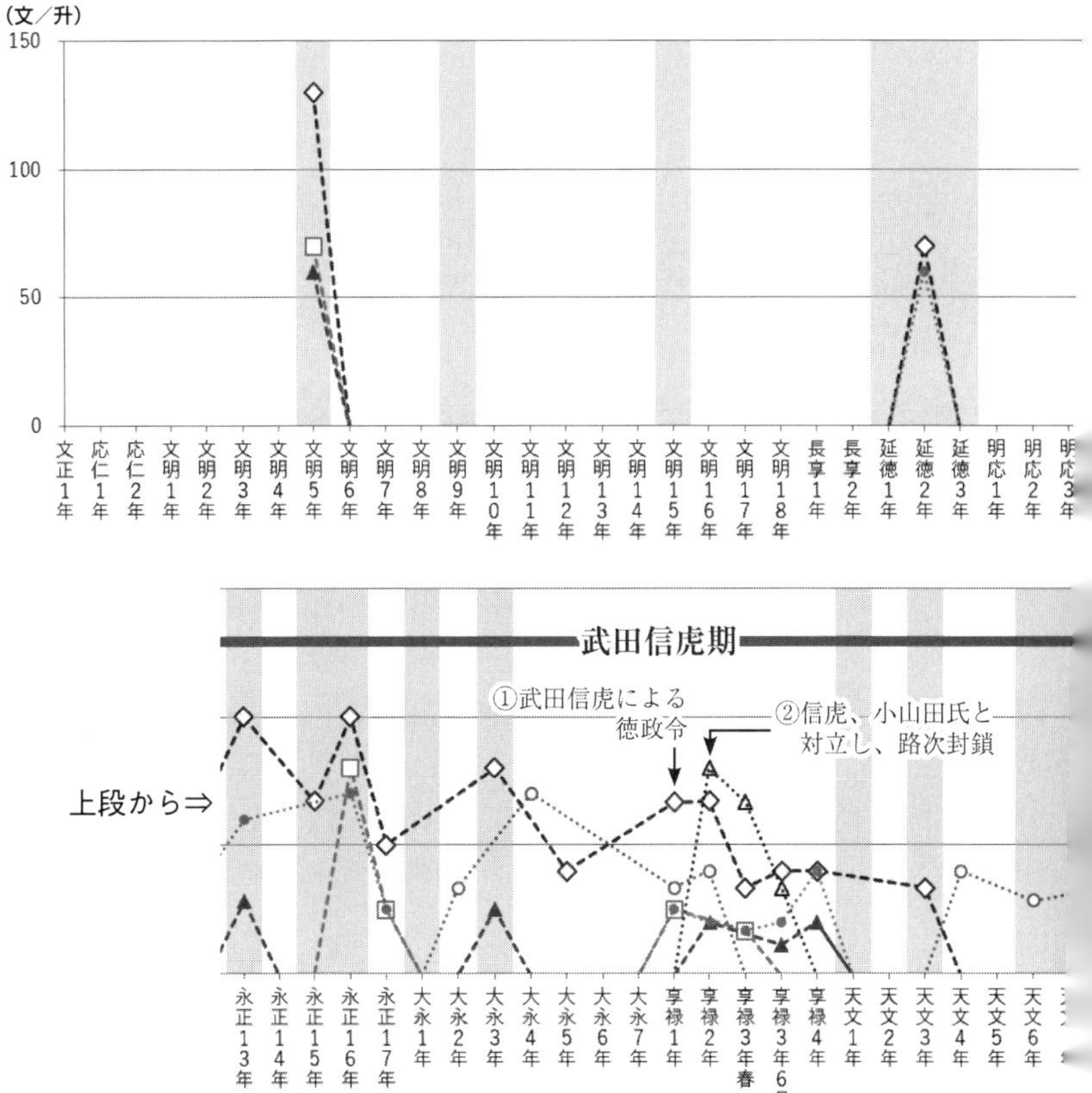

図12　甲斐国物価変動図

文、粟七〇文、大麦六〇文であった。その後、延徳二年（一四九〇）は旱魃と一転しての台風・大雨による大凶作が襲ったといい、米一升＝七〇文、大豆六〇文、粟はまったく流通せず購入できなかったという。文亀四年（一五〇四）は、飢饉の影響で米一升＝七〇文、粟六〇文、稗五〇文、大豆六〇文、籾六〇文であった。

永正九年（一五一二）は、前年の凶作による影響で飢饉となり、三月の大雪により路次不通となった。相場は米一升＝八〇文、小麦七〇文であった。永正十年は、前年が豊作であったことから、相場は安かったといい、銭一〇〇文＝米二升五合、大豆五升、粟五升、小豆三升、稗八升であったという。永正十三年は、前年の凶作の影響で相場が上がったといい、大麦は一〇〇文＝三升五合、米一升＝一〇〇文、大豆六〇文、小豆七〇文、粟は売買なしであった。永正十五年は秋が大凶作となり、「天下大飢饉」といわれた。米荷が途絶え、米一升＝六～七〇文となったという。永正十六年は、秋の収穫前までは大飢饉であったが、米は豊作となった。秋前は米一升＝一〇〇文、粟八〇文、大豆七〇文、籾六五文であった。その後、秋の収穫後になると銭一〇〇文＝粟四升、大豆四升、小豆三升となった。永正十七年は、前年の豊作で夏までは売買は順調であったといい、銭一〇〇文＝粟四升、大豆四升、米二升、小豆二升五合であった。

大永三年（一五二三）は、前年の凶作の影響で飢饉となった。相場は米一升＝八〇文、麦四升＝一〇〇文（ただし、夏の麦相場はよかったという）であった。大永五年は前年の豊作により、秋の相場は九月までは銭一〇〇文＝米二升二盃であったという。大永八年（享禄元年）は、農作物が夏の大雨の影響を受けたという。銭一〇〇文＝米一升五合、粟四升、大豆四升、小豆二升五合であった。なお、既述のように、この年、信虎は徳政令を出している。

享禄二年（一五二九）、前年秋の豊作もあって、春は問題が発生しなかった。この年は一年を通じて豊作となり、銭一〇〇文＝大麦五升、小麦一升一盃、米一升五合であるが、大原荘周辺は、銭一〇〇文差し＝米三升、大豆五升、小豆三升五合、稗一斗となったという。享禄三年は前年の豊作により、春は物価は安値であったといい、銭一〇〇文＝米三升、粟六升、大豆六升、小麦一升二盃であった。夏も順調で、銭一〇〇文＝米二升五合、大豆五升、小豆三升、大麦九升、小麦三升であった。享禄四年は、前年の豊作の影響で、銭一〇〇文＝米二升五合、大豆二升五合、大麦五升であったという。

天文三年（一五三四）は、前年の凶作により、百姓が他国に逃散するほどの飢饉であったが、大麦と稲が豊作であったようだ。そのためか、銭一〇〇文＝米三升、小豆四升となっていた。天文九年は、前年以来の凶作に見舞われており、春は飢饉であったが、夏に麦が豊作となった。そのため、銭一〇〇文＝大麦六升、小麦二升五合であった。これを最後に、信虎時代の記録に物価は登場しなくなる。

その後は、晴信（信玄）時代に入り、天文十二年は前年の豊作の影響を受け、正月から物価が安かったといい、銭一〇〇文＝四升（今枡）であった。同十七年は豊作で、世間は活気づいたといい、銭一〇〇文＝米五升、粟一斗、大豆一斗、大麦一斗、蕎麦一斗二升だったという。同二十年は、前年の凶作の影響で飢饉となり、五月まで悲惨な状況だった。その後、大麦が豊作となったが、飢饉はなお続いていたらしい。そのため、銭一〇〇文＝大麦六升（四盃入にて）、小麦三升であった。同二十二年は世間は落ち着いていたが、夏から秋にかけての旱魃で、大麦が不作だった。物価は銭一〇〇文＝大麦一斗、小麦四升であった。同二十三年は、世間は当初落ち着いていたが、旱魃であった。しかし、秋は空前の豊作となったという。物価は銭一〇〇文＝米四升、小豆五升、大豆六斗（六升の誤記か）、大麦一斗、小麦四升であった。

その後、しばらく物価の記述は途絶え、次の記録は永禄四年（一五六二）である。この年は、銭一〇〇文＝大麦七升、小麦四升であった。同六年は台風があったものの、大麦が豊作で、銭一〇〇文＝大麦一斗二升、小麦五升であった。

以上が『勝山記』にみえる物価データである。ここで、注意したいのは、枡の問題である。甲斐国は、国中・河内（巨摩・山梨・八代郡）において、甲州枡という独自の枡が存在していた。戦国大名武田氏はこれを公定枡と定め、全領国の俵入数値を換算し、統一的数値に置き換え、さらに貫高（かんだか）を設定して貫高制を確立させていた（平山・二〇〇七・八年）。

ところが、都留郡は同じ甲斐国でも独自の枡を使用していた。これを郡内枡と呼んでいる。郡内枡の方量は定かでないが、『国志』巻之二国法之部によると、甲州枡八合三勺三才三＝郡内枡一升であり、京枡に換算すると二升五合に相当したという（ちなみに、甲州枡一合は京枡の三倍で、京枡三合に相当）。『勝山記』天文十二年条に登場する「今枡」とは、郡内枡のことである。なお、『国志』は郡内枡を小山田氏の制定と記しているが、疑問である。これは、当時の在地慣行にもとづく地域枡であろう（甲州枡も同様で、武田氏の制定ではない）。このように、『勝山記』の量制は、郡内枡の数値であることに注意する必要がある。

次に、大永五年・享禄二年・天文二十年に、それぞれ「盃」という単位が登場する。この「盃」は、郡内枡の四分の一に相当し、四盃＝郡内枡一升、つまり、一盃＝二合五勺という意味だとされている（磯貝富士男・一九九四年）。そうすると、大永五年は米二升二盃＝二升五合＝銭一〇〇文、享禄二年は小麦一升一盃＝一升二合五勺＝銭一〇〇文、天文二十年は四盃入で大麦六升なのだから、四盃（郡内枡一升＝京枡二升五合）の六倍（六升）ということで、これは郡内枡六升という意味だろう（ちなみに、京枡では一斗五升となる）。すなわち、銭一〇〇文＝大麦六升、小麦三升と想定しておく。

勝俣鎮夫氏は、『勝山記』の物価表記の特徴について、豊作の年は穀物の値段を銭一〇〇文あたりの容積表示で記すのに対し、凶作の年については、穀物一升あたりの銭額表示をしていると指摘している。そして、この二つの表記方法は、それぞれ売り手、買い手に有利な売買方法（慣習的ルール）の存在を示すものと想定している（『山梨県史』通史編中世、第十章第四節）。傾聴すべき指摘といえよう。

物価高騰の要因と戦争

以上をもとに、これを折れ線グラフで表示したものが図12である。物価変動については、信虎時代に限定せず、『勝山記』の記録が残されている文明五年から永禄六年までを表示してみた。途中、物価のデータがあまりにも欠落し過ぎており、確固としたグラフとはならず、欠落部分は、数値が残っている年と点線で繋ぐという方法を採用していることに注意されたい。また、物価動向をわかりやすくするため、すべて穀物一合につき〇〇文という数値に換算しなおしてある。また、前年の凶作などにより、翌年飢饉となった年をグレーで表示した。

図12のグラフをみると、記録に残っている時期、最も米価が高騰したのは文明五年である。前年の凶作のあおりで「甲州大飢饉」と記録されている。それに次ぐのが、信虎期の永正十三年（一五一九）と同十六年である。ともに前年の凶作や台風被害などにより、物価が高騰している。とりわけ、永正十年から大永三年（一五二三）までが最も物価が高く、しかも乱高下が激しいことがわかるだろう。

永正十三年は、今川氏との合戦で敵による路次封鎖が実施され、すべての物流が途絶していた。諸物価が文明五年以来の暴騰となっているのは、これが原因であろう。その後、永正十五年は「天下飢饉」とされた時期であり、秋までは極めて深刻な状況であった。それに照応するように、物価は永正十三年とほぼ同じ高水準を記録していた。秋に豊作となったことから、ようやく息継ぎができたようだが、この最も困難な時期に、信虎は甲府建設と本拠地移転を実行している。甲斐国人らの叛乱は、こうした困難な時期に大事業を強行した信虎への不満が背景にあるのではなかろうか。

このように、物価高騰期は信虎が国人層の叛乱に最も苦慮していた時期と重なっていることがわかる。信虎が、一応、甲斐国人の叛乱を押さえきり、今川氏の挑戦を退け、穴山武田氏を帰属させ、甲斐一国をとりあえず分国としたのが大永元年であり、それを内外に宣言したのが同二年である（家臣を率いて身延山参詣、富士登山を実施）。

次に注目されるのは、信虎が徳政令を発した享禄元年（①）と、信虎と小山田信有が対立し、緊張関係を迎えた享禄二年（②）である。享禄元年の物価騰貴は特に米に顕著で、百姓らが年貢収納に苦悩していたであろう状況をうかがわせる。徳政令の発令も、永正十三年以来の危機を引きずり、この段階でそれに次ぐ物価高騰を背景にしているのだろう。

享禄二年の物価高騰は、都留郡固有の問題とみられる。それは、信虎と小山田信有が対立し、武田氏が路次封鎖を実施していたからである。その結果、主食の小麦は大暴騰しており、信虎時代では最高値をつけている。そのほか、大麦・小豆なども高騰している。これは、政治的背景が原因とみられる特殊な事例ではあるが、路次封鎖が地域経済にいかに大きな打撃を与えるかを示す貴重な証言といえるだろう。武田氏は当時、四囲はほぼ敵であったから、路次封鎖や商品流通量の低下が、たちまち甲斐一国の物価騰貴をもたらしたであろうことは想像に難くない。

穀物価格のなかで注目したいのは、実は米ではなく小麦である。図12をみると、小麦は米と比較しても、信虎期は価格が高止まりしていることがわかる。その後、穀物価格が安定するようになっても、小麦だけは米よりも高価格で推移している。これは、当時の人々の常食が小麦であったことが関係しているのだろう。日常の主食である小麦は、当然のことながら需要が高く、そのため飢饉のときはもちろん、通常でも物価を押し上げる要因になっていたと推定される。

また、残念ながら、信虎が追放された天文十年の大飢饉の物価が一切記録されておらず、その影響を実証することができない。ただ、天文九年は大麦と小麦のみ記録されている。この年は、前年の秋が通常の半分ほどの収穫で、冬は暖冬、そして年末に水害があったといい、麦作に影響が出たとみられる。それを証明するように、天文・弘治・永禄期を通じて最も価格が高騰している。もし記録が残っていれば、天文十年は凄まじい物価高騰であったことは想像に難くなかろう。

その後、飢饉などが発生しても、永正期から大永初期のような激しい物価の高騰は影を潜めている。さらに武田信玄の時代になると、すべての穀物相場は低下し、安定するようになっていることがわかる。この理由ははっきりしないが、武田氏の信濃への領国拡大が背景にあるのではないかと思われる。武田氏の戦争は、他国への領土拡大とともに、あらゆる物資の掠奪（乱取り）を目的としていた。信玄の時代、甲斐は豊かであったと『軍鑑』が記すのは、合戦に動員される武士・武家奉公人・陣夫（百姓）らが掠奪に勤しみ、他国の富をかすめ取ったからにほかならない（藤木久志・一九九五・二〇〇一年）。

つまり、信虎期のように災害・凶作が発生しても、飢饉になったり、物価高騰に直結する事態が極めて少なくなったのは、不足分を他国からの掠奪や武田氏の政策による物資流通などで補完できたからではなかろうか。逆にいえば、まだ甲斐一国の統一が達成されず、凶作や飢饉のしわよせを他国に転嫁しうる状況に達していない段階の信虎期は、戦国期のなかで最も苦しい時代だったといえるだろう。

このように、物価変動の様相をみると、信虎期は祖父信昌・父信縄期と、息子晴信（信玄）期という前後の時代と比較しても物価が高騰しがちで、甲斐の人々の生活は極めて苦しい時代だったことがわかるだろう。これは、災害・疫病という天災による影響であるが、それに加えて甲斐国内の戦国争乱が最も激しかった時期にもあたる。信虎にとって、甲斐統一のための試練であったとはいえ、内戦と天災による凶作・飢饉、さらに他国との対立にともなう路次封鎖は、穀物需要を逼迫させ、物価の高騰を招いていた。こうした事態が、信虎への不満として蓄積していった側面は否定できないように思われる。

二、信虎文書を検討する

信虎文書の編年

信虎の発給文書については、高島緑雄・柴辻俊六氏の研究がある（高島・一九六四年、柴辻・一九七四年）。とりわけ、柴辻俊六「武田信虎の領国支配」は、現在でも信虎期研究の到達点である。柴辻論文では、信虎の発給文書三十二点が紹介されている。その後、柴辻氏は「武田信虎の領国経営」を発表し、『山梨県史』、『戦国遺文武田氏編』の編集などで新たに発見された信虎発給文書を五点追加したうえで、検討を行っている（柴辻・二〇〇七年）。

今回、柴辻論文を参考にしながら内容や花押を精査しなおし、作成したのが、表3「武田信虎発給文書一覧」である。ここでは、三十八点を掲載した。このうち、書札礼（しょさつれい）・文言など不審点が多いものや、信虎と伝承されているものの、花押型などから別人と判断されるものなど、要検討のもの六点（?で表記）を除けば、信虎の発給文書として検討が可能なものは三十二点になる。

この文書一覧は、原則として武田信虎の諱・花押・印判の変遷に則って作成したものであり、年未詳の文書については、同一の花押や印判で括り、月日順に掲載している。周知のことであるが、歴史上の人物の発給文書のうち、年未詳の年代推定などは花押や印判の変遷を検討することで行われている。また、花押や印判の変更は、その人物の政治・軍事などさまざまな理由を契機に行われていると推測されている。ここではまず、信虎の諱と花押、印判の変遷について述べよう。

この文書一覧をみると、第一期（花押Ⅰ型のみ）、第二期（花押Ⅱ型のみ）、第三期（花押Ⅱ―1型のみ）、第四期（花押Ⅲ型、「信虎」方朱印）、第五期（花押Ⅲ型、「信虎」鍔型黒印・獅子朱印Ⅰ）、参考（印文未詳丸黒印＋獅子朱印Ⅱ）、第六期（花押Ⅲ型、「信」虎朱印）に区別することができるだろう。

諱・花押・印判の変遷

〔第一期（花押Ⅰ型のみ使用）・第二期（花押Ⅱ型のみ使用）〕

信虎の当初の諱は信直であった。表3No.1・2は、その当時の文書である。このうちNo.2は、「右衛門佐志」（今井信房の意志）により、弟今井信甫が竜王の慈照寺に寺領を寄進することを信直も

表3　武田信虎発給文書一覧

No.	年号	西暦	月	日	文書名	署名	充所	内容摘要	出典	備考
1	(年未詳)	—	5	18	武田信直書状	信直（花押Ⅰ）	大神宮幸福大夫	祈念への礼状	戦武41	切紙
2	(永正12)	1517	11	13	武田信直書状	信直（花押Ⅰ）	持照寺侍衣禅師	今井信房の意志による今井信甫の寺領寄進安堵	戦武39	竪紙
3	永正14	1517	3	9	武田信直禁制	（花押Ⅱ）	（広厳院）	広厳院の山中竹木伐採禁制	戦武43	竪紙
4	永正14	1517	3	9	武田信直禁制	※（花押Ⅱ）	（広厳院）	広厳寺末寺への禁制	戦武44	竪紙
5	(永正14カ)	1517	4	3	武田信直判物	信直（花押Ⅱ）	一条一蓮寺参	成島・音黒両郷水代寄進	戦武45	竪紙
6	(年未詳)	—	3	21	武田信虎判物	信虎（花押Ⅱ—1）	恵雲院	塚原山などの寄進	山資④50	竪紙
7	(年未詳)	—	8	11	武田信虎禁制	信□（花押Ⅱ—1）	なら原の広済寺	禁制	戦武104	竪紙
8	(年未詳)	—	8	13	武田信虎書状写	信虎（花押Ⅱ—1影）	長老様へ参	返書	戦武105	竪紙、信濃岩村田龍雲寺宛
9	(年未詳)	—	8	17	武田信虎願文写	（花押Ⅱ—1）	富士浅間大菩薩御宝前	願文	戦武106	
10	(年未詳)	—	8	17	武田信虎判物	（花押Ⅱ—1）	二宮	社領寄進	戦武107	続紙
11	(年未詳)	—	10	28	武田信虎判物	信虎（花押Ⅱ—1）	塩山向岳庵へ	足軽らの狼藉禁止	戦武109	竪紙
12	大永3	1523	3	—	武田信虎判物写	信虎　花押	日伝上人江	寺領寄進、諸役免許	山資④169	？
13	大永3	1523	8	19	武田信虎カ社中法度	（花押模刻）	（窪八幡神社）	社中法度	山資④483	花押が信虎のものと一致せず。他の人物の可能性あり
14	大永5	1525	8	2	武田信虎禁制	※「信虎」方朱印	向岳庵	禁制	戦武60	竪紙

15	大永5	1525	8	2	武田信虎禁制	※「信虎」方朱印	塩山向岳庵へ	禁制	戦武61	竪紙
16	大永6	1526	9	10	武田信虎判物	※（花押Ⅲ）	（塩山向岳庵）	門前敷地安堵	戦武63	竪紙
17	（大永6カ）	1526			武田信虎境内図証判	（花押Ⅲ）「信虎」方朱印	（塩山向岳庵）	寺領安堵	戦武64	No.14と同日か
18	享禄2	1529	5	24	武田信虎禁制	沙弥道因（花押Ⅲ）	称願寺江	禁制	戦武67	竪紙
19	天文2	1533	8	27	武田信虎禁制	※「信虎」鍔型黒印・獅子朱印Ⅰ	広済寺	禁制	戦武71	竪紙
20	天文3	1534	12	24	武田信虎印判状写	※御黒印、御朱印	（欠）	押立公事他禁止	戦武78	
21	天文4	1535	6	―	武田信虎印判状写	※「信虎」鍔型黒印影・獅子朱印影	（妙昌寺）	諸役免許	戦武80	
22	（天文4カ）	―	―	―	武田信虎感状写	※「信虎」鍔型黒印影・獅子朱印影	内田源四郎	七月五日富士口での戦功感状	戦武99	万沢口合戦の感状か
23	（天文5カ）	―	9	16	武田信虎書状写	陸奥守信虎（花押Ⅲ影）	謹上　逸見左京亮殿		戦武108	小弓公方府へのもの
24	（年未詳）	―	7	29	武田信虎印判状	※「信虎」鍔型黒印・獅子朱印Ⅰ	操石江	雲峰寺再建許可	戦武103	折紙
25	天文8	1539	4	吉	武田信虎カ番帳次第写	（欠）	大蔵公	客僧の番次第	戦武85	?
26	天文9	1540	7	4	武田信虎印判状写	※「信」虎朱印影	（市河の矢師）	棟役免許	戦武89	
27	命禄元	1540	7	10	武田信虎印判状	※「信」虎朱印	（西之海衆）	古関の役所免許	戦武90	折紙、命禄元年は天文9年
28	命禄元	1540	8	2	武田信虎印判状	※「信」虎朱印	海之口	伝馬役指示	戦武91	折紙、命禄元年は天文9年
29	命禄元	1540	11	27	武田信虎印判状写	※「信」虎朱印影	神座山へ	諸役免許	戦武92	命禄元年は天文9年

30	（年未詳）	—	6	9	武田信虎判物写	※（花押Ⅲ影）	菊屋坊	知行宛行	戦武98	
31	（年未詳）	—	7	16	武田信虎書状写	陸奥守信虎（花押Ⅲ影）	謹上大館左衛門佐殿		戦武100	
32	（年未詳）	—	12	6	武田信虎書状	陸奥守信虎（花押Ⅲ）	進上　六寮		戦武110	切紙
33	（年未詳）	—	12	7	武田信虎判物	※（花押Ⅲ）	北室神主殿	勝山郷棟別免許	戦武111	竪紙
34	（年未詳）	—	2	9	武田信虎印判状写	信虎　御黒印	依田中務とのへ	知行宛行	戦武95	？
35	（年未詳）	—	2	12	武田信虎書状写	信虎（花押影）	真立寺御房	法事料寄進通知	山④170	?:花押型は、従来知られている信虎のものとはまったく異質
36	（年未詳）	—	7	27	武田信虎判物写	※（花押影）	駒屋かたへ	口銭免許	戦武101	花押の形態は不明
37	（年未詳）	—	7	27	武田信虎印判状写	※印文未詳丸黒印・獅子朱印Ⅱ	さか本与九郎	知行宛行	戦武102	折紙、？
38	（年未詳）	—	—	26	武田信虎カ印判状	※印文未詳丸黒印・獅子朱印Ⅱ	平ゑもん	寺領安堵	戦武112	切紙、？

（註）※は袖花押、袖朱印を、?は要検討を示す。

了承し、安堵したものである。今井信房は、永正十二年（一五一五）十月十七日の大井合戦で戦死した。この文書は、その直後に発給されたものである。このとき使用されていた花押が、花押Ⅰ型である。その後、信直は永正十三年か同十四年に花押を変え、永正十四年三月九日の廣厳院宛禁制では、花押Ⅱ型を使用している。この使用例は、同年四月三日まで認められる（表3№5）。

〔第三期（花押Ⅱ―1型のみ使用）〕

花押Ⅰ型

花押Ⅱ型

花押Ⅱ－１型

花押Ⅲ型

大永元年（一五二一）四月十三日、信直は朝廷より従五位下・左京大夫に叙位・叙爵されている。諱を信直から信虎に改めたのは、このときと推定されている。また、それと同時に花押を変えたと考えられる。それが、花押Ⅱ－１型である。柴辻俊六氏は、表３№３～№11までの信虎花押を花押Ⅱ型で一括しているが、詳細に観察すると、花押Ⅱ型に比べて花押Ⅱ－１型は天地の幅が狭く、左右に伸びる形態であり、とりわけ右隅に向かって伸びる線が特徴的といえる。似通ってはいるが、明らかに形態が違うと判断できる。そして、花押の大きさもやや大振りとなっており、甲斐国の武家で唯一叙位・叙爵を受けた誇りを印象づけるものと考えられる。

〔第四期（花押Ⅲ型、「信虎」方朱印）〕

信虎は、大永六年九月から花押Ⅲ型の使用を開始しており、これが追放されるまで、武田家当主として彼が使用し続けた花押となった。ここで注目すべきは、大永五年八月を初見に、信虎は「信虎」

と刻んだ方形単郭朱印の使用を開始していることだ。この「信虎」朱印は三件使用例があり（No.14・15・17）、その大きさは二・七cm四方である。この諱を使用した朱印は、単独で文書の袖に捺された使用例が初見で（No.14）、同様の単独での袖朱印としての使用例がもう一つ残されている（No.15）。この袖朱印の使用方法であれば、花押の代用と思われるのだが、必ずしもそうではなく、No.17では花押Ⅲ型と併用して使用されている。これは、花押の代用印としての使用法と、花押との重判という使用法についての使用基準が明確になっていなかったことを示しているのではなかろうか。少なくとも、No.13・14の使用例は袖花押の代用としての性格が強い。

そして、この「信虎」朱印こそ、戦国期甲斐で初めて使用された朱印である。使用開始時期が大永五年からどれほど遡るのか確証はないが、花押Ⅱ―1型から花押Ⅲ型への変更は同じ時期に行われ、花押変更と朱印使用開始理由もまた同様の理由によるものではないかと思う。

「信虎」方朱印

そこで、信虎が花押変更と朱印使用の開始を意識した出来事とは何かと考えると、甲斐に侵攻してきた今川軍を最終的に撃退し、その後、家臣らを率いて身延山久遠寺で授法を受け、さらに都留郡に転じて富士登山を果たし、八葉めぐりを行った大永二年が思い当たる。大永二年は事実上、信虎が甲斐統一を果たした画期にあたっていた。ただ、この時期の統一はまだまだ不安定で、その後、諏方氏との対立や国人らの叛乱もあり、完全なる甲斐統一は

「信虎」鍔型黒印・獅子朱印Ⅰ

天文元年にずれこむ。だが、大永二年の段階で穴山武田氏は帰属を果たし、今川氏との勢力圏の境界を甲駿国境に押し戻すことに成功した。また、都留郡小山田氏の帰属もほぼ固まった。こうした実績を背景に、信虎は朱印を創設したのであろう。花押の変更もまた、同じ理由によると思われる。

〔第五期（花押Ⅲ型、「信虎」鍔型黒印・獅子朱印Ⅰ）〕

ここでは、花押Ⅲ型、「信虎」鍔型黒印・獅子朱印Ⅰの時期として分類したが、これは重判として使用されたという意味ではなく、両者が併存し、別々に使われていたということである。両者が、第四期のように重判として使用された事例は知られていない。

信虎は、天文二年八月を初見に、新たな印判の使用を開始する（№19）。それが、「信虎」と刻んだ二重郭の鍔型の黒印と、一匹の獅子を刻んだ円形二重郭朱印（以下、獅子朱印Ⅰ）の重印である。黒印は外郭四・九×三・七cm、内角は四・三×三・二cmを測る。また、獅子朱印Ⅰは外径五・六cm、内径五・〇cmを測る（№19、なお、№24の獅子朱印Ⅰは、外径五・八cm、内径五・一cmと若干大きさが相違する）。このうち、獅子朱印Ⅰはその名の通り、獅子の姿が刻まれているのが特徴的である。しかもその姿は、顔を左下に向けて座り、左前足を少し上げている。これは、獅子朱印Ⅱの獅子とは異なる姿勢である。

信虎による、二種の印判を重ねて捺す方法について、相田二郎氏は、禅僧が諱と字との文字を印文に刻み、両種を同一の紙面上下に並べて捺す影響を受けたものと指摘しつつ、これは東国の武家では初見事例ではないかと述べている。そして、信虎の重判は文書の証拠力を高めるためという意味のほかに、印影に荘重さをくわえようという意図があったと推測している（相田二郎・一九三八年）。

獅子印判Ⅰの使用は天文二年が初見なので、おそらく天文元年九月に今井信元を降伏させ、甲斐統一（「一国御無為」）達成を契機に使用を開始したものであろう。この印判は、「信虎」の諱印がひときわ目をひく大きさであり、しかも獅子を刻んだ朱印を併用し、袖朱印として用いているところなどは、信虎の権力確立を誇示しているとみられる。

〔参考（印文未詳楕円形黒印＋獅子朱印Ⅱ）〕

印文未詳楕円形黒印と獅子朱印Ⅱの組み合わせの文書は、現在、二点確認されるが、すべて年未詳であり、使用時期の確定が難しい（No.37・38）。印文未詳黒印は、No.37では二重郭で、外郭二・九×一・五cm、内郭二・五×一・二cm、獅子朱印Ⅱは外径三・九cm、内径三・四cmを測る。また、No.38では印文未詳黒印は外郭二・九×一・五cm、内角二・七×一・四cm、獅子朱印Ⅱは外径三・八、内径三・五cmを測る。獅子朱印をみると、獅子の姿が顔を左下に向けて座っているところは獅子朱印Ⅰとの共通性が認められるが、両足をしっかりと伸ばして座る姿勢が明確に相違している。これらの

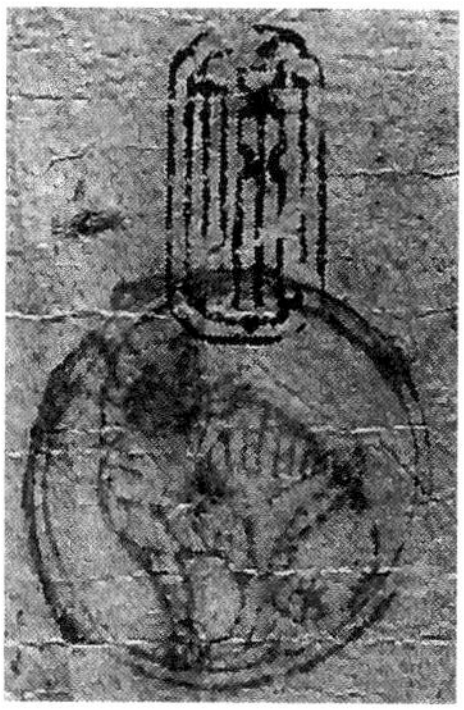

印文未詳楕円形黒印・獅子朱印Ⅱ

「信」虎朱印

データは、ほぼ一致しているが、『山梨県史』の所見では、No.37は後世の作成ではないかと指摘し、No.38は信虎のものとは断定できないとしている。

確かに、二点を見る限り、書札礼といい、文言といい、信虎が発給した公文書とは思えぬ稚拙さが目立つ。これらのことから、この二点は当時のものとは考えられないものと推定し、信虎文書から除外する。

〔第六期（花押Ⅲ型、「信」虎朱印）〕

ここで注意していただきたいのは、花押Ⅲ型、「信」虎朱印として分類したが、これは重判として使用されたという意味ではなく、花押はⅢ型を使用し続けつつ、朱印は単独で「信」虎朱印を使用したということである。両者が重判として使用された事実は、管見の限り知られていない。

「信」虎朱印は、命禄元年（天文九年）七月を初見に、おそらく天文十年六月に追放されるまで使用された朱印と考えられる。この朱印は二重郭であり、その内部の中央上に「信」が配置され、その下に二頭の獅子が交互に座っている様子を刻んだものである。この「信」虎朱印は外径六・七cm、内径五・七cmを測る（No.27）。現存するこの「信」虎朱印のスケールはほぼ同じである。後に武田信玄が創設し、武田氏の家印と位置づけられた龍朱印は、外径約六・一cm、内径約五・五cmであるので、遜色ない大きさである。

「信」虎朱印の特徴は、まず袖朱印であることと、棟別役・伝馬役・関所の役銭免許など、諸役免許状に使用されていることである。これは、領国統治の象徴として使用され始めたことを意味し、この朱印なくしていかなる諸役も免除されることはなかった。まさに、武田氏を頂点とする諸役賦課体系の確立を背景に使用が開始されたことがうかがえる。

しかも、使用開始時期が信虎の信濃国佐久郡制圧の直後であることは、注目に値するだろう。甲斐国八代郡の市河大門に居住する矢師への諸役免許は、戦争の激化に対応した矢の調達と確保を意図したものであるし、信濃国佐久郡海ノ口への伝馬免許の原則提示も、この地域を制圧し、甲斐の交通網と連結させる政策の一環として作成されたものである。これらの事実から、信濃佐久郡への領国拡大が、「信」虎朱印創設の背景であろう。

印判にみる自意識

以上のように、信虎の花押と印判使用の変遷とその背景について検討してきたわけだが、後の武田信玄・勝頼と比較して言えることは、特に権力の象徴たる印判の内容に、大きな相違があることだ。信玄は龍朱印を創設し、これを武田氏の家印に位置づけた。この方向性は、勝頼にも受け継がれている。しかし、そこには、当主個人を連想させるものは何も刻まれていない。あくまで、想像上の動物、龍だけが刻まれている。だが、信虎が使用した二つの印判（「信虎」鐗型黒印・獅子朱印Ⅰ、「信」虎朱印）は、ともに信虎個人を表示する「信虎」「信」が刻まれているところに特徴がある。これは、信虎の強烈な自意識の表れと思われる。

彼は、激しい内戦から甲斐を統一し、やがて対外戦争に成功して信濃に領土を拡大したことを、自らの成果として、そして権力の強大さの根拠として誇ったのであろう。領国支配の象徴たる印判に、自らの諱と象徴としての獅子や虎を共存させたのは、信虎が自らを誇り、それを内外に示す意図があったと思われる。そこには、当主の人格と、領国を支配する武田家という権力主体との区別、分離がまだなしえていない状況がうかがえるのである。

三、進展する領国支配

文書からみる権力確立過程

武田信虎は、家督相続以来、国内の反武田方の国人層やそれを支援する他国の国人・大名と激しい抗争を繰り広げてきた。その過程で、信虎は甲斐の諸階層より、その権力と権威を認定されていくことになる。これこそ、武田氏の覇権確立過程そのものであり、武田氏こそがすべての領主よりも上に立つ、上位権力として諸階層から受容され始めたことを意味しているといえるだろう。

そこで、現在知られている信虎文書のなかで最も年代の古い、永正十二年（一五一五）十一月十三日の武田信直書状を検討しよう（表3№2、なお煩雑なため、信虎で統一）。

為右衛門佐志、上曽祢之郷之内臥候今井分之事、左馬助方寄進候、於末代不可有相違候、為其一筆令進之候、恐々謹言

十一月十三日　　信直（花押Ⅰ）

持照寺　侍衣禅師

この文書には、実は関連史料が現存している。それは、右の信虎書状の文中に「左馬助方寄進候」とある、今井左馬助信甫の寄進状である（戦武四〇号）。

為右衛門佐志、上曽祢之郷之内ニ臥候今井分事、奉寄進候、於永代不可有相違候、為其御屋形信直直札申請、相副令進覧候由、可得芳意候、恐惶敬白

十一月十三日　　左馬助信甫（花押）

謹上持照寺参　侍衣閣下

これは、大井合戦で戦死した今井信房の遺志を受け、実弟の今井信甫が竜王の慈照寺に上曽祢郷（甲府市中道町）内にあった今井氏の知行地を寄進したものである。この際、信甫はこの寄進を確実なものとするため、御屋形武田信虎に申請し、直札（じきさつ）を発行してもらったのであった。これは、今井信甫の寄進行為を武田信虎に承認、安堵してもらったわけである。このことは、今井信甫だけの領主権では、寄進行為の永続性や安定性に不安があり、それを自覚していた信甫が、武田氏からの安堵と保障を得

たものとみられる。このことは、武田氏が個別領主権を保障する強力な後ろ楯として、彼らから認識されていたことを示している。

このほかに、寺院への寄進行為として信虎自身が行った事例もある（表3№5）。

成島・音黒両郷水代事、傑山・孚山御寄進候之間、於末代可為一条一蓮寺領事無紛候、誰人成共不可有違乱之儀候、仍為後証状如件

（異筆）「于時永正十四年丁丑」

四月三日　　信直（花押Ⅱ）

一条
　一蓮寺
　　参

これは、甲府一蓮寺（時宗）に対し、祖父信昌・父信縄が同寺に寄進した、成島・乙黒郷（中央市）の水代を信虎が安堵した証文である。この水代とは、武田氏が開削した堰（用水路）を利用する成島・乙黒郷が、用水代として納入していたものとみられ、これを信昌は過去に一蓮寺に寄進していたのであった。信縄もこれを引き続き了承しており、今度は信虎がこれを承認したものだ。この安堵状が、一蓮寺からの申請により発給されたものであることは、文中に「於末代可為一条一蓮寺領事無紛候」とあることからうかがえる。一蓮寺は、水代徴収の権利確認を信虎に求めたのであった。一蓮寺が信虎に確認を求めたのは、この水代の権利が複数の他者から侵害を受けていたからであろう。文中に「誰

人成共不可有違乱之儀候」とあるのは、一蓮寺が権利の侵害に悩まされていたことを示している。そして、一蓮寺が信虎に寄進安堵の証文を申請したのは、彼こそが、武田信昌・信縄が寄進した水代の徴収を保障できる唯一の権力と認識していたからである。

このことを端的に示すのが、信虎文書で数多くみられる禁制である（表3№4）。

禁制　（花押Ⅱ）

右於当山中、伐竹木致狼藉事、於背此旨輩者、堅可加成敗者也、仍制止如件

永正十四年丁丑三月九日

この禁制は、曹洞宗中山廣厳院宛のもので、同寺で竹木伐採の狼藉をする者については成敗することを明示している。この禁制により廣厳院は、もし狼藉を受けたら、ただちに武田氏のもとへ上訴することで、狼藉の抑止と排除ばかりか、その処罰をも保障されたわけである。この不法排除は、不特定多数を想定したものであるが、具体的には武田家中の者に対する証文も存在する。

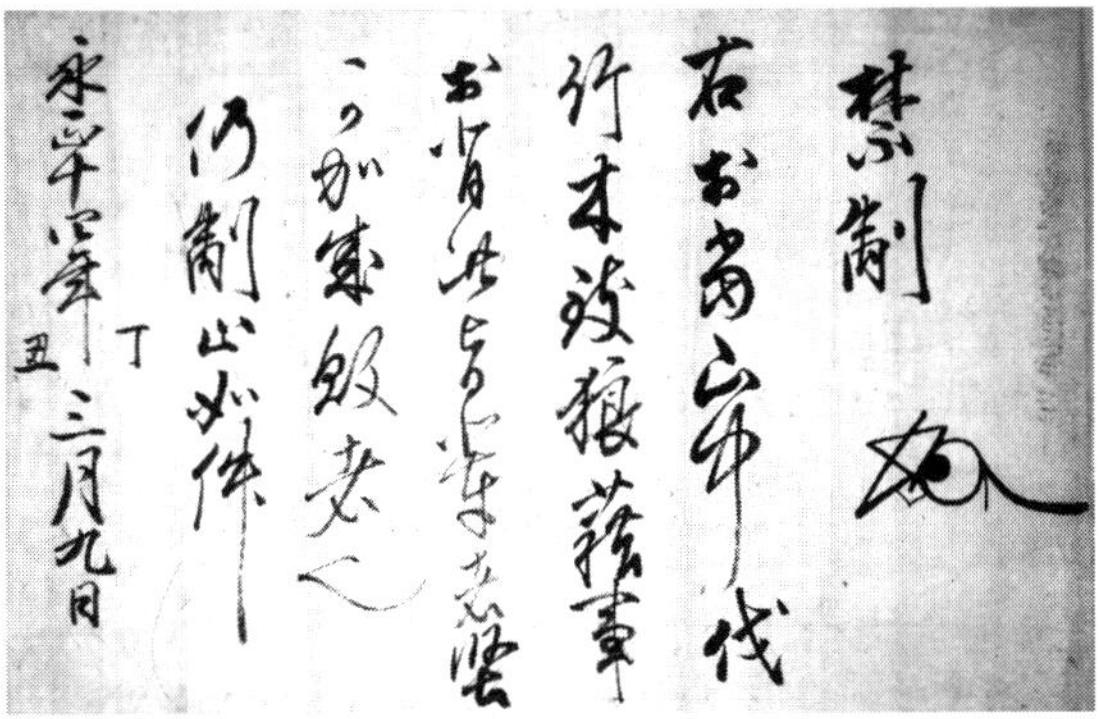

永正14年3月9日付け武田信虎判物　山梨県笛吹市・廣厳院蔵

【表3№16】武田信虎判物

（花押Ⅲ）
右塩山門前敷地之事
於井尻之地頭、自今已後不可有其綺者也、仍執達如件
大永六年丙戌九月十日

【表3№11】武田信虎判物
塩山之事、諸事可為如傑山・孚山之御掟候、特足軽已下兎角之義申候者、御成敗可被成候者也
十月廿八日　　信虎（花押Ⅱ―1）
塩山向岳庵へ

表3№16は、塩山向嶽寺の門前敷地（寺領）に対し、井尻郷（甲州市塩山上井尻、山梨市下井尻）の地頭の介入を不法と認定した証文である。この証文は、向嶽寺からの訴えを受けて信虎が出したものであろう。「井尻之地頭」とは、具体的に誰なのかは定かでないが、武田氏の御家人であることは間違いなく、その非法の排除を約束したものである。

次の表3№11は、同じく塩山向嶽寺に信虎が出した証文である。ここでは、かつて祖父信昌、父信縄と向嶽寺との間で取り交わした諸々の保障内容を確認するとともに、それを否定するような不法行為を行う者たち、とりわけここでは足軽が名指しされ、彼らの非法を禁止している。しかも、もしそれが行われたら、ただちに成敗（処刑）すると信虎が宣言しているのである。

ここに、武田氏の先代、先々代が安堵した寺院の諸権利を、信虎が引き続き確認・安堵するとともに、それを侵害しようとする者への厳しい姿勢と、法秩序維持のために、検断権の発動が可能な上位権力であると信虎が認識されていたことがよく示されている。つまり、地頭（個別領主）や足軽の恣意を抑止し、処罰できる上位権力として、信虎は諸階層から認識され、受容され始めていたのである。

戦国争乱期に、武田氏と対立する跡部景家（長禄二年〈一四五八〉）、栗原昌種（永正元年〈一五〇四〉）、油川信恵（明応期）らは、かつて武田氏が寺院に寄進したり安堵した諸権利を、それに代わって保障する証文を出したこともあった（山④三八四号、三八七号、八〇八号）。それほど、武田氏はその当時、危機的な状況であり、もはや寺院からも権利を保障してもらうに足る存在とはみなされなくなりつつあったのだった。嗅覚鋭い在地の人々は、領主層の力関係には敏感だったのだろう。もしこのまま武田氏が衰退すれば、ほかの領主が上位権力として台頭し、諸階層はそれを認知し、受容していたことであろう。信虎は、その状況を覆してきたわけである。

「上意」の形成とその受容

こうして戦国争乱を勝ち抜くことにより、頼みになる上位権力として認定されていった信虎は、「御屋形様」としてだけでなく、その権力意志や命令を「上意」と認識されるに至った。

それまで武田氏の当主は、『勝山記』などをみると、信縄は「物領」（明応元年条）、「物領殿」「当国ノ守護殿」（永正四年条）、信虎は「屋形」（永正十二年条）、「御屋形様」（同十三年条）、「屋形様」（同十六年条）などと記されてきた。ところが、甲府建設の翌永正十七年には「此年ノ三月府中ニテ以上意万部法華経ヲマセ玉フ」と記され、信虎の命令を「上意」と記録し始めている。さらに、信虎率いる足軽衆のことを「上意ノ足衆」と明記している（永正十七年条）。また、大永五年には「当国、新九郎御和睦」「駿河ト甲州ハ未和睦無シ」「当国ト管領又々和睦也」などのように、信虎は北条・今川・関東管領上杉氏など、他国を支配する大名との和睦を実行しうる、唯一の外交主体として認識されている。しかも、信虎の外交方針は甲斐一国を代表し、かつその意志に武田家中の人々を従わせる存在であると認定されていることは、極めて重要であろう。

その後も、享禄五年条には小山田信有が本拠地を中津森から谷村に移転した際に、武田信虎も家中の人々を率いて祝儀に駆けつけた模様を、「御上意ワタマシ御越被食候、一家国人皆々御越候」と記している。天文五年、信虎の意志に背いた前嶋一門に切腹を命じた時の記述には「当国府中ニテ前嶋一門皆上意ソムキ腹ヲ切申候」とある。

このように、信虎の意志や命令は、在地社会において個別領主や国衆を上回る「上意」と認識されていた。『勝山記』では、武田信玄時代になると、都留郡においては、武田氏の命令や意志は「上意」、小山田氏のそれは「御意」として明確に区別されている（平山・二〇〇二年）。こうした武田氏を頂点とした権力秩序の認識は、父信縄時代には認められず、その時代はあくまで甲斐守護職や武田家の惣領という認識に留まっていた。だが、信虎はそれを越えて、個別領主の力を押さえ、在地社会の混乱などを回復し、秩序を維持しうる唯一の権力であり、主体である「上意」としての地位を確立していったのである。

享禄二年十月、武田家臣小田切秋連(あきつら)は、聖応寺(しょうおうじ)の塔頭金慶軒(きんけいけん)（金鶏院）に寺領を寄進した（戦武六八号）。その寄進状には、冒頭から「上意を申請、於于聖応庵、御所はたけ、同見たう山南平、末代きしん申候」と明記され、小田切の寄進行為は信虎の許可を得て実施されており、金慶軒の所有もまた、彼の保障によって安堵されていた。小田切が「上意」の許可を得たのは、寄進により小田切氏の所領高が減少し、それに賦課される知行役に変動が出るため、その了承を取り付ける必要があったからであろう。このことは、前掲の、今井信甫による慈照寺への寄進も、同様であったと推察される。

「上意」としての地位を信虎が自認していたことは、次の信虎文書が端的に示しているといってよかろう（表3№20）。

御黒印御朱印

古文字虎

「(原註)此朱印信虎之朱印之由申伝候」

一をしたてくし

一さだまらさるやく

一たいめの斗
一其外何事なり共、地下において地とうよりほかに上意のよし申付候ハ、、その者をめしつれまいるへく候、なに事成共、此御印判をもつて申付候ハん事ハ、ほうこう申へき者也
天文三年十二月廿四日
（充所欠ママ）

この信虎の印判状写は、在地社会に賦課されていた不当な課税を抑止するために出されたものである。文中の三ヶ条のうち、①押立公事（不当な公事を、無理強いして賦課すること）、②不定量な諸役（諸々の課役の分量を決めずに、勝手気ままに賦課すること）、とある。問題は、③「たいめの斗」の部分の解釈である。まず、「斗」を枡と解釈するか、「計」（はからい）と解釈するかで、意味が違ってくる。そもそも「台目」とは、田一町につき、その収穫の四分の一を田税として収取したという意味と、全体の半分以上、もしくは三分の二（すなわち大部分）という意味から、収穫の大部分を収取するという意味がある（『節用集（せつようしゅう）』『日葡辞書（にっぽじしょ）』ほか）。この場合、枡と解釈すると、第一・二条との関連が判然としなくなるので、この場合は、田地の収穫のほとんど（半分もしくは三分の二）を不当に取り上げるという意味と考える。

さすれば、当時の甲斐では、三ヶ条にみるような、個別領主による不当で恣意的な課役が在地社会に広く賦課されており、多くの人々が苦悶していたことがうかがえる。在地社会はこれへの対応を武

田氏に求めた結果、この文書が発給されたとみられる。

　ところで、この文書は充所が欠如しているため、誰が信虎に申請し、文書を受け取ったのかは判然としないものの、「地下(じげ)」を保護の対象としていることから、武田氏の御家人となった在村被官か、郷村宛のどちらかと考えられる。興味深いのは、まず不当な諸役を賦課してくる主体が、地頭（個別領主）もしくはその他の者（武田氏の被官層）であることである。次に、彼らがほんらい在地社会に賦課することのできないような分量の課税を、平然とふっかけることが可能であったことだ。ではなぜ、そのような恣意的賦課が可能とみなされ、また「地下」さえも、苦悶しながらも応じなければならぬと認識していたのだろうか。それは、課税を賦課する主体が「上意」（武田氏）からの指示だと提示されていたからにほかならない。

　このことから、信虎期の諸役賦課は、原則としてその地域の「地下」を支配、管理する「地頭」（個別領主、この場合は知行主であろう）を通じて行われていたと推察される。ところが、「地頭」やそれ以外の者が、「上意」の権威を背景に「地下」への不当な（つまり「上意」＝武田氏から命じられていないのにもかかわらず、それと偽って）課税をすることがしばしばあったようだ。これに不満を持った「地下」は、「地頭」やその他の者の諸役賦課の正当性を支える「上意」（武田氏）に、その不当性と排除を訴え出たわけである。

　信虎は、これについて印判状で回答したのであった。「地頭」が「上意」を背景に恣意的収奪に動いていることを知った信虎は、右の三ヶ条に及ぶ不当な課役の存在を否定、禁止した。そして、信虎は、「地頭」（知行主）以外の者が「上意」と称して「地下」に課税してきた場合は、その人物を武田氏のもとへ連行するように命じた。当時の地域社会は自力の村であり、武力を保持して治安と安全保障、法秩序の維持を自ら担っていたことはよく知られている。信虎は、その自力救済を「上意」を背景に課税を命じる人物に発動することを許可、指示したわけである。当然、「上意」を偽ったのであれば、武田氏によって処罰されることになった。

重要なのは、続く信虎の次の指示である。それは、「なに事成共、此御印判をもつて申付候ハん事ハ、ほうこう申へき者也」とある部分だ。信虎は、武田氏から正式に命じられる諸役・諸公事賦課は、「地頭」を通じてであるとともに、信虎の印判を据えた公文書によって実行されることを明示した。そして、信虎の印判状によって命じられた諸役賦課には、無条件で応じなければならない（それ以外には従う必要はない）ということを明らかにしたのである。ここに印判状は、個別領主や横暴人などによる地域社会への不法を排除しうる公文書と位置づけられた。そして、彼らを越える上位権力の意志（「上意」）の象徴として提示されることになったわけである。

信虎が、領主階級と在地社会との紛争に介入し、その解決に当たっていたことは、「黒駒之称願寺中、不可有狼藉候、同門前諸役、就于侘言指置候、兎角申方候者、可処罪科者也」（称願寺宛、表3№18）、「一地頭・代官いろひあるへ□□□（からす）」、「此旨そむき候ハん輩者、堅□□（成敗）すへき者也」（広済寺宛、

表3№7）などからもうかがえる。これらの文書から、信虎は在地社会からの「侘言」（訴訟）を受け、実態の調査にあたり、理非を糺し、「罪科」認定や場合によっては「成敗」（処罰）など責任をもって実行していた。それはまた、在地側にとっても、自力では到底抗し切れぬ領主階級を掣肘、処罰しうる唯一の上位権力として、信虎は輿望を集めていたのである。

争乱のなか、信虎は武田氏による諸役賦課を実施し、甲府建設、戦争の実行などを行ったわけだが、その過程で、領主層と地域社会の軋轢がさまざまな形で顕在化していた。信虎は、「地頭」（知行主、個別領主層）の領主権に依拠し、彼らを通じて諸役賦課体系の整備を図っていた。いっぽうで、不当な課税を行ったり、「地頭」ではないにもかかわらず、勝手に「上意」を偽って課税をふっかけてくる者は後を断たず、在地社会（「地下」）との紛争が激しくなっていたらしい。信虎は、この対立にあたって、「地下」からの訴訟（「侘言」「めしつれまいるへし」）を認め、奨励し、自らその問題解決の唯一の主体としてそれに臨んでいた。信虎の理非の判断で、横暴人らは「成敗」「罪科」など、武田氏による検断権で処分されたわけである。

このようにみてくると、信虎は領主層と在地社会との紛争や対立に際し、その調停と不法排除を通じて、領主階級と在地社会への支配力を強化していったと考えられる。それを支えたのは、争乱を勝ち抜くことで領主層を自らの御家人として従属させ、その統制下に置いた現実である。これは、信虎を頂点とした、位階制編成という領主権力内部の秩序の存在にほかならなかった。そして、「上意」

と印判状はその象徴であった。在地社会はその現実を受容し、武田氏の当主信虎（「御屋形様」「上意」）と結びつき、利用することで領主層からの不法などを排除し、自らの存立と安寧を維持したのであった。それは、下からの武田氏の権力構造の捉え返しにほかならなかった。かくて、武田氏を「上意」とみなし、その権力行使の正当性を受容する意識は、領主階級に留まらず、在地社会にも同意という形で定着していったと考えられる。

諸役賦課体系の形成

信虎の発給文書や同時代史料を見ていくと、武田氏は甲斐国に諸役賦課を実行し始めていたことが知られる。既出の史料では、成島・乙黒郷より徴収していた「水代」（用水料、堰料）、「門前諸役」（黒駒称願寺宛禁制、表3No.18）などである。このほかに、「一棟別とるへからす」（広済寺宛禁制、表3No.19）などがみられる。

右のほかには、「めうしやう寺之事、諸役御免」（妙昌寺宛印判状写、表3No.21）、「門前諸公事」（向嶽寺宛禁制、表3No.14）、「むねやく免許」（市河の矢師宛、表3No.26）、「ふつせきの役所免許」（西之海衆宛、表3No.27）、「夫てん馬」（海之口郷宛、表3No.28）、「諸役并口銭伝役」（神座山宛印判状写、表3No.29）、「駒屋之馬口三疋之分被下置候者也」（駒屋宛判物写、表3No.36）、「勝山之郷棟別之事、被為指置候者也」（北室神主宛判物、表3No.33）などが、信虎発給文書の文中に登場する。

このうち、「諸役」とはもろもろの雑税の総称であるが、武田信玄・勝頼の時代では、原則として棟別銭・人足普請役・諸々の公事などの総称である。信虎の発給文書から読みとれる「諸役」は、①棟別銭、②諸公事、③関銭（口銭）、④伝馬役である。また、信虎は父信縄の菩提寺恵運院に対し「塚原山・権現山・鐘推堂山」を寄進しているが、これは山の用益（木や竹、下草など）の直接的利用はもちろん、この山に入る百姓たちに対する山手銭・山年貢・山諸役の徴収権を意味している（平山・二〇〇八年）。

このほかに、『高白斎記』をみると、「七月大壬午二日報恩寺門前ノ者共御普請御赦免」（大永六年条）とあり、報恩寺の寺領の村々（門前とは寺領のことをいい、門前百姓とは寺領の村々の人々を指す）に対する御普請役が免除されている。このことから、御普請役の賦課・整備もなされていたことがうかがえる。

これらをみると、信虎期には信玄・勝頼時代にみられる武田氏の諸役賦課（税制）はほぼ出揃っていることが知られる。ただ、残念なことに、これらの諸役の賦課対象の設定のための台帳整備などの過程については、まったくわからない。ただ、信玄時代の状況をみると、武田氏の諸役賦課体系は、郷村・町宿ごとに家屋の調査が実施され、棟別を基準に行われている。信虎期も、棟別が諸役賦課体系の軸であったことは、大永二年に「自正月二日、国中棟別、寺社共」とあることからも確実と思われる（『小年代記』）。

では、信虎がいかにして甲斐国の棟別を把握したかといえば、まったく不明というほかない。信玄の場合は、父信虎を追放した翌天文十一年から棟別帳の作成を開始している。これは、父信虎時代のものの再調査なのか、信玄が新規に作成したものかは明らかでない。ただ、信虎時代に棟別銭を賦課している事実がある以上、その台帳が存在したことは間違いなかろう。通常、室町期の守護は村の家数把握はおろか、棟別徴収のための機構すら備えておらず、棟別銭賦課・徴収の体系のすべてを、山伏による村々への旦那廻りと勧進に依拠したことが指摘される。山伏は、勧進のための旦那とその家数を把握しており、守護はそれに依拠して棟別銭を集めていた（榎原雅治・一九八六年）。

信虎も、おそらく同様の方法で実施していたとみられ、山伏からの情報をもとに棟別台帳を作成した可能性がある。実は、信玄時代も初期のころは、山伏などの宗教者による家数把握や徴収作業の名残がうかがえるとの指摘もある（黒島敏・一九九八年）。

また、これらの諸役の賦課と徴収については、前記のように「地頭」と「代官」がそれを実施していたようだ。信虎の禁制や判物をみると、諸役賦課・徴収は「地頭」もしくは「代官」がそれを担っている様子がうかがえる。それゆえに、諸役賦課・徴収をめぐる紛争は、地頭・代官と在地社会との間で展開されたのであり、信虎はその調停と裁許を実施することで、上位権力として君臨していたわけである。

なお、信虎は一国平均役としての段銭の賦課・収取を行っていない。これは、信玄・勝頼も同じで、武田領国のうち、甲斐・信濃では段銭賦課・収取は行われていなかった。これは、武田氏が制圧した駿河などとは対照的である。この要因について、甲斐・信濃では棟別役の体系に吸収されてしまったとの学説もあるが（柴辻俊六・一九八二年）、実際には、室町幕府が段銭賦課体系の整備を実施した時期にあるとみられる。

段銭などの一国平均役賦課・徴収の権限は、康暦年間（一三七九〜八〇）に朝廷から室町幕府に移管され、幕府の諸制度の一環として整備されていく。そして、段銭の賦課・徴収権は、守護による請負となった（守護段銭の成立）。その時期は、応永（一三九四〜一四二八）・永享（一四二九〜四一）期にかけてであり、この頃、各国の守護は図田帳（太田文）作成（領国の公田を調査・確定する作業）に取り組んでいた。ほぼ時期を同じくして、守護は、地頭御家人役（所領高〈年貢高〉を根拠とする）の賦課・徴収も請け負っており、これもまた国内の武士層の所領把握を前提としていた。これらは「国役」と呼ばれている（田沼睦・二〇〇七年、市原陽子・一九七四年）。

また、守護段銭は幕府に対しては定額請負に固定化され、実態は守護の実権による賦課・徴収に変貌していく。この過程で、守護は領国より徴収した守護段銭の一部を国人層や土豪層に給与・免除することで知行として充行い、被官として編成することに成功する（段銭知行制）。

ところが、武田氏の分国甲斐国は、守護段銭の整備が実施されないままであった。つまり、甲斐国内の国衙領（守護領・公田）、荘園（寺社本所領）、武家領（国人領）を調査した図田帳（太田文）は、ついに作成されなかったのである。その原因はいうまでもなく、図田帳作成の主体である守護武田氏が、応永・永享期に不在だったからにほかならない。

実は信濃国も同様で、大塔合戦（応永七年）により守護小笠原長秀が国人層によって追放されたため、しばらく幕府直轄となった。小笠原氏が守護として信濃に復帰するのは、応永三十二年（一四二五）に小笠原政康（長秀の弟）が守護に補任されてからのこととなる。およそ二十五年の空白期があったわけで、その間、信濃国の国衙領や荘園は国人層に押領され、支配が困難となったとされる。こうした事情により、信濃でも守護段銭が整備されなかったのであろう。

信虎・信玄・勝頼三代は甲斐・信濃において、台帳整備も、そのための調査も、賦課・収取の経験や実態すらない段銭を財政基盤に据えることはついになかった。しかしながら、信虎期の税制の実態については不明な部分が多く、今後の検討課題である。

四、信虎を支えた家臣団

軍事力編成の展開

信虎が、戦国争乱を勝ち抜くために編成した軍隊についての研究は皆無である。その理由は、いうまでもなく史料の欠如にある。そこで本節では、数少ない史料をもとに検討を試みたい。

これまで、信虎の政治・軍事の動向を叙述してきたわけだが、そこで明確となったのは、当時の武田軍は、譜代・国人が自らの家来を引率し、結集したかたちで編成されていたことだ。

例えば、永正十二年（一五一五）の大井合戦において、武田軍で戦死した大将分は於曾氏（武田家一門）、府中今井信房、飯富道悦・源四郎父子、板垣備中守、甘利（以上、譜代）、小山田大和守（従属国衆の一門）などであった。また、永正十七年の栗原・大井・今井三氏の同時叛乱に際しては、譜代の板垣信方、曽祢出羽守、曽祢昌長、曽祢大学助らが参戦していた。また、天文四年（一五三五）には、信虎の弟勝沼武田信友が都留郡山中で北条軍と戦って戦死している。いずれも、武田軍の中核は武田家御一門・譜代・従属国衆の混成によって成立していたことがわかる。

こうした軍隊編成は、室町期の守護とさほど変わりはない。では、信虎が戦乱に勝ち抜き、国人を圧倒できたのはなぜなのか。信虎期になると、軍隊編成がそれまでとは相違し、戦国期の信玄・勝頼期と共通するものが、二つ認められる。

それはまず、足軽の大量雇用である。永正十七年の栗原・大井・今井三氏の同時叛乱を、信虎が難なく鎮圧できたのは、「上意ノ足衆切リ勝テ」と記録されているように、信虎直属の足軽衆が国人の軍勢を圧倒したからであった（『勝山記』）。さらに、敗れて逃亡した栗原信友を探索するために、信虎は甲府盆地東部に足軽を展開させたが、この中には、塩山向嶽寺に乱暴狼藉を働く者たちも出て、僧侶たちを困惑させていた（『小年代記』）。これが、武田氏の史料に登場する足軽の初見である。

足軽の存在は、すでに甲信地方でも、応仁・文明期に「足白（あししろ）」（足軽）、「野臥（のぶし）」「悪党（あくとう）」「牢人」などが新たな軍事力として、国人の家中に迎え入れられていたことが明らかになっている（平山・二〇一八年）。彼らの多くは傭兵であり、災害や飢饉によって村を離れたり、没落して本領を失い流動化した武士たちなど、その出自はさまざまであった。彼らは渡り奉公人として各地を渡り歩き、主人を変えて戦場に身を投じていた人々である（藤木久志・一九九五年、二〇〇一年、荒垣恒明・二〇〇四年、早島大祐・二〇二二年）。

そして、他国から雇用された武士のうち、戦功者（いくさこうしゃ）がこれらの足軽を指揮・統括する物頭（ものがしら）（足軽大将）に任命された。『軍鑑』巻十六によると、他国出身ながらも、戦功者であることから信虎が登用・抜擢し、足軽大将に任じた者として、横田備中守（近江国出身、騎馬三十騎、足軽一〇〇人、知行貫高三〇〇〇貫文）、多田三八郎（後に淡路守、美濃国出身）、原美濃守虎胤（下総国出身、騎乗三十五騎、足軽一〇〇人、知行貫高三〇〇〇貫文）、小畠山城守虎盛（遠江国出身、馬乗十五騎、足軽七十五人、知行貫高一八〇〇貫文）などが著名であり、彼らは信玄時代の記録や文書に登場する実在の人物である。彼らのうち、小畠氏が最も早く武田氏に仕えたといい、虎盛の父日浄（にちじょう）のときに武田信縄に仕え、足軽大将に任命されていたという（『軍鑑』）。

足軽大将と足軽衆は、御一門・譜代とは別個に、武田氏の直轄軍事力として編成され、運用されていたのである。合戦功者としての足軽を大量に雇用・編成することで、信虎は個々の国人たちの軍勢を凌ぐ、量と質の確保を実現したと考えられる。

次に、「寄子」（同心、組子などとも呼ばれる）の登場である。武田氏の諸記録や文書によれば、彼らは在地の土豪層や有徳人（有力百姓層）であり、武田氏の御家人となった在村被官（軍役衆、御家人衆）であった。「寄子」の存在は、天文九年の『勝山記』が初見である。そこには、連年に及ぶ信虎の出陣命令に「此間此方ノ寄子近付陣立シケク候而、皆々迷惑イタシ候」と記録されている。

ここで重要なのは、在村被官を「寄子」と呼称していることだ。つまり、都留郡の寄子たちは、小山田氏の一門・重臣層が任命した「寄親」のもとに預けられ、その軍事指揮下に入っていたと推察される。小山田氏ですらそうなのだから、武田氏もまた同様であったことは想像に難くない。実際に、武田信縄時代の明応十年（一五〇一）二月、信縄は栗原式部大輔に騎馬二〇〇騎を預けており（『高白斎記』明応十年二月二十七日条）、その萌芽は父信縄時代には存在したらしい。このように、寄親寄子制の編成は信縄期に始まり、信虎期に拡大したとみられるのである。

信虎による甲斐統一戦の過程で、地域社会の土豪層や有徳人層は、信虎の被官（御家人）となることを選択する者が次第に増加したとみられる。一国を統一した段階で、すべての在村被官を信虎自らが指揮・監督することは、もはや物理的に不可能であった。そこで、御一門衆・譜代などに在村被官を預け、引率させていたのであろう。これは、信玄・勝頼期により大規模となり、彼らの関係を調整する法整備も行われている。

信虎の軍事力編成は、室町後期の流動化する社会変動のなかで、諸国を渡り歩く人々や地域社会の土豪層、有徳人層を御家人として迎え入れることにより、国人を凌ぐ規模の軍事力を保持することで強化しえたのであろう。

問題なのは、在村被官をどのような方法で編成したかである。残念ながら、それを知る史料に恵まれないが、それを推測させるものは断片的に存在する。それは、信虎の発給文書の中に、既出のように諸役免許状が頻出していることだ。これらは、信虎が諸役賦課を免除する見返りに、奉公を指示したことを示す。すなわち、信虎の在村被官（軍役衆）動員の方法とは、諸役賦課体系の形成と並行して実施されたとみられ、諸役を負担し続けるか、それとも参陣することでその免除特権を与えられる（負担すべき諸役は、知行として給与される）ことを選択するか、という方向性だったわけだ。この編成方法は、続く信玄・勝頼期にいっそう整備され、大規模化していくのだが（平山・二〇〇六年）、その先鞭は信虎がつけていたと考えられる。

信虎期の家臣団と奉行衆

次に、武田氏の家臣団編成と奉行衆の実態はどのようなものであったかを検討しよう。信虎期には、彼を支える奉行衆などが存在していたことが、次の記録からわかる（『勝山記』天文五年条）。

此年六月当国府中ニテ前嶋一門皆上意ソムキ腹ヲ切申候、去程ニ一国奉行衆悉他国へ被越申候

これは天文五年（一五三六）、花蔵の乱が勃発するなか、武田家臣前嶋一門が信虎の上意に背き、切腹を命じられたことに武田氏の奉行衆が反発し、他国に出奔したことを記録したものである。

このほか、「一雖時検断職、不可成綺之事」（戦武六〇号）、「一けんたん入□□□□」「一寺社奉行入へからす」「一地頭代官いろひ□るへ□□□」（戦武七一号）、「一侍者奉行入へからす」「一地頭代官いろひの事、前々のことくたるへし」（戦武一〇四号）、「廿八日矢野分御代官被仰付」（『高白斎記』大永七年二月条）などがみられる。

右の史料から、まず信虎は検断職を設置していたことが知られる。このことから、甲斐の検断沙汰を武田氏が掌握・管掌したことがわかる。次に、寺社奉行を設置し、寺社関係の諸事を担わせていたらしい。ただ、その具体的な職務についてはこれ以上明らかにならない。中世の寺社奉行は、①寺社関係の訴訟の取次や紛争の担当、②僧侶・神官などの任免、③寺社の修理、祈祷、所領寄進などの事務全般、などを管轄している。信虎期の寺社奉行の権限については、今後の検討課題である。

最後に、信虎は御料所の代官を個々に任命していた。この代官が、時として不法な諸役などを村や寺社に賦課し、問題を起こしていたようで、信虎はその恣意を規制しつつ、御料所の管理と維持を行っていたのであろう。このように、信虎期には領国統治のための職掌が成立し、機能していたことがうかがえる。

それでは、一国奉行衆（武田氏の奉行衆）とは、どのような人々であったか。次に掲げる曾禰昌長・楠甫昌勝連署書状写は、その実態を示す貴重なものである（戦武三八一一号）。

就従江州御内書之儀、畠山次郎殿・井上民部少輔殿一札三通具令披見候、爰許之様体委曲服部方口上ニ令申候之由、可得御意候、恐々謹言

三月十九日　　三河守昌長（花押影）

　　　　　　　刑部少輔昌勝（花押影）

謹上　坂田

　　　御報人々御中

（封紙ウハ書カ）

「　　　　　　　　曾禰

　　　　　　　　　楠甫

謹上　坂田　　　参河守昌長

　　　御報人々御中　刑部少輔昌勝」

この連署書状は、近江国に移座中の将軍足利義晴より、信虎宛の御内書と、畠山次郎・井上民部少輔（奉公衆）の副状を受け取ったことへの返書である。曾禰と楠甫はそれを拝受し披見したこと、そして武田方の返答を服部氏の口上に託したことを報じている。つまり、曾禰昌長・楠甫昌勝は、信虎の意志を奉じる室町幕府との取次役であった（なお、戦武三八二一号も関連文書である）。まさに彼らこそ、武田氏を代表する「一国奉行衆」にふさわしい人々といえよう。

このほかにも、伊勢神宮の幸福大夫と書信のやり取りをしていた、河村縄興、秋山昌満、河村重家、小宮山虎景、加津野勝房、工藤祐久、工藤昌祐なども同様とみてよかろう（戦武四九・五〇・一一四・一一五・一一六・一一九・一二四・一二六号）。

ここに登場する河村・楠甫・工藤・秋山・加津野氏らは、守護時代からの近臣であったことが指摘されている（高島緑雄・一九六八年、秋山敬・二〇〇二年②）。しかも、彼らの諱をみると、祖父信昌からの偏諱（秋山昌勝・曾禰昌長・楠甫昌勝ら）、父信縄からの偏諱（河村縄興など）、信虎からの偏諱（小宮山虎景など）がみられるが、まだ信虎自身が抜擢した人物は少なく、信昌・信縄期に活動した家臣をそのまま引き継いでいたことがうかがえる。また、永正十七年、武田方の足軽の狼藉に苦慮した向嶽寺が、信虎に対応を依頼するにあたって、その取次役として頼んだのは、今井信甫であった（『小年代記』）。彼も、逸見今井氏の出身でありながら信虎に近仕した家臣で、後に勝沼信友戦死後の勝沼を引き継いでいる。

このほかに、信虎時代の家臣団を知る手掛かりはあるのだろうか。かつて、上野晴朗氏は、文書・記録・過去帳はもちろん、棟札や『国志』などの編纂物を利用して、一五八名を抽出している（上野晴朗・一九七二年）。そこで、私も上野氏の業績以降に発見された文書・記録・過去帳のみを用いて、延徳元年（一四八九）から天文十年（一五四一）、すなわち武田信昌末期から信虎追放までの期間において、信頼できる史料に登場する家臣を検出してみた（表4）。ここでは、記録に登場する家臣名、年代、出身地もしくは居住地などに着目し、検討を加えていきたい。

まず、検討に際して、表4に掲出した家臣について注意すべきことを述べておく。この一覧表には、武田信昌・信縄・信恵・信虎に関わる人物が混在している。しかも、誰が、どの当主に帰属していたかは、必ずしも明らかでない。このほかに、都留郡や河内領の人名が散見されるが、これは小山田氏や穴山武田氏とともに合戦に参加して戦死した人物がほとんどである。そのため、信虎家臣の検討にあたっては除外した。

次に、地域区分についてである。これは、甲斐国の地域区分である九筋二領に則って表示した。九筋（栗原・万力・大石和・小石和・中郡・北山・西郡・武川・逸見筋）、二領は都留郡（郡内領）と河内領（巨摩郡と八代郡の南部一帯）を指すが、この地域区分は一部を除き、近世初期に成立したと推定されている。だが、その前提として、すでに戦国期には中郡・西郡・逸見・郡内・河内など、九筋二領の前提となる地域区分が存在している。ただ、その区分が近世のそれと比較して、あまりにも漠然としているため、表4では近世の九筋二領を用いて、家臣たちの本領もしくは居住地を表記しておいた。

このうち、中世のまとまりで括ってみると、国中（甲府盆地）は東郡（甲府盆地東部、笛吹川以東の地域、栗原・万力・大石和・小石和筋がこれに相当）、中郡（笛吹川と釜無川に挟まれた地域、中郡・北山筋がこれに相当）、西郡（釜無川以西で、鰍沢以北、御勅使川以南の地域、西郡筋がこれに相当）、武川（釜無川以南で、御勅使川以北の地域、武川筋がこれに相当）、逸見（おもに釜無川と塩川に挟まれた地域、逸見筋が

表4　武田信虎期家臣団一覧

No.	家臣名	時期	西暦	出典	出身・知行地・その他
1	河村掃部允信貞	延徳元年	1489	戦武3	?、信昌・信縄家臣
2	下条豆州	延徳元年	1489	一蓮寺	逸見筋、武田一族下条氏か
3	巨勢村宮内大輔	延徳元年	1489	一蓮寺	中郡、小瀬村（甲府市）が本領
4	小沢修理進	延徳元年	1489	一蓮寺	逸見筋、小尾衆小池氏か
5	小池浄金	延徳2年	1490	一蓮寺	逸見筋、小尾衆小池氏か
6	山高殿	延徳2年	1490	一蓮寺	武川筋、武川衆山高氏か
7	小池右京進	福徳2年	1491	一蓮寺	逸見筋、福徳2年は延徳3年の私年号、小尾衆小池氏か
8	鷹野左京進	福徳2年	1491	一蓮寺	?
9	小河原	延徳3年	1491	一蓮寺	中郡、逆修供養
10	飯塚弥二郎	延徳4年	1492	一蓮寺	逆修供養
11	鮎川聡五郎	延徳4年	1492	一蓮寺	逆修供養
12	大津芸州	延徳4年	1492	一蓮寺	中郡、7月22日戦死
13	大津弥七郎	延徳4年	1492	一蓮寺	中郡、7月22日戦死
14	山宮右近助	延徳4年	1492	一蓮寺	北山筋、7月22日戦死
15	山宮聡六	延徳4年	1492	一蓮寺	北山筋、7月22日戦死
16	山宮七郎	延徳4年	1492	一蓮寺	北山筋、7月22日戦死
17	山宮新九郎	延徳4年	1492	一蓮寺	北山筋、7月22日戦死
18	巨勢村式部丞	延徳4年	1492	一蓮寺	中郡筋、7月22日戦死
19	巨勢村源三郎	延徳4年	1492	一蓮寺	中郡筋、7月22日戦死
20	極楽寺聡三郎	延徳4年	1492	一蓮寺	中郡筋、7月22日戦死
21	井上治部丞	延徳4年	1492	一蓮寺	小石和筋?、井之上住?、7月22日戦死
22	河崎大炊左右衛門	延徳4年	1492	一蓮寺	河内領?、7月22日戦死
23	河崎神左衛門	延徳4年	1492	一蓮寺	河内領?、7月22日戦死
24	上条殿	延徳4年	1492	一蓮寺	武川筋、9月3日戦死、武田一族甘利上条氏か
25	河村平次左衛門	明応2年	1493	一蓮寺	10月1日戦死
26	河端右京	明応2年	1493	一蓮寺	大石和筋?、「カハタ」、石和の土豪か
27	鷹野雅楽助	明応2年	1493	一蓮寺	?
28	西条左衛門三郎	明応2年	1493	一蓮寺	中郡、西条住か
29	西条四郎衛門	明応2年	1493	一蓮寺	中郡、西条住か
30	小河原某	?	—	一蓮寺	中郡
31	巨勢村了香	明応3年	1494	一蓮寺	中郡
32	加藤兵部少輔殿	明応3年	1494	一蓮寺	都留郡上野原の国人、3月26日戦死
33	近山某	明応3年	1494	一蓮寺	3月26日戦死
34	後屋対馬頭	明応3年	1494	一蓮寺	中郡、3月26日戦死
35	巨勢村信意	明応3年	1494	一蓮寺	中郡、3月26日戦死
36	堀内源二郎	明応3年	1494	一蓮寺	中郡?
37	塩田右京進	明応3年	1494	一蓮寺	大石和筋?、3月26日戦死

38	今井大蔵大輔信乂	明応３年	1494	『勝山記』	逸見今井氏、３月18日戦死
39	山中殿	明応３年	1494	『勝山記』	都留郡山中、３月18日戦死
40	飯田作州	明応８年	1499	一蓮寺	北山筋？、３月25日逝去
41	雨宮摂津守家国	明応９年	1500	『菊隠録』	末木村住（大石和筋）、明応９年８月16日歿、享年51
42	小曲美濃	明応10年	1501	一蓮寺	中郡筋、２月27日生害
43	駒井周防	明応10年	1501	一蓮寺	逸見筋、２月27日生害
44	楠浦丹州	文亀２年	1502	一蓮寺	河内領
45	高畠治部	文亀２年	1502	一蓮寺	中郡筋
46	武田左衛門佐信宗	文亀２年	1502	戦武12	後屋敷郷（栗原筋）、栗原信宗
47	楠浦某	文亀２年	1502	一蓮寺	河内領、逆修供養
48	上畑源左衛門	文亀３年	1503	一蓮寺	大石和筋？、石和の土豪か。
49	上畑平左衛門	文亀３年	1503	一蓮寺	大石和筋？、石和の土豪か。
50	志田道安	文亀３年	1503	一蓮寺	北山筋？
51	鮎沢右馬允	文亀３年	1503	一蓮寺	西郡筋
52	楠甫清三昌勝	文亀４年	1504	戦武15	河内領、信縄副状
53	鮎沢備前守	永正元年	1504	一蓮寺	西郡筋
54	栗原惣次郎昌種	永正元年	1504	戦武19	栗原筋、永正５年戦死
55	楠浦昌胤	永正元年	1504	『菊潭集』	河内領、楠浦丹州の子か
56	河村河内	永正元年	1504	一蓮寺	逆修供養
57	万力大和	永正２年	1505	一蓮寺	万力筋、記事は子供の戒名
58	板垣備州	永正３年	1505	一蓮寺	万力筋、逆修供養か
59	曾禰孫四郎昌長	永正３年	1506	戦武24	中郡筋
60	竹川河内守家安	永正３年	1506	『菊隠録』	桑土村（万力筋）住
61	高畠二郎左衛門	永正４年	1507	一蓮寺	中郡筋
62	原藤左衛門	永正４年	1507	一蓮寺	万力筋、八幡住
63	雨宮図書助	？	—	戦武130	大石和筋、信縄代官
64	工藤藤七昌祐	？	—	戦武25・26・28	信縄副状
65	工藤藤九郎	？	—	一蓮寺	逆修供養、永正期
66	加津野和泉守	？	—	一蓮寺	逆修供養、永正期
67	河村左衛門尉	永正５年	1508	一蓮寺	油川方として10月４日戦死
68	栗原惣次郎	永正５年	1508	一蓮寺	栗原筋、昌種のこと、油川方として10月４日戦死
69	小河原左京進	永正５年	1508	一蓮寺	中郡筋、戦死か
70	武田上条彦七郎	永正５年	1508	一蓮寺	武川筋、12月24日戦死
71	工藤殿	永正５年	1508	『勝山記』	伊豆韮山に亡命
72	内藤修理亮	永正５年	1508	『菊隠録』	増利郷（小石和筋）住、永正５年歿、息子縄基が供養
73	河村隠岐守重家	？	—	戦武114	油川信恵家臣か
74	小尾弥十郎	永正６年	1509	『高白斎記』	逸見筋
75	内藤縄基	永正７年	1510	『菊隠録』	小石和筋
76	丸山若狭	永正９年	1512	一蓮寺	戦死か
77	鮎川石見	永正９年	1512	一蓮寺	戦死か

78	板垣備州	永正12年	1515	一蓮寺	中郡筋、10月17日戦死、信方の祖父か
79	雨宮備中守	永正12年	1515	戦武38	塩田郷（大石和筋）住人
80	今井右衛門佐信房	永正12年	1515	戦武39·40他	府中今井氏
81	今井左馬助信甫	永正12年	1515	戦武39·40他	府中今井氏、信房の弟
82	小山田大和守	永正12年	1515	『勝山記』	都留郡、大井合戦で戦死
83	於曾殿	永正12年	1515	『勝山記』	栗原筋、大井合戦で戦死
84	飯富道悦	永正12年	1515	一蓮寺	大井合戦で戦死
85	飯富源四郎	永正12年	1515	一蓮寺	大井合戦で戦死
86	甘利	永正12年	1515	一蓮寺	武川筋、大井合戦で戦死
87	某縄友	永正12年	1515	『菊隠録』	千野郷（栗原筋）在住
88	雨宮尾張守国政	永正15年	1518	『菊隠録』	大石和筋、武田の忠臣
89	岩下越前守	永正15年	1518	『菊隠録』	岩下郷（万力筋）住、信虎側室岩下氏の兄
90	跡部信濃守源昌	永正17年	1520	『菊隠録』	信虎側近
91	日向図書助	永正17年	1520	遊行二十四祖御修行記	逸見筋
92	板垣	永正17年	1520	『王代記』	中郡筋
93	曽祢三州	永正17年	1520	『王代記』	中郡筋
94	曽祢羽州	永正17年	1520	『王代記』	中郡筋
95	曽祢大学助	永正17年	1520	『王代記』	中郡筋、戦死
96	駒井昌頼	大永元年	1521	『高白斎記』	逸見筋、丸山城主に任命される
97	曾根三河守縄長	大永元年	1521	『高白斎記』	中郡筋、武田太郎の蟇目
98	河村隠岐守縄興	大永2年	1522	戦武49	信縄家臣
99	曾根三河守昌長	大永2年	1522	戦武50	中郡筋、享禄4年万力で戦死
100	向山民部左衛門尉家安	大永2年	1522	戦武50	中郡筋
101	向山右馬丞	大永2年	1522	戦武50	中郡筋
102	秋山宮内丞昌満	大永2年	1522	戦武51	西郡筋
103	巨勢村（武田）民部少輔信乗	大永2年	1522	戦武52・53	中郡筋
104	中河縫殿右衛門尉	大永2年	1522	『菊隠録』	信虎の忠臣
105	幡野中務少輔	大永2年	1522	『菊隠録』	信虎の忠臣
106	今福道弥	大永2年	1522	高野山	中郡筋
107	駒井越後守信家	大永3年	1523	戦武56	逸見筋
108	荻原備中守	大永4年	1524	戦北65	享禄1年境川合戦で戦死
109	板垣右兵衛尉信泰	大永5年	1525	戦武59	中郡筋
110	内匠又四郎	大永6年	1526	『高白斎記』	?
111	村山下野守勝久	大永7年	1527	戦武65	?
112	日向大和守是吉	享禄元年	1528	戦武66	逸見筋
113	日向新助虎忠	享禄元年	1528	戦武66	逸見筋
114	小田切平六左衛門尉秋連	享禄2年	1529	戦武68	?
115	跡部宮内丞	享禄2年	1529	高野山	?
116	両角信濃守	享禄2年	1529	高野山	両角虎城のこと、府中住

117	川村伊勢守	享禄4年	1531	一蓮寺	?
118	曽祢三州縄直	享禄4年	1531	『王代記』	中郡筋
119	秋山越前	享禄4年	1531	高野山	西郡筋
120	吉田但馬	享禄5年	1532	一蓮寺	西郡筋？
121	板垣某	天文3年	1534	一蓮寺	中郡筋
122	前嶋一門	天文5年	1536	『勝山記』	信虎に切腹を命じられる
123	於曽殿	天文6年	1537	『勝山記』	栗原筋、万沢にて戦死
124	秋山民部丞	天文6年	1537	『王代記』	西郡筋、代官
125	跡部越中守	天文6年	1537	高野山	跡部泰忠、府中住
126	向山式部允	天文7年	1538	高野山	府中住
127	両角信濃守虎城	天文8年	1539	戦武84	武田譜代
128	秋山宮内丞	天文8年	1539	高野山	秋山昌満、甘利（武川筋）住
129	板垣駿河守信方	天文9年	1540	戦武87他	中郡筋
130	曽祢出羽守	天文9年	1540	高野山	中郡筋
131	栗原大炊助	天文9年	1540	高野山	府中住
132	鎌田長門守	天文9年	1540	高野山	大坪(小石和筋)住、天文14年戦死
133	今福道頓	天文9年	1540	高野山	中郡筋
134	甘利備前守	天文9年	1540	高野山	甘利虎泰、府中住
135	温井丹波守	天文10年	1541	『高白斎記』	晴信家督祝儀の御酌
136	巨勢村某	天文10年	1541	一蓮寺	中郡筋
137	青沼新右衛門	天文10年	1541	高野山	武田譜代
138	漆戸河内守光範	天文14年	1545	一蓮寺	勝沼住か
139	楠甫刑部少輔昌勝	?	—	戦武41・42	信虎副状
140	小宮山弥八虎景	?	—	戦武116	信虎の偏諱
141	加津野兵部丞勝房	?	—	戦武119	信縄・信虎家臣
142	工藤祐久	?	—	戦武124	武田譜代
143	曾禰三河守虎長	?	—	戦武3950	中郡筋、信虎重臣

(註)出典の略記号は、一蓮寺→『一蓮寺過去帳』、高野山→高野山成慶院『甲斐国供養帳』、戦武→『戦国遺文武田氏編』+文書番号、？は出身地不明を示す。

これに相当）の五地域に区分できる。なお、郡内と河内は、中世と近世でほぼ一致している。

このほかに、出身地と登録された当時の居所が明らかに異なると考えられる人物も、出身地のみを掲出しておいた（居所はほとんど判明しない）。例えば、楠甫（楠浦とも）氏は河内領の楠甫（市川三郷町）出身と推定されるが、この時期にはすでに楠甫に屋敷も知行地もない。楠甫氏は、かなり古い段階で甲斐守護武田氏の譜代になったとみられるが、それは応永期に守護となった武田信元の家臣だったからであろう。信元は、守護に補任される以前は穴山満春と称し、河内領を支配していた。それが契機で、楠甫氏は守護武田氏の譜代にスライドし、本領を離れたとみられる。同様の家臣として飯富(おぶ)氏がいる。彼は、河内領飯富(いいとみ)（身延町）出身と推定されるが、楠甫氏と同じく武田信元に仕えて本領を離れ、守護武田氏の譜代になったのであろう。

表4を、信昌期（延徳元年～延徳四年）、信縄期（明応二年～永正四年）、信虎期（永正五年～天文十年）に三区分してみよう。これをみると、甲斐守護武田氏に帰属する家臣は、信昌期・信縄期ともに武川、中郡、東郡の人々であり、とりわけ中郡と東郡に集中している。武田氏の本拠が石和や万力周辺に所在していたこともあって、家臣の中心は東郡や中郡の人々であったのだろう。また、諱が判明する家臣も、信昌の偏諱を拝領したと推定される人物が信縄・信虎期に及んでいる。信縄期も、信昌期と変化がない。

ところが、信虎期になると、甲斐統一戦の進捗という事情もあってか、西郡、逸見の家臣が目立つようになっている。しかも興味深いのは、天文期に入ると、家臣の居住地が「府中」「府中住」と記録されるようになっていることだ。このことは、信虎が家臣に甲府の屋敷に居住するよう命じたという『勝山記』の記述を裏づけるものである。この傾向は、信玄の時代になると一層はっきりするようになる。表4には掲載しなかったが、高野山成慶院の過去帳を繙いていくと、信玄時代の一門・譜代らのほとんどが、甲府、府中住として登録されている。

また、信虎期になると、祖父信昌、父信縄より偏諱を受けたと推定される老臣たちの存在もまだみられるが、信虎自身が「虎」の偏諱を与えた家臣も増えていることがわかる。信虎独自の家臣団編成は、享禄期から始まる傾向がみられる。

なお、表4には山県氏などの重臣がみられないが、これはたまたま過去帳などに登録される事情（戦死など）がなかっただけで、これ以前の時期には記載があることをお断りしておく。

ここで興味深いのは、信虎と対立し、成敗されたため家名が断絶したといわれる内藤氏の記述があることだ。内藤氏は増利（まさり）郷（笛吹市八代町）に居住しており、当主の内藤修理亮がすでに永正期には実在していた。このことから、内藤氏は修理亮の官途を称す慣例の家であった可能性が高い。後に信玄が登用し、内藤の名跡を継がせた内藤昌秀（まさひで）は、修理亮の官途を称し、養子昌月（まさあき）にも引き継がれているのだが、これは内藤氏の慣例に従ったものであろう。

そして、内藤修理亮の子縄基（つなもと）が永正七年に登場する。時期的にみて、おそらく彼が信虎と対立し、成敗されたといわれる人物に相当するだろう。記して後考をまちたいと思う。

このように、信虎の家臣は祖父と父の家臣を受け継ぎつつ、享禄期に「虎」の偏諱を与えることで、独自の編成を進めている傾向が読みとれる。だが、新規の大幅な登用は、信虎期には確認できない。これは、軍事編成において牢人を多数雇用したのと対照的といえるだろう。信虎は、譜代や大身の家臣についてはほぼそのまま信昌・信縄時代の人々を受け継いでいるといえる。

ところが、ここに登場する人々は、信玄時代になると次第に活躍がみられなくなり、代わって山県・原・内藤・春日・跡部・土屋・市川氏など、信玄が抜擢した人々に取って代わられている。引き続き重用されているのは、跡部・工藤・内藤・吉田・曾禰・甘利氏など数えるほどで、信虎期に彼を支えた板垣・駒井・向山・河村・楠甫・鮎川・加津野・小宮山氏などはほとんど登場しなくなる。これは、信虎期から晴信期はまだ継続性がみられ、駒井・向山・工藤・曾根氏などが活動していたが、晴信後期から信玄期になると、信虎期以来の家臣は次第に政権中枢から遠ざけられていき、信玄抜擢の人々によって政権運営がなされていく様相を読みとることができるだろう。

永禄八年（一五六五）に父信玄と対立し、幽閉された嫡男義信を支えていた人々を見ていくと、飯富虎昌を筆頭に、曾禰氏がいるほか、義信を筆頭に作成された「甲州二宮造立帳」（永禄八年六月吉日成立）に連署した面々は、加津野・跡部・曾禰・鮎川・漆戸・楠甫氏であった（戦武九四六号）。このメンバーをみると、義信を支えた人々は、かつて信昌・信縄・信虎期に武田氏を支えていた奉行衆など、政権中枢を担った中核的な家臣の系統であったことに気づく。このことは、義信事件の背景として、今川氏への対応をめぐる父子の対立というほかに、信玄と義信の周囲に結集していた家臣らの権力闘争という側面もあるように思われる。

甲斐本国の国人と国衆

　室町末期から戦国初期の争乱は、守護武田氏と国人たちとの対立が激しく展開された結果であった。しかし、この争乱は、甲斐国人らがその時々の情勢によって相互に離合・集散を繰り返しただけでなく、国を超えて合力をしあう関係性を形成し、自らの存立と支配領域の拡大を図っていたことに起因する。このことから、この時期の争乱とは、国人から国衆への転換、すなわち国衆領の形成過程として捉えることができる（黒田基樹・一九九七・二〇〇一・二〇〇九年、平山・二〇一八年）。

　信虎はこの争乱を乗り切り、甲斐国人を従属させ、戦国大名としての権力を確立した。では、甲斐国の国人は国衆への成長・転換をどれほど果たしえていたか。本書に登場し、信虎と激しく戦った甲斐国人は、逸見今井氏、栗原氏、大井武田氏、岩手武田氏、油川武田氏、穴山武田氏、小山田氏らである。彼らは、本領を中心に領域権力への脱皮を目指し、信虎と戦った。

　ところが、これらのうち、一円領としての国衆領の形成に成功したのは、河内領の穴山武田氏と都留郡の小山田氏のみである。逸見今井氏は本領を没収されたと推定され、本領での活動がまったくみられなくなっており、甲府での居住と奉公を強いられたらしい（秋山敬・二〇〇三年）。しかも、逸見の本領は、武田氏による知行宛行の地域となっている。

　油川武田氏や岩手武田氏も信虎に敗れ、宗家は事実上滅亡し、その本領も没収されたと推定される。例えば、岩手氏は武田氏滅亡直後、徳川家康から安堵されたのは本領岩手郷二〇〇貫文にすぎなかった（家康三五三）。これは、武田勝頼側近として知られる初鹿野伝右衛門尉が家康より安堵された二一四貫文とほぼ同じで（同三五八）、武田氏譜代の駒井昌直（駒井高白斎の息子）が安堵された所領貫高四〇四貫五〇〇文の半分にすぎない（同三五四）。信虎が行った、岩手武田氏の勢力削減のほどがうかがえるだろう。油川武田氏も岩手武田氏も、それぞれ武田氏に付いた者が家名を継ぎ、存続を果たしてはいるが、所領は大幅に削減され、かつては城持ちであったのだが、それも喪失している。

栗原氏と大井武田氏は、ある程度の支配領域を安堵されたようだが、武田氏によりほかの家臣の知行が設定されるなど、一円領としての性格はなく、しかも大幅に所領を削減された形跡がうかがえる。例えば栗原氏は、武田氏滅亡後、栗原内記が徳川家康から安堵された所領は本領栗原を含めて七六二貫四八〇文でしかなく、一〇〇〇貫文を越えていない（家康三八六）。大井武田氏についてはほとんど実態がつかめないが、武藤氏などの分家を輩出したほか、かつての支配領域である大井荘域には、ほかの家臣による知行が設定されている。このため、大井氏の所領は一円領ではなくなっていたと推定される。武田氏滅亡後、大井氏は大井監物（大井虎昌の息子）が知行を安堵されているようだが、その規模は不明である。ただ、大井監物は後に徳川氏より知行三〇〇石を拝領しているという（『寛政譜』）。

この規模が、甲斐在国時代の知行貫高をどの程度考慮にいれているかわからないが、例えば前掲の初鹿野伝右衛門尉は、知行貫高二一四貫文（『寛政譜』では二七〇貫文余）に対し、天正十九年に関東で七〇〇石を給与されている。また、駒井昌直は知行貫高四〇四貫五〇〇文（『寛政譜』では三六二貫九〇〇文余)に対し、天正十九年に関東で一五〇〇石をそれぞれ給与されている。武田領国の一貫文は、甲州俵(甲州枡二斗入)で四俵分に相当する。そして、甲州枡は京枡の三倍に相当するので、一貫文＝四俵(甲州枡八斗)＝京枡二石四斗となる。これを根拠に計算をしても、徳川氏の関東転封後の知行石高と合致しないが、それにしても、大井武田氏の所領規模は、初鹿野氏や駒井氏など武田氏の譜代層と比較しても、かなり小さいということだけは主張できるだろう。

このように、武田信虎は国人らと抗争を繰り広げ、彼らを屈服させ、家臣に編成したが、その過程で彼らの所領を大幅に削減するか、完全に没収し、昔日の勢力を失わしめた。そういった意味で、彼らは「領」を形成し、国衆に脱皮することに失敗したといえるだろう。彼らは、大身の領主という地位に甘んじることとなった。いっぽう、紆余曲折はあったが、一円領としての郡内領、河内領を形成し、城持ちの地位を維持した小山田氏、穴山武田氏は、甲斐における国衆に成長したのであった(平山・二〇一八年)。その後、武田信玄・勝頼の時代になると、栗原氏(信盛(のぶもり)ら)、岩手氏(岩手信盛)は奉行衆、逸見今井氏(今井伊勢守、今井信仲など)、油川氏(油川信貞〈浄円〉)も奉行衆や郡司や城代となり、武田氏の権力中枢を支えていく。

また、国衆である穴山武田氏や郡内小山田氏も、時代を経るにつれて譜代家臣化が進み、武田氏の外交などを担うようになっている。丸島和洋氏は、この状況を本国内国衆の譜代家臣化と位置づけている(丸島・二〇一三年)。それが可能になったのも、信虎の努力の賜物だったといえるだろう。

第Ⅳ部　信虎追放とその後の人生

武田晴信画像　東京大学史料編纂所蔵模写

第一章　信濃侵攻の開始

一、北条包囲網を形成する

北条氏綱との抗争続く

天文四年（一五三五）八月の山中合戦で実弟勝沼信友を失うなど、北条氏綱に苦杯を嘗めさせられた信虎は、天文五年に相模国津久井郡を攻めた。これは、『勝山記』天文五年条に「次ニ相模ノ青根カウヲチラシ被食候、足シユ（弱）ハヲ百人計御取候」と記されている。このとき、武田方は相模国青根（あおね）郷（神奈川県相模原市）を攻めたというから、おそらく都留郡から道志川沿いに進み、攻め込んだのであろう。武田方は足弱（あしよわ）（老人・女性・子供）を百人ほど乱取（らんど）りして、村を荒廃させたという。これは前年の報復であろう。なお、青根郷を攻めたのは小山田信有であったと推定されている（丸島和洋・二〇一三年）。

その後、花蔵の乱と第一次河東一乱を経て、信虎と氏綱が本格的に衝突するのは、天文七年のことである。『勝山記』天文七年条は「此年マテモ甲州ト相州ノ取合不レ止マ」と記し、北条氏との抗争が続いていると伝えている。そして天文七年十月、北条軍の奇襲攻撃が行われた（『勝山記』天文七年条）。

> 此年ノ十月十二日ノ夜、須走殿・ハカ（垪和）殿談合候て、上吉田へ夜懸ヲ被レ成候、然ハ一宿ノ方々由断候て、悉ク打殺サレ候、又此年ノ五月十六日ノ夜、新宿ヲ夜懸ケニ被レ至候、吉田宿中ノヲトナ衆ハ下吉田河原ニ在所被レ成候、其後武田殿・氏縄和談候て吉田へ御帰リ候

天文七年五月十六日、北条方は突如、吉田（富士吉田市）に夜襲を仕掛けてきたのである。吉田宿の乙名（おとな）衆は、下吉田の河原に避難したという。この後、信虎と氏綱の和睦が成立したので、吉田の人々は河原からやっとのことで在所に帰ることができたという。だが、この和睦もすぐに破綻したらしい。十月十二日、北条方の須走氏と垪和（はが）氏が話し合い、甲斐国都留郡上吉田にまたもや夜襲を仕掛けてきたのである。この夜襲は、和睦を一方的に破棄して実施されたためであろうか、不意打ちであったため、上吉田宿の住人多数は逃げ遅れ、殺害されたという。

そして、この直前の十月七日、北条氏綱・氏康父子は下総国国府台（こうのだい）（千葉県市川市）で小弓公方足利義明・里見義堯（よしたか）連合軍と激突し、足利義明らを討ち取り、里見軍を壊乱させる大勝利をおさめた（第一次国府台合戦）。この合戦で小弓公方足利氏は滅亡し、古河公方足利晴氏―北条氏綱・氏康という連携が確立することとなる。この結果、山内・扇谷上杉氏、小弓公方足利氏、真里谷武田氏、安房里見氏の連携による北条包囲網は、大打撃を受けたのであった。

小弓公方足利義明との関係

実は、信虎も両上杉氏と結ぶことで、北条包囲網の一環を形成していたのだが、小弓公方足利氏とも直接連絡を取り、北条氏打倒のために動いていたことが確認されている（戦武一〇八号）。

先年御礼申述候き、時宜如何御返答不仰出候、隣国之謂失面目候歟、就其儀至于只今雖及其思慮候、駿州之凶徒等向此国出張、数ケ度覃一戦候条、進退堅固之内為可御礼申展、乍聊爾令言上候、就中近年河村事其方指南被成候歟、祝着候、彼者案内者之事候旨申付、貴所迄申越候、可然様ニ御調肝要候、御返書之様体山内へ被下候、同前ニ可被御申請候、其方之事一姓之義不可有余儀候、以手日記申展候、一々御納得専要候、遠国之事近日之通路不輙候上、早々御調可為快悦候、東西取合半ニ言上仕候事、第一外聞第二身命堅固之内、御内書頂戴申度、以心底其方頼入候、仍太刀一腰・島織三端令進入候、左道之至候、属本意候者、与風河越（上杉朝興）へ可罷越候、其時節重而可申伸候、

恐々謹言

九月十六日　　陸奥守信虎（花押Ⅲ影）

謹上　逸見左京亮殿

この文書は年未詳であるが、①信虎が陸奥守の受領を称していること（天文五年〈一五三五〉正月）、②花押が、大永五年（一五二五）を初見に使用されていた花押Ⅲ型であること、③扇谷上杉氏の本拠を「河越」としていること（天文六年七月に北条氏に奪取される）などから、天文五年以後、天文六年

七月以前のものということになる。この間、九月は天文五年のみなので、天文五年九月のものと推定できる。

これによると、時期は定かでないが、信虎は小弓公方足利義明と友好関係にあったらしい。当時の情勢を勘案すれば、信虎と小弓公方との連携は、大永五年二月以降のことであろう。これは、山内・扇谷両上杉氏との和睦を破り、北条氏綱が攻勢をしかけたことに際し、小弓公方足利義明が真里谷武田信嗣（のぶつぐ）とともに反北条にまわり、両上杉氏と提携した時期にあたる。これにより、いわゆる氏綱包囲網が形成されたわけで、信虎はこれに参加したのであろう。

信虎は、小弓公方足利氏に書状を送ったようだが、その返事がなかったらしい。信虎は、数度に及ぶ今川氏の侵攻を撃退したことを報じ、また、小弓公方方との交渉の指南（しなん）（取次）として、武田方は家臣河村氏を指定したといい、逸見氏まで事情を知らせるよう指示したと伝えている。今後は、河村と逸見氏の交渉で、双方の意思疎通が円滑にいくよう依頼した。特に逸見左京亮に対しては、同族であるのでとりわけ懇切にしたいと述べている。ただ、双方は遠国ということもあり、山内上杉氏を経由しての返書の遣り取りを想定していたようだ。信虎は、小弓公方足利義明から御内書を拝領したいと希望している。このことは、信虎が北条氏綱に対抗するための名分を必要としていたと考えられる。

双方の連携には困難がともなったが、信虎は大永五年早々に、両上杉氏を通じて小弓公方足利氏と結び、氏綱包囲網に参画していたことは確実であろう。だが、天文七年に小弓公方が事実上滅亡したことにより、氏綱包囲網は大きな綻びをみせた。

それでも信虎は、今川義元・両上杉氏との同盟を活かして、北条氏綱と戦い続けた。天文八年の情勢は判然としないが、天文七年の和睦はすぐに破れたらしく、戦闘が再燃したようだ。『勝山記』天文八年条には「此ノ年モ未タ両国ノ取相不レ止マ」とある。しかし、その詳細は明らかでない。ただ、大規模な合戦に発展することはなかったようだ。北条氏は、天文八年七月に駿河の河東地域で今川方と戦っているので（小田原一一八号）、信虎はその支援に赴いたのかもしれない。

二、信濃への進出を果たす

信虎時代末期の信濃情勢

信虎は天文九年（一五四〇）、北条氏綱の眼が安房国に向けられたことで対立が小康状態になると、いよいよ隣国信濃国に向けて兵を動かすこととなる。ここで、当時の信濃国情勢のうち、信虎と深く関わる諏方・筑摩（ちくま）・佐久・小県（ちいさがた）郡の状況を押さえておこう。

まず、信虎と和睦していた諏方氏について述べよう。このころ諏方碧雲斎は、筑摩郡林城（長野県松本市）に本拠を置く信濃守護小笠原長時（ながとき）と対立を深めており、天文六年二月、ついに開戦した。諏方軍は小笠原軍を破り、塩尻（しおじり）（同塩尻市）を占領した。この合戦は、碧雲斎の孫刑部大輔頼重（よりしげ）の初陣でもあった。頼重はすでに二十二歳であり、初陣を飾るにはいささか遅かったようだ。両氏の対立は、天文八年六月に和睦して終了している。そして直後の十二月九日、諏方碧雲斎は背中にできた腫瘍が悪化し、死去した。享年六十。家督は孫頼重が相続した。

次に、佐久郡をみてみよう。このころ、岩村田大井貞隆（高台）が、前山・野沢伴野氏、依田（よだ）蘆田（あしだ）氏、滋野（しげの）望月（もちづき）氏、阿江木（あえぎ）（相木）氏の支配領域を除く、佐久郡を支配していたとされている（以下は『佐久市史』歴史編（二）中世による）。だが、岩村田大井氏については史料が乏しく、その系譜関係すら明らかにならない。大井氏の惣領である岩村田大井氏は、文明十一年（一四七九）に伴野氏との抗争に敗れて勢力を失い、通説では文明十六年に村上氏に攻められて滅んだとされている。だが、根拠となった史料が疑わしく、これは事実ではあるまい。

ただ、惣領家の交代があったらしく、戦国期の当主大井貞隆は、小県郡の長窪大井氏の出身といわれている。実際に、確実な記録によると、大井貞隆・貞清父子は長窪城（長野県長和町）・内山城・岩村田城（ともに同佐久市）を確保しており、一族として小諸（こもろ）大井氏・耳取（みみとり）大井氏（以上、佐久郡）、武石（たけし）大井氏・和田大井氏（以上、小県郡）などの存在が確認できるので、地域権力としての実力を回復していたとみられる。だが、その権力は、既述のように岩村田大井貞隆が大井一族や依田一族（蘆田・志賀（しが）・阿江木氏など）を統合し、一元的な支配下に置いていたのではなく、彼らを味方中として参陣を要請するという、極めて緩やかなものであったと考えられる。

最後に、小県郡と川中島四郡について紹介しよう。小県郡では、滋野一族の惣領海野氏が海野庄を基盤に、応仁・文明期を起点として、上田庄・常田庄・芳比郷などを取り込みつつ、「海野領」を形成し、国衆への脱皮を果たしていた。海野氏は、滋野一族である望月・禰津氏をはじめ、真田・常田・矢沢氏などを支配下に置き、埴科郡の葛尾城主村上氏との抗争を続けていた。この抗争は、応仁元年（一四六七）から断続的に続き、村上・海野両氏の対立は戦国期に持ち越されることとなる（平山・二〇一八年）。後に、武田信虎はこの抗争に介入し、滋野一族攻略に動くのである。

川中島四郡（更級・埴科・水内・高井郡）は、大きく高梨氏と村上氏が勢力を二分する情勢にあった。このうち、葛尾城主村上氏は、室町後期から戦国初期にかけて塩田庄を制圧し、室賀氏などの一族を配置しただけでなく、小泉・浦野・福澤氏などを支配下に収めた。さらにその勢力は川中島方面に及び、東条・西条・綱島・寺尾・清野・綿内保科・大室・河田（川田）・小田切・栗田氏などを従えつつあった。戦国期の天文十年代になると、川中島から北信の支配をめぐって、村上氏は高梨氏との抗争を本格化させていく。この頃に村上氏は武田信玄の挑戦を受けるのである。

岩村田大井攻めのため佐久郡へ出陣

信虎は天文九年（一五四〇）四月、信濃国佐久郡への軍事侵攻に踏み切る。ところで、これに先立ち、信虎とその重臣板垣信方は興味深い動きをしている。

まず、信虎は天文九年早々、大坂の石山本願寺(いしやまほんがんじ)法主(ほうしゅ)証如(しょうにょ)に書状を送った。『証如上人日記』天文九年二月二十七日条に「従甲斐武田、以春一・長介上洛之次、為音信書札来、取次光輯（下間）」とあり、上洛する春一・長介という人物に書状を託し、信虎が証如に書状を送ったことが知られる。残念ながら内容は定かでないが、証如は返札を三月二十七日に記し、これを使者春一・長介に託して信虎に送っている。このことは、『証如上人日記』天文九年三月二十七日条に「甲斐武田へ返書遣之、仍一腰、鍛子貳端（七貫三百）盆（六貫）一枚遣之、彼取次へ一腰、織色貳端遣之、使春一・長介ニ小袖一百疋遣之、光頼取次也、何も長介ニ事付下候」とある。このとき、証如より信虎に送られた返書は、写本が伝わっている（戦武四〇一一号）。三月二十七日付の証如書状は、二十一日に作成されたもので、信虎が遠く音信を送ってきたことを喜ぶとともに、今後は詳細をお知らせいただくよう要望することと、昵懇を望むことなどを知らせている。

信虎が証如に何を依頼しようとしたかは、これだけでは何ともいえないが、秋山敬氏は、信虎の佐久攻めに先立ち、一向宗(いっこうしゅう)の有力寺院の多いこの地域での軍事行動を円滑化するために、本願寺と結ぼうとしたのではないかと推測している（秋山敬・二〇一〇年①）。後に武田信玄・勝頼も、信濃の一向宗の有力寺院と結び、石山戦争に協力しようとする在地寺院を支援したり、寺院に軍役・諸役賦課を実施するなど、緊密な関係を構築しているので、その可能性は十分にあるだろう。なお、信虎は三月二十七日付の証如書状に対する返書を商人に託し、再び石山本願寺に送っている。この信虎書状は、同年九月二日に本願寺の証如のもとに届いているが、その内容も明らかでない（『証如上人日記』天文九年九月二日条）。

次に注目されるのは、天文九年三月吉日付の板垣信方書状である（戦武八七号）。興味深い内容なので、全文を掲げておこう。

（懸紙上書）
「謹上　塩山
　　　侍者御中
　　　　　　板垣
　　　　　　駿河守信方」

跡部鉄牛（景家）有子細、成当家御被官怨霊、因茲為信方冥加、宇多田之内九日免壱反所永令寄進之、彼上州（跡部景家）免愚痴、御弔所仰候、恐々敬白

天文九年庚子
　三月吉日　　　駿河守信方（花押）
　　謹上　塩山
　　　　侍者御中

これは、信虎の重臣板垣信方が、跡部鉄牛（てつぎゅう）の弔いを塩山向嶽寺に依頼したものである。文中、跡部鉄牛は当家の被官であったが、怨霊となったといい、信方が彼の「愚痴」を受けて、その慰霊を依頼している。この跡部鉄牛（上州）とは、跡部上野介景家のことで、信玄の曾祖父武田信昌を苦

しめた実在の人物である。景家は武田氏の家宰として、一時は信昌を凌ぐ力を誇ったが、寛正六年（一四六五）七月に信昌に敗れ、本拠地小田野城（山梨市）で滅亡に追い込まれた。実は、彼は武田家に取り憑く怨霊となったとの伝承が、古くからあったらしい。

これは、『軍鑑』巻九にも一ヶ所だけ記録されている。そこには、武田信玄の重臣甘利藤蔵（備前守虎泰の子、左衛門尉昌忠）が永禄七年（一五六四）に戦傷死するのを、跡部上野の怨霊が信玄に予言したとある。原文には「此人（甘利昌忠のこと）死時、跡部上野、晴信公ゑつぐる（告）、是ハ武田の久しきおんりやう（怨霊）なり」とある。跡部景家の怨霊に関する記述はここだけであるが、このような話が史料で裏づけられるのは極めて珍しい。怨霊の実在をここでは問わないが、そうした怨霊談が武田家中に実在したことは確かなのであろう。問題は、なぜこの時期に、跡部景家の怨霊を鎮める仏事執行を板垣が求めたのかであろう。この書状を見る限り、信方自身が跡部景家の「愚痴」（亡霊の告知）を受けたため、慰霊を実行したようだ。これはちょうど、武田氏が佐久侵攻を開始する前月にあたっている。

実は、跡部氏は佐久郡跡部（佐久市）の出自で、室町時代の応永期に甲斐守護武田信元の支援を室町幕府から要請された信濃守護小笠原政康の指示で、武田氏に附属され、甲斐に一族を挙げて入部した経緯があった。跡部氏は、故地に残る者なく、完全に武田氏の被官となっていた。

秋山敬氏は、板垣信方が跡部景家の成仏を祈願しているのは、跡部氏の故地を含む佐久郡侵攻の直前であることから、侵攻対象地出自氏族の怨霊鎮魂を願うことで、戦勝祈念をしたのではないかと推定している（秋山・二〇一〇年①）。これは極めて興味深い指摘であろう。武田家に取り憑く怨霊と信じられた跡部景家の夢を見た板垣信方が、来る佐久侵攻のゆくすえを案じ、自らの所領歌田（うただ）郷（山梨市）を向嶽寺に寄進し、供養を要請したのだろう。次に紹介するように、板垣信方は信虎より佐久攻めの大将に指名されており、余計神経質になっていたのではあるまいか。

そして信虎は、天文九年にいよいよ佐久郡への侵攻を開始した。史料には明記されていないが、相手は岩村田大井貞隆であろう。

【史料四―1】『勝山記』天文九年条

此年五月ヨリ武田殿信州へ取懸被レ食候、去程ニ弓矢ニ切勝被レ食候て、一日ニ城ヲ三十六ヲシヲト被レ食候ト聞エ候、去レトモサクノカヲリト申候ヲ御手ニ入レ候、小山田殿ノ代トシテ、小林宮内助殿モ一城ヲカマエ申候、去間此方ノヨリコ（寄子）近時陣立シケク御座候て、皆々迷惑至候

【史料四―2】『小年代記』天文九年条

四月上旬、板垣駿河守承太守信虎命、為大将信州之佐久郡出張、始而臼田・入澤之両城、攻破数十城、築前山之城在陣

板垣信方率いる武田軍の出陣については、四月上旬説と五月説がある。武田軍の勢いは凄まじく、臼田（うすだ）・入澤（いりさわ）城（ともに長野県佐久市）をはじめ、一日に三十六もの城砦を攻略したといい、佐久郡をほぼ制圧したという。小山田信有の軍勢も従軍し、小山田重臣の小林宮内助は佐久郡の一城の城将を命

じられたという。板垣信方は前山城（同佐久市）を築き、ここに在陣した。前山城は佐久郡国衆伴野氏の本拠なので、佐久侵攻は伴野氏との共同作戦であった可能性が高い。既述のように、信虎は大永七年（一五二七）、大井貞隆らに攻められ没落した伴野貞慶を支援し、前山に復帰させた経緯があった。

今回の武田氏の佐久侵攻は、以前とは比較にならぬほどの大規模攻勢となったらしく、また、前回は伴野氏を前山に復帰させ、所領は辞退・返上して帰国しているが、今回は前山城に板垣信方が在城し、武田方の諸将が佐久郡各地の城砦に配置されている。信虎は、大井・伴野両氏の抗争に介入し、佐久郡制圧を目論んだのであろう。大井方は敗れ、佐久郡全域は信虎の制圧下に入ったというが、これが事実かどうかは定かでない。後の武田信玄ですら、佐久郡平定には相当の時間を要しているので、前山城をはじめ、数十ヶ所の城砦を確保したというのが実情であったのではあるまいか。記して後考をまちたいと思う。

なお、この混乱に乗じて、諏方頼重が天文九年七月、小県郡の長窪城を入手している。長窪城は岩村田大井貞隆の故地であるから、武田軍の佐久侵攻に呼応して、諏方頼重も動いたのであろう（『神使御頭之日記』天文九年七月条）。つまり、武田氏の佐久侵攻は、

入澤城跡　長野県佐久市

当時和睦していた諏方氏と連合した作戦だった可能性があるだろう。こうして信虎は、初めて他国に本格的に領土を拡げることを果たしたのである。

晴信初陣譚の虚実

信虎の佐久郡攻略戦といえば、武田晴信（信玄）が初陣を飾ったことで知られる。ただし、晴信の初陣については『軍鑑』が伝えるのみで、一次史料では一切明らかにならないことで有名だ。念のため、『軍鑑』巻一が伝える、晴信初陣の模様を紹介しておこう。

天文五年（一五三六）十一月、晴信は初陣を迎え、父信虎とともに佐久郡海ノ口城（長野県南牧村）を攻めた。海ノ口城には、平賀源心法師が加勢として入城しており、城内には三千人ほどが籠城していた。折しも大雪が降り始め、武田軍は攻めあぐねた。味方は七、八千人ほどであったため、我攻（強襲）は不利だと諸将は判断していた。すでに十二月二十六日になり、暮れも迫っていたこともあって、信虎は海ノ口城攻略を諦め、甲州に撤退を決めた。年末でもあり、しかもこの大雪ならば、敵も追撃を仕掛けてくる恐れもない。信虎は来春、捲土重来を期すこととしたのである。そこに晴信が進み出て、自分に殿軍を命じていただきたいと願い出た。これを聞いた信虎は、晴信を嘲笑し、「武田家の不名誉なことをいうものだ。戦さ功者たちは、口々に敵は追撃してくることはないだろうと言っているではないか。もしそうだとして、お前に殿軍を命じても、弟の次郎（武田信繁）にご命じいただきたいというのが惣領というものだ。次郎がお前の立場なら、そのような申し出はしないだろうが」と叱責したという。だが、晴信がなおも食い下がるので、信虎は好きにさせた。

武田軍は十二月二十七日早暁、撤退を開始した。晴信も殿軍として用心を重ねてしばらく甲州方面に退き、手勢三百人を途中で停止させた。晴信はその夜、手勢に一人につき三人分の兵粮を用意し、武装を解かず夜営させ、明日早朝に出陣することを伝達した。寒天であったので、上戸・下戸を問わず酒を振る舞い、夜七ツ時分（午前四時頃）に出発すると触れ回った。晴信の内衆たちは、彼の深慮が理解できず、悪口を囁きあっていたという。

晴信の手勢は七ツ時分に出発し、甲府ではなく再び海ノ口城をめざし、二十八日夜にあっけなく城を攻略してしまった。城方は、平賀源心法師が、暮れも迫っており、年越しの用意もあろうと城兵を里へ帰し、自分は寒天なのであと一日くつろいで、二十八日昼に出立しようと考えていたという。城に残留していたのは歩武者七、八十人ほどにすぎず、源心以下はあっというまに討ち取られた。晴信は根古屋に火を放ち、近在にいた敵兵を掃討して回った。城が落城したことを知った者たちは、信虎が一万近くの軍勢を率いて戻ってきたと勘違いし、周章狼狽したといい、みな女子供を連れ、散りぢりに逃亡したという。

十六歳の初陣を見事に飾った晴信の武勇は他国にまで知れ渡ったが、信虎は城を攻略したのに、それを確保もせず撤退したのは臆病者の行為だと詰ったという。そのため、武田家中では十人のうち八

伝平賀源心首塚　長野県南牧村　画像提供：サンニチ印刷

伝平賀源心胴塚　長野県南牧村　画像提供：サンニチ印刷

人は晴信の戦功を褒めず、時の運だったとか、敵方の加勢も城を出ていてほとんど明き城同然だったのだから、勝利して当然だ、などという者ばかりで、彼の武勲を認める者は少数だったという。ただ、家中の人々は内心では晴信の武勲を大いに評価していたが、信虎への追従と、次郎に気兼ねして、口では晴信を謗ったのだという。

なおこのとき、晴信が討ち取った平賀源心法師は平賀成頼（しげより）といい、四尺三寸の太刀（「源心の太刀」）を振りまわす、七十人力との評判を持つ剛の者であったという。晴信は、初陣のしるしに平賀源心を大門（だいもん）峠に石地蔵として祭り、彼の所用した太刀を躑躅ケ崎館の御弓の番所に飾ったという。

以上が、『軍鑑』が伝える武田晴信初陣譚である。問題なのは、これがどこまで史実なのかであろう。戦前以来、この逸話は批判にさらされ、『軍鑑』偽書説の根拠の一つとされてきた。その問題点の主なものを列記してみると、①信虎が天文五年に佐久郡を攻めた事実は存在しない、②平賀源心なる人物は、同時代史料にはまったく記載されておらず、存在が証明できない、③そもそも、戦国期に平賀氏が実在していたかどうかは極めて怪しい、などであろう。

これらの批判点に反論しうるだけの史料は、今日に至るも発見されていない。ただ、『軍鑑』の史料的評価については、この二十五年ほどの間に再評価がなされるようになってきている。もちろん、年代の誤記や史実との齟齬、『軍鑑』にしか登場しない人物の問題などもあり、その評価は揺れ動いたままである。だが、例えば『軍鑑』の信憑性をまっこうから否定する材料の一つであった、天正三年（一五七五）五月の長篠（ながしの）合戦時における武田重臣・長坂釣閑斎（ながさかちょうかんさい）の同行否定説は、成立しえなくなっている。また、長らく架空の人物とされてきた山本勘助（やまもとかんすけ）も、実在の山本菅助と同一人物であることが確定された。『軍鑑』に登場する重要人物のうち、今も架空の人物とされているのは、平賀源心ただ一人になってしまったのである。

現在、平賀源心実在説を主張する論者もいるが（山崎哲人・一九八九年、一九九三年）、残念ながら実在を証明できたとは到底いえず、それを裏づけるだけの証拠は今も見出されていないとみるべきであろう。ただ、平賀成頼（源心）が岩村田大井氏を相続した大井貞隆の弟という『寛永諸家系図伝』などの記述には、留意する必要があるだろう。というのも、大井氏は甲信国境の守備を重視していたはずであり、その押さえに実弟を派遣したというのは、いかにもありそうなことではある。国境において、大井氏と武田氏との攻防戦があったことは十分想定できるだろう。その中に、平賀成頼（源心）のモデルとなった人物の存在と、武田軍との戦闘があった可能性はある。だとすれば、晴信初陣譚の原型は、天文九年四・五月に実施された武田軍の佐久侵攻戦のことであろう。しかしながら、平賀成頼（源心）の実在と晴信初陣譚の真相は、今も不明のままといわざるをえない。記して後考をまちたいと思う。

諏方氏と同盟を結ぶ

天文九年（一五四〇）は、大きな災害に見舞われた年であった。八月には超巨大台風が中部地方を襲い、甲斐・信濃はもちろん、東国各地で大きな被害が出た（詳細は後述）。それからまもなく、信虎は息女禰々（晴信の妹）を諏方頼重の正室として嫁がせ、諏方氏と同盟を締結することを決意した。これに先立ち、天文九年四～五月の佐久郡侵攻戦において、諏方頼重は信虎を支援したらしく、七月には大井方の要所長窪城を攻略している。信虎は、信濃経略を有利に進めるためにも、また、北条氏綱との合戦に備えるためにも、背後を固めておく必要を感じたのであろう。諏方氏との関係を、和睦から攻守軍事同盟に引き上げることで、戦略上の優位を確保しようとしたものと考えられる。

禰々の輿入れは、十一月晦日に行われた。『神使御頭之日記』天文九年条には「同晦日、甲刕武田殿息女、諏方殿江御越候」と、また、『勝山記』同年条には「此年武田殿御息女様、信州ノ取訪（諏方頼重）殿御前ニ御ナヲリ候」とある。当時、諏方頼重は二十五歳、禰々は十三歳であった。頼重には側室（筑摩郡麻績氏の息女、麻績〈小見〉の方）がおり、すでに一女をもうけていた。彼女こそ、後の武田信玄側室で、武田勝頼の生母になる人物である。

さて、武田と諏方の婚姻と同盟が成立するめでたい時期を迎えた諏方では、実はこの前後から怪異現象が多発し、諏方の人々を不安に陥れていた。十一月八日亥刻（午後十時時頃）より、諏方大社上社の社殿が三度も大きな音を立てて鳴動したといい、輿入れ直前の十一月二十日以降、諏訪湖が三度も結氷し、御渡現象がみられた。だが、一の御渡は、江渡より大和（長野県諏訪市）、高木（同下諏訪町）の間に見られ、次の二の御渡は、近年にない御馬の足の荒いものだと判定された。諏方明神は、氷上を乗馬でお通りになると信じられていたので、その御馬の足が荒いというのは、御渡の筋が乱れていたことを指すのであろう。その後、暖気となり、湖上の氷は解けたものの、十二月晦日より湖の結氷が始まり、明けて天文十年正月五日夜に御渡現象が発生した。ところが、その後気温が上がり、十日には解氷してしまい、寒明けかと思われるほどであった。こうした現象は前代未聞であり、多くの人々が神意を訝しんだ（『神使御頭之日記』天文九年、同十年条）。

こうした不吉を払うかのように、頼重は正室禰々を迎えると、天文九年十二月九日、自ら甲府に赴き、婿入りの挨拶を義父武田信虎に行っている。この返礼として、同年十二月十七日、今度は信虎が諏方を訪問している。この一連の行事を、『神使御頭之日記』天文九年は「十二月九日、諏方刑部頼重、甲刕江ムコ入、同十七日、武田信虎此方江御越エ候、タカイ（互）ノサヌキ（座抜）ニ候」と記録している。「ムコ入」とは、結婚した後に、婿が初めて妻の実家を訪問する儀式のことである。これに対し、信虎が頼重のもとを訪問したのは、「舅入」という儀式のためであった。当時の大名や国衆の間でも、この婚姻儀礼が行われていたことがわかる貴重な事例といえよう。

ところで、武田・諏方同盟の成立に絡んで、次のような伝承が存在する。それは、禰々の輿入れに際し、信虎は息女に化粧料として甲信国境の村々を与え、諏方氏に割譲したというものである。しかも、そのために甲信国境の位置が変化し、境川は現在の立場川から現在の境川に移動したというのである。

この村々は、「境方十八ケ村」と呼ばれており、それらは稗底（ひえのそこ）・乙骨（おつこと）（乙事）・高森・池ノ袋・葛久保（葛窪）・円見山（つぶらみ）・先達・小東・田端・上蔦木・下蔦木・神代（じんだい）・平岡・机（つくえ）・瀬沢・休戸（やすみど）・尾形瀬・木ノ間（このま）であった。これらの村々は、立場川・武智川（たけちがわ）と甲六川（こうろくがわ）に挟まれた地域にあたり、地形的にも、確かにかつては甲斐国に含まれていた形跡がうかがえるのだが、明確な証拠はなく、あくまで地域の伝承の域を出ない。だが、近世の乙事村など、この境方十八ケ村は、かつては甲州に帰属しており、信虎により化粧料として諏方領に編入され、それがそのまま近世の高島（たかしま）藩領になったとの自己認識を持っていた（冨善一敏・一九九一年）。中世から近世にかけての境川の移動といい、甲信国境の移動といい、今後検討すべき課題といえよう。

第二章　訪れた絶頂期とクーデター

一、信濃に領土を拡げる

天文九年の大災害

信虎が佐久郡制圧を成功させた天文九年（一五四〇）は、甲斐・信濃をはじめとする各地が、未曾有の大災害に見舞われた年であった。この年、甲斐では前年以来の不作や、災害による打撃が深刻であった。そこから立ち直る兆しも見えぬ天文九年五月と六月は大雨が続き、農作物に深刻な影響を及ぼしていた。それに追い打ちをかけるように、八月十一日に巨大台風が襲来したのである。『勝山記』の記録を覗いてみよう（天文九年条）。

又八月十一日ノ暮程ニ大風吹キ候て、亥剋マテ三時吹キ申候、大海ノハタハ皆浪ニ被引、山家ハ大木ニ打被レ殺、堂寺宮悉吹タフシ（倒）申候、地下ノ家ハ千ニ一万ニ一御座候、鳥リケタ物皆々死申候、世間ノ大木ハ一本モ御座ナク候、去程ニ世中ノ事申ニ不レ及候、殊ソイ物一向無御座候、浄泉寺モ吹タヲシ申候、諏方ノトリイヲモ吹タヲシ申候、諏方ノ松ヲハ一万本計ト承候八月十一日の日暮れから大風が吹き始め、亥刻（午後十時頃）までおよそ三時（約六時間）ほど吹き荒れ、大木や寺院・神社を倒壊させた。富士浅間神社では鳥居が倒壊したほか、神社境内の松も吹き折れ、浄土真宗浄泉寺（じょうせんじ）（都留市）も破壊されたという。村々では家屋が倒壊し、壊滅的被害を受けた。それればかりか、強風により湖面が煽られ、高波を引き起こし、湖畔の家屋を飲み込んだという。

甲斐では、国中地方でも甚大な被害が記録されている。『小年代記』は「八月十一日自戌刻至子時大雨大風、八本杉門前門内種樹数多吹折、僧堂諸寮舎悉吹倒者也」と記録しており、戌刻（午後八時頃）から子刻（午前零時頃）まで大暴風雨に襲われたといい、享禄四年（一五三一）の兵火に遭い、再建中だった向嶽寺は、またもや大きな災厄に見舞われたのであった。

甲斐では、勝沼の柏尾山大善寺も惨憺たる被害を受けている。天文二十四年九月五日に作成された「当寺柏尾山造営［（欠損）］」と題された大善寺造営記には、次のような一節がある（山④六二八号）。

其年（天文九年）八月十一日、一昼夜大風吹、古木大木損、就此本堂北之方之葺板三ケ二上山中程〇（迄）吹上、誠世間人民心力失、堂舎仏客不懸心間、宮殿其外日光・月光・十二神等、雨霧被没既及大破（以下略）

天文九年八月十一日の大型台風により、大善寺境内の古木・大木はおろか、本堂屋根の北側三分の二がめくれ、背後の山上に吹き飛ばされたという。このため、本堂内に安置されていた日光・月光菩薩像、十二神像などが雨ざらしとなり、大きく破損したとある。この事態に心を痛めた大善寺住侶権大僧都法印明正は、懸命の勧進を行い、国主武田晴信や檀那今井信甫・信良父子、小山田信有らの支援を得て、天文二十四年に修復を成就させた。これが、現在も残る国宝大善寺本堂と堂内の仏像群である。

甚大な被害と凄まじい風雨の様子は、隣国信濃国でも記録され、諏方大社上社も大きな被害を受けた（『神使御頭之日記』天文九年八月条）。

同八月十一日之酉時ノサカリヨリ南大風出、戌（雨共ニ）刻迄吹候、南風シツマリ半時計候而、北ヨリ大
風吹出、子刻迄フキ候、何モ近年ニナキ大風、トリワケ北風ツヨ
ク候而、宮々ノ古木・大木吹折候、下馬ノサワラ一本フキ折候、
宮山ノツカ大小二三四十本折候、カ様ノ風ハ以後モ有間敷候、同
神前ノテツタウ二重フキコロハカシ候、神長官ノ当番ニテ則ナヲ
シ候、カラホコ二本、リンサウノサワラ一本、大宮木ハ以上三本
○（ネカエリ候）如此ノ風ハムクリ風ニテモ候カト申候、昔ノシハマクリ風ニモ
ヲトラス候、風シツマリテ大水来、大町家十計流、人モ三人、夜
半水ニ候、惣而十一日酉ノ頭ニシブノ湯山ニアタリヲヒタ、シク
ナリ、サテ酉刻ノヲハリニ風吹出候、大水ハ五十年以前ニ只今ノ
水ニモマシ候テ出候由申伝候、風ハ五百年以前ノシハマクリ風モ
コレホトハアルマシキカト風聞候、磯并ノ宮ノ木四十本ネカエリ、

大善寺本堂　山梨県甲州市　画像提供：サンニチ印刷

　風ツヨクシテ戸カヘハ申ニ不及、ノキカヘマテ吹ハナシ候

これによると、八月十一日の酉刻（午後六時頃）から戌刻（午後八時頃）まで大風雨が吹き荒れたという。酉刻から大風が吹き始めると、渋之湯山の付近が不気味な山鳴りを始めたといい、凄まじい南風と大雨に見舞われた。それがようやく静まると、半時（一時間）ばかりしてから、今度は北からの大風が子刻（午前零時頃）まで吹き付けた。二度の風雨は極めて強かったが、とりわけ後半の北風が激烈で、神社の古木・大木は吹き折られ、その数知れず、神前の諏方大社上社鉄塔は二重部分から倒壊した。

当時、神長官守矢頼真は宮番にあたっていたが、その風の凄まじさを「ムクリ風」と表現した。「ムクリ」とは「捲りあげる」という意味であろう。そして、諏方に言い伝えられていた五百年前の「シワマクリ風」（芝をも捲りあげる程の激しい風という意味か）にも劣らぬ烈風であったと記録している。風がおさまると、雨による洪水が夜半に諏方を襲い、上社前宮大町が濁流に呑まれ、十軒が流失し、三人が死亡した。この規模の洪水は、五十年以前にもあったことが知られていたが、風の凄さはこれまでに経験したことはなかったといい、伝説の「シワマクリ風」を凌ぐものと噂された。

この大型台風は、関東にも記録的な被害をもたらした。上野国では「大風吹、比企岩殿御堂吹破、五穀不実、諸国飢饉」（「赤城山年代記」）、武蔵国では「大風吹」（「年代記配合抄」）等と記録され、相模国鎌倉鶴岡八幡宮別当も、同じように大風雨による諸寺院、神社や森林への甚大な被害を記し、さ

らに「惣而武相之間草木悉損了」「洪水過例年」と特記した（『快元僧都記』）。

この台風は、東海・中部地方に止まらず、西は紀伊国から近畿地方にも被害をもたらし、果ては東北地方にまで甚大な傷跡を残した。紀伊国では「大風洪水、上綱ノ川舟流、在々浦々流、人モ死ス」（『熊野年代記』）と記録され、山城国や京都も塔の崩壊や、山崩れをはじめとする被害が続出し、後奈良天皇は事態を憂慮し、宸襟を痛められたという（『鹿苑日録』「長享年後畿内兵乱記」等）。東北では、陸奥会津で「夜大風吹く、古木太木ふきたをして、五こく地のそこまでかせニあい申候」（『会津塔寺八幡長帳』）と記録し、五穀は壊滅したと記述している。以上の諸記録から、超大型の台風は紀伊半島から内陸部を横断し、東北地方を抜けていったものと考えられる。

この天文九年の大型台風の被害は、武田信虎の命運に大きな影響を与えることとなるのであった。

諏方・村上氏と連携した海野攻め

明けて天文十年（一五四一）、信濃国諏方郡では多くの人々が恐れおののく出来事が起こっていた。既述のように、まず正月早々、御渡が見られたものの、まもなく寒明けを思わせるような暖気となる異常気象となり、人々は神意を訝しんだ。また、月神事である諏方大社上社蛙狩神事では二十四匹もの蛙が捕獲され、異例のことだと騒ぎになった。さらに三月下旬、諏訪大社上社上坊の立石が五、六日にわたって唸るという怪奇現象を起こしたのである。これは、昔から「諏方一乱」の前兆とされており、人々は不吉な予兆に包まれた。そのうえ七月には、御射山が夜に不気味な音をたてて鳴る現象が起こったため、さすがの諏方頼重も気にかけて、諏訪上社に神馬を奉納し、無事を祈願している（『神使御頭之日記』）。こうした怪現象が続くなか、諏方頼重はそれを振り切るかのように出陣した。舅武田信虎より、小県郡出兵への応援を要請されたからである。

武田氏と諏方氏は、天文九年十一月、信虎の息女禰々の輿入れにより攻守軍事同盟が成立しており、信虎は頼重の支援を受けることで、勝利を確かなものにしようとしたのだろう。信虎の攻撃目標は、小県郡国衆海野棟綱を惣領とする滋野一族であった。滋野一族とは、奈良時代に活躍した楢原東人の子孫滋野宿禰家訳の孫善根を祖とすると推定される。滋野一族の諸系図にその祖として登場する「善淵王」とは、滋野朝臣善根のことを指すといわれる。善根の子孫が信濃守・介を歴任し、とりわけ馬寮に関与していた関係から、望月牧など信濃の牧に関わり、在地勢力と姻戚関係を結んだと推定されている。それが、滋野三家（海野・禰津・望月氏）であるという（丸島和洋・二〇一五年）。

滋野一族の惣領は海野氏であり、これに禰津・望月氏が続き、「滋野三家」と呼ばれた。室町後期から戦国初期にかけて、海野氏は本領海野庄（海野十二ケ郷）を拠点に、上田庄・常田庄を制圧し、さらに芳比郷をも編入して、独自の一円領たる「海野領」を形成し、領域権力としての国衆に成長した。このほかにも、青木郷なども支配下におさめ、塩田庄にも影響力を与えていた。一族である禰津氏や望月氏も、国衆へと成長を遂げつつも、惣領海野氏のもとに結集して、勢力圏を接する埴科郡葛尾城主村上氏と淩ぎを削る抗争を繰り返していた（平山・二〇一八年）。村上氏の勢力は、室賀峠を越えて塩田庄を侵食し始めており、そこには村上一族の室賀氏が室賀郷を拠点に勢力を蓄えつつあった。

信虎の海野攻めは、滋野一族と村上氏の抗争に介入する形で始まったのである。信虎は、同盟を結ぶ諏方頼重に支援を求め、さらに葛尾城主村上義清と手を結ぶことに成功した。かくして、海野攻めは、武田・諏方・村上三氏の連合により三方向から実行に移されたのである。その一連の模様を記した史料を示そう。

【史料四―3】『神使御頭之日記』天文十年条

此年五月十三日、頼重、武田信虎為合力海野へ出張、同村上殿三大将同心にて尾山せめ落され候、次日海野平、同禰津悉破候、此時従頼重神長ニさいはいを被切候間、如此御本意満足候、此陣中ニ大雨、近年なき高水候、禰津之事者神家ニ候之条、従此方被召帰候、矢澤殿も色々侘言被申候、海野殿ハ関東へ越、上杉殿頼被申

【史料四―4】『高白斎記』天文十年条

五月小丁亥、廿五日海野平破、村上義清・諏訪頼重両将出陣

【史料四―5】『小年代記』天文十年条

爰有海野一城、信州士卒馳聚、保此地不相随故、信虎・晴信出馬、六月四日攻破退陣也

【史料四―6】（天文十八年カ）十一月吉日、長坂虎房宛神長官守矢頼真覚書（戦武三〇〇号）

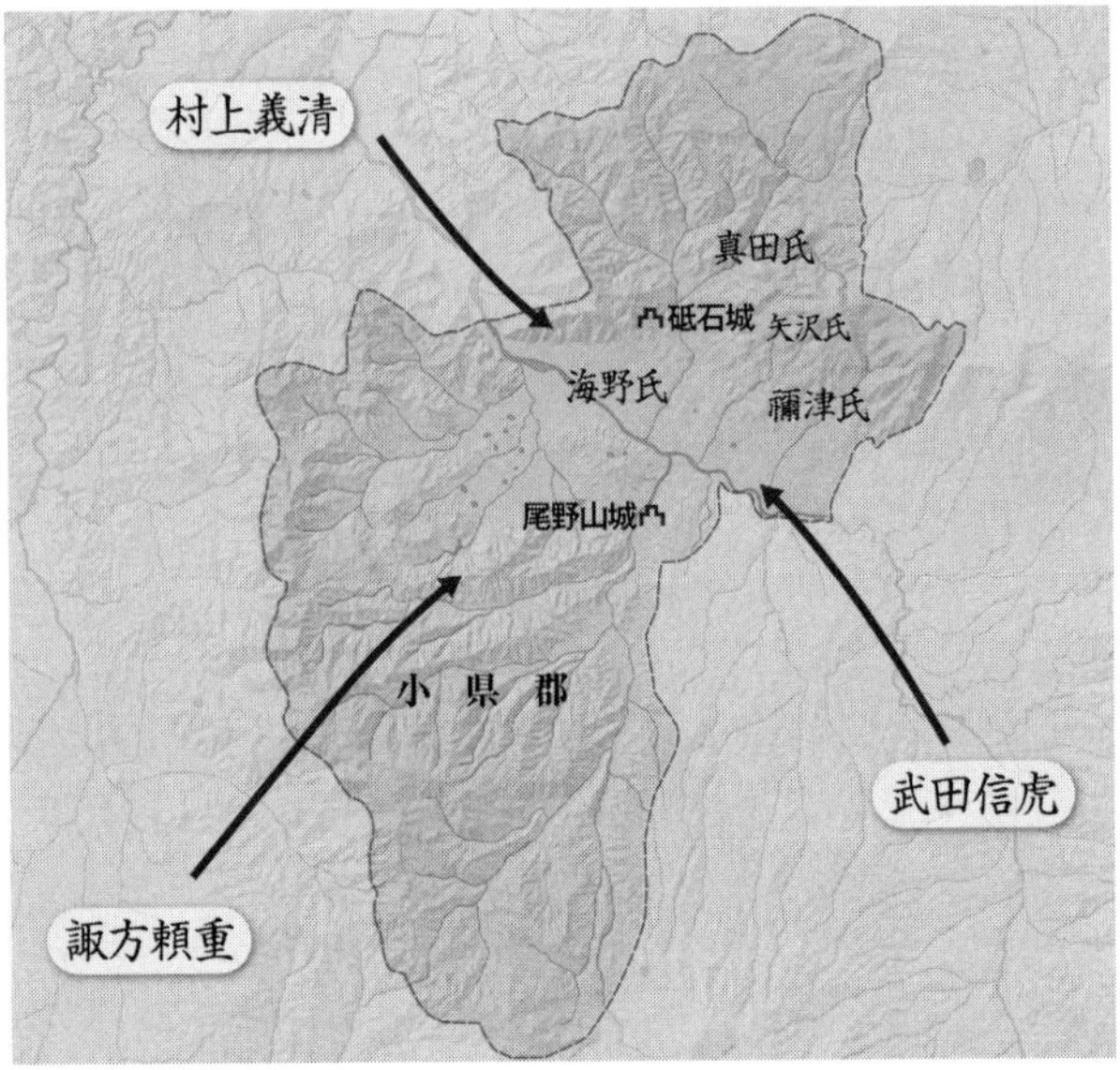

図13　海野平合戦関係地図　丸島和洋『図説 真田一族』P5より転載

又去丑歳（天文十年）、信虎様為御合力、頼重海野へ出張之時者、黒馬神長へ給候、其後原山事々敷鳴候ニ付而、黒馬禰宜方へ被納候

信虎は天文十年五月十三日、諏方頼重・村上義清と共同で小県郡に出兵した。五月十四日、小県郡の海野方の拠点尾野山城（おのやま）（長野県上田市）は攻め落とされ、翌十五日には海野平と禰津で合戦があり、海野方は敗北を喫した。この合戦の最中、大雨が降り、洪水が発生するなど、双方ともに苦慮したようだが、武田・諏方・村上連合軍は勝利を収めた。海野方は態勢を立て直し、五月二十五日に海野平で再度決戦が行われたらしい。この合戦で海野軍は壊滅し、海野棟綱の嫡男幸義（ゆきよし）らが戦死したという（『真田家御事蹟稿』ほか）。敗れた海野方は、海野棟綱・深井（ふかい）右衛門尉棟広（むねひろ）・小野沢守義（おのざわもりよし）、真田幸綱らが上野国に逃亡した。関東管領山内上杉憲政を頼ったのである。

最後の戦歴となった海野平合戦

海野平合戦は、その後の滋野一族の明暗を分ける出来事となった。まず、禰津元直は諏方大社に連なる神氏にも列していたことから、諏方頼重を頼り本領への帰還が許された。また、矢澤綱頼も連合軍に懇請したため、同じく本領復帰を許されたらしい。

いっぽう、海野棟綱は関東管領上杉憲政の本拠平井城（群馬県藤岡市）に匿われたといい、真田幸綱は上杉重臣で箕輪城主長野業正に庇護されたと伝わる（平山・二〇一一年②、丸島和洋・二〇一五年）。また、確実な史料に恵まれないが、『真武内伝』『真田御武功記』によると、真田幸綱と行動を共にしていた人物に、禰津宮内大輔兄弟がいたという。この禰津兄弟とは、禰津元直の子政直（後に出家して松鴎軒常安）、神平信忠（信政とも、後に真田幸綱の妹を娶る）と推定される。もし事実とすれば、父元直は敵方に帰属し、息子が上野国に亡命して、禰津家の存続をはかったのであろう。同書によれば、真田幸綱が山内上杉憲政を見限り、武田信玄に臣従した際に、彼らも行動をともにしたとある。

海野棟綱らは関東管領上杉憲政を頼み、信濃へ帰還することを画策したが、海野一族やその家臣たちは、上野国で窮屈な亡命生活を送らねばならなかった。棟綱の家臣深井棟広は、高野山蓮華定院に宛てた書状の中で、「如御書中、不慮儀、以当国上州棟綱被罷除、山内殿様へ本意儀被頼奉候間、急度可被致還住由存計候」と述べ、上杉憲政の支援を受けて、必ず本領に帰還する決意であると述べている（新信叢①四三六）。

こうして、国衆海野氏は事実上滅亡した。海野領は、ほぼ全域が村上義清の支配領域に編入されたらしい。『神使御頭之日記』をみると、小県郡の郷村のうち、天文十二年に御頭役勤仕を命じられた禰津は勤仕しているが、天文十四年の浦野塩原、同十五年の浦野田沢・奈良本、同十七年の浦野塩原はいずれも「明候」とあり、御頭役を勤めていない。その理由は、天文十九年条に明記されている（『神使御頭之日記』天文十九年条）。

浦野三頭分
一塩原　一田澤　一奈良本是三頭福澤方知行以来不被勤候
一矢澤　一保科　一西条　一東条　一春日是ハ村上殿被相押候

浦野の村々は、浦野庄に含まれる郷村で、浦野氏の支配領域であった。浦野氏は禰津氏の一族であり、滋野一族のメンバーであった。この地域は、福澤氏の知行になったとある。福澤氏は村上義清の家臣であり、塩田平（旧塩田庄）を支配していたらしい（『諏方御符礼之古書』文安五年〈一四四八〉～延徳元年〈一四八九〉条）。おそらく、福澤氏の拠点は塩田城であろう。そして、天文十年五月の海野平合戦で小県郡のほぼ全域を制圧した村上氏により、家臣福澤修理亮顕昌は浦野庄などを加増されたとみられる。天文十三年六月吉日に、福澤顕昌は伊勢神宮御師広田大夫に対し、奈良本の一部を寄進している（信⑪二二一）。ただ、千曲川の対岸、小県郡矢澤は村上氏の知行とあるので、直轄領になっていたのであろう。このことから、少なくとも千曲川南側は塩田平と浦野領、小泉領、同北側は芳比郷、旧真田領、矢澤領、常田領、海野十二ケ郷、禰津領などが村上氏の支配領域となったと考えられる。なお、天文十年六月、村上義清は諏方頼重と険悪となったことから、諏方大社上社御頭役の勤仕を拒否したらしい。村上領となった地域の御頭役が回復するのは、武田氏により村上義清が追放された後のことになる（『神使御頭足之書』）。

このほかに、海野平合戦以後、村上義清が入手した地域はあるのだろうか。その手掛かりとして、既述の天文十三年六月吉日付福澤顕昌寄進状は重要である。それによると、福澤氏の支配下に「内村」「尾山」がみられる。内村は内村川沿いにある地名で、内山砦（金ヶ崎城、長野県上田市下武石）が所在する。また、尾山は尾野山（同上田市丸子町）のことで、海野平合戦の前哨戦で武田・諏方・村上連合軍が攻略した尾野山城が所在する地域に当たる。管見の限り、このほかに村上氏が獲得したと推定される支配領域はみられない。以上から、村上氏が獲得し、信虎と諏方頼重の合意のもと支配領域に編入したのは、前記のほかには内村川と依田川を境界にした西側一帯と推測される。

いっぽう、信虎が獲得したと推定されるのは、望月領・蘆田依田領であり、その他の内村川・依田川を境界にした以東の地域は、諏方頼重が獲得したと推定される。このように、海野領は解体され、海野氏に従属していた国衆の多くは、武田・諏方・村上三氏にそれぞれ従属することとなった。武田氏の支配領域は、天文九年よりもさらに広がったわけである。そして、この海野平合戦が、武田家当主信虎最後の戦歴となった。

二、息子晴信に追放される

突如、駿河に追放される

海野平合戦に大勝し、海野棟綱らを上野国に追放した武田信虎は、息子晴信とともに六月四日、甲府に帰陣した（【史料四―5】『小年代記』）。それからまもなく、信虎は駿河国に出立し、今川義元のもとを訪問した。その直後、嫡男晴信がクーデターを決行し、父をそのまま駿河に追放したのである。信虎追放とは、どのような事件であったのか。同時代史料を列挙してみよう。

【史料四―7】『高白斎記』天文十年条

六月小丙辰、十四日己巳信虎公甲府御立駿府へ御越、（後筆）「至今年無御帰国候」、於甲府十六日各存候

【史料四―8】『勝山記』天文十年条

此年春ル致餓死候て、人馬共ニ死ル事無レ限、百年ノ内ニモ無御座候ト人々申来リ候、千死一生ト申候、此ノ年ノ六月十四日ニ武田大夫殿様、ヲヤノ信虎ヲ駿河ノ国へヲシ越シ御申候、余リニ悪行ヲ被レ成候間、カヤウニ被レ食候、去ル程ニ地家、侍、出家、男女共ニ喜致満足候事無限、信虎出家被レ成候て駿河ニ御座候

【史料四―9】『小年代記』

信虎平生悪逆無道也、国中人民、牛馬畜類共愁悩、然駿州大守義元、娶信虎之女、依之辛丑六月中旬行駿府、晴信欲済万民愁、足軽出河内境、断其帰道、即位保国々、人民悉含快楽咲

【史料四―10】『王代記』Ⅰ

武田信虎六月十四日駿州へ御出、十七日巳刻晴信屋形へ御移、一国平均安全ニ成

【史料四―11】『王代記』Ⅱ

天文十年辛丑六月七日、信虎駿州御出行、当国エ奉帰玉ハス、晴信御代也

武田信虎の駿河追放を伝える同時代史料は、わずかにこれだけである。これらの記事をもとに、信虎追放という一大事件についてまとめてみると、次のようになる。信虎は、信濃国小県郡から帰陣して十日後の六月十四日、甲府を出立して駿河に向かった。なお、『王代記』Ⅱのみが信虎の駿河出立を六月七日としているが、ほかの記録は十四日である。ここでは、六月十四日説を採用しておく。

ところで、注目されるのは、『高白斎記』によると信虎の駿府行は極秘とされていたらしく、この記録の筆者と推定されている駒井高白斎をはじめとする人々は十六日になって初めて知ったというのである。このこと自体が、極めて異例である。しかも、この記録にある「各」が高白斎をはじめとするどの程度の範囲に属するのかも、極めて重要な問題である。武田家当主信虎が、同盟国今川義元のもとへ国を空けて訪問することが、すべての家臣団に対して極秘であったとは考えにくい。この記録を読む限り、信虎の今川氏訪問を知らされていた家臣と、そうでない家臣とに分かれていたらしいの

だ。とすれば、駒井高白斎は、事情を知らされていなかったグループの一員であったと考えられよう。

こうした区別の存在にこそ、事件の原因の核心に迫る秘密が隠されているのではあるまいか。武田氏の当主の動向を知らされていなかった者たちとは、すなわち信虎に警戒されていた人々、つまり晴信に近い人物と見なされていた可能性がある。実際に、駒井高白斎は信虎追放後、晴信に重用され、信虎時代以上に活躍しており、彼は晴信を支える派閥の一員だったのだろう。

武田晴信が動き出すのは十四日、つまり信虎の駿河出立直後のことである。当主信虎が甲府に不在であることを駒井高白斎らが知ったのは、十六日であった。おそらくここで、晴信とそれに与する重臣らが事情を打ち明けたのであろう。だが、ここまでの動きは駒井高白斎らには知らされておらず、彼らもまた晴信の動きをまったく察知していなかったようだ。晴信が甲府の躑躅ケ崎館に入ったのは、十七日のことであった。おそらく、晴信と重臣層が十六日に甲府の家臣らに事情を打ち明け、父信虎に代わって武田家の当主になることを宣言したのではなかろうか。これに異議を唱える動きがなかったことから、晴信は家中の支持を得ることに成功したことを確認し、そのうえで翌十七日、躑躅ケ崎館に入ったのだろう。

また、晴信が父信虎の帰国を阻むべく、甲信国境（駿河と河内領の境界）に足軽を派遣し、国境封鎖を実施したのも、同日のことであろう。晴信による足軽の派遣は、彼が武田家当主として軍事指揮権を掌握したことを物語っている。もちろんそれは、武田家中の合意と服従があって初めて機能したはずだからである。晴信が足軽に封鎖を命じた「河内境」とは、万沢と十島（ともに南部町）のことをいい、関所（口留番所）があったところである。主要街道は万沢口（西河内路、駿州往還）で、十島口（東河内路）は脇往還であった。晴信が封鎖したのは、この二ヶ所とみられる。

甲斐の人々が、信虎追放と晴信の家督相続の情報に接したのがいつのことであったかは記録されていないが、十七日以後であることは間違いなかろう。信虎追放を知った人々の反応は意外なものであった。彼らは、身分の上下や老若男女を問わず、信虎追放を大いに歓迎し、喜んだと記されている。彼の苛政に悩み、憂えていたところ、晴信が人々の塗炭の苦しみを黙視しえず、ついに信虎を追放したのであって、これにより国は保たれ、人々は快楽の笑いに包まれたとある。牛馬などの家畜類までもが信虎に苦しめられていたというのはいかにも大げさだが、それほどまで信虎は甲斐の人々から恨まれていたらしい。

甲斐の人や動物らの恨みを一身に集めたと指弾された信虎が、いったい何をしたというのか。史料には「余リニ悪行ヲ被成候」「信虎平生悪逆無道也」とあり、悪行を行ったからだというのである。しかし、その具体的な内容については、一切記録がない。ただ、信虎が悪人であり、悪政を行ったことが、追放の背景だということは確かであろう。

『甲陽軍鑑』にみる追放の経緯

右は、同時代史料にもとづいた信虎追放の動きである。そのため、具体的に晴信がどのように動いてクーデターが行われたのかが不分明という憾みがある。そこで、どこまで信頼できるかは定かでないが、『軍鑑』が記す信虎追放までの動きを紹介しよう（巻一、巻九、巻十、末書下巻上）。

晴信は、父信虎に疎まれ、ついには憎まれるほどであった。信虎は晴信を警戒し、目付や横目を張りつけ、その行動を監視していたという。そして、天文七年（天文十年の誤りか）正月元日、信虎は晴信でなく、次男信繁に盃を与えた。これは、惣領を晴信から信繁に替えるという信虎の意思表示であった。そして正月二十日、重臣板垣信方を使者として晴信のもとへ派遣し、「晴信は、駿河今川義元の仲介で信濃守・大膳太夫晴信となった経緯がある。そこで、晴信は義元のもとに行き、彼の指南を受け、さまざまな作法などを学ぶように」と伝えた。晴信は「何事も、信虎様の御意次第にしてくださ い」と返答したという。その後晴信は、信虎からの使者を二度も受け、「駿河に行き、姉婿今川義元のもとへ預けることとする」「当三月より、晴信は駿河に行き、一両年ほど駿府に滞在して、さまざまな学問をしっかりと身につけるように」と言い渡された。信虎は、晴信を駿府に追いやり、ゆくゆくは信繁を惣領に据え、晴信は甲府に帰還させないようにしようと考えており、晴信に少しでも怪しい動きがあれば、ただちに成敗するよう家臣に命じていた。

ところで、このとき、三度の使者を命じられたのが、甘利虎泰・板垣信方・飯富虎昌の三宿老であった。彼らは、晴信への使者をつとめながら、実は信虎の悪事・不行儀に呆れ果て、秘かに晴信に心を寄せていたという。晴信は、三度の使者に対し、逆らうことなくこれに合意した。

そこで、信虎は駿河に行き、「自分の命令があり次第、晴信は駿府に来るように」と命じ、さらに「晴信は、躑躅ケ崎館から出て、家老のところで待機せよ」と指示したという。かくて信虎は、躑躅ケ崎館には信繁を置いて留守居役とし、晴信の身柄を甘利虎泰（末書下巻上には板垣・甘利両人）に預けた。信虎は、晴信を駿府に呼び寄せ、その後すぐに上方に追放するつもりであったという。甘利・板垣・飯富の三人は、晴信を監視しながら次第にはたして信虎の命令を実行すべきか動揺し始めていた。

とりわけ、甘利虎泰は苦悶し、ついに八幡大菩薩と御旗（みはた）・楯無（たてなし）（武田家重宝）の前で、天道を恐れながらも、信虎に逆心を企てても甲州は安泰で済むか、信州の領土は問題ないかを、鬮（くじ）を取って占ったという。その結果、吉と出たので意を強くし、板垣・飯富らの説得にかかった。また、晴信も独自に板垣・飯富に接触したという。こうして、甘利・板垣・飯富は信虎を追放し、晴信を家督に据えることに合意し、行動を始めたという。

晴信も、あらかじめ今川義元と連絡を取っており、双方ともに合意ができていたため、少しも手間取ることなくクーデターは成功した。義元は、晴信より書状を受け取り、自分に協力してほしいとの申し出について熟慮を重ね、大剛の信虎よりも若輩の晴信を味方につけておけば、やがては武田氏も今川氏の傘下に入るであろうと考え、信虎を預かることに合意したのだという。こうして、信虎は甲斐に戻ることができなくなってしまった。信虎の御供をして駿河に出発していた随行の家臣ら三十騎は、晴信が彼らの妻子を人質として確保していたため、逆らうことなく信虎を捨て、甲州に帰還したという。以上が、『軍鑑』の伝える信虎追放の経緯である。

信虎悪行譚の実態

さて、ここでは信虎が甲斐の領民から恨みを買うこととなった「悪行」「平生悪逆無道」とは、どのようなものであったのかを検討しよう。同時代史料において、その具体的事実を指摘した記述は発見されていない。そして、今日に至る信虎悪行譚は、後世の軍記物によって作り上げられ、広まっていったものであることが明らかにされている（大木丈夫・二〇一三年）。その内容は、①信虎の意に添わなかったり、彼を諫言（かんげん）する家臣らを手討ちにしたこと、②自分のわがままと気分次第で、むやみに家臣や奉公人などを改易・放逐したこと、③妊婦の腹を切り裂いたり、領民を虐殺するなど、無惨な行いをしたこと、④嫡男晴信を蔑み、次男信繁を偏愛し、家中にも混乱を起こしたこと、などに分類できるであろう。

これらの悪行譚は、『軍鑑』巻一「信虎公をついしゆつ（追出）の事」と『軍鑑』末書下巻上「信虎公御ぶぎやうぎ（不行儀）七ヶ条之事」にほぼ網羅されているといってよかろう。

『軍鑑』において、信虎は「悪大将」（巻一）、「悪事、ぶぎやうぎ」（巻十）、「が（我）ノつよくましまます信虎公」（巻十二）、「父信虎、鬼神のごとくに、近国、他国までひゞき給ふ大将」（巻十三）、「御家中の行儀、其外万事ぎやくぎ（逆儀）」（末書下巻上）などと記されている。同書の記述を追っていくと、信虎は、合戦には強く鬼神のようではあるが、我が強く、悋気（りんき）で、邪悪な心の持ち主であり、自分の考えに添わぬ者には厳しく当たり、贔屓（ひいき）がひどく公平性に欠ける人物、などとまとめることができるだろう。

『軍鑑』末書の、「信虎公ぶぎやうぎ七ヶ条の事」を紹介してみよう。

第一は、妊娠した女性のうち、臨月の者を見つけ出しては居館に召し連れ、腹部を切り裂いて胎児の生育を観察したこと。

第二は、妊娠した女性のうち、妊娠五ヶ月、三ヶ月、二ヶ月などの女性の腹を何度も裂いたこと。

第三は、信虎は十七歳の頃から家臣を手討ちにしていたが、とりわけ小殿原（ことのばら）衆、二十人衆、中間（ちゅうげん）衆の人々が犠牲になった。その数は、二十九年間で九十三人にもなった。しかし、家臣のうち武辺覚えの者や家老衆を手討ちにしたことはなかった。

第四は、町人・地下人（じげにん）の娘や人妻のうち、心優しいと評判の女性を、鷹狩りの帰途、召し連れて帰った。その女性を気に入れば、半年も手元に置き、意に叶わなければ二十人衆や御中間衆らに下げ渡してしまった。たとえ結婚の約束をした相手がいる女性であろうと、顧慮しなかった。また、信虎の意に添わなければ、ただちに扶持を取り上げ、放逐した。

第五は、信虎が手元に置いた女性のうち、二年も召し置かれた者は、彼のお気に入りとなった。そのため、彼女の里と近隣の村々との裁判沙汰があれば、信虎は彼女の言う通りの判決を出した。

第六は、昨日まで信虎が褒めていた人物であっても、少しでも機嫌を損ねるとたちまち追放された。これは大剛の武士であっても、関係なかった。罪もないのに、家臣を追放するのは不行儀である。後に、気が変わって後悔し、その人物を召し帰すことにした際は、自ら迎えに出向いたほどであるが、一国の国持ちが、改易した者を迎えに出るのは不行儀である。

第七は、武田家は由緒ある御家なので、刀・脇差には名刀が多く伝わっていた。また、信虎は御一家衆を多く攻め滅ぼしていたので、これらの家々に伝来していた名刀も多く確保していた。ところが信虎は、これらの名刀を手討ちのために使い、多くを打ち折り、捨ててしまった。

第八は、明記されていないが、国法なども一つとしてよいことはなく、「弓矢はめいよ」の大将であり、他国を恐れさせていたので、ちゃんとしていれば信濃はもちろん、伊豆・相模・武蔵・上野まで手に入れていたことだろう。だが、嫡子信玄を憎み、不仲となったために追放される羽目になったのだ。

以上が、『軍鑑』末書に列挙される信虎の悪行譚である。ただ、このうちいくつかは、『軍鑑』の他所の記述と矛盾するところがある。例えば、第三に、信虎が手討ちにしたのは身分の低い在村被官や武家奉公人ばかりで、武辺覚えの武者や家老衆には手を下さなかったとあるが、天正二年（一五七四）に信虎が高遠で武田勝頼と対面した際に、重臣内藤昌秀の兄を手討ちにしたと言っており（『軍鑑』巻十九）、内藤氏は信虎の譜代で重臣格であるので、記述が矛盾している。また、手討ちにした人数も、別の箇所では五十人（巻十九）とあり、末書の九十三人とは一致しない。大木丈夫氏によると、近世初期の軍学書である『甲陽軍鑑結要』竜韜品には、重臣山県河内・馬場伊豆・内藤相模・工藤下総四人のほかに、三十七人を手討ちにしたとあるという。

　このように、『軍鑑』の記述は矛盾している部分も多く、しかもここに列挙される事件は確実な史料ではまったく確認できないものばかりである。とりわけ、妊婦の腹を裂くという逸話は、江戸時代に流布した『武田三代軍記』などには、さらに大仰な内容となって記述され、拡散されていったという（大木丈夫・二〇一三年）。妊婦の腹裂きという逸話は、世界にいくつもの類例がある。例えば、中国では殷の紂王が著名である。ただ、ほとんどすべてが根拠のない逸話であるとともに、そうした人物は世の恨みを集めて没落するという文脈で語られている。

　信虎の場合も、こうした悪行が重なり、信玄によって追放されることになったという筋立てで語られている。ただ、信虎が家臣としばしば対立し、それが合戦に発展したことは事実である。また、家臣を自刃に追い込んだこともある。

　これまでの事例を掲げておくと、永正十七年（一五二〇）に栗原・今井・大井氏らが信虎に反旗を翻し甲府を退去したのは、甲府への在府強制に反発したものであった。享禄二年（一五二九）には、動きが不穏であった小山田氏に圧力をかけて、再屈服させている。享禄四年に今井・栗原氏や重臣飯富氏らが叛乱を起こしたのは、信虎が扇谷上杉氏と協議し、山内上杉憲房後室を側室に迎えたことが原因であった。天文五年（一五三六）には、信虎は上意に背いた前嶋一門を切腹させた。これに武田氏の奉行衆は反発し、他国に出奔している。

これらは、信虎が大身・小身の区別なく、自らの内政・外交政策に反発する国人や家臣らに対し、一切妥協しなかったことをうかがわせる。『軍鑑』にみられるような残虐性はうかがえないものの、家臣と対立し、これに腹を切らせたり、他国に追放したりしたという逸話には、何らかの事実があり、それに脚色がなされたとみるべきであろう。

また、天文九年になると、信虎の出兵に対し、都留郡の寄子（在村被官）らは疲弊し、迷惑だと怨嗟（えんさ）の声をあげている（『勝山記』）。民衆に対しても、連年のように飢饉・災害・疫病が頻発するなか、軍事・課税が甚だしかったことも、史料からうかがい知ることができる。永正十七年、信虎が栗原・今井・大井氏の叛乱を鎮圧すると、以後、苛政が始まり、多くの人がこれを憂えたといい（『小年代記』）、大永元年（一五二一）の飯田河原・上条河原合戦で今川軍を撃退した信虎は、翌大永二年には国中に棟別を賦課している（同前）。だが、この間にも民衆の疲弊は進み、信虎は大永八年（享禄元）に徳政令を発令せざるをえなかった。この徳政令は、記述のように戦国期東国において最も早く発令されたものである。それほど、在地社会は危機的状況にあり、さすがに信虎もこれを看過できなかったのだろう。

家督相続以来、絶え間なく続く内戦、他国からの侵攻との戦いに加え、新都甲府の建設と国人・家臣への統制強化、対外政策の変転など、信虎には家臣・国人・領民と対立し、反発を買うさまざまな事態に直面していたといえる。だが、これこそ乱国を統一し、武田氏を頂点とする支配体制を構築するためには避けて通れぬ試練であった。信虎は、この事態に向き合い、強権をもってこれらを克服していった。ここにこそ、信虎悪行譚が形成される素地があったと思われる。

信虎・晴信父子不仲説

信虎追放の伏線として必ず語られるのが、信虎・晴信父子の不仲である。実は、父子不仲についても、同時代史料で確認することができない。この逸話の出典も『軍鑑』であり、その後、さまざまな逸話が付会され、広まっていったといえる。

『軍鑑』末書下巻上に、信虎・晴信の不仲にまつわる逸話が「信虎公、信玄公をにくみ候様子七ヶ条之事」としてまとめられている。それを紹介してみよう。

第一に、信玄が十四歳、弟信繁が十三歳のとき、信虎は躑躅ケ崎館の下の御馬屋の前で、試し物を実施した。このとき、信繁は難なく死体を斬ることができたが、信玄は難色を示したばかりか、切り損ない、信虎の不興と家臣らの軽侮を受けたこと。ただ、重臣の中で甘利虎泰・小山田虎満の二人だけは、信玄の振る舞いを評価していたという。

第二に、勝千代と名乗っていたころの晴信が、父信虎秘蔵の名馬鬼鹿毛(おにかげ)を強く所望し、彼の不興を買ったこと（巻一にも同様の逸話がある）。

第三に、勝千代は乗馬の訓練中に落馬したため、信虎が怒ったこと。

第四に、学問も、晴信は信繁よりも劣っていると信虎が判断していたこと。

第五に、川で遊泳中に勝千代が流され、水を飲んで溺れたようにみえたことに信虎が立腹したこと。

第六に、御普請の際に、大きな材木を晴信と信繁兄弟にそれぞれ信虎が曳くように命じたところ、晴信は一本曳くのがやっとで、信繁に大いに水を開けられたこと。

第七に、晴信は幼児の頃から、内気で恥ずかしがりなところがあり、傍から見ると何事もぬるく感じられ、信虎や家中の多くが彼を謗ったこと。だが、後世、「信玄公は御つくり候て如此」と評されたという。

これらは、後世の軍記物などにも引用され、信虎悪行譚と同じように大仰に脚色されていった逸話の原型である。『軍鑑』の記述を追っていくと、晴信は幼時から、実弟の信繁を立て、自分は目立たぬように振る舞っていたのであり、才覚に欠け、頼りないわけではなかった。むしろ、奥ゆかしき性格であり、自分を偽って見せていたのだと読みとることができるだろう。このことを、実弟信繁はよく理解しており、信虎追放以前から兄晴信への忠節を尽くしていたという。

信虎・晴信不仲説は、信虎悪行譚以上に事実関係の検証が難しい。ただ私は、晴信が父信虎を追放する行動に踏み切れたのは、父子の関係に亀裂が入っていたからこそできたことだと考えているが、それを論証する証拠に欠ける。記して後考をまちたいと思う。

追放はなぜ天文十年だったのか

ではそもそも、信虎はなぜ、天文十年（一五四一）六月に駿河に出向いたのであろうか。表向きの理由は、『小年代記』が記録するように、今川義元に息女定恵院殿が嫁いでいたためとあるから、結婚後、婿のもとを舅が訪問する「舅入」のためだったのだろう。ただ、婿が嫁の実家を訪問する「婿入」がなされてから「舅入」が行われるのが通例なのだが、実家の当主が婿のもとを先に訪問するという事例が皆無ではない。近くは天文五年二月、今川氏輝・彦五郎兄弟が小田原城を訪問し、北条氏綱・氏康父子と対面している。この直前に、氏輝の妹瑞渓院が北条氏康のもとに嫁いでいるので（黒田基樹・二〇一七年②）、この訪問は「舅入」に相当するであろう。

晴信のクーデターは、この間隙を衝いて実施されたわけだ。ところで、同様の「舅入」は前年の天文九年にも諏方頼重のもとを訪問する形で行われている。だがこのとき、晴信はまったく動いていない。とすれば、晴信が天文十年を選んだのには理由があったはずである。もし、国内の矛盾が累積していたということであれば、およそいつクーデターが起こってもおかしくはない。もちろん、晴信が成長し、当主になりうる年齢に達していたからとか、信虎が駿河へ行ったことが絶好の機会であったからであるとか、準備がようやく整ったのがこの時期であったとか、さまざまな理由を考えることはできるだろう。

それにしても、家臣団の不満が本当に臨界点に達していたとすれば、たとえ晴信が幼君であってもシンボルとして擁立しつつ、信虎からの実権奪取は可能であったろうし、駿河へ出発した間隙という理由であれば、前年の信虎の諏方訪問時でも決行は可能であったはずである。晴信と家臣団が結束して、天文十年をクーデター決行の時期に選択した背景とは何か。これをうかがい知る唯一の手掛かりが、『勝山記』の中に存在する。

【史料四―8】の一節に、「此年春致餓死候而、人馬共死ル事無限、百年ノ内ニモ無御座候ト人々申来リ候、千死一生ト申候」とある。連年のように飢饉・災害を記す『勝山記』の記事に埋没していて、従来からあまり注目されていないが、『勝山記』がこれほど激しく飢饉の状況を活写している部分は、ほかに存在しない。信虎追放が起こった天文十年は、過去百年にも前例がないほどの飢饉が甲斐を襲っていた。実はこの飢饉は、全国的なものであり、とりわけ甲斐・信濃等の中部地方に深刻な打撃を与えていた。私は、旧著『川中島の戦い』以来、これを「天文十年の大飢饉」と呼んでいる。

この大飢饉は、既述のように、天文八年以来の不作や災害を伏線にしているが、決定的だったのは、前年の天文九年八月十一日に東海・中部地方を襲った大風雨（台風）による被害であった。これが、飢饉を決定的かつ深刻なものにしたのである。

信虎追放時の記録を読むと、甲斐の人々は身分の上下や老若男女を問わず、信虎追放を大いに歓迎し、喜んだと記されている。彼の苛政に悩み、憂えていたところ、晴信が人々の塗炭の苦しみを黙視しえず、ついに信虎を追放したのであって、これにより国は保たれ、人々は快楽の笑いに包まれたとある。私はこの部分に、晴信が父信虎追放を、天文十年の大飢饉のさなかに決行した理由が隠されていると考えている。晴信や家臣団が、この大飢饉の時期に政変劇を企図した理由は、【史料四―9】に晴信によって国々が保たれたとあり、また【史料四―10】にも「一国平均安全ニ成」とあるように、信虎への不満蓄積が、大飢饉の発生と相まって、武田領国を深刻な危機に追い込んでいたからにほかならない。

これを克服するための父信虎追放であれば、後継者晴信が実施すべきことは、この状況を和らげる新政策を打ち出すことしかない。信虎追放を知った諸階級の人々が歓喜し、満足したとあることから、新当主晴信を大いに歓迎する心情がうかがい知れる。いっぽうで、それほど新当主晴信を歓迎し、国々を危機から救ったと称賛したのには、信虎追放だけではない、ほかの事情があるように見受けられる。

私は、晴信が信虎追放と同時に「一国平均」の徳政を実施したのではないかと考えている。連年の見返りなき出兵に疲弊した武士階級や民衆は、天文十年の大飢饉で深刻な生命の危機に直面していた。晴信はこれを好機と見て、父信虎を追放し、代替わりを強行するクーデターを実施した。当時の社会において、代替わりや改元などの節目に徳政を実施するのは当然という認識があった。晴信はこれを利用し、クーデターと諸階級の苦難を和らげる施策（「一国平均」）、つまり「代替わり徳政」を実現した。そのため、領民は歓喜して、これを迎えたのではなかろうか。【史料四―9】が「晴信欲済万民愁（中略）即位保国々、人民悉含快楽咲」とあるように、晴信が万民の苦しみを座視しえずに父追放、国主への即位を断行し、国々を保った（国々の危機を救った）と記したのは、晴信の行動と新政策が、万民のための行動（徳政）であったことを匂わせている。

晴信はなぜ親不孝と指弾されなかったのか

このように考えれば、晴信が天文十年（一五四一）の大飢饉を背景にクーデターを実行したのには、大きな狙いがあったと思われる。それは、晴信が父信虎追放を正当化するための論理構築に好都合だったからにほかならないであろう。すでに領内諸階級の不満は蓄積され、信虎と晴信の対立もその極に達しており、晴信と家臣団との合意もできあがっていた。あとは父（当主）追放の正当性の論理を、どこに立脚させるかである。ところが天文十年になって、「悪行」＝信虎を追放して、「徳政」＝晴信の屋形就任を演出し、父（当主）追放という行動を正当化し、諸階級からの社会的合意を得るための絶好の条件が、大飢饉の発生によって出揃った。しかも、前年の諏方に続いて、信虎は娘婿を表敬訪問するため、甲斐を留守にすることになる。そこで事態は一挙に動き出したのではなかろうか。

つまり、晴信は父信虎追放による「親不孝」と指弾されぬよう、細心の注意を払ってクーデターを決行したと思われるのだ。彼は、後に上杉謙信からしばしば親不孝者として指弾されている。

【史料四―12】上杉輝虎願文（永禄七年六月二十四日、上越四一四・五号）

一既直親武田信虎追出国、牢道為及乞食高義（孝義）事、是仏神之不可叶内証事

【史料四―13】上杉輝虎願文（永禄七年八月一日、上越四二七号）

其上晴信者、齢及八十老父、追放甲国、無為方而不顧恥辱、迷歩洛中・洛外、前代未聞分野、奉対天下、非逆心之人而已、仏法敵、王法之怨、結句不孝之族、禽獣猶有親子之礼、況人倫乎、如斯重科之条々、不足揚于算

右のうち、【史料四―12】は、「武田晴信悪行之事」と題した著名な願文である。これらの願文において、謙信は父信虎追放を親不孝の極みであり、禽獣（きんじゅう）であっても親子の礼はあるのに、それにも劣る行為だと厳しく非難した。信虎は乞食の境遇にあり、洛中・洛外をさまよい歩いていると述べているが、これは大げさな論難で事実ではない。しかしながら、他国の者からみれば、父追放＝親不孝と当然指弾される行為であったことは間違いなかろう。

晴信も、自身が父を追放したことについて、内心忸怩たる思いがあったと伝える記録もある。『軍鑑』巻四には「（父信虎を追放したこと――平山註）是ハ晴信公御道理せんばんなれ共、それさへ信玄公はづかしく思召、論語を終に手に取給ハず、論語には一しほ親こう〳〵の事多し」とある。また、『軍鑑』ですら、末書下巻上において、武田信玄の失策八ヶ条（「信玄公被成そこなひ」）の筆頭に、父信虎を追放したことを挙げている（そのほかは、諏方頼重を滅ぼしたこと、嫡男義信を死に追いやったこ

と、上杉謙信が将軍足利義輝に出仕するため上洛中に越後を脅かしたことなど）。やはり、親不孝という指弾について、晴信は極めて敏感であったらしい。ならば、晴信は自らの行動の社会的評価について極めて重視しており、父追放を、少なくとも国内で批判されないように演出することに苦慮していたと思われる。そして、それを満たす唯一の時期が、大飢饉が発生した天文十年ではなかったか。

そのためか、父信虎を追放したにもかかわらず、甲斐国内には晴信を親不孝者などと指弾したり、批判したりする記述を持つ史料は一切残されていない。他国での評判は芳しくはないが、武田氏の基盤である甲斐では、晴信の実行した信虎追放と徳政は極めて評判が良く、政権の移行は円滑に運んだのである。

武田家中では信虎に同調し、晴信と戦う動きはまったくみられず、内戦に突入する危機は発生しなかった。また、晴信の擁立に異議を唱えた者もなく、一人の粛清者も出していない。まさに、戦国史上稀にみる無血クーデターが成功したのである。その意味で、このクーデターは、家臣団や武田一族に一人の犠牲者も確認できないという無血クーデターであるとともに、万民の支持を集め、内乱などを誘発しなかった、稀にみる政変劇だったのである。

今川義元の思惑

ところで、なぜ今川義元は晴信のクーデターに同調し、信虎の身柄確保に同意したのであろうか。

この点については、史料がまったくないので、確信をもって記述することができない。ただ、義元が信虎をあまりよく思ってはいなかったのではないかと推測する根拠がある。それは、天文七年（一五三八）に信虎が北条氏綱と和睦したことである。当時、北条氏綱と今川義元は甲駿同盟成立を契機に戦闘状態となり、駿河の河東地域を氏綱に奪われていた。その奪回をめざし、今川氏は北条氏と激しく衝突していたのである（第一次河東一乱）。信虎は義元を支援し、天文六年には氏綱牽制に動いていた。その報復として、氏綱は天文七年に吉田を襲い、大きな被害を与えていた。信虎と氏綱は、この直後に和睦している。

この和睦は、今川義元の同意を得て実施された形跡がない。当時の社会では、同盟国が敵対する相手と和睦や同盟を締結するには、同盟国の合意がなければならず、それを怠ると敵対行為とみなされ、同盟違反を問われる重大な外交問題に発展した。断交と交戦に突入することも珍しいことではなかった（武田信玄が今川氏真(うじざね)と断交し、攻めたのは、氏真が上杉謙信と同盟交渉を実施したのが理由である）。この和睦はすぐに崩れたらしく、天文八年には武田・北条の交戦が再開しているが（『勝山記』天文八年条）、これは義元の信虎に対する不信感を高めた可能性がある。

だが、当時の今川氏にとって、北条氏との河東一乱、そして遠江・三河との戦闘など、東西に課題を抱えており、武田信虎を難詰することはできなかった。晴信が今川義元と手を結ぶことが可能であったのは、あるいはこのときの信虎の動きに、義元が不満を抱いていたからではなかったか。

これも想像でしかないが、信虎が今川義元に甲斐帰還のため軍勢を借りることができなかったのも、義元が信虎に不満を持っていたことや、当時の情勢では、武田晴信と開戦すれば今川氏が著しく不利になることを悟っていたからではないだろうか。

信虎の処遇をめぐる義元との合意

では、信虎の処遇について、その後、武田晴信と今川義元はどのような合意をしたのであろうか。それを示す貴重な文書が、今も残されている。そしてその文書は、解釈をめぐり、かつて大いなる議論を生んだことでも知られている（戦武四〇二二号、傍線部は筆者による）。

内々以使者可令申之処、惣印軒（安星）可参之由承候際、令啓候、信虎女中衆之事、入十月之節、被勘易筮可有御越之由尤候、於此方も可申付候、旁以天道被相定候者、本望候、就中信虎御隠居分事、去六月雪斎并岡部美濃守（久綱）進候刻、御合点之儀候、漸向寒気候、毎事御不弁御心痛候、一日も早被仰付、員数等具承候者、彼御方へ可有御心得之旨、可申届候、猶惣印軒口上申候、恐々謹言

九月廿三日　　義元（花押）

甲府江参

この今川義元書状は、信虎追放直後の天文十年（一五四一）九月二十三日、武田晴信に宛てて記されたものである。文意を記してみよう。

内々に使者をもって申し入れるつもりであったが、惣印軒安星（冷泉為和の門人由比安星）がそちらに参上するとのことなので、彼を通じて申しあげることとした。信虎女中衆のことについて、十月に入ってから、易筮を行い良い日を選んでお越しなされるとのこと、尤もだと私も思う。こちら側も受け入れる準備を申し付けておきましょう。いずれにせよ、天道が定められたことであるので、こちらにも異存はありません。とりわけ、信虎の隠居分の手当てについては、去る六月に太原雪斎と岡部美濃守久綱をそちらに派遣した際に、晴信と合意したことでもあります。次第に寒気に向かい、信虎は万事不足しがちであることに心痛しています。一日も早く、信虎のもとへ派遣される人員の数などをお知らせいただければ、彼も納得してくれるように私のほうから申し届けるつもりである。なお、詳細は惣印軒が口頭で申しあげることでありましょう。

この書状から知られることは、①信虎追放直後の六月、義元は重臣太原雪斎と岡部久綱を甲府に派遣していること、②その目的は、駿河における武田信虎の隠居分（知行）と身辺の世話をする女中衆などの協議であったこと、③信虎の隠居料については、武田氏と今川氏が共同で面倒を見ることになっていたこと、④晴信・義元間で合意に達していた信虎女中衆の派遣について、九月下旬になってもなかなか実現していなかったこと、⑤信虎は、身辺の世話をしてくれる侍臣などや、生活費にも不安を覚えており、義元を通じて晴信に善処を求めていたこと、などである。

ここで問題となっている信虎女中衆とは、甲府に残っていた信虎の側室たちのうち、駿河に派遣されることになっていた女性のことであろう。正室大井夫人は甲府に残留することとなり、駿河に移ることを決断したのは、内藤氏女などであったことは認定してよかろう。彼女が、武田上野介（左京亮）信友の生母である。

ところで、この今川義元書状を根拠に、信虎追放は父と子があらかじめ合意のうえで実施された策略であるという、「父子共謀説」がまことしやかに流布されたことがある。それは、『国志』人物部第三「武田左京大夫信虎」の項目によるものであった。そこには、前掲の今川義元書状の全文が引用され、「因此書按ズレバ、信虎合点ノ上退隠シテ駿州へ遷リシ趣明白ナリ、義元ハ女婿ナルユエ如斯ト見ユ、諸記録ノ所記、晴信ヲ誹謗スル者トハ大ニ異ナリト謂ベシ」と考証がなされていた。だが、前掲の義元書状から、駿河退隠が父子の共謀と合意であったとはとても読みとることができない。

実は、『国志』が掲載する今川義元書状をよく見てみると、同書は右の書状の傍線部分を誤読しているのである。それは、①「被勘易筮可有御越之由尤候」の部分を「被勘易愈可有御越之由尤候」、②「旁以天道被相定候者、本望候」の部分を「旁以天道之相定可御本望候」、④「信虎御隠居分事、去六月雪斎并岡部美濃守（久綱）進候刻、御合点之儀候」の部分を「信虎御隠居之事者、六月雪斎并岡部美濃守（久綱）進候刻、御合点之儀候」など、何と四ヶ所にも及んでいる。

そして、このような誤読を行った結果、「晴信が易を行い、いよいよ父信虎を駿河に送ることとしたとのことはもっともである。それは天道が定められたことなので、こちらとしても本望である（異存はない）。信虎の隠居のことは、六月に太原雪斎と岡部久綱を甲府に派遣した際に、合意に達していたのである」と解釈することとなってしまった。つまり、雪斎と岡部の派遣は、義元が信虎を説得し、駿河退隠を決意させるためのものだったと解釈したわけである。このことは、渡邊世祐氏が一九一四年に明快に論じ、それまで流布していた父子共謀・合意説を否定した（渡邊世祐・一九一四年）。今も時折、歴史雑誌などで父子共謀・合意説を論じる者がいるが、今川義元書状の原本が現存し、『国志』の誤読と誤解が明確となっている現在では、まったく通用しないことを強調しておきたい。

このほかに、小和田哲男氏はこの今川義元書状を天文十一年のものとし、文中に見える「天道」の文言に着目したうえで、信虎追放は信玄の天道思想に裏づけられた行為であると述べている（小和田哲男・一九八七年）。もしこの説が成立すれば、極めて興味深いのであるが、その部分をもう一度検証してみよう。その部分は、「信虎女中衆之事、入十月之節、被勘易筮可有御越之由尤候、於此方も可申付候、旁以天道被相定候者本望候」である。これによれば、義元が天道と述べているのは、晴信が信虎女中衆を駿河へ派遣するのは、十月に入ってから易筮で占ってからにしたいとのことなので、義元もこれを了承し、天道のこと（易筮）であるからこちらも異存がないという文脈である。したがって、この文書をもって、晴信が天道思想にもとづき、「悪逆」＝天道に背く父信虎を追放したと解釈することは困難といわざるをえない。

また、小和田氏がこの文書を天文十一年と推定したことは、おそらく「去る六月に義元の重臣太原

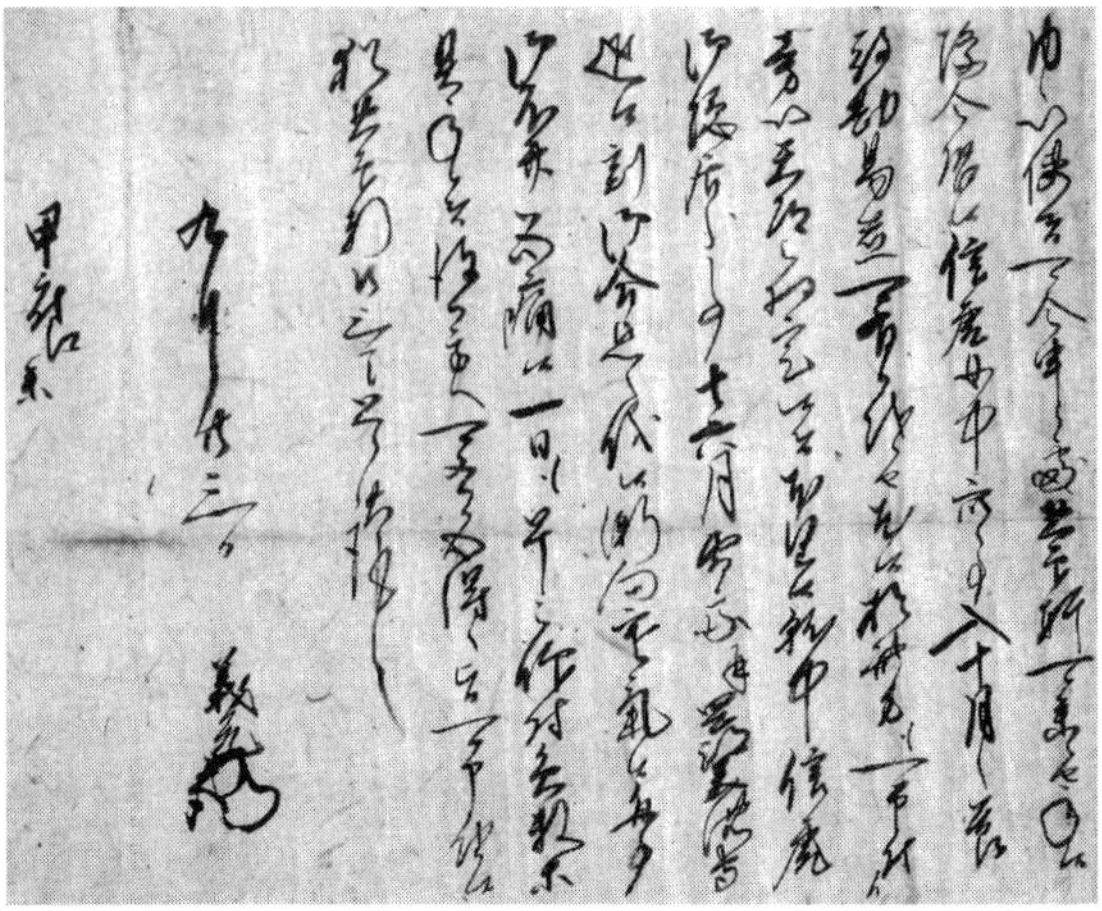

（天文10年）9月23日付今川義元書状　個人蔵　画像提供：山梨県立博物館

雪斎と岡部美濃守が、信虎の隠居分について晴信と相談するために甲府を訪問した」とある部分をもとに、去る六月を去年（天文十年）六月と解釈した結果と思われる。だが、当時の文書や記録において、去る六月とは当該史料が作成された月日を起点にその直近の六月とするのが通例である。ましてや、去年六月とは記されていない以上、年代比定は天文十年にすべきであろう。

　ここであらためて、この天文十年九月二十三日付の武田晴信（甲府）宛今川義元書状は、信虎追放を受けて、義元が晴信と今後の調整をすべく、早速重臣を派遣したことを示す史料であると見るべきと考える。

　このほかに、武田氏のもとから信虎に随行して駿河に移った家臣については明確な記録が残されていない。ただ、後世の記録ではあるが、たった一人だけ信虎死去まで随身したという人物が伝えられている。それは、『寛永伝』に登場する土屋伝助昌遠という人物である。土屋昌遠は、武田氏に仕えた譜代で、父土屋伝助（後に刑部少輔）信遠は武田信昌に仕え、生母は信昌の息女であったというから、土屋昌遠は信虎とは従兄弟同士というわけだ。

『寛永伝』によれば、土屋昌遠は「武田信虎の先陣となりて数度功有、天文年中に信虎浪人となりて甲州を去、駿州にいたるとき、昌遠これに従ふ」とある。その後、信虎が上洛し、将軍足利義輝に仕えると、彼に随身したという。義輝が凶徒に襲撃されたとき、信虎とともに近侍していた昌遠は、これを討ち取る功績を挙げ、義輝より褒賞されたという。信虎が帰国する際にはこれに従い、信州で信虎が死去すると高野山に登り、まもなく伊豆国大平（おおひら）（静岡県伊豆市）の真光院（しんこういん）に身を寄せ、天正三年（一五七五）に五十八歳で死去したとある。息子円都（えんいち）は盲人であったため惣検校（そうけんぎょう）職となり、駿河時代の徳川家康に仕え、後に今川氏真の乞いにより、氏真に近侍した。今川氏滅亡後は、氏真とともに小田原に行き、そのまま北条氏に出仕している。北条氏滅亡後、家康に仕え、子孫は旗本となっている。

このように、わずかにせよ、信虎に最後まで忠節を尽くし、付き従う生涯を選んだ家臣もいたようだ。また、甲斐から内藤氏女などの側室も信虎の後を追って駿河に移住し、子をなした。さらに隠居後の生活も、武田晴信と今川義元が確実に保障する手筈となっていた。信虎は、今川氏のもとに追放されると、晴信への挑戦を企てることなく、潔く隠居したらしい。このとき、晴信二十一歳、信虎四十四歳（一説に四十八歳）であった。

かくて、戦国大名武田氏当主信虎は歴史の舞台から姿を消し、その後三十年以上に及ぶ、永い余生の日々を送ることとなったのである。

そして、信虎追放直後の天文十年七月四日、信虎最大の好敵手であった北条氏綱が小田原で死去した。享年五十五。家督は、当時二十七歳の嫡男氏康が相続した。武田氏も北条氏も、新当主が家督を継ぎ、新しい時代が幕を開けたのであった。

第三章　長い余生と最後の戦い

一、明らかになる追放後の足跡

駿河退隠後の信虎研究

天文十年（一五四一）六月、武田信虎は嫡男晴信によって駿河に追放された。その後、三十三年に及ぶ余生を送ることになるわけだが、その動向について以下、紹介していきたい。このことについて、従来は『軍鑑』『松平記』などの軍記物、および系図類の記述による紹介が一般的であった。

たとえば、信虎は永禄六年（一五六三）に上洛、京都での生活を開始し、将軍足利義輝に仕えたこと（『武田源氏一流系図』など）、上洛の契機は、今川義元戦死後に家督を継いだ氏真の暗愚さを見抜き、武田信玄に今川攻めを使嗾し（『軍鑑』）、武田氏の今川攻めの直前まで信虎は今川家中の切り崩し工作を行い、信玄有利の状況を作り出したものの、やがて発覚し、氏真に誅殺されそうになったため、駿河を脱出したこと（『松平記』）、などである。

これらの記述がどこまで事実なのかは、さほど検討されてこなかった。この課題について、本格的な研究を行ったのは丸島和洋氏である。丸島氏は、「甲斐国追放後の武田信虎」（二〇〇七年）において、史料を網羅的に検討し、天文十年から天正元年（一五七三）までの動きを検証した。また、柴辻俊六氏も、武田氏の朝廷、幕府外交を検討するなかで、信虎の役割について関説している（柴辻・二〇〇二年）。

なお、追放後の信虎関係の史料は、『山梨県史』資料編5下 県外記録と、『静岡県史』資料編7、『大日本史料』第十編之二十一の武田信虎卒伝にほぼ網羅されている。その後、丸島氏は二〇〇七年の段階で見落としていた史料や、『山梨県史』未収録史料などをもとに、「史料紹介　甲斐国追放後の武田信虎・信友関連古記録補遺」を発表し、信虎の動向について補足をしている（丸島・二〇一九年）。追放後の信虎の動向については、丸島氏の研究によりかなり明確になり、それ以上の成果を示すことは困難である。そこで本書は、丸島氏の成果に学びながら、追放後の信虎の動向を紹介していきたい。

駿河在国と京都在住期問題

信虎が、天文十年（一五四一）六月から死去する天正二年（一五七四）三月までどこにいたのかを史料をもとに推定したのが表5である。ここで、その状況を紹介しておこう。信虎は、追放されてから天文十二年五月までは駿河に在国し、今川氏に庇護されていたとみられる。

信虎が駿府のどこに屋敷を拝領していたかは定かでないが、息子武田信友が居住していた駿府屋敷の存在は注目される。永禄九年（一五六六）九月三日、今川氏真は駿河国府中天澤（てんたくじ）寺の寺領を安堵し

表5　信虎在国地一覧表　■駿河在国が史料で確認できる時期　■史料的根拠はないが、駿河在国が推定できる時期　■京都滞在と推定される時期

年号	西暦	区分	注記
天文10年	1541	駿河在国	
11年	1542		
12年	1543	京都・高野山・奈良→駿河帰国	六～八月に周遊
13年	1544	駿河在国	
14年	1545		
15年	1546		
16年	1547		
17年	1548		
18年	1549		
19年	1550		
20年	1551		
21年	1552		
22年	1553		
23年	1554		信友嫡男勝千代（信堯）誕生
弘治元年	1555		
2年	1556		息子信友に家督譲渡か？
3年	1557	京都滞在	駿河での活動に信友登場、駿河での在国確認できず、京都に移住か？
永禄元年	1558		正月の記録に信虎登場
2年	1559		正月の記録に信虎登場
3年	1560		正月の記録に信虎登場、二月まで京都滞在が確認できる、以後の動向不明
4年	1561	駿河下国？	
5年	1562		
6年	1563	京都滞在	
7年	1564		一十月まで京都滞在が確認できる
8年	1565	駿河下国？	永禄の政変
9年	1566		
10年	1567	京都滞在	四月まで京都滞在が確認できる
11年	1568		
12年	1569		
元亀元年	1570		
2年	1571		
3年	1572		
天正元年	1573	京都→甲賀	三月、甲賀潜入が確認できる
2年	1574	信濃国高遠	三月五日死去

ているのだが（戦今二一〇四号）、その一節に「一府内志田垣屋敷、任武田左京亮永代沽却之旨、面屋敷・裏屋敷共、一円可為寺領事」とあり、武田信友が志田垣屋敷を同寺に売却していたことが判明する。この屋敷こそ、父信虎が駿河追放後、今川義元より拝領した屋敷ではなかったか。

信虎が一時駿河を離れるのは、天文十二年五月から六月初旬頃と推定される。なぜなら、同年六月二十七日に信虎が京都に滞在していることを、石山本願寺の証如が確認しているからである。その後、高野山を経て八月九日に奈良に入り、同十五日には駿河帰国の途についている（詳細は次節）。その後、信虎が駿河を離れた形跡が認められないので、天文十二年七月から少なくとも弘治二年（一五五六）末までは今川氏のもとにいたのであろう。

信虎が駿河を離れ、京都に居を定めて活動を始めたのは、弘治三年頃と推定される。この点については後述しよう。信虎の京都滞在が確認できるのは、永禄元年正月四日のことで、公卿山科言継（やましなときつぐ）が信虎のもとを年賀の挨拶に訪れている（『言継卿記』）。言継が正月の挨拶先に信虎を加えたのは、これが初見となる。

山科言継は、彼の養母が今川氏親の正室寿桂尼の妹ということもあって、今川氏と縁が深く、しばしば駿府に下向して今川家中の人々と交流している。信虎とは、その過程で知遇を得ることになったのだろう。言継は、信虎の京都居住を知って、挨拶先リストに加えたとみられる。そう考えれば、上洛は弘治三年ということになるだろう。

その後、言継は永禄二年、永禄三年の正月に、信虎のもとを年始の挨拶に訪れている（このうち、永禄二年は信虎が留守で挨拶ができていない）。なお、永禄三年二月まで信虎は京都にいたことが確認できるが、その後史料から姿を消す。信虎が再び京都の記録に登場するのは、永禄六年正月、言継の正月挨拶まで下る。この間、信虎がどこにいたのかは明らかでない。可能性として、駿河に下向していたのではなかろうか。というのも、永禄三年五月十九日に桶狭間（おけはざま）合戦があり、今川義元が織田信長に討たれるという一大事が発生したからである。信虎の姿が永禄三年二月以降、京都で確認できなくなるのは、義元戦死という事態を受けて、駿河に急遽下国したからではなかろうか。当時、息子信友は十九歳、孫信堯は七歳であったため、様子を見に行ったのであろうか。記して後考をまちたいと思う。

その後、永禄六年正月には帰京していることがわかる。問題は、永禄三年から同五年十二月までの動向である。桶狭間合戦後に駿河に帰国した可能性を指摘したが、信虎はその後、いったん帰京し、さらに永禄五年四月までには駿河に下向している可能性があるのだ。それは、次の武田信玄書状による（戦武九九一号）。

急度染一筆候、和田辺麦毛純□□□（熟之由カ）頻而告来候条、来□（三）日松井田口、四日□（至）和田□（可）移陣候、然者人数一向不調候、符（府）内可被相触候、次駿州江信虎様御越候哉否、節々彼国之模様被聞、注進待入候、随而於于旗屋御祈念之事、無疎略御勤行尤之由、不閣可有催促候、恐々謹言

追而、新造（武田義信室）之祈祷真読大般若之事、駿州江被聞候条、無疎意可被申付候

（永禄五年カ）
五月一日　　信玄（花押）
（駒井）
高白斎
市川七郎右衛門尉（家光）殿

この文書は、『戦国遺文武田氏編』では永禄九年に比定されているのだが、宛所に登場する駒井高白斎は、少なくとも永禄六年五月晦日以前に死去していることが判明しているので（高野山成慶院『甲斐国供養帳』）、年次比定に問題があるだろう。武田氏の上野侵攻は永禄四年十一月以後、本格化する。このことから、この信玄書状は永禄五・六年のどちらかのものということになるだろう。永禄六年以前に、武田氏が上野国和田（群馬県高崎市）周辺で軍事行動をしているのであれば、永禄五年がふさわしい。この文書は、永禄五年五月一日のものと比定しておきたい。このように考えれば、信虎は永禄五年四月末までには京都から駿河に下向しており、信玄はその噂を知って、その実否を重臣に確認するよう命じたのだろう。このとき駿河に下向した理由は、明らかでない。

その後、永禄七年十月、京都で将軍足利義輝の側にいることが確認できるが、それを最後に、永禄十年正月の正月挨拶の記録に登場するまで、動向がつかめなくなる。つまり、永禄九年末まで信虎が京都にいたかどうかは不明確なのだ。実はその間、京都で大事件が勃発している。それは、永禄八年五月十九日に発生した永禄の政変（将軍足利義輝が三好義継・松永久秀らによって暗殺された事件）である。信虎の京都居住が確認できるのは、その一年半後ということになる。もし、政変の前後は京都を離れていたとすれば、それに巻き込まれずに済んだことになるので、見事な政治的嗅覚の持ち主だったといえるだろう。

ただ、永禄六年十二月から同八年十二月まで、遠州忩劇が勃発しており（永禄八年十二月に首謀者飯尾豊前守が成敗され、下火になったものの、完全に平定されたのは永禄九年十月）、駿河今川氏や武田信友・信堯父子の様子が気になって下向した可能性もあるだろう。このとき信虎は、永禄九年末までに帰京しているので、遠州忩劇平定を見届けて帰京したのではなかろうか。

永禄九年末までに帰京した信虎は、その後、三好氏によって擁立された将軍足利義栄に仕えた形跡がない。おそらく牢人し、義栄・三好政権には関与しなかったのであろう。このことが、信虎のその後の運命を左右した。永禄十一年、足利義昭は織田信長の支援のもと、六角（ろっかく）氏を撃破して上洛を果たし、十五代将軍に就任した。こうして成立した足利義昭・織田信長政権に、信虎は出仕したと推定される。もし、義栄に仕えていたら、彼は在京できなかったであろう。その後、今川氏滅亡前後も、信虎は京都を離れて駿河に下向した形跡はない。このことからも、信虎が信玄と結んで今川家中の切崩しに奔走し、今川氏打倒の調略をめぐらせたという事実はなかったと思われる。

天正元年三月、将軍義昭と信長との関係が悪化すると、信虎は近江国甲賀（こうか）（滋賀県甲賀市）への潜入を命じられ、京都を離れた。そして同二年、武田領国の信濃国にたどり着き、そこで生涯を終えている。

このように、信虎が永禄六年に上洛したことや、駿河在国中に今川氏打倒の策謀を練っていたことなどは、ほぼ事実ではないことがわかるだろう。また、京都在住期は、将軍足利義輝、義昭に仕え、義栄には出仕していないとみられる。

初めての上方周遊

信虎は、駿河隠退にともなって出家し、無人斎道有と号していた。彼が出家していたことは、天文十二年（一五四三）六月二十七日、七月三日の『証如上人日記』で確認できる。出家の時期は、天文十年後半から同十二年のことであろう。

信虎は天文十二年、上方周遊を思い立ったらしく、五月もしくは六月初旬に駿河を出立したようだ。最初に訪れたのは京都であった。彼にとって、初めての上洛である。信虎は、当主時代より音信の取り交わしをしていた大坂の石山本願寺証如に、京都南方から書状を送った。この書状は六月二十七日に届き、証如は森長門を使者に派遣し、返書を届けさせている。このとき、証如が森長門を使者に選任したのは、信虎の家来に森の縁者がいたからであるという。

証如の返書に喜んだ信虎は、立神という家来を使者にして、返書と贈答品を本願寺に送った。この使者は七月三日に到着し、証如は彼と対面し、一献を勧めている。なお、信虎より返書無用との申し出があったので、使者に口上を託している。

その後、信虎は高野山に登ったようだ。『武田源氏一流系図』によると、信虎は小坂坊に宿泊したとあるが、実際には引導院（いんどういん）に滞在した。後に、武田信繁は某年（天文十三年か）五月十一日、高野山引導院に書状を送り、「将亦信虎不慮令登山之処、別而御悃意之由令承知、不浅存候、雖為乏少、絹五疋令進献候」と、信虎の高野山参詣時にさまざまな心尽くしをしてくれたことに謝意を表している（戦武七五〇号）。

高野山を後にした信虎は、八月六日巳時（午前十時頃）、供の家来六人とともに奈良の春日大社に参詣している（丸島和洋・二〇一九年）。奈良興福寺（こうふくじ）の多聞院英俊（たもんいんえいしゅん）が信虎の奈良入りを知ったのは、この三日後の九日である（『多聞院日記』天文十二年八月九日条）。英俊はこのことを「一甲斐武田、高野参詣シテ此方へ来了、卅日計逗留」と記し、信虎が高野山から奈良に入り、三十日ほど逗留するとの伝聞を書き記した。ところが、信虎は予定を繰り上げたらしく、八月十五日には帰国の途についたと、英俊は記している。こうして、信虎の初めての上方周遊は終わった。

二、「駿河武田家」の成立

今川家中としての「駿河武田家」

信虎は、駿河隠退後、すぐに出家したとみられるが、今川家中でどのような活動をしていたかは定かでない。信憑性に問題はあるものの、今川家中における信虎の立場について、『軍鑑』は次のように記している（巻十二）。

義元ぞん生之間は、信虎、甲州ニ居る時のごとくにあひしらいありて、今川家の侍衆、御しうと殿と信虎をあがめ申つれども、四年さき、かのへ申五月十九日ニ義元討死の後、子息氏真、信虎をおうじのあいしらいにせず候故、去年戊ノ春までハ、駿河にありつれども、夏中此円福寺へうつりてあり、また信虎牢人の次とし、駿府にてをのこゞ一人もちて候、義元是をもこじうとのあいしらいにいたされ、騎馬を弐十預ケ、武田の上野と名のり、当年廿五歳になる、此上野十六歳の時もうけたる子、我等名をつけ候に、信玄にあやかるやうにとて、勝千代とつけ候

これによると、今川義元存生時、信虎は今川家中から「御舅殿」と尊敬されていたといい、信虎が駿河でもうけた息子信友も小舅として待遇され、騎馬を二十騎預けられたという。『軍鑑』の記述を見る限り、信虎は義元正室の父として、義元や家中の人々から「御舅殿」と尊敬され、厚遇されていたようだ。

ところが、信虎は弘治二年（一五五六）には駿河から姿を消す。信虎が、天文末年から弘治初年に息子信友に家督を譲っていることは、弘治三年の和歌会の記録から知ることができる。そのときの記録はまた、信虎・信友父子の今川家中における地位を推測する手掛かりでもある。弘治三年二月二十五日、駿河に下向していた三条実澄（さねずみ）と山科言継は、今川義元・氏真父子らと和歌会を行った。そ

れに参加したメンバーが、『言継卿記』にみえ、実澄、言継、今川義元、氏真、總持院勝路上人に続いて、富樫二郎と武田左京亮（信友）が記述されている。その後、葛山氏元などの今川氏御一門衆、さらに一宮元成、朝比奈親徳などの今川重臣が続いている。このことから、武田信友は富樫二郎と並んで、今川一門衆よりも高い家格に位置づけられていたことがわかる。信友は信虎の息子であり、義元正室の弟にあたり、しかも守護武田氏の血筋を引いていたのだから、元加賀守護富樫氏の子孫とみられる富樫二郎とともに、守護家としての待遇を受けていたと考えられる。

このとき、信虎ではなく信友が和歌会に出席しているのは、信虎がすでに駿河から京都に移っており、しかも信虎の跡目とその政治的地位を信友が相続していたからであろう。信虎は、今川家中の筆頭格としての武田家を信友に継がせていたと思われる。そして、信友は今川義元・氏真父子を支える守護家、今川一門衆の上位に位置づけられていた。つまり、信虎・信友・信堯三代は、今川氏に仕える「駿河武田家」として、今川氏に処遇されていたと考えられるだろう。

信虎はなぜ駿府を離れたのか

信虎が駿河を離れた理由は定かでない。前掲の『軍鑑』には、永禄三年（一五六〇）五月十九日に義元が戦死すると、氏真は信虎を祖父として敬うこともなく冷遇したため、信虎は駿府を出て、円福寺に移住したのだという。『軍鑑』によれば、円福寺は懸川の律宗寺院であったとされている。調べてみると、円福寺は確かにかつて遠江国佐野郡下俣村（静岡県掛川市下俣町）に存在した律宗の寺院である。だが、兵火で焼失したといい、その後、南西村（同掛川市西町）に移転して寺号を法輪山円満寺（ほうりんさんえんまんじ）と改め、宗派も律宗から浄土真宗に改宗したと伝わる（『掛川誌稿』）。

信虎は氏真に不満を抱き、秘かに武田信玄に使者を派遣し、気心の知れた有能な家臣を寄越すように求めたといい、信玄は日向玄東斎（ひなたげんとうさい）（実在の人物で、武田氏の諸国御使衆を勤めた日向玄東斎宗立のこと）を差し向けたと、『軍鑑』は前掲の記事に続けて記している。そして信虎は、氏真の領国の仕置きが悪く、町人・百姓らは不満を募らせていること、氏真は三浦右衛門・朝比奈兵衛尉らの出頭人を重用して、今川家中の重臣らの諫言を聞き入れず、分裂が広がっていること、などを根拠に、今川家はこの先十年ほどで滅亡するであろうから、氏真を滅ぼし、今川領国を手に入れる策謀をめぐらせるよう、日向を通じて勧めたのだという。信玄は、信虎の勧めに不快感を示し、これを無視したという。

信虎が、氏真への怒りを爆発させたのは、右のほかに氏真に近い者が信虎のことを「甲州の武田かうやく〔膏薬〕入道」（節操がない〈忠節が疑われる〉ことを揶揄したものか）とあだ名し、侮辱したことと、信虎の息子武田信友・信堯父子にも声すらかけなくなり、冷遇するようになったことが原因だったという。信虎は、ついに我慢ならず、駿府を出て懸川の円福寺に移住したとされる。

『軍鑑』には、信虎が駿府を出て懸川の円福寺に移り住んだのは永禄五年だと記しているが、もちろん確実な史料では確認できない。信虎が氏真と不仲であったという逸話も同様である。前掲の表5

「武田信虎在国地一覧」をみても、信虎が駿府を出て懸川に移住した形跡は認められないし、今川氏の危機に際しては、彼が京都から駿河に下向していることも確認できるので、残念ながら、これらの記述は事実とは見なすことはできない。

では、信虎が駿河を離れたのはなぜなのか。これは推測でしかないが、息子信友の成長と、孫勝千代の誕生などを契機に、駿河での活動に区切りつけようと考えたからではあるまいか。丸島和洋氏は、天文十九年の孫娘成隆院と、息女の今川義元正室定恵院の相次ぐ死去（成隆院は閏五月二十六日、定恵院は六月二日）が、今川氏のもとに滞在する理由を希薄にさせたと主張している。

いずれにせよ、信虎の京都移住は、「駿河武田家」が今川家中で確固とした地位を占め、それにふさわしい待遇を得られるようになったことと、それを息子信友が継承できる状況になったことが最も大きい理由だと考えられるだろう。

「駿河武田家」の所領

「駿河武田家」は、甲斐の武田晴信や今川義元より「信虎隠居分」を与えられていたと考えられるが、その詳細は明らかでない。ただ、ごく一部が史料から判明する。

今川氏滅亡後の元亀二年（一五七一）十二月十三日、紀州熊野山実報院（じっぽういん）の僧侶は、旧今川領国に所在していた熊野那智大社（なちたいしゃ）領の安堵と回復を、武田氏の奉行所に願い出ていた（戦武補遺七八号）。それによると、駿河国安東荘（静岡市）には「信虎様御知行」と指定されていた馬端名が存在していた。武田信玄は元亀二年に安東の地六十貫文を寄進すると、熊野那智大社に約束していたのだという。ところが、なかなかそれが実現しない。痺れを切らせた熊野那智大社側は、代僧を派遣し、武田方と掛け合った。このとき、武田方の御代官衆は、馬端名は「信虎様御知行」なので引き渡すことはできないと突っぱね、年貢を抑留したという。それでも食い下がる代僧に対し、当座の寄進分だとして、一石八斗だけを渡したというのだから、ずいぶん馬鹿にした話だ。

　代僧は、武田家の御奉行所に訴状を認め、遠国よりはるばる下向してきたのに、ぞんざいな扱いをされ、去年発給された武田信玄の寄進状（判物）が実現されないのは不当だと綴った。しかも安東の地は、ほとんどが「御領所」（武田氏の直轄領）なのだから、替地を速やかに下されたいと申請している。代僧は、信玄の「御判形」（判物）は熊野那智大社の御宝殿に籠め置き、武田氏のために祈禱をするから、約束通り寄進を速やかに実現してほしい。そうすることが、御神慮にも叶うことだろうと記している。当時、社殿に人物の名を書いた札などを籠め置くのは、祈願だけでなく、呪詛を行う際にも行われたものだ。代僧は、信玄の判物を脅しの材料にしたのだろう。

　これには、さすがの武田方も配慮せざるをえなかったらしい。元亀三年三月吉日、熊野那智大社の代僧実仙は、安東荘の熊野領の年貢納帳を作成した（戦武補遺三六号）。それによると、熊野那智大社側は信虎知行地であった馬端名の替地として作間名を拝領したが、武田氏の代官らは年貢は信虎様に納めるべき地であると称して、年貢ばかりか土地そのものも信虎に引き渡したものとして提供を拒否している。ただ、その代わりに、それに相当する御蔵出（蔵米）で対応するとの約束を取り付けている。

安東の地が信虎の知行地だったのは、今川時代以来のことであろう。この地はその後、孫武田信堯に受け継がれており、天正元年十二月吉日、信堯は八幡神社に武運長久と高名を祈念し、「南於(ママ)案(安)東之内拾貫文之所、奉納候」とあるように、安東で十貫文を寄進している（戦武二二五〇号）。信虎が上方周遊や京都在住が可能であったのは、今川氏が東海地方で給与した知行地と、武田晴信が保証した「信虎隠居分」があったからであろう。それは、「駿河武田家」を支える所領でもあったと考えられる。

三、京都居住時代の動向

将軍直臣として室町幕府に仕える

それでは、駿河を後にして京都居住を決めた信虎は、いったいここで何をしていたのであろうか。『武田源氏一流系図』は「永禄六年春上洛、為公方光源院殿御相伴衆賜桐御紋」と記しており、将軍足利義輝に仕え、御相伴衆(ごしょうばんしゅう)になったとある。既述のように、信虎の京都移住は弘治三年（一五五七）までには実現されていたと推定されることから、系図類にある永禄六年（一五六三）説は『軍鑑』などの影響によるものと思われ、事実ではない。だが、信虎が室町幕府に仕えていたのは事実である。
永禄元年三月二十二日、京都知恩院(ちおんいん)の四足門(よつあしもん)の築地(ついじ)建設にあたって、室町幕府奉公衆がこれを実施しているが、そのメンバーの中に「甲州之武田入道」とあるのが初見である（『言継卿記』）。ただし、信虎が将軍の奉公衆であったかどうかは確定できない。

では、室町幕府内部における信虎の地位とは、いかなるものであったか。次の二つの記録は、それを知る重要な手掛かりである。

【史料四―14】『言継卿記』永禄二年八月一日条

武家（足利義輝）へ御礼ニ参、同内蔵頭（山科言経）召具、供大沢右兵衛大夫・沢路隼人佑・同新四郎・大郎右衛門・与四郎等也、公家広橋大納言・予・右衛門督・内蔵頭等也、其外々様武田（甲州）入道、御供衆大館上総介（晴光）・上野与三郎・伊勢守（伊勢貞孝）・同兵庫頭（伊勢貞良）・其外三淵弾正左衛門（藤之）・細川兵部大輔（藤孝）・伊勢備後守・上池院宮内卿等也

【史料四―15】『言継卿記』永禄七年十月十八日条

暮々勧修寺一位・三条中納言令同道参武家、（中略）今夜申次大館伊予守也、大名武田陸奥守入道、外様山名与五郎、御供衆上野民部大輔（信孝）・大館伊予守・畠山次郎・一色播磨守・細川兵部大輔（藤孝）・御部屋衆三淵伊賀入道（晴良）・細川宮内少輔・大館伊与息・同源五郎・上野与八郎・杉原与七郎・荒川与三・申次大和宮内大輔（晴完）・小笠原又六・荒川治部少輔（晴宣）・進士美作守（晴舎）、医者上池院民部卿祐乗、、等

也、御対面所御作事之間、於常御所有之

【史料四―14】は、永禄二年八月一日に将軍義輝臨席のもとで行われた八朔の祝儀に、信虎が参加していたことが記されている。八朔儀礼は主従関係を固め、確認する重要な行事とされていた。ここで注目すべきは、信虎の肩書きと交名の位置である。信虎は「外様」と記載され、名簿順位は公家の広橋中納言・山科言継らに続いて、武家の筆頭に位置し、しかも大館晴光、伊勢貞孝ら義輝の重臣よりも上位と認識されていた。「外様」とは、守護の家格ではあるが、将軍との親疎においてやや疎遠と認識されていた大名クラスのことを指す。このことからも、信虎が将軍義輝に仕えた（京都居住を開始した）のは、まだ日が浅いことが推測できる。それでも信虎は、守護家の出身であることを考慮され、「外様」の家格を認定され、幕臣筆頭の地位を与えられていたのである。

足利義輝画像　京都市立芸術大学芸術資料館蔵

ところが、【史料四―15】には、「大名武田陸奥守入道」と記されていることから、「外様」から「大名」へと家格が上昇しており、名簿順位も外様の山名氏、義輝の重臣上野・大館・細川氏らよりも高い。このことは、信虎の地位が永禄二年から五年が経過した段階で、将軍義輝より幕閣を主導する守護クラスの地位を認定されていたと考えられる。

残念ながら、信虎の室町幕府における活動の実態は明らかでないが、系図類が記す御相伴衆であったことも事実と考えられる。武田氏は、すでに将軍足利義教の『永享以来御番帳』において、斯波・土岐・富樫・上杉らと並んで御相伴衆として登録されている家格であることから、信虎も先祖の地位にふさわしい待遇を与えられていたのだろう。『軍鑑』には、信虎が将軍義輝の御前から退出する際には、義輝自ら広縁まで見送りに出るのが通例で、信虎はいたく感激したといい（巻十）、彼が厚遇されていた様子を示すが、史実かどうかは確認できない。

なお、柴辻俊六氏は、信虎が信玄と和解したのちに、武田氏の京都外交を担う在京雑掌として活動していたと推定しているが（柴辻・二〇〇二年）、それを証明する史料は管見の限り発見されていない。信虎が武田氏の京都外交に関与していた可能性は皆無ではないが、それは極めて限定的であったろう。

ただ、信虎は陸奥の南部信直が上洛した際に彼と親交を深め、帰国を一年以上も延引させ、信直を閉口させている（『青森県史』資料編中世1―一七二号）。事例は南部氏の一例しかないが、弘治末から永禄八年までの京都には、将軍義輝に伺候すべく、諸国から大名が上洛を果たしていた。代表的な人物でも、織田信長・長尾景虎・小笠原長時などが認められ、信虎は彼らと知遇を得た可能性もある。このころが、戦国期において、各地の戦国大名と室町幕府将軍とが対面を果たし、さまざまな外交交渉を展開した貴重な時期であったことは間違いなかろう。その中心に信虎がいたことだけは確かである。武田信玄が、父信虎の持つ人脈を利用した可能性は、皆無ではないと思う。

その後、永禄八年五月十九日、三好義継・松永久秀らが将軍義輝を暗殺した永禄の政変時には、京都を留守にしていたと推定される。これがまったくの偶然なのか、それとも義輝と三好氏との対立に危険な兆候を感じての行動であったのかは定かでないが、この政変に巻き込まれなかったこと、そして三好氏が擁立した将軍足利義栄に奉公した形跡がないこと、などは、信虎の鋭い政治的判断と評価できるのかもしれない。将軍義栄と距離を取っていたこともあって、信虎は織田信長が擁立した将軍足利義昭に仕えることが可能であったと考えられるからである。

息女を菊亭晴季に嫁がせる

信虎は永禄三年（一五六〇）正月九日、駿河退隠後にもうけた息女を京都の公家に嫁がせている。このことについて、『言継卿記』永禄三年正月九日条に「九日丙子天晴（中略）菊亭左大将今日嫁娵云々、甲州武田入道女云々」とあり、嫁ぎ先は権大納言の菊亭今出川晴季であった。当時、晴季は二十二歳、信虎の息女は十七歳であった。『武田源氏一流系図』によると、二人の間には女子二人が誕生したという。だが残念なことに、信虎息女の消息はこれを最後に途絶えてしまい、その生涯はまったく不明のままである。

ただ、この結婚は、当時の京都で話題を呼んだらしい。そのときの信虎の振る舞いが、どうやらかなり滑稽であったらしく、近世初期に成立した笑い話集に記録されている。

【史料四―16】『寒川入道筆記』（『続群書類従』三十三輯上）

甲斐国武田信虎之御娘を、菊亭殿へ御祝言之御約束あり、いまた往来之無之以前より、先婿殿見ニとて、案内なしに菊亭殿へ信虎公御出の沙汰ありければ、一首かくはかり
　聟入もまたせぬ先の舅入きく亭よりはたけたふるまい

【史料四―17】『醒睡笑（せいすいしょう）』（講談社学術文庫本）
甲斐の国武田信虎公の息女を、菊亭殿へ契約ありしが、いまだ聟入もなきさきに、信虎公、菊亭殿へおハしうける時
　むこいりをまだせぬ先のしうと入
　　きくていよりはたけた入道

『寒川入道筆記』は松永貞徳（まつながていとく）が編集したといわれ、慶長十八年（一六一三）に今の形になったとされている笑い話集である。また、『醒睡笑』は誓願寺安楽庵策伝（あんらくあんさくでん）が、元和八年（一六二二）に編集したとされるものである。内容は似通っているが、記述に若干の相違がある（写本によっても異同がある）。

これらによると、信虎は息女と菊亭晴季の縁談がまとまると、婿入り（結婚後、婿が妻の実家を訪問する儀式）をしない前に、信虎が「婿殿を見に来た」といきなり押しかけて来たという。まだ、信虎息女も輿入れをおらず、縁談がまとまったというだけなのに、いかにも気の早いことであった。これは、当時の京都ではかなり話題になったようで、それについての狂歌（きょうか）が詠まれたらしい。それが、文中の最後に記載されているものだ。見比べると若干文言に相違があるが、「婿入りもまだしない前

に、舅入りをするとは、聞こえた噂より賢い入道であるなあ」と意訳できるが、歌のなかに「きくてい」（聞く体）を菊亭に、「たけた入道」「たけたふるまい」（長けた入道、長けた振る舞い）を武田入道に、それぞれかけた秀逸なものである。それにしても、こうした笑い話の種になるほどであるから、信虎はかなり有名人だったのであろう。そして、信虎自身は娘の夫の器量を見極めようと、なりふり構わぬ振る舞いをするほど、娘思いの老父だったのかもしれない。

信虎と信玄は和解したのか

ところで、天文十年（一五四一）六月の無血クーデター以来、信玄が死去する天正元年（一五七三）まで三十三年が経過していたわけだが、その間、信虎と信玄ははたして和解していたのだろうか。このことについても、実に史料に乏しい。『軍鑑』の記述を追っていくと、すでに紹介したように、両者の音信は、信虎が必要性を思い立ち、信玄に働きかけることで初めて実現しているのだ。遠江国懸川の円福寺に住まいを移した際に、今川打倒を勧めるべく、氏真家中の様子を詳細に伝えるために、信玄に信頼できる家臣を派遣するよう求めている。だが、『軍鑑』にすら信玄から父信虎に連絡を付けた様子はみえない。それはあくまで、信虎から要請があった場合に、信玄は、父が申請しているのだからやむをえないというスタンスを一貫して取っていたように読みとれる。

かといって、信玄は信虎を無視していたわけでも、気遣っていなかったわけでもなさそうだ。永禄五年（一五六二）には、信虎が駿河に帰国したとの噂を聞きつけた信玄が、重臣駒井高白斎・市川家光に事実関係を調査して報告するように指示していることや、「信虎隠居分」や「信虎女中衆」などへの配慮、駿河における「信虎様知行」の保護と安堵など、現在知られている信玄の処置を見ていくと、決して冷遇していたわけではない。

両者が、音信の遣り取りをしていた事実をうかがわせる文書が、現存しないものの一点だけ確認されている（戦武四二四一号）。

如恒例於　多聞天前被抽精巻数贈給候、令頂戴候畢、然者向後祈念之儀雖可頼入候、従老父入道（武田信虎）所如申越者、重而者月性坊尤之由候、殊両使僧下向之条、父之命之事候間、不及料簡候、但於京都時宜落着之上者、如前々可申承候、仍黄金一両進之候、猶市川七郎右衛門尉（家光）可申候、恐々謹言

三月廿二日　　信玄（花押）

妙法坊

この信玄書状は、京都鞍馬寺の妙法坊に宛てたものである。妙法坊は、これまで武田信玄の依頼を受け、多聞天の仏前で祈祷を行い、巻数を使僧に託して甲斐に届ける慣例となっていた。ところが、京都居住の武田信虎がこれに横槍をいれたらしい。信虎は信玄に書状を送り、鞍馬寺で祈祷を行わせるのならば、妙法坊ではなく月性坊がふさわしいと申し入れたのだった。信玄は父の命令に背くことができず、妙法坊に「京都の情勢が落ち着いたらもとに戻す」と約束し、黄金一両を贈って祈祷依頼

先の変更を詫びている。この文書から、信虎と信玄が書状の遣り取りをしていたことや、信虎が自身の意見や要望を信玄に送っていたことがわかる。少なくとも、両者は音信の往復を厭うてはいない。

では、完全に関係修復がなされているかといえば、これも微妙である。少なくとも信玄は、この書状を見る限り、「老父に言われたのだから、仕方がないのだ」という姿勢でいるようだ。これは、『軍鑑』の語る信玄のスタンスと一致する。

信玄が信虎を無視していないのは、父を追放した負い目と後ろめたさがあると思われるが、それ以上に、室町幕府将軍に奉公し、大名・御相伴衆としての地位を認められていた、京都における信虎の家格と人脈を信玄は尊重し、配慮していたからではなかろうか。だからといって信玄が、父信虎との関係を修復したうえで、在京雑掌として武田氏の朝廷、幕府外交を担わせたわけではなかろう。そうした実態は、今のところ確認できないからである。

なお、この妙法坊宛の武田信玄書状は、市川家光が七郎右衛門尉と称していること（市川家光は、永禄九年十月まで七郎右衛門尉を称しているが、同十年五月を初見に備後守の受領を称している）、文中に「京都時宜落着之上」とあり、京都の政情が安定していないことを示しているので、永禄の政変後の永禄九年三月、もしくは同十年三月のものであろう。信玄は、室町幕府の中枢に大名・御相伴衆として奉公していた父信虎を、それなりに尊重する必要があったとみられる。かといって、父信虎と完全に和解し、それを甲斐国に迎えて庇護するという考えが、信玄にはまったくなかったことは確実であろう。

完全に和解していれば、武田領国と京都との往復がそれなりにあったはずだが、そのような痕跡はまったく見られないからである（そもそも、今川氏滅亡後は、駿河はおろか東国に一切下向していない）。やはり、父と子の関係は生涯微妙なものであり続けたらしい。

文人としてのすぐれた側面

信虎の生涯を辿っていくと、武勇にすぐれ、領国経営の手腕にも長けた武将という印象が強いが、文化人としてもすぐれた側面をもっていたようだ。すでに、武田家の当主であった時代に今川氏を通じて文化人との交流を持っている。武田氏と今川氏が同盟を結んだ天文六年（一五三七）以来、甲府には冷泉為和らの文化人が逗留し、歌会を開催している。

『為和集』をみると、天文六年十月を初見に、冷泉為和は頻繁に甲州を訪れている。天文六年十月二十一日に信虎亭（躑躅ケ崎館）にて、十一月には甲府一蓮寺にて遊行上人真寂とともに歌会が開催されている。天文七年二月と八月には、信虎亭で大井宗芸らも参加して歌会が行われている。天文八年、為和は八月から九月まで甲州に滞在し、信虎、武田晴信、武田信繁、一色元成らと歌会を開いている。

京都に居住するようになってからは、公家との交流が増えたためか、和歌・蹴鞠・文芸などに執心だったようだ。永禄元年（一五五八）三月二十二日、飛鳥井雅教の屋敷で開催された蹴鞠会に信虎も招待されている。ただし、彼には所用があったのか、信虎の家来（内者）清水式部丞が代理で参加している（『言継卿記』）。また、同年閏六月十五日、信虎は万里小路惟房に懇望し、自らが秘蔵する『三体和歌』に、奥書と外題を書いてもらっていた（『惟房公記』）。さらに同年七月十九日、信虎は屋敷に遊行上人の一之寮を招き、たまたま訪ねてきた山科言継を加えて、仁一検校による平家語りを聞いている。終了後、宴席がもうけられ、信虎は来訪者と雑談をしたようだ（『言継卿記』）。このほかにも、永禄二年九月八日、信虎は山科言継から『源氏物語』薄雲本の写本を贈られている。これは昨年以来、信虎が言継に依頼していたもので、この日ようやく仕上がったのだという（同前）。

このように、信虎はすでに武田家当主時代から、公家や高僧らと和歌を詠んでもひけをとらなかったらしく、京都でも多くの公家と交流し、文人としての資質を高めるのに余念がなかったといえるだろう。

今川氏滅亡と信虎策動の虚実

永禄三年（一五六〇）五月の桶狭間の敗戦で義元を失った今川氏では、氏真政権が本格的に動き出した。だが、永禄四年の北条氏への援軍派遣（長尾景虎の関東侵攻に対抗するため）、その間隙を突いて始まった三河錯乱（徳川家康の離叛を契機とした、三河の争乱）、永禄六年から始まった遠州忩劇など、今川領国は動揺していた。こうしたなか、信虎は今川氏の滅亡はそう遠い時期ではないと考え、息子信玄と秘かに連絡をとったばかりか、謀叛を企て、今川家中の御一門衆や重臣層への調略に着手したという。その模様を最も詳しく記録しているのは、『松平記』である。あまり馴染みのない史料なので、以下、引用しておこう。

一今川家には瀬名・関口・新野殿を初め、御一家衆各有之、朝比奈・三浦両家老、葛山・斎藤・岡部、其外福島・由比・岡部・庵原、此人々以上廿一人、大将分にて歴々有之といへども、先年永禄三年義元桶はざまにて御討死之時敗軍致し、殊之外おくれを取、氏真へ面目なく存、皆々身を引候て罷在候故、大原・三浦父子、小倉なんど出頭也、国侍ども各我身のおくれをかへり見て身を引罷在、氏真は又かれらが武勇のつたなきをにくみ御言葉もかけられず、め見せあしく成候間、諸人当出頭衆計の手に付かね、駿河の軍勢一円心々に成候て、永禄三年より同十年迄尾州発向の合戦難叶、剰か様に諸人無正体踊りをはやらかし、永禄十一年六月より踊又おこり、七月中半には一円万事をやめて踊の用意也、法大寺と申寺へ三浦殿より踊りかゝり候へば、氏真ほゝかぶり被成、太鼓を打給ふ、誠に此家の滅亡のしるし也、諸奉行幷御一家衆うとみ果ける由来は、義元の討死の時とぶらひ合戦もなく、あしく〳〵にて諸人逃来り、それを怒り給ふ故に諸大将我身を引、面目を失ひ罷在候を見て、氏真の御母方の祖父武田信虎入道むほんをおこし、瀬名・葛山・朝比奈兵衛尉・三浦与一等に相談し、氏真を追出し申、駿河をとらんと被成候処を、庵原安房守才覚を以て信虎を追出し、関口刑部大輔に腹を切せ申候間、信虎上方へ逃上り、道より子息信玄へ使をやり、駿河にて信虎と一味衆と相談致し、駿河をとれと申越故に、信玄より駿河国衆を悉く引付内々被頼候間、国衆皆々氏真を背き申、信玄へ内通致し、立身せんと致し候事誠に無念なる事也、己等が身の不肖に而、義元の御供をば不仕、氏真ににくまれ奉り、それを無念とて信虎と一味し、よくにふけり大身にせんなど〻申を誠に存、信玄と一味致し候也

この記録によると、今川家中の御一門衆と重臣層は武勇を誇った名門でもあったが、永禄三年五月の桶狭間合戦で当主義元をみすみす戦死させてしまう失態を犯した。そのため、氏真は彼らの不甲斐なさに怒り、彼らもまた、自らの失態を恥じて逼塞する有様であった。その空白を埋めるように、今川家中では次第に氏真が寵愛する三浦・大原・小倉氏らが出頭人として権力を誇るようになり、政治を軽んじ、氏真とともに遊技に耽るようになった。そのため、義元の弔い合戦など思いもよらぬこととなり、桶狭間で失態を犯した御一門衆や重臣層は、氏真の振る舞いに失望と怒りを隠せなくなったという。

信虎は、氏真と御一門衆、重臣層との懸隔と軋轢を見逃さず、瀬名・葛山・朝比奈氏らと結びつき、信玄と連絡を取り合い、謀叛と駿河占領を計画したという。この動きを庵原安房守が察知し、謀叛は失敗に終わり、信虎は京都に逃げ帰ったという。京都に逃れる道すがら、信虎は信玄に、駿河に残してきた反氏真方と連絡を取り、駿河を奪取せよと伝えたとある。

これらの記述が、どこまで史実を伝えているかは定かでない。信玄の駿河侵攻時に、右記の三浦・葛山・朝比奈氏らはすでに武田氏に内通しており、今川氏があっけなく滅亡した事実をみると、何らかの調略が行われたのは事実であるが、信虎の調略が発覚し、今川領国を逐われたというのは信頼性

に欠ける。もし、そのような動きを氏真に察知されていたら、「駿河武田家」の武田信友・信堯父子が無事でいられたはずがないだろう。

信虎が、今川氏滅亡にどれほどの関与をしたかは、残念ながらまったくわかっていない。そして、信虎が永禄十一年十二月に今川氏が滅んだことについて、公式に発言した事実は確認できていない。いずれにせよ、永禄十一年十二月、信虎を二十七年にわたって庇護してくれた今川氏は、武田信玄・徳川家康連合軍によって滅亡したのである。

四、信虎最後の戦い

変転する運命

永禄九年（一五六六）末までに駿河から帰京したと推定される信虎は、その後、どのような活動をしていたかは定かでない。おそらく、京都で牢人をしていたのであろう。およそ二年後の永禄十一年九月、足利義昭を奉じた織田信長は上洛を果たし、畿内をほぼ制圧した。十月十八日、義昭は朝廷より将軍宣下を受け、室町幕府の十五代将軍に就任した。いっぽう、武田信玄は織田信長と密約を結び、徳川家康と同盟を締結したうえで、同年十二月十三日、駿河侵攻に踏み切った。かくて、戦国大名今川氏は滅亡した。既述のように、息子信玄は今川時代に父信虎が保持していた知行をすべて安堵したらしい。そのため、今川氏が滅んだ後も、信虎が生活に窮することはなかったと考えられる。

将軍足利義昭・織田信長政権が成立すると、信虎は義輝時代と同様にこれに奉公したと推定される。当時、信玄と信長は同盟関係にあったから、信虎も肩身の狭い思いをすることはなかったとみられる。ただ残念ながら、義昭・信長政権下における信虎の動向は、史料が見当たらずはっきりしない。今後の史料の発見に期待したい。

ところが元亀三年（一五七二）十月、信虎の身辺に暗雲が立ち込める。息子信玄が織田信長との同盟を一方的に破棄し、織田・徳川領国への侵攻を開始したのだ。信長は激怒し、武田とは二度と手を結ばぬと宣言している。信玄は、本願寺・朝倉義景・浅井長政らと同盟を結び、徳川領国を席巻した。将軍義昭は、信長・家康とともに信長包囲網との対決姿勢を鮮明にし、信玄と戦う家康を督励している（以下は、柴裕之・二〇一六年、久野雅司・二〇一七年による）。

ところが、元亀三年十二月を契機に情勢は激変する。将軍義昭は、武田信玄の攻勢に直面していた徳川家康に督励の御内書を送るとともに、信玄のもとへは家臣上野秀政を派遣し、信長・家康との和睦を促した。信玄はこれを拒否し、遠江・三河を席巻、十二月二十二日、遠江三方原合戦で徳川家康と織田援軍の連合軍を撃破したのである。この戦勝により、信長包囲網は活気づいた。

いっぽう、信長は十二月、将軍義昭に「異見十七ヵ条」を提出し、彼が信長との間で取り決め、締結した「条書」に違反する行為を厳しく諫言したのである。これに将軍義昭は反発し、幕臣も信長への反感を強めていった。この二つの出来事が、将軍義昭の動きを決定した。

将軍義昭は、信長が武田・朝倉・浅井・本願寺・松永らの信長包囲網の形成と攻勢によって守勢に立たされ、三方原合戦での敗北により、危機がいっそう深化したと捉えた。加えて、信長への不満も、「異見十七ヵ条」によって頂点に達したため、将軍義昭は信長と手を切り、武田信玄らの信長包囲網と連携することで、幕府体制の維持を図ろうとしたのである。

明けて元亀四年正月より、将軍義昭と信長は不仲となり、それが周囲にも知れ渡ることとなった。そして二月六日、義昭の家臣山本・磯貝・渡辺氏らが、大和国の松永久秀と連携して蜂起したのである。続いて二月十三日、将軍義昭が信長と断交し、蜂起（「公儀御謀叛」）した。

こうした緊迫した情勢下で、将軍義昭は信虎を召し出し、信長打倒のために動くよう命じたのである。信虎、最後の戦いが始まろうとしていた。

義昭の命で甲賀へ潜入

将軍義昭が信虎に命じたのは、近江国甲賀への潜入と挙兵であったらしい。当時、甲賀では六角承禎（じょうてい）が信長への反攻を企図しており、甲賀の国衆山中大和守らと連携し、近江国南部への出兵の準備を急いでいた（戦角九八七・一一六二・一二〇一号）。義昭は、信虎を彼らのもとへ派遣し、蜂起を急がせたのではなかろうか。かつて大名当主であり総大将として、戦国乱世で幾多の戦歴を誇る武田信虎は、義昭にとって頼もしい存在であったろう。ましてや、彼の息子信玄が織田・徳川氏を苦境に陥れていたのだから、信虎に京都・岐阜間を封じる任務を任せ、あわよくば武田軍を引き入れさせようと目論んでいたのではあるまいか。

信虎の甲賀潜入時期は定かでないが、将軍義昭の挙兵直前であったと思われる。織田信長も、信虎が義昭の命を受けて甲賀に潜入し、軍勢を募っている情報を掴んでいた。なぜなら、幕臣細川藤孝（ふじたか）が信長に通じており、将軍義昭らの動きや情報は織田方に漏洩していたからである。元亀四年（一五七三）三月七日、信長は細川藤孝に書状を送り、彼から報告を受けた京都および周辺の諸勢力の動向について、十七ヵ条にわたって見解を述べた（信長三六四号）。この一節に、信虎の動向が明記されている。

一（二条目）公方、朝倉を御憑ニ付て、返事之趣きも有へく候哉、先年至志賀表、義景出勢之時者、高島郡・同志賀郡ニハ此方之城宇佐山一城にて候つる、今ハ城々堅固ニ申付候上者、輙出馬候ハん事不実ニ候

一（三条目）信虎、甲賀に候て、江州中出之事、上意いかにをもく候共、俄ニ人たのミ候ても、させる儀不可有之候

一（四条目）承禎此時罷出度候共、江南之手当無油断候条、才覚も用ニ不可立候

信長は、信虎が甲賀に上意を受けて潜入し、軍勢を募っているようだが、将軍義昭の命令がいかに

重かろうと、にわかのことなので、到底うまくいかないだろうと楽観視している。信長は、近江の守備が元亀二年当時よりも属城が増え、守りが堅固であることや、六角承禎への対策として近江南部の手当ても万全であると述べている。

しかし、六角承禎らは元亀四年（以下、天正元年）四月、鯰江城（滋賀県東近江町）に入り、さらに菩提寺城や石部城（ともに同湖南市）などを拠点に、信長と対抗した（『信長公記』）。これには、甲賀の山中氏らも協力している。おそらく、信虎もこの軍勢に加わっていたと思われるが、その後の動向はまったくわかっていない。

なお、六角方は天正元年四月に鯰江城周辺で織田軍と戦い、いったんはこれを退けたが、九月、支えきれずに鯰江城を攻略され、石部城に退いた。織田軍の佐久間信盛は、なおも石部城などの包囲を続けている。その間、天正元年四月に武田信玄が病歿して武田軍が甲斐に撤退、同八月には朝倉義景が、同九月には浅井長政が滅亡し、六角方は追い詰められた。石部城などが落城し、六角承禎が甲賀へ逃亡するのは、翌天正二年四月のことである（『信長公記』）。

信虎は、天正元年のどこかの時点で劣勢を悟り、近江から脱出したと推定される。六角承禎が甲賀に再度退去するのは、天正二年四月のことであり、すでに信虎は前月の三月に信濃で死去しているので、このときではない。おそらく、天正元年四月の近江鯰江城での抗戦が不利になりつつあった時期か、九月の鯰江城落城のどちらかが、六角承禎と行動を別つことになった契機ではなかろうか。四月の場合、信玄死去の噂流布と、将軍義昭が十八日に勅命を受けて信長と和睦し、真木嶋（京都府宇治市）に退去したことが関係していよう。後者の場合は、七月に義昭が若江（大阪府東大阪市）で降伏（室町幕府が事実上滅亡）し、続いて朝倉・浅井両氏が滅亡するという衝撃的状況が関係しているだろう。だが、どちらかを判断する史料に欠けている。記して後考をまちたいと思う。

最後に、将軍義昭がなぜ自分の側で軍事指揮官として信虎を使わず、あえて甲賀に派遣したのかを考えてみたい。既述のように、最も大きかったのは、京都と岐阜間の遮断という重要任務をこなせると考えたとみられることと、武田軍との連絡役としての期待であろう。しかし、信虎がこれ以前の段階で、甲賀と関係を持っていたと推定できる史料が一点だけ確認できる（『水口町志』下巻二四四号）。

信虎様御息女おふく女様へ永代売渡申候字みのへ領之内、みつむらニ候我等下地よりいて候五斗公方米ニ付而、只今徳政申候処、二年の年貢分として、現米壱石の分おとし給候て、徳政末代落居候、然上者我等子々孫々において、徳政之儀申間敷候、猶以彼公方米ニ付而、違乱少も六ケ敷事有間敷候者也、仍為後日、徳政末代落居之状、如件

元亀弐辛未年十一月廿八日　　美濃部六郎左衛門尉

茂俊（花押）

信虎様御息女おふく女様
まいる

これは、元亀二年十一月、甲賀の水口美濃部郷（滋賀県甲賀市）の土豪美濃部茂俊が、信虎の息女

おふくに売却した土地について、徳政落居の契約を行ったことを示す証文である。徳政落居とは、土地の売券に記された徳政担保文言の一種で、将来、徳政令が発令されることを想定し、買い手が売り手に一定の代価を支払い、それを回避する行為のことである。おふくが買得していた土地は、美濃部領の「みつむら」（三村、すなわち近世に「水口三ヵ村」と呼ばれた東村・中村・西村の総称か）に所在し、その下地（田地であろう）より公方年貢として毎年五斗がおふくに納入されていた。この文書は、いわゆる徳政落居契状であり、美濃部茂俊とおふくとの間には、すでにこれ以前に、土地の面積や所在地など、売値などを明記した永代売券があったはずだが、それは伝来していない。この文書は、その後、この地域に徳政令が出されたことなどを契機に双方が話し合いを行った結果、おふくが二年分の公方年貢に相当する一石を美濃部に支払い、それをもって以後の徳政令の適用地から除外する契約をなしたものである。

ただ、問題なのは、ここに登場する「信虎様」が、武田信虎と同一人物であるかどうかということだ。残念ながら、この文書だけではその当否を判断する材料に欠けている。だが、ここでは同一人物の可能性が高いと判断したうえで叙述したい。これをみると、武田信虎とその息女おふくは、甲賀と何らかの関係があり、それゆえに甲賀の土豪美濃部氏より土地売却を持ちかけられ、それを受諾していたとみられる。甲賀との関係が何かは定かでないが、信虎父娘が甲賀に所領を与えられていた可能性が想定され、その縁で土地取得を行ったのではなかろうか。そして、この息女おふくは、信虎が京都の上臈との間にもうけた女性と思われる。もしこの推定が正しければ、信虎の甲賀潜入は、この地域に知行地を持つという縁と、もと大名である実績とを勘案した将軍義昭の判断によると思われる。ただし、これは根拠のない推定であり、今後の検証が待たれる。

五、武田信虎の最期

武田領国に帰国する

将軍足利義昭の挙兵にともない、甲賀に潜入して打倒信長のために活動していた信虎は、その目的を果たすことができず、義昭の没落、朝倉・浅井氏の滅亡、六角方の退潮を受けて、近江を脱出したと推定される。信虎は、織田信長に追われる立場に陥ったのであった。このとき、信虎がどのように行動したのかは判然としない。しかし、紀州に落ち延びた将軍足利義昭の後を追うことはなかったようだ。だが、信虎に京都をはじめとする畿内に身を置く場所はなくなった。信虎は、ついに故国甲斐に戻ることを決意したと考えられる。

当時の信虎には、信長からの追跡を庇護してくれる大国は武田氏しか存在しなかった。信玄が死去したという噂も、彼が甲斐入国を許されると期待した背景かもしれない。こうして、天正元年

（一五七三）から同二年初頭にかけてのどこかで、信虎は武田領国にたどり着いた。おそらく、織田領国の美濃を横断し、信濃を目指したのであろう。織田領国を通過する危険な逃避行は、かの教如（きょうにょ）なども経験し、飛騨逃避に成功している。武田領国への入国がどのようにして実現したか、その確実な時期はいつかなど、あまりにも不明な点が多い。

ただ、判明していることは、信虎が武田領国に帰国を果たし、信濃国伊那郡に逗留することになったことだけである。また、『寛永伝』から、少なくとも甲斐以来の家臣土屋伝助昌遠が随行し、さらに京都で上臈との間にもうけた息女を伴っていたことが推測できるだろう。そして、ついに天正二年初旬、信虎は孫の武田勝頼との対面を実現したのであった。

孫勝頼と信濃で対面

信虎が武田領国に入国したのは、天正二年（一五七四）のことであったと『軍鑑』は記している。だが、彼は自らが心血を注いで作り上げた甲府に帰還することは許されなかった。入国から死去までの信虎の行動については、『軍鑑』以外に史料が存在せず、それに依拠するしかない。以下、『軍鑑』巻十九の記述を紹介することにしよう。

信虎を甲斐に入国させるべきだとの意見もあったが、勝頼の側近長坂釣閑斎光堅（こうけん）がこれを却下し、信濃国伊那郡（高遠といわれる）に留め置いたという。その理由は、信虎は常人とは異なる荒大将であり、何歳になっても御遠慮などはしないだろう。そのうえ、武田逍遙軒信綱、一条信龍、河窪兵庫助信実（のぶざね）、武田典厩信豊（のぶとよ）、穴山信君ら、その他多くの親類らとともに、勝頼に逆心を企てるかもしれない、ということであった。勝頼もこの意見に同意したらしく、信虎はついに甲府帰還を果たすことができなかった。

その後、信虎と勝頼は対面を果たした。対面の座では、まず信虎が口を開いた。勝頼の生母は誰なのか、と信虎が尋ねると、長坂釣閑斎が「諏方頼重の息女であります」と返答した。それを聞いた信虎は、少し機嫌が悪くなり、今度は勝頼の年齢を尋ねると、釣閑斎が「二十九歳になります」と答えた。

その後、居並ぶ侍大将について質問が続いた。彼らは、親の名字を名乗る者が一人もいなかったので、信虎には皆目見当がつかなかったらしい。工藤源左衛門は内藤修理、教来石（きょうらいし）民部は馬場美濃守、飯富兵部の弟は山県三郎兵衛と称していたからである。信虎が高坂弾正について質問し、石和の春日大隅の息子であると返答すると、信虎は、百姓を大身に取り立てるとは、信玄の分別違いであると述べた。そして、対面の座の押板（床の間）に置いてあった、武田家御重代の左文字の太刀をいきなり抜き放ち、この刀で五十人あまりを手討ちにしたが、内藤修理という奴の兄を、これで袈裟懸けに斬ったものだ、と言い放った。さらに、勝頼のほうに向き直ると、袈裟懸けに斬る真似をしたという。あまりの光景に一同は凍りつき、緊張が走った。そこへ、信玄が重用していた小笠原慰庵が進み出て、信虎と勝頼の間に割ってはいり、信虎の側へ進んで、武田家御重代の宝刀をこういう機会にこそよく拝見

武田勝頼・信勝・北条夫人画像　東京大学史料編纂所蔵模写

させていただきたいものです、と言上した。そして憩庵は、すばやく信虎から太刀を奪い取り、鞘に納め、押し頂いて長坂釣閑斎に手渡した。このとっさの機転に、さすがは信玄が見出した人物だけのことはあると、感心しない者はいなかったという。

その後、対面の座の記述は途切れ、勝頼はまもなく甲府に帰ったとあるから、そこで対面は打ち切られたのであろう。以上が、『軍鑑』が記録する信虎と勝頼対面の一部始終である。

ここでは、信虎は老齢になっても粗暴さと酷薄な性格は失っておらず、まさに悪人として描かれ、甲府に帰還させることはおろか、同情すらできない人物として描写されている。これは、『軍鑑』では一貫した信虎像といえるだろう。だが、現在、知られているいかなる史料にも、信虎と勝頼の対面の様子を記録するものは発見されていない。そして、信虎が対面の座で、極めて粗暴な振る舞いをしたということの当否を裏づけることはできない。本書では、『軍鑑』に記載された祖父と孫の対面の様子を紹介するに留め、その内容の実否についての判断は保留しておく。

ただ一つ言えることは、信虎が高遠に留め置かれたまま、甲府への帰還を許されなかったということだけは事実である。では、なぜ高遠だったのか。それは、そこが武田勝頼が若き頃、父信玄から与えられ、諏方四郎神勝頼として城主を勤めた故地であったからであろう。勝頼と長坂が信虎の帰国を警戒したのは、武田御一門衆らと結託して、勝頼に逆心を企てるのではないかと恐れたからだと『軍鑑』は記述している。信虎の帰還を、まだ家督相続を果たしたばかりで、重臣層との関係も安定しない勝頼が脅威だと感じてもおかしくはないだろう。だからこそ、信虎を高遠に置き、事実上の軟禁にしたと思われる。つまり、勝頼にとって信頼できる場所は、高遠しかなかったともいえるだろう。そういった意味で、勝頼が信虎を警戒したという『軍鑑』の記述だけは、信頼できると思われる。

信虎の死と葬儀

ところで、勝頼と信虎の対面はいつのことであったか。『軍鑑』は天正二年（一五七四）戌九月、浜松を攻撃した後、遠江平山越をして信州に撤退し、甲府に帰る帰途、伊那に立ち寄り、対面したのだという。だが、天正二年九月以降のことだとすれば、すでに信虎は三月に死去しており、整合性が取れない。これは『軍鑑』の誤記であろう。

勝頼が天正二年三月以前に、信虎と信濃国伊那で対面できた機会といえば、同年正月末より実施された、東美濃攻めのときであろう。この合戦は、勝頼が初めて総大将として軍勢を引率したものである（以下は、平山・二〇一四年①参照のこと）。勝頼は、天正二年正月二十七日に東美濃の岩村城（岐阜県恵那市）に入り、明知城（同恵那市）を包囲、さらに飯羽間城（同恵那市）など周辺の諸城にも攻撃を仕掛けた。織田信長も二月一日、後詰めにやって来たが、山岳地帯に展開する武田軍に手が出せず、二月六日、明知城は陥落してしまい、さらに周辺の十八の織田方城砦も武田軍に攻略された。

このとき、織田・徳川氏の要請を受けていた上杉謙信が、二月七日に沼田城（群馬県沼田市）に着陣し、来る十六日には西上野の武田領国へ侵攻すると宣言した（上越一一八七号）。勝頼は、二月十日までは東美濃に在陣し、信長・信忠父子と対陣していたことは確実であるが（戦武四二九四号）、まもなく、軍勢を引き揚げたようだ。謙信の沼田着陣を知り、様子をみるためであろう。いっぽうの信長父子は追撃しようと考えたが、険阻な山岳地帯でもあり、しかも降雪のため断念したという。

このように考えると、勝頼が伊那高遠で信虎と対面したのは、二月十五日前後のことと推定される。これは、信虎死去のわずか半月ほど前のことであった。

武田信虎は天正二年三月五日、高遠で死去した。享年七十七（一説に八十一歳）。実をいえば、信虎が勝頼と対面し、後に死去した場所について、『軍鑑』には「信州伊奈」とあるだけで、高遠とは記録されていない。また、逝去した場所については、娘婿禰津神平亭であったと、『古浅羽本武田系図』などに記録されているのみである。この禰津神平とは、小県郡の国衆禰津宮内大輔政直（出家して松鷂軒常安）のことである。

ところが、禰津常安が高遠に屋敷を拝領していたという事実は確認できない。そればかりか、禰津氏は信濃や西上野の警固を担当しており、信濃国伊那郡に配属された事実もないのだ。このことから、信虎の蟄居と死去地が信州伊那であったという『軍鑑』の記述が間違っているか、系図にある禰津常安屋敷が死去地という記述が違っているか、もしくはともに正確だとすれば、対面の場所が信州伊那で、死去地が小県郡禰津氏屋敷であったということになるだろう。記して後考をまちたいと思う。

高遠城跡　長野県伊那市

ただ、後に紹介するが、信虎の葬儀に高遠の勝間（かつま）にある龍勝寺（りゅうしょうじ）（勝頼正室遠山氏〈龍勝寺殿〉の菩提寺）の東春（とうしゅん）和尚が加わっているので、通説の高遠での軟禁、死去説は蓋然性が高いのではなかろうか。本書では通説に従って、勝頼との対面地と死去地はともに伊那郡高遠であったとしておく。

勝頼は三月七日、信濃国佐久郡岩村田の竜雲寺住職北高全祝(ほっこうぜんしゅく)に書状を送り、葬儀の導師を依頼した(戦武二二七〇号)。

態呈一封候、仍信虎一昨五日逝去候之間、於大泉寺葬礼執行候、云遠路云御老体、寔雖御苦労雖申尽候、万端得御作意度旨候之条、早々御発軫所希候、為其以飛脚申候、恐惶敬白

(天正二年)三月七日

拝進　龍雲寺
衣鉢閣下

勝頼が葬儀の道師を依頼した北高全祝は、永正四年(一五〇七)生まれで、当時六十八歳であった。北高和尚が信虎の葬儀を依頼されたのは、彼が曹洞宗の高僧であり、信虎とも懇意であったからだといわれる。北高全祝が自ら記したとされる「開山北高禅師自筆行業記」(『大田実録』所収)の一節に、「一、昔信虎扶助、大泉寺住持仕候事廿ヶ年、其時分相甲御間然ニ無之候砌、為御無事媒介、拙僧罷越候義も御座候き」とある(新信叢①所収)。非常に興味深い記述であるが、甲府大泉寺の記録には、北高全祝が住職をした形跡は認められない。おそらく、後世の創作ではなかろうか。

信虎の葬儀については、菩提寺万年山大泉寺で執行されたときの記録である『武田信虎葬送仏事法語』が現存している(山⑥上一一〇二号)。

そこには、信虎生前の業績を列挙して讃え、故人の遺徳を偲ぶという内容は一切見られず、ただ粛々

と仏事が執行されていただけであることがうかがえる。やはり、武田家中には生前の信虎を快く思わぬ風潮が残っていたのであろうか。

葬送は、鎖龕仏事（棺の蓋を閉じること）を拈橋倀因（中山廣厳院）、挙龕（挙骨のことか）を東春和尚（勝間〈伊那高遠〉龍勝寺）、奠湯（霊前に湯を供える）仏事は寺号人物不詳、奠茶（霊前に茶を供える）は謙室大益（永昌院）、安骨（荼毘に付し、拾った骨を安置）は春嶺和尚（良安寺）、取骨（収骨した後に墓所に送り出すことか）仏事は北高全祝であった。仏事をみると、奠湯が前で、奠茶が後に行われているから、信虎の葬儀は午前中に実施されたと推定される（禅宗の葬儀では、午後ならば茶が前で、湯が後になる）。ただ、残念なことに葬儀の日付がないため、いつ執行されたかは不明である。また、勝頼らが葬儀に参列したはずであるが、その詳細は判明していない。信虎にとって、死んだことでようやく帰還できた甲府であったが、仏事法語の内容といい、武田家中は最後まで、彼には冷たかったように思われてならない。

その後、武田勝頼は一周忌を前に、高野山成慶院に供養を依頼している（『成慶院武田家過去帳』山⑥下二二三八号）。

天正二年三月五日御他界
日牌　大泉寺殿泰雲存公庵主神儀　従五位下左京太夫前陸奥守信虎公為御菩提也
天正三季三月五日供養

武田信虎の墓所　山梨県甲府市・大泉寺

このほかに、高野山十輪院の『武田家過去帳』にも「甲州太守大泉寺殿泰雲康公庵主」の法名と命日が記録されている（山⑥下二三九号）。

信虎の側近くに従い、その死を看取ったのは、甲州以来付き従ってきた土屋伝助昌遠であったという（『寛永伝』）。また、京都の上臈との間にもうけた息女も、信虎に従って信州まで来ていたとみられ、臨終を看取ったと推定される。彼女はその後、武田勝頼に庇護され、天正十年三月三日、新府城を脱出したことまでは判明しているが、その後の消息は杳としてしれない。武田氏滅亡の混乱のなかで、落命したのであろう。

武田信虎の死去後、息子武田逍遙軒信綱は、生前の父の姿を描き、遺像を完成させた。そして、逝去から二ヶ月後の五月五日、春国光新（長禅寺二世）の画賛を得ている。この武田信虎画像は、白衣の上に黒の衲衣をまとい、肩から絡子をかけ、右手に団扇を持つ姿である。とりわけ大きな法体の頭と、大きく見開かれ、炯々爛々と見る者を射抜く双眸が印象的である。この画像は、信虎の菩提寺万年山大泉寺に納められ、国指定重要文化財として現存している（本書カバー、第Ⅰ部扉参照）。

ところで、信虎には、生前に描かれていた寿像があったらしく、武田逍遙軒はこの画像を参考にしながら、父の肖像画を仕上げたらしい。その武田信虎寿像は、天正十年三月、武田氏滅亡の直前に、武田勝頼から慈眼寺尊長にほかの遺品類とともに託され、その後、高野山持明院に納められた。そのときの目録には「一信虎公并信玄公寿像　二幅」とあり（戦武三七四五号）、これが現存する高野山持明院蔵の武田信虎画像といわれている（第Ⅱ部扉参照）。高野山所蔵の武田信虎画像は、姿勢といい、構図といい、武田逍遙軒の画像とまったく同じで、違うとすれば、逍遙軒は父を凛とした美形に描いていることぐらいであろう。

菩提寺の万年山大泉寺境内には、武田信虎墓所がある。左右を息子信玄、孫勝頼に挟まれたものであるが、これら武田三代の五輪塔と宝篋印塔は、その形態からみて当時のものではなく、江戸時代前期に造立されたものであると推定されている（『山梨県史』資料編7中世4考古資料六四〇頁）。そのため、信虎死去当時に作られたはずの墓所や墓石については、一切不明である。

誰の意匠かは定かでないが、武田信虎は、息子信玄、孫勝頼とともに、甲府の片隅にある「武田三代の墓所」で、まるで何事もなかったかのように、静かに永遠の眠りについている。

【参考文献一覧】

［史料集（凡例掲載を除く）］

磯貝正義・服部治則編修『塩山向嶽禅庵小年代記』影印甲斐戦国史料叢書第一冊、文林堂書店、一九七五年

同　『王代記』影印甲斐戦国史料叢書第二冊、文林堂書店、一九七六年

『甲陽軍鑑結要』竜韜品（『甲州流兵法』人物往来社、一九六七年所収）

『石山本願寺日記』上下、清文堂書店、一九六六年（初版は一九三〇年）

『甲斐善光寺文書』近世寺院史料叢書5、東洋文化出版、一九八六年

丸島和洋「高野山成慶院『甲斐国供養帳』─『過去帳（甲州月牌帳）』─」（『武田氏研究』三四号、二〇〇六年）

同　「高野山成慶院『甲斐国供養帳』（二）─『甲斐過去古帳』─」（『武田氏研究』三八号、二〇〇八年）

同　「高野山成慶院『甲斐国供養帳』（三）─『甲州月牌帳　二印』（その1）─」（『武田氏研究』四二号、二〇一〇年）

同　「高野山成慶院『甲斐国供養帳』（四）─『甲州月牌帳　二印』（その2）─」（『武田氏研究』四三号、二〇一一年）

同　「高野山成慶院『甲斐国供養帳』（五）─『甲州月牌帳　五』（その1）─」（『武田氏研究』四四号、二〇一一年）

同　「高野山成慶院『甲斐国供養帳』（六）─『甲州月牌帳　五』（その2）─」（『武田氏研究』四七号、二〇一三年）

［著書］

相田二郎　『戦国大名の印章─印判状の研究─』相田二郎著作集2、名著出版、一九七六年
秋山　敬　『甲斐武田氏と国人』高志書院、二〇〇三年①
同　『甲斐の荘園』甲斐新書5、甲斐新書刊行会、二〇〇三年②
同　『甲斐武田氏と国人の中世』岩田書院、二〇一四年
安達　満　『近世甲斐の治水と開発』山梨日日新聞社、一九九四年
磯貝富士男　『中世の農業と気候』吉川弘文館、二〇〇二年
磯貝正義　『武田信重』中世武士選書1、戎光祥出版、二〇一〇年、初版は一九七四年
同　『定本武田信玄』新人物往来社、一九七七年
同　『甲斐源氏と武田信玄』岩田書院、二〇〇二年
今谷　明　『戦国大名と天皇』福武書店、一九九二年、後に講談社学術文庫、二〇〇一年
上野晴朗　『甲斐武田氏』新人物往来社、一九七二年
榎原雅治　『日本中世地域社会の構造』校倉書房、二〇〇〇年
大石泰史　『今川氏滅亡』角川選書、二〇一八年
奥野高廣　『武田信玄』人物叢書、吉川弘文館、一九五九年
小和田哲男　『史伝　武田信玄』（学研M文庫、二〇〇一年、初出は一九八七年）
同　『高天神城の総合的研究』大東町教育委員会、一九九三年

同　『今川氏家臣団の研究』小和田哲男著作集第二巻、清文堂出版、二〇〇一年
勝俣鎮夫『中世社会の基層をさぐる』山川出版社、二〇一一年
久野雅司『足利義昭と織田信長』中世武士選書40、戎光祥出版、二〇一七年
黒田基樹『戦国期東国の大名と国衆』岩田書院、二〇〇一年
同　『戦国期領域支配と地域社会』岩田書院、二〇〇九年①
同　『戦国期の債務と徳政』校倉書房、二〇〇九年②
同　『増補改訂版戦国大名と外様国衆』戎光祥出版、二〇一五年（初版は一九九七年）
同　『関東戦国史　北条VS上杉55年戦争の真実』角川ソフィア文庫、二〇一七年①
同　『北条氏康の妻　瑞渓院殿―政略結婚からみる戦国大名』平凡社、二〇一七年②
同　『戦国北条家一族事典』戎光祥出版、二〇一八年
同　『今川氏親と伊勢宗瑞』平凡社、二〇一九年①
同　『戦国北条五代』星海社新書、二〇一九年②
五味文彦『人物史の手法　歴史の見え方が変わる』左右社、二〇一四年
柴辻俊六『戦国大名領の研究―甲斐武田氏領の展開』名著出版、一九八一年
同　『武田信玄―その生涯と領国経営―』文献出版、一九八七年
同　『戦国大名武田氏領の支配構造』名著出版、一九九一年
同　『戦国期武田氏領の形成』校倉書房、二〇〇一年
田沼　睦『中世後期社会と公田体制』岩田書院、二〇〇七年

西田かほる　『近世甲斐国社家組織の研究』山川出版社、二〇一九年
萩原三雄　『戦国期城郭と考古学』岩田書院、二〇一九年
服部治則　『武田氏家臣団の系譜』岩田書院、二〇〇七年
早島大祐　『足軽の誕生　室町時代の光と影』朝日選書、二〇一二年
平井上総　『兵農分離はあったのか』平凡社、二〇一七年
平山　優　『戦国大名領国の基礎構造』校倉書房、一九九九年
同　『川中島の戦い』上下、学研M文庫、二〇〇二年
同　『武田信玄』歴史文化ライブラリー221、吉川弘文館、二〇〇六年
同　『穴山武田氏』中世武士選書5　戎光祥出版、二〇一一年①
同　『真田三代』ＰＨＰ新書、二〇一一年②
同　『長篠合戦と武田勝頼』吉川弘文館、二〇一四年①
同　『検証長篠合戦』吉川弘文館、二〇一四年②
同　『武田氏滅亡』角川選書、二〇一七年
同　『戦国大名と国衆』角川選書、二〇一八年
廣瀬廣一　『武田信玄伝』紙硯社、一九四四年（後に歴史図書社復刊、一九六八年）
藤木久志　『雑兵たちの戦場』朝日新聞社、一九九五年（新版、朝日選書、二〇〇五年）
同　『飢餓と戦争の戦国を行く』朝日新聞社、二〇〇一年
真鍋淳哉　『三浦道寸』中世武士選書36、戎光祥出版、二〇一七年

丸島和洋『郡内小山田氏』中世武士選書19　戎光祥出版、二〇一三年
同　『真田四代と信繁』平凡社新書、二〇一五年
宮坂武男『縄張り図・断面図・鳥瞰図で見る 信濃の山城と館』全八巻、戎光祥出版、二〇一二〜二〇一四年
山崎哲人『絵図が明かす平賀玄信の佐久支配』郷土出版社、一九九三年
山田康弘『足利義稙』中世武士選書33、戎光祥出版、二〇一六年
渡邊世祐『武田信玄の経綸と修養』創元社、一九四三年（後に新人物往来社復刊、一九七一年）
同　『諏訪史　中世の諏訪』第三巻、諏訪教育会、一九五四年
同　『関東中心足利時代之研究』新人物往来社、一九七一年、初版は一九二六年

［編著］
網野善彦監修・山梨県・韮崎市教育委員会編『新府城と武田勝頼』新人物往来社、二〇〇一年
磯貝正義・湯本軍一編『日本城郭体系』第八巻・長野・山梨、新人物往来社、一九八〇年
磯貝正義先生追悼論文集刊行会編『戦国大名武田氏と甲斐の中世』岩田書院、二〇一一年
金子拓男・前川要編『守護所から戦国城下へ―地方政治都市論の試み―』名著出版、一九九四年
黒田基樹編『伊勢宗瑞』シリーズ・中世関東武士の研究10、戎光祥出版、二〇一三年
同　『北条氏綱』シリーズ・中世関東武士の研究21、戎光祥出版、二〇一六年
同　『今川氏親』シリーズ・中世関東武士の研究26、戎光祥出版、二〇一九年①
同　『今川義元とその時代』戦国大名の新研究1、戎光祥出版、二〇一九年②

佐藤八郎先生頌寿記念論文集刊行会編　『戦国大名武田氏』名著出版、一九九一年
四国中世史研究会・戦国史研究会編　『四国と戦国世界』岩田書院、二〇一三年
柴辻俊六編　『武田信虎のすべて』新人物往来社、二〇〇七年
同　『新編武田信玄のすべて』新人物往来社、二〇〇八年
同　『戦国大名武田氏の役と家臣』岩田書院、二〇一一年
武田氏研究会編　『武田氏年表』高志書院、二〇一〇年
萩原三雄編　『定本・山梨県の城』郷土出版社、一九九一年
萩原三雄・笹本正治編　『定本・武田信玄』高志書院、二〇〇二年
花岡康隆編　『信濃小笠原氏』シリーズ・中世関東武士の研究、戎光祥出版、二〇一六年
藤木久志編　『日本中世気象災害史年表稿』高志書院、二〇〇七年
藤木久志・黒田基樹編　『定本・北条氏康』高志書院、二〇〇四年
山下孝司・平山優編　『甲信越の名城を歩く』山梨編、吉川弘文館、二〇一六年
山田邦明編　『関東戦国全史～関東から始まった戦国150年戦争～』歴史新書y、洋泉社、二〇一八年
矢守和彦編　『浅野文庫蔵諸国古城之図』新人物往来社、一九八一年

［報告書］
甲州市教育委員会　『史跡勝沼氏館跡―内郭部発掘調査報告書〈中世編〉』同会、二〇一〇年
小淵沢町教育委員会・笹尾塁跡発掘調査団　『笹尾塁跡』同会・同調査団、一九七九年

長野県教育委員会　『長野県歴史の道調査報告書』ⅩⅩⅡ大門道、一九八七年
都留市教育委員会・勝山城跡学術調査会　『山梨県史跡・勝山城跡』都留市教育委員会・勝山城跡学術調査会、二〇一〇年
山梨県峡東地域振興局農務部・笛吹市教育委員会　『信虎誕生屋敷遺跡』笛吹市文化財調査報告書第16集、二〇一一年

［論文］
相田二郎　「武田氏の印判に関する研究」（同著・一九七六年所収、初出は一九三八年）
秋山　敬　「一蓮寺門前町の成立」（同著・二〇一四年所収、初出は一九九八年）
同　「武田氏の国人被官化過程と政権意識」（同著・二〇〇三年に収録、初出は二〇〇二年①）
同　「政権を執る」（萩原・笹本編・二〇〇二年所収②）
同　「国人領主逸見氏の興亡」（同著・二〇〇三年①所収）
同　「武田信虎の生年について」（同著・二〇一四年所収、初出は二〇〇六年）
同　「府中今井氏の消長」（『武田氏研究』四〇号、二〇〇九年）
同　「武田氏年表、延徳四年～天文十八年」（武田氏研究会編・二〇一〇年①所収）
同　「『勝沼氏館』の館主について」（『史跡勝沼氏館跡―内郭部発掘調査報告書〈中世編〉』甲州市教育委員会、二〇一〇年②所収）
同　「四辻季遠の甲斐下向とその目的」（同著・二〇一四年所収、初出は二〇一〇年③）

同　「国人領主栗原氏の武田氏被官化過程」（磯貝正義先生追悼論文集刊行会編・二〇一一年所収）
荒垣恒明「戦場における傭兵」（藤木・黒田編・二〇〇四年所収）
飯沼賢司「戦国期の都市〝甲府〟」（『甲府市史研究』第二号、一九八五年）
家永遵嗣「北条早雲研究の最前線」（北条早雲史跡活用研究会編『奔る雲のごとく―今よみがえる北条早雲』北条早雲フォーラム実行委員会、二〇〇〇年）
同　「甲斐・信濃における『戦国』状況の起点―秋山敬氏の業績に学ぶ―」（『武田氏研究』四八号、二〇一三年）
磯貝富士男「日本中世史研究と気候変動論」（同著二〇〇二年所収、初出は一九九四年）
磯貝正義「武田氏と甲府―信虎開府前―」（同著・二〇〇二年所収、初出は一九八八年）
同　「城館跡研究の現状と福泉寺城」（同著・二〇〇二年所収、初出は一九九二年）
市原陽子「室町時代の段銭について―主として幕府段銭を中心に―」（『歴史学研究』四〇四・五号、一九七四年）
榎原雅治「山伏が棟別銭を集めた話」（同著・二〇〇〇年所収、初出は一九八六年）
大石泰史「花蔵の乱再考」（黒田基樹編・二〇一九年②所収）
大木丈夫「武田信虎悪行伝説の形成について」（『武田氏研究』四九号、二〇一三年）
奥野高廣「甲斐守護武田信縄」（『甲斐史学』特集号、一九六五年）
同　「武田左京大夫晴信」（『日本歴史』二八六号、一九七二年）
小和田哲男「今川氏重臣福島氏の研究―甲州飯田河原の戦いに関連させて―」（同著作集２所収、初出は一九九五年）
数野雅彦「戦国期城下町甲府の景観復原」（山梨考古学協会『山梨考古学論集』Ⅲ、一九八九年所収）

同　「中世城下町甲府の立地と都市プラン」（『帝京大学山梨文化財研究所研究報告』第三集、一九九〇年
同　「躑躅ケ崎館」（萩原編・一九九一年①所収）
同　「社寺由緒書からみた戦国城下町甲府の社寺造営―『甲斐国志』『甲斐国社記・寺記』を中心として―」
（佐藤八郎先生頌寿記念論文集刊行会編・一九九一年②所収）
同　「甲斐における守護所の変遷」（金子・前川編・一九九四年所収）
同　「武田氏館跡の調査成果―居館から連郭式城郭への変遷を中心に―」（網野監修・山梨県・韮崎市教委
編・二〇〇一年所収）
同　「本拠を築く」（萩原・笹本編・二〇〇二年所収）
同　「武田信虎の甲府開創」（柴辻編・二〇〇七年所収）
勝俣鎮夫　「小山田家の家母長」（同著・二〇一一年所収、初出は一九九八年）
同　「武田信虎徳政令の『かたち』」（同著・二〇一一年所収、初出は二〇〇五年）
川崎　剛　「釜無川の流路変更について」（『武田氏研究』十三号、一九九四年）
黒島　敏　「棟別銭ノート―中世的賦課の変質過程―」（『史学雑誌』一〇七編十一号、一九九八年）
黒田基樹　「武田信虎の一族」（柴辻編・二〇〇七年①所収）
同　「甲斐の統一」（『山梨県史』通史編中世、二〇〇七年②所収）
同　「甲斐穴山武田氏・小山田氏の領域支配」（同著二〇〇九年所収、初出は二〇〇七年③）
同　「戦国期東国の徳政」（同著・二〇〇九年②所収、初出は二〇〇七年④）
同　「武田氏系図」（柴辻編・二〇〇八年所収）

同　　　「戦国大名の経済基盤をめぐって」（『戦国史研究』五七号、二〇〇九年）
同　　　「総論　北条氏綱の新研究」（同編『北条氏綱』所収、二〇一六年）
同　　　「総論　今川氏親の新研究」（同編『今川氏親』所収、二〇一九年）
小島道裕「戦国期城下町の構造」（『日本史研究』二五七号、一九八四年）
五味文彦「武田信玄　丑年の決断」（同著・二〇一四年所収）
佐々木満「城下町甲府の諸相―考古学からみた城下町考」（『武田氏研究』二五号、二〇〇二年）
柴辻俊六「武田信虎の領国支配」（同著・一九八一年所収、初出は一九七四年）
同　　　「甲斐武田氏の反銭と棟別銭」（同著・一九九一年所収、初出は一九八二年）
同　　　「戦国期武田氏の京都外交」（同著・二〇〇一年所収、初出は二〇〇二年）
同　　　「武田信虎の領国経営」（柴辻編・二〇〇七年所収）
柴　裕之「足利義昭政権と武田信玄―元亀争乱の展開再考―」（『日本歴史』八一七号、二〇一六年）
志村憲一・望月小枝・佐々木満「武田氏館跡試掘調査報告と今後の課題」（『武田氏研究』二〇号、一九九九年）
高島緑雄「武田信虎文書の編年」（『歴史論』創刊号、一九六四年）
同　　　「幸福文書と武田氏」（『甲斐史学』二十二号、一九六八年）
田代孝・櫛原功一「甲府市川田館跡調査報告」（『甲府市史研究』第五号、一九八八年）
冨善一敏「近世村落における文書整理・管理について―信州高島領乙事村の事例から―」（『記録と史料』二、一九九一年）
内藤和久「『扇山破レ』と恵林寺山・御前山・兜山の城郭遺構」（『甲斐』一四二号、二〇一七年）

長塚　孝　「戦国大名今川氏の西遠江侵攻と直轄領支配―大福寺文書を素材として」（黒田編『今川氏親』所収、初出は一九八九年）
萩原三雄　「川田館」（『日本城郭体系』第八巻所収、一九八〇年）
同　「福泉寺城に関する一考察」（同著・二〇一九年所収、初出は二〇〇二年）
長谷川幸一　「戦国大名武田氏と曹洞宗―武田信虎による大泉寺開創」（戦国史研究会編『戦国時代政治史編集　東国編』、岩田書院、二〇一七年）
同　「大泉寺二世吸江英心と武田信虎」（『駒沢史学』九〇号、二〇一八年）
畑　大介　「飯田・上条合戦考」（磯貝正義先生追悼論文集刊行会編・二〇一一年所収）
服部治則　「今井兵庫助とその系譜」（同著・二〇〇七年所収、初出は一九七九年）
同　「室町・戦国初期における甲府盆地中央部の諸豪族」（同著・二〇〇七年所収、初出は一九八八年）
平野明夫　「武田信虎と今川氏」（柴辻編・二〇〇七年所収）
平山　優　「甲斐の荘園と郷村」（同著・一九九九年所収、初出一九九七年）
同　「武田信玄の山野河川支配と開発」（柴辻編・二〇〇八年所収）
同　「戦国大名武田氏の在地支配」（萩原・笹本編・二〇〇二年所収）
同　「戦国期東海地方における貫高制の形成過程―今川・武田・徳川氏を事例として―」（『武田氏研究』三七・八号、二〇〇七・八年）
同　「戦国期武田領国における貫高制の形成について―甲斐・信濃・西上野三国を事例に―」（柴辻編・二〇一一年所収）

丸島和洋　「甲斐国追放後の武田信虎」（柴辻編・二〇〇七年所収）
同　「戦国大名武田氏と従属国衆」（四国中世史研究会・戦国史研究会編・二〇一三年所収）
同　「今川氏家臣団論」（黒田編・二〇一九年所収）
同　「史料紹介　甲斐国追放後の武田信虎・信友関連古記録補遺」（『武田氏研究』五十九号、二〇一九年）
見崎闋雄　「今川氏の甲斐侵攻」（黒田編『今川氏親』所収、初出は一九八三年）
村田精悦　「若柳勝瀬と与瀬の河原総論と『くわさい』」（『春林文化』五号、二〇一〇年）
同　「戦国期における軍事的『境目』の考察―相模国津久井『敵知行半所務』について―」（『戦国史研究』六二号、二〇一一年）
同　「『敵知行半所務』とは何か―戦国期津久井の様子を考えてみる―」（『春林文化』八号、二〇一三年）
山崎哲人　「平賀成頼（源心・玄信）による佐久郡支配について」（『信濃』四一巻七号、一九八九年）
山下孝司　「戦国大名武田氏と甲府―信虎、信玄、勝頼の城下町―」（『武田氏研究』五九号、二〇一九年）
吉田政博　「駿甲関係にみる時宗と福島氏」（黒田編『今川氏親』所収、初出は一九九八年）
渡邊世祐　「武田信虎の駿河退隠について」（同著・一九四三年所収、初出は一九一四年）

あとがき

ここに、武田信虎の伝記を江湖に開陳する運びとなった。実は、戎光祥出版株式会社が中世武士選書シリーズの刊行を開始した当初作成した刊行計画のなかに、著者による『武田信虎』がすでに存在していた。今、その刊行計画を見直してみると、かなりの著作が実現している。そして、私もようやく約束を果たせたことに安堵している。中世武士選書シリーズは、本書で四十二巻目を数えるのだから、一大プロジェクトとしてなおも継続しているわけで、誠に稀有なことであり、大いに敬意を表したい。

前著『戦国大名と国衆』の執筆を終えた私は、早速、本書の執筆に取りかかった。執筆の動機となったのは、二〇一九年が、甲府開府五〇〇年の節目にあたっていたからである。その事業の末席に関与していた私は、数年前から、信虎の事績に関する講演や講座を数多く依頼された。私はこれを奇禍として、多くの方々に、「悪逆無道」と蔑まれてきた信虎の実像の洗い直しを呼びかけてきた。だが、世間にはなかなか浸透せず、信虎の再検証については、いまひとつ盛り上がりに欠けていたといっても過言ではなかろう。

それでも、武田信玄の飛躍は、父信虎の甲府開創と甲斐統一なくしてはありえなかったのではないか、という考えは、少しずつ一般にも広まってきた。そして二〇一八年十二月、ＪＲ甲府駅北口に武田信虎の銅像が完成するなど、彼の事績を再検証する動きは徐々に盛り上がり始め、山梨県内でもテレビ番組や新聞紙上で特集が組まれた。こうした甲府開府五〇〇年に向けての動きのなかで、私は何度も、信虎の実像を詳しく知りたい、彼がなぜ「悪逆無道」といわれてきたのか、その理由を教えてほしい、との要望を受けた。私はあたう限りの情報をお伝えし、自らの考えを披露してきたが、講演や講座では限界があると思った。いよいよ、信虎の伝記をまとめなければならないときがきた、と私は決意を固め、執筆にかかった次第である。

近時、関東戦国史、今川氏、北条氏の研究が劇的に深化したことにより、信虎時代を読み解くのに必要な、歴史的背景を理解するための情報が豊富になったことは幸いであった。信虎時代の新史料がほとんど発見されていない現状で、先人たちが積み上げてきた研究と向き合い、新たな信虎像を描くためには、信虎の事績を背景と連動させて読み解いていくしかない。私はそこに、新たな信虎像を打ち立てるための突破口があると考えた。それがどれほど成功しているかは、江湖に委ねよう。

今回、執筆していて、信虎という人物がとてつもない苦難の中で、甲斐統一戦を進めていたことをあらためて認識した。とりわけ、『勝山記』『妙法寺記』の記録を丹念に集め直し、物価動向を検証しなおす作業は、私にとって衝撃的な経験となった。甲斐国の物価動向を、折れ線グラフ化する作業を終え、信虎時代は悲惨なほど、それが高水準で推移していたことを目の当たりにしたとき、彼が階層の上下に関係なく恨まれていたことの理由が、初めて胸に落ちた気がした。「悪逆無道」という信虎の評価の背景には、間違いなくこの事実が潜んでいるであろう。

そして、この背景には、天災とそれによる凶作、飢饉、疫病が連年のごとく襲いかかり、さらに国内外の敵との間断なき合戦が重なっていた。そうしたなかで、甲府開創という難事業を強行したこともまた、背景を知れば知るほど、それがもたらした結果の重さについて感慨を禁じえなかった。これでは、信虎が不評だったのも仕方がないことなのかもしれない。

こうした信虎の生涯を追い続けた私は、彼は不運な当主だったのかもしれないと考えるようになった。このように書くと、平山はまたそれをいうか、といわれるかもしれない。二〇一七年に刊行した『武田氏滅亡』でも、武田勝頼は不運だったと述べているからだ。しかし今回、勝頼に続き、信虎の生涯を書き終えたことで、その思いはいっそう強くなり、逆に武田信玄は周囲の状況などを考えると、ある意味幸運な時代の戦国大名だったのかもしれないと考えるようになった。では、それは具体的にどういうことか、ということについては、今後、じっくりと再検証していきたいと思う。

本書を書き終えて、私はまず、武田信玄の事績をより詳細に検討しなおさねばならないと思った。この点については、旧著『川中島の戦い』の全面改訂と、駿河侵攻から彼の死去までの著作を準備しているので、そこで果たしていきたい。また、信虎の祖父信昌と父信縄についても、いつかまとめる必要があると強く感じた。いつか実現させてみたいと思う。

本書校正中の九月二十八日、恩師藤木久志先生の訃報に接し、十月二日・三日の葬儀に参列させていただき、先生とお別れした。痛恨の極みである。藤木先生から受けた学恩は、計り知れない。それを自分の研究に活かしきれていないのは、ひとえに私の浅学非才ゆえである。不肖の教え子ではあるが、今後も、藤木ゼミの末席にいたことを誇りに、細々と研究を続け、地域史研究の発展に尽くしていきたいと思う。

本書の刊行は、多くの方々のご教示なくしては実現しなかった。ここではご芳名をあげることはしないが、感謝申しあげたい。また、出版事情が厳しいにもかかわらず、拙著の刊行を決断してくださった、戎光祥出版株式会社に感謝申しあげる。本書の編集にご尽力いただいた、丸山裕之氏、石渡洋平氏にはお礼の言葉もない。なによりも、代表取締役の伊藤光祥氏に本書をお届けできたことに胸を撫で下ろしている。

最後に、私事であるが、伯母平山てる子が、本年六月十三日、九十六歳で往生を遂げた。私を応援し続けてくれた伯母の不在は、なによりも悲しい。著書を刊行するたびに、真っ先に書店に行き、わざわざ購入し喜んでくれた姿が目に浮かぶ。読書好きであった伯母、月庭明照大姉の霊前に、本書を捧げたい。

二〇一九年十月二十一日

平山　優

【著者紹介】

平山 優（ひらやま・ゆう）

昭和39（1964）年、東京都新宿区生まれ。立教大学大学院文学研究科博士前期課程日本史学専攻修了。専門は日本中世史。山梨県埋蔵文化財センター文化財主事、山梨県史編纂室主査、山梨大学非常勤講師、山梨県立博物館副主幹を経て、現在は、山梨県立中央高等学校教諭、放送大学非常勤講師、南アルプス市文化財審議委員。2016年放送のNHK大河ドラマ「真田丸」の時代考証を担当。主要著書に、『戦国大名領国の基礎構造』（校倉書房、1999年）、『武田遺領をめぐる動乱と秀吉の野望』（戎光祥出版、2011年）、『長篠合戦と武田勝頼』、『検証長篠合戦』（ともに吉川弘文館、2014年）、『天正壬午の乱【増補改訂版】』（戎光祥出版、2015年）、『武田氏滅亡』（角川書店、2017年）など多数。

装丁：川本　要

中世武士選書　第42巻

武田信虎（たけだのぶとら）　覆（くつがえ）される「悪逆無道（あくぎゃくむどう）」説（せつ）

二〇一九年十二月十日　初版初刷発行

著　者　平山　優

発行者　伊藤光祥

発行所　戎光祥出版株式会社

東京都千代田区麹町一―七

相互半蔵門ビル八階

電　話　〇三・五二七五・三三六一(代)

ＦＡＸ　〇三・五二七五・三三六五

編集・制作　株式会社イズシエ・コーポレーション

印刷・製本　モリモト印刷株式会社

https://www.ebisukosyo.co.jp

info@ebisukosyo.co.jp

ISBN978-4-86403-335-0